「子華使齊」至「原思爲之宰」一段。[六]范氏曰：「夫子之道，循理而已，故『周急，不繼富』，以爲天下之通義，使人可繼也。」游氏曰：「『餼廩稱事』，所以食功也。今原思爲之宰而辭禄不受，則食功之義廢矣。蓋義所當得，則雖萬鍾不害其爲廉。借使有餘，猶可以及鄰里鄉黨。」蓋鄰里鄉黨有相賙之義。尹氏曰：「『赤之適齊也，乘肥馬，衣輕裘』，而冉求乃資之。『與之釜』者，所以示不當與也。求不達其意而請益，與之五秉，故夫子非之。」又曰：「『原思爲之宰，使其禄苟有餘，[七]則分諸鄰里鄉黨者，凡取予一適於義而已。」右第四章凡七説，今從范氏游氏尹氏之説。伊川謂：「師使弟子，不當有所請。」其説雖正，然恐非本意。據冉求乃爲其母請，其意欲資之也。使冉求爲子華請，則猶可責之以弟子之禮；若爲其母請，則止欲附益之，故責之以繼富。恐或外生一意，非夫子責冉求之意。范氏第二説與楊氏、謝氏之説，大率以辭受取舍順理合義爲文，只説大綱，其間曲折詳備則不如尹氏之深切。呂氏曰：「富而與人分之，則廉者無辭於富。」造語未盡，不能無差。向使不義之富可以分人，廉者所必辭也。富之可辭與不可辭在於義不義，而不在於分人[八]也。謝氏曰：「『與之釜』，『與之庾』，意其禄秩所當得者。」此説恐未穩。使禄秩當得，夫子不待冉子之請而與之。禄有常數，夫子何心輕重於其間哉！「爲其母請粟」，觀其文勢，非禄秩也明矣。曰「爲其母請」，即爲子華請也。呂氏説只據原憲[九]辭禄而言，非謂不義之富也。榦。

# 晦庵先生朱文公語類卷第三十一

## 論語十三

### 雍也篇二

#### 子華使於齊章

子升兄[一]問：「子華使齊，冉子爲請粟，聖人不與之辨而與之、益之之意。[二]」曰：「聖人寬洪，『可以予，可以無予』，予之亦無害，但不使傷惠耳。」木之。

行夫問「冉子請粟」。曰：[三]「『冉子與之粟五秉』，聖人亦不大段責他，而原思辭禄，又謂『與爾鄰里鄉黨』，看來聖人與處却寬。」[四]

張子曰：「於斯二者，可見聖人之用財。」雖是小處，也莫不恰好，便是「一以貫之」處。夔孫。[五]

# 朱子語類彙校

叁

[宋]黃士毅 編
徐時儀 楊艷 彙校

上海古籍出版社

# 犂牛之子騂且角章[一〇]

問：「子謂仲弓曰：『犂牛之子，騂且角。』伊川謂多一『曰』字，意以仲弓爲犂牛子也。考之家語，仲弓生於不肖之父。其説可信否？」答曰：「聖人必不肯對人子説人父不善。」謨。家語弟子解篇載：「仲弓，伯牛之族，生於不肖之父，以德行著名也。」[一一]

問：「此章前後，作用人不以世類。南軒以仲弓言『焉知賢才』之故，故孔子教之用人。此説雖[一二]合，然亦似有理脈。」答曰：「横渠言：『大者既立，則其小者所不棄也。』[一三]今欽夫此説無他，只是要回互，不欲説仲弓之父不肖爾。何不虚心平氣與他看，古人賢底自賢，不肖底自不肖。稱其賢可以爲法，語其不肖可以爲戒。」或曰：「恐是因仲弓之父不肖而微其辭。」曰：「聖人已是説了，此亦何害。大抵人被人説惡不妨，但要能改過，過而能改則前愆頓釋。昔日是不好底人，今日自[一四]好，事自不相干，何必要回互。若不能改過，徒與回互，反益其惡爾。至伊川却不回互，[一五]然又要除却『曰』字，此『曰』字留亦何害？如『子謂顔淵曰：「吾見其進也。」』不成是與顔淵説！況此一篇大率是論他人，不必是與仲弓説也。蘇氏[一六]却説此乃論仲弓[一七]，非是與仲弓言也。」大雅。

# 回也其心三月不違仁章〔一八〕

義剛説：「『回也其心三月不違仁』。集注云：『仁者，心之德。』切推此義，以爲天生一人只有一心。這腔子裏面更無些子其他物事，只有一個渾全底道理，更無些子欠缺，所謂仁也。天生斯人皆有是心，皆有此德，然自外物有以觸其形，則其中動而其情始生，既有此情則私欲由之而長。纔有私欲，便是此心雜了其他物事；纔是雜了其他物事，則所謂渾全者便爲有欠缺；纔是有些子欠缺，便不是本來道理而爲不仁矣。顔子所以平日用工於『非禮勿視聽言動』者，所以禁絶此私意也。惟其用工切近而縝密如此，故其用力之至，至於無纖毫私欲少有間斷，而所謂渾全者，不違於心至於如此之久也。〔一九〕」先生曰：「莫只將渾全道理説，須要解得那仁字親切便是，不可只把做一個渾全底物事説了。〔二〇〕」義剛。

問：「『回也三月不違仁』。心猶穀種也，仁猶生理也，生理所以爲穀種之妙，穀種所以爲生理之舍，實非二物也。故曰『仁者，心之德』，言心之得乎？此理無有虧欠也。若無私欲，則一心之中生理流行，無有止息。回心三月不違仁者，其久矣。過此只是聖人無有間斷，其餘門人或日一至，或月一至。蓋此心或在或亡，至者自外而至。此理本在内而爲一身之主，今自外至，若爲客然，言至而不能久也。〔二一〕」先生云：「仁與心本是一物。便〔二二〕被私欲一隔，心便違仁去，却爲二物。若私欲既無，則心與仁便不相違，合成一物。心猶鏡，仁猶鏡之明。鏡本來明，被塵垢一蔽遂不明。若塵垢一去，則鏡明矣。顔子三個月之久無塵垢。其餘人或日一次無塵垢，少間又暗；或月一次無塵垢，二十九日暗。亦不可知。」〔二三〕

問：「『三月不違仁』，如何？」〔二四〕曰：「三月，只是言久爾，非謂三月後必違也。此言顔子能久於仁爾，雖念慮之間間有不善處，却能『知之而未嘗復行也』。」祖道。謨録同。〔二五〕

又讀「回也三月不違仁」一段，云：「工夫既能向裏，只要常提省此心。心纔在這裏，外面許多病痛自然不見。」時舉。〔二六〕

問：「回心〔二七〕三月不違仁，三月後亦有違否？」曰：「畢竟久亦有間斷。」曰：「這間斷亦甚微否？」曰：「是。如『不貳過』，過便是違仁。非禮勿視聽言動四句，照管不到便是過。」淳。

寓〔二八〕問：「『回也其心三月不違仁』云云。〔二九〕如何是日至月至？」曰：「某舊説作〔三〇〕其餘人有一日不違仁，有一月不違仁者。近思之，一日不違仁固應有之，若一月不違，似亦難得。近得一説：有一日一番見得到，有一月一番見得到。比之一日，猶勝如一月之遠。若顔子方能三月不違，天理純然，無一毫私僞間雜，夫子所以獨稱之。」賀孫。〔三一〕

問：「『回也其心三月不違仁，其餘則日月至焉而已矣。』〔三二〕且〔三三〕如今之學者，一日是幾遍存省。當時門人乃或日一至焉，或月一至焉，不應如是疏略。恐仁是渾然天理，無纖毫私欲處。今之學者雖曰存省，亦未到這境界。他孔門弟子至便是至這[三四]境界否？」曰：「今人能存得，亦是這意思。但觸動便不得，被人叫一聲便走了。他當那至時，應事接物都不差。又不知至時久近如何，那裏煞有曲折。日至者却至得頻數，恐不甚久。月至者或旬日，或一二日，皆不可知。」又問：「橫渠云：『始學之要，當知「三月不違」與「日月至焉」內外賓主之辨，使心意勉勉循循而不能已。過此幾非在我者。』[三五]文蔚竊謂『三月不違』者，天理爲主，人欲爲賓；『日月至焉』者，人欲爲主，天理爲賓。學者工夫只得勉勉循循，以克人欲存天理爲事。其成與不成，至與不至，則非我可必矣。」曰：「是如此。」文蔚。

問：「『回也其心三月不違仁，其餘則日月至焉而已矣。』[三六]伊川言『不違』是無[三七]纖毫私欲，橫渠言要知內外賓主之辨。」曰：「前後説是如此。」劉仲升云：「與久而不息者氣象迥別。」大雅云：「久而不息，自是聖人事。」曰：「『三月不違』是自家已有之物，三月之久，忽被人借去，自家旋即取回了。『日月至焉』，是本無此物，暫時問人借得來，便被人取去了。」大雅。

「顏子『三月不違仁，其餘則日月至焉而已矣』，此正內外賓主之辨。仁便是人一坐宅子，主人則常常在裏面住，到得賓客或一日來一番、一月來一番，不可知。」或問：「一日來一番，比一月來一番者，如何？」曰：「畢竟不如一日來一番底。」泳。[三八]

「『其心三月不違仁』[三九]者，我爲主而常在内也；『日月至焉』者，我爲客而常在外也。仁猶屋，心猶我。常在屋中則爲主，出入不常爲主則客也。『過此幾非在我者』，如水漲船行，更無着力處。」銖。

正卿問：「集注『不知其仁也』云：『雖顔子之賢，猶不能不違於三月之後。』如何？」曰：「不是三月以後一向差去，但其[四〇]於這道理久後，略斷一斷便接續去，只是有些子差便接了。若無些子間斷，便全是天理，便是聖人。所以與聖人一間者，以此。舊説只做有一月至者，有一日至者，與顔子[四一]三月至者有次第。看來道理不如此。顔子地位下[四二]比諸子煞有優劣，如『賜也聞一以知二，回也聞一以知十』，此事争多少！此是十分争七八分。張氏内外賓主之辨，[四三]這道理譬如一屋子，是自家爲主，朝朝夕夕時時只在裏面。如顔子三月不能不違，只是略暫出去便又歸在裏面，是自家常做主。若日至者，一日一番至，是常在外爲客，一日一番暫入裏面來又便出去。月至者亦是常在外爲客，一月一番入裏面來又便出去。」又云：「『三月不違』者，如人通身都白，只有一點子黑。『日月至焉』者，如人通身都黑，只有一點白。」又云：「顔子一身，已自不見其身，日用之間只見許多道理。」賀孫。[四四]

「回也[四五]三月不違仁」，是在屋底下做得主人多時。「其餘則日月至焉而已矣」，是有時從外面入來屋子底下。横渠所謂内外賓主之辨者是也。又曰：「學者須是識得屋子是我底始

得。」元秉。[四六]

問：「横渠説：『始學之要，當知「三月不違」與「日月至焉」[四七]内外賓主之辨。』若以顔子爲内與主，不成其他門人之所學便都只在外。」曰：「他身己是都在道外，恰似客一般。譬之一個屋，聖人便常在屋裏坐。顔子也常在屋裏，只有時誤行出門外，然便覺不是他住處，便回來。其他却常在外面，有時入來，不是他活處，少間又自出去了。而今人硬把心制在這裏，恰似人在路上做活計，百事都安在外，雖是他自屋舍，時暫入來，見不得他活處，亦自不安，又自走出了。雖然，也須漸漸把捉，終不成任他如何。」又曰：「『日月至焉』者，是有一日得一番至，有一月得一番至。」賀孫。

問「日月至焉」一句。曰：「看得來日却是久底，月却是暫時底。」因説横渠内外賓主之辨，曰：「顔子一似主人，長在家裏，三月而後[四八]或有出去時節，便會回歸。其餘是賓，或一日一至，或一月一至。以日較月，月又却疏。」又曰：「『不違』者是内[四九]，『至焉』者是外[五〇]。」又問「幾非在我者」。曰：「舍三月不違去做工夫，都是在外[五一]，不在我這裏了。」希遜。[五二]

問「三月不違仁」章，先生云：「只如一室之内，主人便是常常在此室中者。顔子是常在有時而出外者。其餘人只是一日一次至其室者，一月一次至其室者。」卓。[五三]

問：「張子謂：『始學之要，當知「三月不違」與「日月至焉」內外賓主之辨。』〔五四〕如何是〔五五〕內外賓主之辨？」先生曰：「『不違仁』者，仁在內而爲主，然其未熟，亦有時而出於外。『日月至焉』者，仁在外而爲賓，雖有時入於內而不能久也。」廣。

「三月不違」，主有時而出；「日月至焉」，賓有時而入。人固有終身爲善而自欺者，不特外面，蓋有心中欲爲善而常有一個不肯底意便是自欺。從周。

「三月不違仁」，則主有時而出；「日月至焉」則賓有時而入。〔五六〕「過此幾非在我者」，到此則進進不能已，亦無着力處。仁。〔五七〕

問：「『三月不違仁』與『日月至焉而已矣』，〔五八〕橫渠有〔五九〕內外之說。如何？〔六〇〕」曰：「譬如一家有二人，一人常在家，一人常在外。在家者出外常少。在外者常不在家，間有歸家時，只是在外多。」謨。

問「三月不違仁」。曰：「仁即是心。心如鏡相似，仁便是個鏡之明。鏡從來自明，只爲有少間隔便不明。顏子之心已純明了，所謂『三月不違仁』者，〔六一〕只緣也曾有間隔處。」又問：「張子謂『使心意勉勉循循而不能已，過此幾非在我者』，是如何？」曰：「學者只要『勉勉循循而不能已』纔能如此，便後面雖不用工，大段着力也自做去。如推個輪車相似，纔推得轉了，他便滔滔自去。所謂『學而時習之，不亦說乎』者，正謂說後不待着力而自不能已也。」時舉。

「張子言『勉勉循循而不能已』，須是見得此心自不能已方有進處。『過此幾非在我』，謂過『三月不違』，非工夫所能及，如『末由也已』，真是着力不得。」又云：「『勉勉循循』之說，須是真個到那田地，實知得那滋味，方自不能已，要住不得，自然要去。『過此幾非在我』，言不由己〔六二〕了。如推車子相似，纔著手推動輪子了，自然轉運不停。如人喫物，既得滋味，自然愛喫。『日月至焉』者，畢竟也是曾到來，但不久耳。」明作。

或問：「張子『幾非在我者』一句，如何看？〔六三〕」曰：「既有循循勉勉底工夫，自然住不得。『幾非在我者』，言不待用力也。如易傳中說『過此以往，未之或知也』之意。爲學正如推車子相似，纔用力推得動了，便自轉將去，更不費力。故論語首章只說個『學而時習之，不亦說乎』，便言其效驗也〔六四〕，蓋學至說處則自不容已矣。」廣。〔六五〕

味道問：「『過此幾非在我者』，疑橫渠止謂始學之要，唯常〔六六〕知內外賓主之辨，此外非所當知。」曰：「不然。學者只要撥得這車輪轉，到循循勉勉處，便無着力處自會長進去。如論語首章言學只到『不亦說乎』處便〔六七〕住，下面便不說學了，蓋到說時此〔六八〕便活。」因言：「韓退之、蘇明允作文，只是學古人聲響，盡一生死力爲之，必成而後止。今之學者爲學，曾有似他下工夫到豁然貫通處否？」可學。

周貴卿問「幾非在我者」意義〔六九〕。曰：「如推車子樣，初推時須要我着力。及推發了後，却是被他車子移將去，也不由在我了。某嘗説『學而時習之，不亦悦[七〇]乎』，若是做到這裏後自不肯住了，而今人只是不能得到悦處。」義剛。

問：「橫渠言『始學者當知「三月不違」與「日月至焉」内外之辨。使心意勉勉循循，過此幾非在我者。』是如何？[七一]」曰：「過此，即是『過此以往，未之或知』底意思。若工夫到此，蓋有用力之所不能及，自有不可已處。雖要用力，亦不能得。」又問：「是[七二]内外賓主之辨？」答曰：「『三月不違』爲主，『日月至焉』爲賓。主則常在其中，賓則往來無常，蓋存主之時少，在外之時多。『日月至焉』，爲其時暫而不能久。若能致其賓主之辨而用其力，則工夫到後自有不可息者。」寓。

問：「『始學之要，當知「三月不違」與「日月至焉」内外賓主之辨。使心意勉勉循循而不能已，過此幾非在我者。』[七三]何謂『幾非在我者』？」曰：「此即『過此以往，未之或知』之意。蓋前頭事皆不由我，我也不知前面之分寸，我也不知前面之淺深。我[七四]只理會這裏工夫，使外内賓主之辨常要分曉，使心意勉勉循循不已。只如此而已，便到顔子『既竭吾才，如有所立卓爾』之地。『雖欲從之，未由也已』，然[七五]也只恁地。」淳。

問：「橫渠先生云所謂『使心意勉勉循循而不能已，過此幾非在我者』，不審『幾非在我』之義是如何？[七六]」先生云：「非在我，言更不着得人力也。人之爲學，不能得心意勉勉循循而不已。若能如是了，如推車子一般，初間着力推得行了，後來只是衮將去。所謂『學而時習之，不亦悦乎』，若得説了，自然不能休得。如種樹一般，初間栽培灌溉，及既成樹了，自然抽枝長葉，何用人力。」〔七七〕

子升兄〔七八〕問：「『回也三月不違仁』，横渠云『過此幾非在我者』，〔七九〕莫是過此則〔八〇〕聖人之意否？」曰：「不然。蓋謂工夫到此，則非我所能用其力而自然不能已。如車已推而勢自去，如船已發而纜自行。若不能辨内外賓主，不能循循不已，則有時而間斷矣。孟子所謂『夫仁，亦在乎熟之而已矣』，此語説得盡了。」木之。

節〔八一〕問「回心〔八二〕三月不違仁」。先生曰：「如何是心？如何是仁？」節對云〔八三〕：「心是知覺底，仁是理。」曰：「耳無有不聽，目無有不明，心無有不仁。然耳有時不聽，目有時不明，心有時不仁。」節〔八四〕問：「莫是心與理合而爲一？」曰：「不是合。心自是仁，然私欲一動便不仁了，所以説〔八五〕『仁，人心也』。學者〔八六〕理會甚麽事？只是理會這些子。」節〔八七〕又問：「注下〔八八〕張子之説，莫是『三月不違』者是仁常在内，常爲主；『日月至焉』者是仁常在外，常爲賓？」曰：「此倒説了。心常在内，常爲主；心常在外，常爲客。如這一間屋，主常在此居，客雖在此，不久着去。」節復〔八九〕問：「如此則心不違仁者，是心在仁内？」先生曰：「不可言心在仁内，略略地是恁地意思。」又曰：「便是難説。」節〔九〇〕問：「『過此幾非在我者』，如何？」曰：「不用着力，如決江河，水至而舟自浮。如説學，只説到説悦處[九一]，以上不用説。至説處則自能尋將上去，不到説處是不曾時習。時習則相將自然説。」又曰：「人只是一個不肯學。須是如喫酒：自家不愛喫，硬將酒來喫；相將自然要喫，不待强他。如喫藥，人不愛喫，硬强他喫。」節。

問：「横渠説[九二]『過此幾非在我者』，還[九三]莫只見許多道理，不見自身己，如何？」曰：「這只是説循循勉勉便自住不得，便自不由自身己。只是這個關難過，纔過得，自要住[九四]，住不得，如顔子所謂『欲罷不能』。這個工夫入頭都只在窮理，只這道理難得便會分明。」又云：「今學者多端：固有説得道理是却自不着身，只把做言語用了；固有要去切己做工夫，却硬理會不甚進者。」又云：「看得道理透，少間見聖賢言語句句是爲自家身己設。」又云：「内外賓主，只是如今人多是不能守得這心。如一間屋，日月至焉者，是一日一番入裏面來，或有一月一番入裏面來，他心自不着這裏，便又出去了。若説在内，譬如自家自在自屋裏作主，心心念念只在這裏，行也在這裏，坐也在這裏，睡卧也在這裏。『三月不違』，是時復又暫出外去，便覺不是自家屋，便歸來。今舉世日夜營營於外，直是無人守得這心。若能收這心常在這裏，便與一世都背馳了。某嘗説，今學者别無他，只是要理會這道理。此心元初自具萬物萬事之理，須是理會得分明。」賀孫。

至之問：「橫渠言始學之要，當知『三月不違仁[九五]』，此[九六]過此，幾非在我者。」答曰：「且以屋喻之：『三月不違』者，心常在内，雖間或有出時，然終是在外不穩便，纔出即便入。蓋心安於内，所以爲主。『日月至焉』者，心常在外，雖間或有入時，然終是在内不安，纔入即便出。蓋心安於外，所以爲賓。日至者，一日一至此；月至者，一月一至此，自外而至也。不違者，心常存；日月至者，有時而存。此無他，知有至未至，意有誠未誠。知至矣，雖驅使爲不善亦不爲；知未至，雖軋勒使不爲，此意終迸出來。故貴於見得透，則心意勉勉循循，自不能已矣。『過此幾非在我者』，猶云[九七]『過此以往，未之或知』，言過此則自家着力不得，待他自長進去。」又曰：「『三月不違』之『違』，猶白中之黑；『日月至焉』之『至』，猶黑中之白。今須且將此一段反覆思量，渙然冰釋，怡然理順，使自會淪肌浹髓。夫子謂『君子上達，小人下達』，只在這些子。學者[九八]若拗不轉便下達去了。」又曰：「此知如『誠意』章相似。知善之可好而好之極其至焉[九九]，知不善之可惡而惡之極其深，以至於慊快充足，方始是好處。」道夫。

問：「『三月不違仁』，伊川舉『得一善則拳拳服膺』。仁乃全體，何故以善稱？」曰：「仁是合衆善。一善尚不棄，況萬善乎！」[一〇〇]

問：「呂與叔引橫渠説解遷怒事，又以『三月不違』爲氣不能守，恐是張子、呂氏皆是以己之氣質論聖人之言。」曰：「不須如此説。如説這一段，且只就這一段平看。若更生枝節，又外面討個[一〇一]意思橫着[一〇二]，都是病。」人傑因曰：「須從[一〇三]這裏過一番，既聞教誨，可造平淡。」曰：「此説又是剩了。」人傑。[一〇四]

寓[一〇五]問：「伊川解『三月不違仁』，『得一善則拳拳服膺而弗失。』看見『不違仁』[一〇六]是此心純然天理，其所得在内。『得一善則服膺而弗失』，恐是所得在外。如何？[一〇七]」曰：「『得一善則服膺弗失』，便是『三月不違仁』處。」又問：「是如何？」曰：「所謂善者，即是收拾此心之理。顔子『三月不違仁』，豈直恁虚空湛然，常閉門合眼静坐，不應事，不接物，然後爲不違仁也？顔子有事亦須應，須飲食，須接賓客，但只是無一毫私欲耳。」道夫。

寓[一〇八]問：「伊川謂：『「日月至焉」與久而不息者所見規模雖略相似，其意味自[一〇九]別。』[一一〇]看來日月至與不息者全然別，伊川言『略相似』，何也？」曰：「若論到至處，却是與久而不息底一般。只是日月至者，至得不長久；不息者純然無間斷。」寓。

問：「『子曰「回也其心三月不違仁」』一章。[一一一]伊川曰：『「三月」言其久，天道小變之節。』蓋言顔子經天道之變而爲仁如此，其終久於仁也。又曰：『「三月不違仁」，蓋言其久也，然成德事。』范氏曰：『回之於仁，一時而不變，則其久可知。其餘則有時而至焉，不若回愈久而弗失也。夫子之於仁，慎其所以取予[一一二]人者至矣。「有能一日用其力於仁矣乎」，猶不得見焉。惟獨稱顔子三月不違，其可謂仁也已。』謝氏曰：『回之爲人，語其所知雖出於學，然鄰於生知矣；語其成功雖未至於從容，亦不可謂勉强矣。「三月不違仁」，仁矣。特未可以語聖也，亦未達一間之稱耳。三月，特以其久故也。古人「三月無君則弔」，去國三月則復；詩人以「一日不見，如三月兮」；夫子聞韶，「三月不知肉味」。皆久之意。』右第六章凡九説，今從伊川、范氏、謝氏之説。

伊川第一説以『得一善則服膺弗失』，作『三月不違仁』，未甚切。第二説曰：『三月言其久，過此則聖人也。』呂氏亦曰：『以身之而未能信，故〔一一三〕久則不能不懈。』又曰：『至於三月之久，猶不能無違。』又曰：『至於三月之久，其氣不能無衰，雖欲勉而不違仁，不可得也。』楊氏曰：「『三月不違仁』，未能無違也。」侯氏亦曰：「『三月不違仁』，便是不遠而復也。過此則通天通地，無有間斷。」尹氏亦曰：『三月言其久，若聖人則渾然無間矣。』此五説皆同而有未安，惟呂氏爲甚。切謂此章論顔子『三月不違仁』，其立言若曰能久不違仁而已；其餘『日月至焉』者，亦若曰至於仁而不久而已。若以爲顔子『三月不違』，既過三月則違之，何以爲顔子？此呂氏之説爲未安。楊氏亦此意。伊川、侯氏、尹氏之説亦與呂氏、楊氏相類，特不顯言之耳。故愚以三月特以其久，不必泥『三月』字。顔子視孔子爲未至者，聖人則不思不勉，顔子則思勉也。諸子視顔子爲未至者，則以其〔一一四〕久近不同耳。若謂顔子三月則違，恐未安。伊川第三説與横渠同，皆説學者事，但横渠『内外賓主』四字不知如何説。恐只是以『三月不違』者爲有諸己，故曰内、曰主；『日月至焉』者若存若亡，故曰外、曰賓。未審然否？〔一一五〕游氏説『仁』字甚切，恐於本文不甚密。」先生曰：「能久不違仁，不知能終不違耶，亦有時而違耶？顏子若能終不違仁，則又何思勉之有！易傳復之初九爻下有論此處，可更思之。游氏引『仁，人心也』，則仁與心一物矣，而曰『心不違仁』，何也？」榦。易傳曰：「既未能不勉而中所欲不踰矩，是有過也。然其明而剛，故一有不善未嘗不知。既知未嘗不遽改，故不至於悔，乃不遠復也。」〔一一六〕

## 仲由可使從政章〔一一七〕

寓〔一一八〕問：「季康子問仲由從政，由之果、賜之達可見，不知求之藝可得而聞否？」〔一一九〕曰：「看他既爲季氏聚斂，想見是有藝。」問：「龜山解以爲『知禮樂射御書數，然後謂之藝』。」曰：「不止是禮樂射御書數。」〔一二〇〕

「求也藝」，於細微上事都理會得。緣其材如此，故用之於聚斂必有非他人所及者。惜乎其有才而不善用之也。㽦。

「『季康子問仲由可使從政也與』一章。〔一二一〕呂氏曰：『果則有斷，達則不滯，藝則善裁，皆可使從政也。』右第七章六說〔一二二〕，今從呂說。伊川曰：『人各有所長，能取其長，皆可用也。』尹氏亦用此意。若謂從政，則恐非人人可能。范氏惟說三子之失，恐非〔一二三〕。本文解則未須說失處。謝氏論季氏之意，以謂『陋儒所短正在此』，亦恐季氏未必有此意。其問至於再三，乃是有求人才之意。使季氏尚疑其短，則其問必不〔一二四〕至反覆再三也。楊氏論果、達、藝〔一二五〕三德，不如吕氏謹嚴。」曰：「此段所説得之，但破范説非是。」榦。

## 季氏使閔子騫爲費宰章

「謝氏曰：『學者能知内外之分，則皆可以樂道而忘勢況。閔子親得聖人爲之依歸，彼其視季氏不義之富貴不啻犬彘，又從而臣之，豈其心哉？』下文推得亦穩。〔一二六〕右〔一二七〕第八章五説，今取謝氏之説。伊川、范、楊、尹氏四説大率皆同，只略説大綱。」曰：「謝氏固好，然辭氣亦有不平和處。」榦。

謝氏説得也粗。某所以寫放這裏，也是可以警那懦底人。若是常常記得這樣在心下，則可以廉頑立懦不至倒了。今倒了底也多。義剛。

## 伯牛有疾章

「『伯牛有疾』一章。〔一二八〕侯氏曰：『夫子嘗以「德行」稱伯牛矣。於其將亡也，宜其重惜之，故再歎曰：「亡之，命矣夫！斯人也，而有斯疾也！斯人也，而有斯疾也！」言非可愈之疾，亦不幸短命之意。』尹氏曰：『牖，牖下也。包氏謂有惡疾不欲人知，恐其不然也。』右第九章五說，今從尹氏、侯氏之說。范氏曰：『冉伯牛盡其道而死，故曰命。』楊氏亦曰：『不知謹疾，則其疾有以致之而至者，伯牛無是也，故曰「命矣夫」。』此說於義理正當，但就本文看，說『命矣夫』較深。聖人本意只是惜其死，歎之曰命也，若曰無可奈何而安之命爾。方將問人之疾，情意悽愴，何暇問其盡道與否也？況下文以爲『斯人有斯疾』，則以爲不當有此疾也。豈有上文稱其盡道而死，下文復歎其不當疾而疾？文勢亦不相聯屬。謝氏同，尹氏謹嚴。」先生曰：「此說非是，更思之。」榦。

## 賢哉回也章

問：「顏子『不改其樂』，莫是樂個貧否？」曰：「顏子私欲克盡，故樂，却不是專樂個貧事，[一二九]元自有個樂，始得。」時舉。

伯豐問：「顏子之樂不是外面別有甚事可樂，只顏子平日所樂[一三〇]之事是矣。見得既分明了，又無私意於其間，自然而樂。」曰：「顏子見得既盡，行之又順，便有樂底滋味。」㽦。

問：「顏子樂處，恐是工夫做到這地位則私意脱落，天理洞然，有個樂處否？」先生曰：「未到他地位則如何便能知得他樂處，且要得就他實下工夫處做，下梢亦須會到他樂時節。」寓。

問顏子樂處。曰：「顏子之樂亦如曾點之樂，但孔子只說顏子是恁地樂，曾點却說許多樂底事來。點之樂淺而易見，顔子之樂深微而難知。點只是見得如此，顔子是工夫到那裏了。從本原上看方得。」賜。

「顔子之樂平淡，曾點之樂已勞攘了。至邵康節〔一三一〕云『真樂攻心不奈何』，樂得大段顛蹶。」或曰：「顔子之樂，只是心有這道理便樂否？」曰：「不須如此説，且就實處做工夫。」〔一三二〕

又曰：〔一三三〕「顔子是孔子稱他樂，也〔一三四〕不曾自説道我樂。大凡人自説樂時便已不是樂了。」淳。〔一三五〕

胡問：「顔子之樂是到樂天知命地位，便不以貧窶累其心否？」曰：「又加却『樂天知命』四字，加此四字又壞了這樂。顔子胸中自有樂地，雖在貧窶之中而亦不以累其心，不是將那以貧窶累其心底做樂。明道曰：『百官萬務，金革百萬之衆，曲肱飲水，樂亦在其中。』觀它有扈游山詩，是甚次第！」淳説：「明道那時未有年齒。」曰：「亦是他自有個見成底樂。」淳。〔一三六〕

問：「顔子『不改其樂』，是私欲既去，一心之中渾是天理流行，無有止息。此乃至富至貴之理，舉天下之物無以尚之，豈不大有可樂！故顔子雖貧，處之泰然，不以貧窶而害此心之樂也。〔一三七〕」先生云：「周子所謂至貴至富〔一三八〕，乃是對貧賤而言。今引此説恐淺。只是私欲未去，如口之於味，耳之於聲，皆是欲。得其欲，即是私欲，反爲所累，何足樂！若不得其欲，只管求之，於心亦不樂。惟是私欲既去，天理流行，動静語默日用之間無非天理，胸中廓然，豈不可樂！此與貧寠自不相干，故不以此而害其樂。」黄直卿〔一三九〕云：「與浩然之氣如何？」曰：「也是此意，但浩然之氣説得較粗。」又云：「『説樂道，便不是』，是如何？」曰：「纔説樂道，只是冒罩説，不曾説得親切。」又云：「伊川所謂『「其」字當玩味』，是如何？」曰：「是元有此樂。」又云：「『見其大則心泰』，周先生〔一四〇〕何故就見上説？」曰：「見便是識此味。」㽦。〔一四一〕

「不改其樂者，僅能不改而已。不能改其樂者，是自家有樂在此，他自無奈自家何」，伊川之説，初看似未甚好，細看甚密。某作六先生贊，吕伯恭云伊川贊尤好。蓋某當初見得個意思地，所謂「布帛之文，穀粟之味，知德者希，孰識其貴也」。伯恭亦看得好。夔孫。〔一四二〕

道夫〔一四三〕問：「程子云『昔受學於周茂叔，每令尋顔子仲尼樂處所樂何事』〔一四四〕，道夫〔一四五〕竊意孔顔之學固非若世俗之着於物者，但以爲孔顔之樂在於樂道，則是孔顔與道終爲二物。要之，孔顔之樂只是私意盡〔一四六〕，天理融〔一四七〕，自然無一毫私累〔一四八〕耳。」曰：「然。但今人説樂道説得來淺爾〔一四九〕。要之，説樂道亦無害。」道夫曰：「觀周先生〔一五〇〕之問，其爲學者甚切。」曰：「然。」頃之復曰：「人〔一五一〕能克己則心廣體胖，仰不愧，俯不怍，其樂可知。有息則餒矣。」道夫。

問：「濂溪教程子尋孔顏樂處，如何？〔一五二〕」曰：「先賢到樂處已自成就向上去了，非初學所能求。况今之師非濂溪之師，所謂友者非二程之友，所以説此事却似茫廣〔一五三〕。不如且就聖賢着實用工處求之，如『克己復禮』，致謹於視聽言動之間，久久自當純熟充達向上去。」賀孫。〔一五四〕

恭父問：「孔顏之分固不同。其所樂處莫只是一般否？」曰：「聖人都忘了身，只有個天理。若顏子猶着〔一五五〕照管在。」恪。

行夫問「不改其樂」。曰：「顏子先自有此樂，到貧處亦不足以改之。夫子〔一五六〕自言疏食飲水，樂在其中。其樂只一般否？」曰：「雖同此樂，然顏子未免有意，到聖人則不然〔一五七〕。」賀孫。

「樂在其中矣，回也不改其樂」。〔一五八〕子善謂：「夫子之樂雖在飯蔬食飲水之中，而忘其樂。顏子不以簞瓢陋巷改其樂，是外其簞瓢陋巷。」曰：「孔顏之樂大綱相似，難就此分淺深。唯是顏子止説『不改其樂』，聖人却云『樂亦在其中』。『不改』字上恐與聖人略不相似，亦只争些子。聖人自然是樂，顏子僅能不改。如云『得』與『不失』，『得』是得了，若説『不失』亦只是得，但説『不失』則僅能不失耳，終不似『得』字是得得穩。此亦有内外賓主之意。」或問：「與『不違仁』如何？」曰：「僅能不違。」賀孫。

讀「回也不改其樂」與「樂在其中矣」一般。〔一五九〕先生曰：「説得雖巧，然子細看來，不須如此分亦得。向見張欽夫亦要如此説，某謂不必如此。所謂樂之淺深乃在『改』〔一六〇〕上面。所謂不改，便是方能免得改，未如聖人從來安然。譬之病人，方得無病，比之從來安樂者便自不同。如此看其深淺乃好。」時舉。

「聖人之樂，且粗言之，人之生各具此理，但是人不見此理，這裏都黑窣窣地。如猫子狗兒相似，飢便求食，困便思睡。一得富貴，便是極聲色之娱，窮四體之奉；一遇貧賤，則憂戚無聊。所謂樂者，非其所可樂；所謂憂者，非其所可憂也。聖人之心直是表裏精粗，無不昭徹，方其有所思，都是這裏流出。所謂德盛仁熟，『從心所欲，不踰矩』，莊子所謂『人貌而天』。蓋形骸雖是人，其實是一塊天理，又焉得而不樂！」又曰：「聖人便是一片赤骨立底天理。顔子早是有個物包裹了，但其皮薄，剥去容易。聖人一爲指出這是天理，這是人欲，他便洞然都得了。」夔孫。

問：「『回也〔一六一〕不改其樂』與『樂在其中矣』，二者輕重如何？」先生曰：「不要去孔顔身上問，只去自家身上討。」敬仲。〔一六二〕

「顔樂」章近改「非禮勿視聽言動」爲「博文約禮」，和前面都説，要得備。「非禮勿視聽言動」，只是約禮底工夫。若不博文，約那禮也不住。淳。〔一六三〕

先生問胡叔器：［一六四］「看文字如何？」對［一六五］曰：「兩日方在思量顏子樂處。」先生疾言曰：「不用思量！他只是『博我以文，約我以禮』後見得那天理分明，日用間義理純熟後不被［一六六］那人欲來苦楚，自恁地快活。你［一六七］而今只去博文約禮便自見得。將次思量得人成病，皆只由索之於杳冥無朕之際作去，何處討這樂處？［一六八］而今一部論語説得恁地分明，自不用思量，只要你［一六九］着實去用工。如前日所説人心、道心便只是這兩事。你［一七〇］只去臨時思量那個是人心，那個是道心。便顏子也只是使得人心聽命於道心後［一七一］，不被人心勝了道心。你而［一七二］今便須是常［一七三］揀擇教精，使道心常常在裏面如個主人，人心只如客樣。常常如此無間斷，則［一七四］便能『允執厥中』。」義剛。

問伊川説「顏子非樂道」，蓋謂非以道爲樂，到底所樂只是道。蓋非道與我爲二物，但熟後便樂也。祖道。［一七五］

初八日，留泗洲之驛舍。蓋卿問：［一七六］「昔鄒道鄉論伊川所見極高處，以謂鮮于侁問於伊川曰：『顏子「不改其樂」，不知所樂者何事。』伊川曰：『尋常道顏子所樂者，若有道可樂便不是顏子。』［一七七］蓋卿以爲［一七八］豈非顏子工夫至到，道體渾然，與之爲一，顏子之言樂自默於存心，［一七九］人見顏子之不改其樂，而顏子不自知也。以此而言，未知是否？［一八〇］」先生曰：「正謂世之談經者，往往有前所説之病：本卑而抗之使高，本淺而鑿之使深，本近而推之使遠，本明而必使之至於晦。且如『伊尹耕於有莘之野，由是以樂堯舜之道』，未嘗以樂道爲淺也。直謂顏子爲樂道，有何不可。」蓋卿。

問：「『顏子樂道』，〔一八一〕伊川謂『使顏子以道爲樂而樂之〔一八二〕，不足爲顏子』，如何？」曰：「樂道之言不失，只是説得不精切，故如此告之。今便以爲無道可樂，走作了。」問：「如〔一八三〕鄒侍郎聞此，謂『吾今始識伊川面』。已入禪去。」曰：「大抵多被如此看。」因舉張思叔問「子在川上」，曰：「便是無窮？」伊川曰：「如何一個『無窮』便了得他？」曰：「『無窮』之言固是，但爲渠道出不親切，故以爲不可。」可學。

問「回也不改其樂」，鮮于侁言樂道，伊川不然之。曰：「説個樂道，便是出頭撞了。到得公説，越是死殺了。這個且未要説，留這一段時時看，待久後説。」〔一八四〕

劉黼問：「『顏子不改其樂』，〔一八五〕伊川以爲『若以道爲樂，不足爲顏子』。又却云『顏子所樂者仁而已』。不知道與仁何辨？」曰：「非是樂仁，唯仁故能樂爾。是他有這仁，日用間無些私意，故能樂也。而今却不要如此論，須求他所以能不改其樂者是如何。緣能『非禮勿視，非禮勿聽，非禮勿言，非禮勿動』，這四事做得實頭工夫透，自然至此。」辛。〔一八六〕

節〔一八七〕問：「程子謂：『使顏子以道爲樂，則非顏子。』周子〔一八八〕通書顏子章又却似言以道爲樂。」先生曰：「顏子之樂非是自家有個道至富至貴，只管把來弄後樂。見得這道理後自然樂，故曰『見其大則心泰，心泰則無不足，無不足則富貴貧賤處之一也。』」節。

問：「『子曰賢哉回也』一章。〔一八九〕明道先生曰：『簞瓢陋巷非可樂，蓋自有其〔一九〇〕樂耳。「其」字當玩味，自有深意。』伊川先生曰：『顏子之樂，非〔一九一〕簞瓢陋巷也，不以貧窶累其心而改其所樂也，故夫子稱其賢。』又曰：『天下有至樂，惟反身者得之，而極天下之樂〔一九二〕不與存焉。』又曰：『顏子簞瓢非樂也，忘也。』呂氏曰：『禮樂悅心之至，不知貧賤富貴可爲吾之憂樂。』右第十章八說，今從明道、伊川、呂氏之說。明道第二說，伊川第一、第三、第七說，范氏說，皆是推說，於本文未甚密。伊川第四說答鮮于侁曰：『使顏子以道爲樂而樂之，則非顏子矣。』切意伊川之説，謂顏子與道爲一矣，若以道爲可樂則二矣。不知然否？謝氏曰：『回也心不與物交，故無所欲。』不與物交，恐説太深。游氏用伊川説。楊氏之説亦穩，但無甚緊要發明處。尹氏謂『不以衆人之所憂改其樂』，却〔一九三〕不如伊川作『不以貧窶累其心而改其所樂』。蓋聖人本意，在簞瓢陋巷上見得顏子賢處。『人不堪其憂』，特輔一句。伊川之説乃其本意，而尹氏乃取其輔句，説顏子賢處未甚緊。」先生曰：「所論答鮮于侁語，大概得之，而未子細。更就實事上看，『心不與物交』，非謂太深，蓋無此理，雖大聖人之心，亦不能不交物也。」幹。

# 晦庵先生朱文公語類卷第三十二

## 論語十四

### 雍也篇三

#### 冉求曰非不悦子之道章

問：「夫子告冉求云：『力不足者，中道而廢，今汝畫。』[一]所謂[二]力不足者，非干志否？」曰：「雖非志，志[三]亦在其中。所見不明，氣質昏弱，皆力不足之故。冉求乃自畫耳。力不足者，欲爲而不能爲；自畫者，可爲而不肯爲。」寓。

問冉求自畫。曰：「如駑駘之馬，固不可便及得騏驥，然且行向前去，行不得，死了，沒奈何。却不行，便甘心説行不得，如今如此者多。」問：「自畫與自棄如何？」曰：「也只是一般。只自畫是就進上説，到中間自住了；自棄是全不做。」賀孫。

「『冉求曰非不説子之道』一章。[四]伊川曰：『冉求言：「非不悦子之道，力不足也。」夫子告以爲學爲己，未有力不足者。所謂力不足者，乃中道而自廢耳。今汝自止，非力不足也。』自廢與自止，兩『自』字意不同。自廢則罪不在己，自止乃己之罪。謝氏曰：『欲爲而不能爲，是之謂力不足；能爲而不欲爲，是之謂畫。以畫爲力不足，其亦未知用力與！使其知所以用力，豈有力不足者。其亦未知説夫子之道與！使其知説夫子之道，豈肯畫也。』右[五]第十一章，凡六説。伊川、謝氏之説，范氏、楊氏之説亦正，但無甚緊切處。吕氏發明伊川之説，以中道而廢作『不幸』字，甚親切；『廢』字作『足廢』，太鑿。不知伊川只上一『自』字便可見。尹氏用伊川之説，但於『廢』字上去一『自』字，便覺無力。」先生曰：「伊川兩『自』字恐無不同之意。觀其上文云『未有力不足者』，則是所謂力不足者，正謂其人自不肯進爾，非真力不足也。此説自與本文不合，而來説必令牽合爲一，故失之耳。謝氏與伊川不同，却得本文之説。」榦。

汝爲君子儒章[六]

問：「『子謂子夏曰：[七]「汝爲君子儒，無爲小人儒」』。儒，學者之稱也。[八]君子儒於學只欲得於己，小人儒於學只欲見知於人。子夏文學雖有餘，而爲己工夫有所未至，故夫子以是語之。[九]」曰：「今只就面前看便見。君子儒、小人儒，同爲此學者也。若不就己分上做工夫，

只要説得去，以此欺人，便是小人儒。」〔一〇〕

問孔子誨子夏「勿爲小人儒」。曰：「子夏是個細密謹嚴底人，中間忒細密，於小小事上不肯放過，便有委曲周旋人情投時好之弊，所以能流於入〔一一〕小人之儒也。子游與子夏絶不相似。子游高爽疏暢，意思闊大，似個蕭散底道人。觀與子夏爭『洒掃應對』一段可見。如爲武城宰，孔子問：『女得人焉爾乎？』他却説個澹臺滅明。及所以取之，又却只是『行不由徑，未嘗至於偃之室』兩句，有甚干涉？可見這個意思好。他對子夏説：『本之則無，如之何？』他資禀高明，須是識得這些意思，方如此説。」又問：「子張與子夏亦不同。」曰：「然。子張又不及子游。子游却又實。子張空説得個頭勢太大了，裏面工夫都空虛，所以孔子誨之以『居之無倦，行之以忠』，便是救其病。子張較聒噪人，愛説大話而無實。」〔一二〕

寓〔一三〕問：「君子儒、小人儒，〔一四〕謝〔一五〕説：『子夏之學雖有餘，意其遠者大者或昧焉。』子張篇中載子夏言語如此，豈得爲『遠者大者或昧』？」曰：「上蔡此説，某所未安。其説道子夏專意文學，未見個遠大處，看只當如程子『君子儒爲己，小人儒爲人』之説。」問：「或以夫子教子夏爲大儒，毋爲小儒，如何？」曰：「不須説子夏是大儒小儒，且要求個自家使處。聖人爲萬世立言，豈專爲子夏設。今看此處，正要見得個義與利分明。人多於此處含糊去了，不分界限。君子儒上達，小人儒下達，須是見得分曉始得，人自是不覺察耳。今自道己會讀書、看義理、做文章，便道别人不會；　自以爲説得行，便謂强得人，此便是小人儒。　毫氂間便分君子小人，豈謂子夏，決不如此。」問：「五峰言：『天理人欲，同體而異用，同行而異情。』先生以爲『同體而異用』説未穩，是否？」曰：「亦須是實見此句可疑始得。」又曰：「今人於義利處皆無辨，只恁鶻突去。　是，須還他是；　不是，還他不是。　若都做得是，猶自有淺深，況於不是？」寓。〔一六〕

問：「『子謂子夏曰：女爲君子儒』一章，謝氏曰：『志於義則大，是以謂之君子；　志於利則小，是以謂之小人。　君子、小人之分，義於利之間也。　然所謂利者，豈必殖貨利之謂？以私滅公，適己自便，凡可以害天理者皆利也。　子夏文學雖有餘，而意其遠者大者或昧焉，是以夫子語之以此。』右第十二章凡五説，今從謝氏之説。　伊川、尹氏以爲爲人爲己；　范氏以爲舉内徇外，治本務末；　楊氏以義利爲君子小人之别。　其説皆通，而於淺深之間似不可不别。　竊謂小人之得名有三，而爲人、爲利、徇外務末，其過亦有淺深。　蓋有直指其爲小人者，此人也，其陷溺必深。　有對大人君子而言者，則特以其小於大人君子而得是名耳，與溺者不同。　雖均於爲人爲利，均於徇外務末，而過則有淺深也。　夫子告子夏以『無爲小人儒』，乃對君子大人而小者耳。　若只統説，則與世俗之真小人者無異，尚何以儒爲哉？」曰：「伊川意可包衆説。　小人固有等第，然此章之意却無分别。」榦。

## 子游爲武城宰章

又問：「『子游爲武城宰，子曰：女得人焉耳乎？』爲政以得人爲先，故孔子以得人爲問。曰：『有澹臺滅明者，行不由徑，非鄉飲鄉射之類，未嘗至於偃之室。』以此二事觀之，則滅明之爲人，動必由正道而無見小欲速之意。又有以自守而無枉己徇人之私，其正大之情亦可見矣。凡人持身，當以滅明爲法則，無苟賤之羞。取人當以子游爲法則，無邪媚之惑。」〔一七〕先生云：「公事不可知，但不以私事見邑宰，意其鄉飲、讀法之類也。」〔一八〕

聖人之言寬緩，不急迫。如「焉爾乎」三字〔一九〕是助語。節。

節〔二〇〕問：「楊氏曰：『爲政以人才爲先。如子游爲武城宰，縱得人，將焉用之？』似說不通。」曰：「古者士人爲吏，恁地說也說得通。更爲政而得人講論，此亦爲政之助。恁地說也說得通。」節。

問：「『子游喜滅明』，〔二一〕集注取楊氏說云：『觀其二事之小，而正大之情可見矣。』」曰：「看這氣象便不恁地猥碎。」問：「非獨見滅明如此，亦見得子游胸懷也恁地開廣，故取得這般人。」曰：「子游意思高遠，識得大體。」問：「與琴張、曾皙、牧皮相類否？」曰：「也有曾皙氣象。如與子夏說：『抑末也，本之則無，如之何！』此一着固是失了，只也見得這人是曠闊底人。

如問孝，則答以『今之孝者，是謂能養；不敬，何以別』，見得他於事親愛有餘而敬不足。又如說『事君數，斯辱矣；朋友數，斯疏矣』與『喪至乎哀而止』，亦見得他不要如此。若孔子之武城聞絃歌，〔一二二〕子游舉『君子學道愛人』等語，君子是大人，小人是小民。昨日丘子復〔一二三〕出作論題，皆曉不得子游意。謂君子學道，及其臨民則愛民；小民學道，則知分知禮，而服事其上。所以絃歌教武城，孔子便說他說得是。這也見子游高處。」賀孫問：「檀弓載子游、曾子語，多是曾子不及子游。」曰：「人說是子游弟子記，故子游事詳。」問：「子游初間甚高，如何後來却不如曾子之守約？」曰：「守約底工夫實。如子游這般人，却怕於中間欠工夫。」問：「子謂子夏曰：『女爲君子儒，無爲小人儒。』看子夏煞緊小，故夫子恐其不見大道，於義利之辨有未甚明。」先生曰：「子游與子夏全相反。只子夏洒掃應對事，却自是切己工夫。如子夏促狹。如子游說：『抑末也，本之則無，如之何！』是他見得大源頭，故不屑屑於此。如孔子答問孝於子夏曰『色難』，與子游全是兩樣。子夏能勤奉養，而未知愉色婉容之爲美。」賀孫。

問：「『子游爲武城宰』一章，謝氏曰：『善觀人者，於小事猶足以觀之。如觀水之瀾可以知其有源也。行不由徑，非公事未嘗至於偃之室，亦可以知滅明之賢矣。行不由徑，蓋其意無欲速。非公事未嘗至於偃之室，蓋其意不爲呴濡以媚悅人。觀此則澹臺滅明簡易正大之情可見矣。』」〔一二四〕右第十三章凡五說。伊川兩說。伊川、尹氏解『行不由徑』作『動必從正道』，楊氏謂『直道而行』，皆是疑『行不由徑』爲非中理。竊意滅明之爲人未至成德，但有一節一行可取。如非公事不至偃室，自成德者觀之，此特其一行爾，而子游尚稱之，則『行不由徑』亦但以其不欲速而遵大路可知也。伊川兩說，蓋權時者之事也。范氏乃就推人君說。」先生曰：「來說得之。」榦。

## 孟之反不伐章

問「孟之反不伐」。曰：「孟之反資稟也高，未必是學。只世上自有這般人，不要争功。胡先生說：『莊子所載三子，云孟子反、子桑户、子琴張。子反便是孟之反。子桑户便是子桑伯子，「可也簡」底。子琴張便是琴張，孔子所謂「狂者」也，但莊子說得怪誕。』但他是與這般人相投，都自恁地没檢束。」賀孫。

立之問「孟之反不伐」一章〔二五〕。先生曰：「人之矜伐都從私意上來。纔有私意，便有甚好事也做不得。孟之反不伐，便是克、伐不行，與顔子無伐善施勞底意思相似。雖孟之反别事未知如何，只此一節便可爲法。人之私意多端。聖人所以言此者，正提起與人看，使人知所自克也。」時舉。

又問：「『軍敗而殿其後，此功也。乃曰：『非敢後，乃馬不進。』以此言自揜其功，乃不伐也。〔二六〕凡人所以矜伐者，其病根在甚處？只爲有欲上人之心。纔有欲上人之心，則人欲日長，天理日消，凡可以矜己誇人者無所不至。故學者當去其欲上人之心，則天理自明，凡可以矜己誇人者自消矣。此聖人所以稱孟之反也。[二七]」先生云：「欲上人之心便是私欲。聖人四方八面提起向人[二八]，只要人去得私欲。孟之反其他事不可知，只此一事便可爲法也。」[二九]

問：「孟之反不伐。人之伐心固難克，然若非先知得是合當做底事，則臨事時必消磨不去。諸葛孔明所謂『此臣所以報先帝而忠陛下之職分也』。若知凡事皆其職分之所當爲，只看做得甚麼樣大功業，亦自然無伐心矣。」曰：「也不是恁地。只是個心地平底人，故能如此。若使其心地不平，有矜伐之心，則雖十分知是職分之所當爲，少間自是走從那一邊去，遏捺不下。少間便說，我却盡職分，你却如何不盡職分！便自有這般心。孟之反只是個心地平，所以消磨容受[三〇]得去。」僩。

讀「孟之反不伐」章，曰：「此與馮異之事不同。蓋軍敗以殿爲功，殿於後，則人皆屬目其歸。他若不恁地說，便是自承當這個殿後之功。若馮異，乃是戰時有功，到後來事定，諸將皆論功，他却不自言也。」時舉。

問：「呂氏謂人之不伐，能不自言而已。孟之反不伐，則以言以事自揜其功，加於人一等矣。右[三一]第十四章凡六說，今從呂說。范、楊、侯、尹論其謙讓不伐，只統說大綱，於聖人所稱孟之反之意有未盡，不如呂氏說得『馬不進也』之意出。謝氏說學者事甚緊切，於本文未密。」先生曰：

「若不自揜，即是自居其功矣。恐不必如呂氏説。」榦。集義。〔三二〕

## 不有祝鮀之佞章

「『不有祝鮀之佞，而有宋朝之美，難乎，免於今之世矣。』程伊川曰：『祝鮀佞，所謂口才；宋朝美，所謂令色。當衰世，非此難免。』夫巧言令色，聖人之所深惡，豈遂以爲非此不免於世哉。夫佞者，才也。若左氏傳所稱不佞皆不才也。衛靈公之無道，得仲叔圉、祝鮀、王孫賈而不喪。然則祝子魚，衛之賢大夫也。孔子謂其能治宗廟，必忠信誠恪人也，豈巧言者哉？宋公子朝，姿容之美通於南子，實亂衛國。或者謂，使當世不有祝鮀之才而徒有宋朝之美，則靈公將不免於今。其説可從否？」〔三三〕先生曰：「此孔子歎亂〔三四〕也。言衰世好諛悦色，非此不能免，蓋深傷之。當只從程先生之説。」謨。

問：「此章伊川曰：『無祝鮀之巧言與宋朝之令色，難乎免於今之世，必見憎疾也。』右第十五章，凡七説。〔三五〕伊川説〔三六〕。今從伊川此説。伊川第二、第三説，呂、范、尹之説皆一意，與伊川第一説同，故不録。〔三七〕范氏曰：『有朝之令色，無鮀之巧言，猶難免於當世。』據范氏主意，乃在疾時之好佞，故曰『猶難免於當世』，非加一『猶』字，則其説不通。文意恐不如此。謝氏曰『善觀世之治亂者如此』，乃推説。侯氏曰：『「而」字疑爲「不」字。』説恐未必是文錯，或文勢如此。」

先生曰：「當從伊川説。」榦。

## 子曰[三八]誰能出不由户章

問：「『子曰誰能出不由户』一章，[三九]吕氏曰：『出而不能不由户，則何行而非達道也哉！』楊氏曰：『道無適而非也，孰不由斯乎？猶之出必由户也，百姓日用而不知耳。』尹氏曰：『道不可離，可離非道，猶出入必由户。』右[四〇]第十六章凡六説，今從吕、楊、尹之説。伊川、范氏、謝氏皆正，但伊川『事必由其道』一句未粹，范、謝説稍寬。」先生曰：「此言人不能出不由户，何故却行不由道？怪而歎之之辭也。伊川雖不如此説，然『事必由其道』一句不見其失，不可輕議，更宜思之。」榦。

## 質勝文則野章

史，掌文籍之官。如「二公及王乃問諸史」，并周禮諸屬，各有史幾人。如内史、御史皆掌文籍之官。秦有御史大夫，亦掌制度文物者也。僩。

「質勝文則野，文勝質則史」，是不可以相勝。纔勝便不好。龜山云：「則可以相勝。」「則」字怕誤，當作「不」字。賀孫。

問：「伊川曰：『君子之道，文質得其宜也。』范氏曰：『凡史之事，皆文勝質者也。失其義，陳其數者，史也。國有史記，主於文而已，無取於質也。野人則曰：「質而已矣，何以文爲？」故野與史，文、質之反也。庶人之在官亦曰史，則與野人異矣。不野不史，然後謂之君子。〔四一〕』右〔四二〕第十七章，凡七説，今從伊川、范公〔四三〕之説。伊川第二説、吕氏説論『史』字皆通。謝氏專指儀容説，恐未當。大綱且論文質，故有野與史之别。若專以爲儀容，則説『史』字不通，史無與儀容事。楊氏云：『文猶質也，質猶文也，二者不可以相勝，故文質彬彬，然後君子。然質之勝文，則有其質矣，猶之甘可以受和，白可以受采也；文勝而至於滅質，則其本亡矣，雖有文，將安施乎？然則，與其史也寧野。』〔四四〕自『質之勝文』以下皆推説，與本文不類。尹氏曰：『史文勝而理不足。』『理』字未安。如此，則野可謂之理勝也。既謂之勝，則理必不足。野與史，皆可謂之理不足也。」先生曰：「史既給事官府，則亦習於容止矣。謝説之失不在此，却是所説全以觀人爲言，無矯揉着力處，失却聖人本旨。楊説推得却有功。『文勝則理不足』，亦未有病。野，固理勝而文不足也。」榦。

## 子曰〔四五〕人之生也直章

生理本直。人不爲直便有死之道，而却生者是幸而免也。夔孫。

程明道曰：「生理本直。罔，不直也，而亦生者，幸而免耳。」[四六]罔之生也之「生」，與上面「生」字微有不同。此「生」字是生存之「生」。人之絶滅天理，便是合死之人。今而不死，蓋幸免也。人傑。

節[四七]問：「或問中[四八]：『上「生」字爲始生之生，下「生」字爲生存之生。雖若不同，而義實相足。』何也？」曰：「後日生活之生，亦是保前日之生。所以人死時，此生便絶。」節。

天地生生之理只是直，纔直便是有生生之理。不直則是枉天理，宜自屈折也，而亦得生，是幸而免耳。如木方生，須被折了便不直，多應是死。到得不死，幸然如此。賀孫。

問：「『人之生也直』。蓋理本直，自本至末皆是直下之正理，無些子私曲，故人受此理以生未有不直者。如此，罔之生也，幸而免。若或不直，便是被私意隔了，不見所謂生理，只是一個頑物，故不直而亦生者，特幸而免耳，然與死亦何異？[四九]」曰：「『生理本直』，順理而行便是合得生。若不直便是不合得生，特幸而免於死耳。」晏亞夫[五〇]問：「如何是『生理本直』？」曰：「如父子，便本有親；君臣，便本有義。」[五一]

讀「人之生也直」一章，曰：「未見所謂『本直』底意思，只玩味程先生『生理本直』四字，便自有味。如見孺子入井便有怵惕之心，只便是直；纔有『内交要譽』之意，便是曲了。『仁者先難而後獲』，[五二]只是無期必之心。」時舉。[五三]

「罔，只是脱空作僞，做人不誠實，以非爲是，以黑爲白。如不孝於父，却與人説我孝；不弟於兄，却與人説我弟，此便是罔。據此等人，合當用死，却生於世，是幸而免耳。生理本直，如耳之聽、目之視、鼻之齅、口之言、心之思，是自然用如此。若纔去這裏着些屈曲支離，便是不直矣。」又云：「凡人解書，只是這一個粗近底道理，不須別爲高遠之説。如云不直，只是這個不直。却云不是這個不直，別有個不直，此却不得。所謂淺深者，是人就這明白道理中見得自有粗細，不可説這説是淺底，別求一個深底。若論不直，其粗至於以鹿爲馬，也是不直；其細推至一念之不實，惡惡不『如惡惡臭』，好善不『如好好色』，也是不直。只是要人自就這個粗説底道理中看得越向裏來較細耳，不是別求一樣深遠之説也。」僩。

問：「明道云：『「民受天地之中以生」，「天命之謂性」也。「人之生也直」，亦是此意。』莫微有差別否？」曰：「如何有差別！便是這道理。這道理[五四]本直，孔子却是爲欲説『罔之生也』。所以説個『直』字，與『民受天地之中』義理一般。」僩。集義。

問：「伊川曰：『人類之生以直道也，欺罔而免者幸耳。』謝氏曰：『順理爲直，天地人神之所共好也。人有一不慊於理義，則仰不愧，俯不怍，不見非於明，不見責於幽，其血氣亦將安佚恬愉，此其所以能生與！罔則不直而生者，不惟内焦勞於血氣，亦天地人神之所共怒也。此其不死，亦幸矣。[五五]』」右[五六]第十八章，凡九説，楊氏兩説。

「今從伊川、謝氏之説。明道曰『生理本直』，范氏曰『人之性善，故其生直』，尹氏曰『直，性也』，此三説者，皆以『生』字作『始生』之『生』，未安。據此章，正如禮所謂『失之者死，得之者生』，乃『生存』之『生』。若以爲生本直，性本直，則是指人之始生言之。人之始生，固可謂之直，下文又不當有始生而罔者。下句若作『生存』之『生』，則上句不應作『始生』之『生』。横渠解『幸而免』，似鑿。本文上句却無吉凶莫非正之意。吕氏曰：『罔，如網，無常者也。』『罔』字只對『直』字看便可見，似不必深説。謝氏雖誠有未盡，[五七]大綱亦正。楊氏曰：『人者，盡人道者。』其意以『人』字作一重字解，似對『罔』字言之，未當。『人』字只大綱説。第二説大略。」先生曰：「此兩『生』字，上一字是『始生』之『生』，下一字是『生存』之『生』。當從明道之説，[五八]則得之矣。」榦。

## 知之者不如好之者章

「知之者不如好之者」。人之生，便有此理。然被物欲昏蔽，故知此理者已少。及能知之又不如好之者，[五九]好之者是知之已至，分明見得此理可象[六〇]可求，故心誠好之。雖能好之，然又不如樂之者，[六一]樂之者是好之已至，而此理已得之於己。凡天地萬物之理皆具足於吾身，則樂莫大焉。知之者如五穀之可食，好之者是食而知其味，樂之者是食而飽。[六二]

問：「若是真知，安得不如好之？若是真好，安得不如樂之？」曰：「不說不是真知與真好，只是知得未極至，好得未極至。如數到九數，便自會數到[六三]十與十一去；數到十九數，便自會數過二十與二十一去。不着得氣力，自然如此。若方數得六七，自是未易過十；數得十五，自是未易過二十數，這都是未極至處。如行到福州，須行到福州境界極了，方到興化界；這邊來，也行盡福州界了，方行到南劍界。若行未盡福州界，自是未到得別州境界。行得盡福州境界了，自會到別州。自南劍行盡南劍界，建寧府自到。」[六四]『樂則生矣，生則惡可已』也。」賀孫。

問：「明道曰：『篤信好學，未如自得之樂。好之者，如游他人園圃；樂之者，則己物耳。然只能信道，亦是人之難能也。』伊川曰：『非有所得，安能樂之？』又曰：『知之者在彼，而我知之也。好之者雖篤，而未能有之。至於樂之，則爲己之所有。』右[六五]第十九章，凡七說，伊川三說。今從明道、伊川之說。伊川第二說，推說教人事，曰：『知之必好之，好之必求之，求之必得之。古人此個學是終身底事，果能造次顛沛必於是，豈有不得之理？』范氏曰『樂則生矣』，呂氏亦曰『樂則不可已』，皆推說樂以後事。若原其所以樂，則須如伊川之說。呂氏曰：『知之則不惑。』據此章『知』字，只謂好學者耳，未到不惑地位，其說稍深。楊氏曰：「『夫婦之愚，可以與知焉』，則知之非艱矣。」此說『知』字又太淺。人而知學者亦不易得。夫婦之知，習之而不察者耳，未足以爲知。二説正相反，呂氏過，楊氏不及。謝氏曰：『樂則無欣厭取捨。』謂之無厭無捨則可，若謂之無所欣，無所取，則何以謂之樂？尹氏大綱與伊川同意，但以『安』字訓『樂』字，未緊。」先生曰：「所論『知』字甚善，但此亦謂知義理之大端者耳。謝説大抵太過。」榦。集義。〔六六〕

## 中人以上可以語上〔六七〕章

行夫問「中人以上可以語上」一章〔六八〕。曰：「理只是一致。譬之水，也有把與人少者，有把與人多者。隨其質之高下而告之，非謂理有二致也。」時舉。

寓〔六九〕問：「聖人教人，不問智愚高下。未有不先之淺近，而後及其高深。今中人以上之資，遽以上焉者語之，何也？」曰：「他本有這資質，又須有這工夫，故聖人方以上者語之。今人既無這資質又無這工夫，所以日趨於下流。」寓。

或説此一段。曰：「正如告顏淵以『克己復禮』，告仲弓以『持敬行恕』，告司馬牛以言之訒。蓋清明剛健者自是一樣，恭默和順者自是一樣，有病痛者自是一樣，皆因其所及而語之也。」僩。

問：「明道曰：『上智高遠之事，非中人以下所可告，蓋踰涯分也。』橫渠曰：『中人以上可與語上，中人以下不可以語上，此只就上、中、下而言也。語，告語之語。上只謂上等之事。下愚者不可以語上，則是人生有不可勉者乎？何有是也！乃若其情則可以爲善矣，其人心願爲善，斯善矣。所以不語上者，爲躐等也。下愚進至於中人，由中人然後可以語上也。」〔七〇〕

右〔七一〕第二十章，凡六說。伊川兩說，横渠說在外。伊川第二說曰：「『中人以上，中人以下』，皆謂才也。」第一說與尹氏之說同。此意謂之才者，其〔七二〕以爲稟受然爾。楊氏亦曰：『有中人上、下者，氣稟異也。』此三說皆以其上、中、下爲係所稟受。范氏則曰：『由學與不學故也。』謝氏亦曰：『特語其操術淺深非不移之品。』此二說，又以其上、中、下爲係於學術。五說正相反。據本文，只大綱論上、中、下，初未嘗推原其所以然也。若推原其所以然，則二者皆有之。或以其稟受不同，或以其學術有甚〔七三〕異，不可偏舉。」先生曰：「伊川第二說已具二者之意矣。」榦。

## 樊遲問知章

問：「『敬鬼神而遠之』，莫是知有其理故能敬，不爲他所惑故能遠？」曰：「人之於鬼神，自當敬而遠之。若見得那道理分明，則須著如此。如今人信事浮圖以求福利，便是不能遠也。又如卜筮，自伏羲堯舜以來皆用之，是有此理矣。今人若於事有疑，敬以卜筮決之，有何不可？如義理合當做底事却又疑惑，只管去問於卜筮，亦不能遠也。蓋人自有人道所當爲之事。今若不肯自盡，只管去諂事鬼神，便是不智。」因言「夫子所答樊遲問仁智一段，正是指那〔七四〕中間一條正當路子〔七五〕與人。大凡人於所當做者〔七六〕却不肯去做，纔去做時又便生個計獲之心，皆是墮於一偏。人能常以此提撕，則心常得其正矣。」廣。

問「敬鬼神而遠之」。曰：「此鬼神是指正當合祭祀者。且如宗廟山川，是合當祭祀底，亦當敬而不可褻近泥着，纔泥着便不是。且如卜筮用龜，所不能免，臧文仲却爲山節藻梲之室以藏之，便是不智也。」銖。

問：「樊遲問知，孔子説『敬鬼神而遠之，可謂智矣』，〔七七〕諸家皆作兩事説。」先生曰：「此兩句恐是一意。民者，人也；義者，宜也。如詩所謂『民之秉彝』，即人之義也。此則人之所宜爲者不可不務也。此而不務，而反求之幽冥不可測識之間，而欲避禍以求福，此豈謂之智者哉？『先難後獲』即仲舒所謂『仁人明道不計功』之意。吕氏説最好，辭約而義甚精。吕氏曰：『當務爲急，不求所難知，力行所知，不憚所難。』爲此，樊遲可進於知與仁之實也。〔七八〕」節〔七九〕問：「『敬鬼神而遠之』，如天地山川之神與夫祖先，此固當敬。至如世間一種泛然鬼神，果當敬否？」曰：「他所謂『敬鬼神』，是敬正當底鬼神。『敬而遠之』，是不可褻瀆，不可媚。如卜筮用龜，此亦不免。如臧文仲山節藻梲以藏之，便是媚，便是不知。」節。

問：「程子説鬼神，如孔子告樊遲，乃是正鬼神。如説今人信不信，又别是一項，如何衮同説？」曰：「雖是有異，然皆不可不敬不遠。」可學。

須「先難而後獲」。不探虎穴，安得虎子！須是捨身入裏面去，如搏寇讎，方得之。若輕輕地說得，不濟事。方子。

又曰：〔八〇〕「只是我合做底事便自做將去，更無下面一截。纔有計獲之心，便不是了。」恪。

問「仁者先難而後獲」。曰：「獲，有期望之意。學者之於仁，工夫最難。但先爲人所難爲，不必有期望之心，可也。」祖道。按周謨録同。〔八一〕

黄問：「『先難後獲』未是仁，只是仁者之心否？」曰：「此等外面恁地，然裏面通透也無界限。即『先難後獲』便是仁。如『克己復禮』是爲仁之事，然即『克己復禮』便是仁。『我欲仁，斯仁至矣』，即『欲仁』便是仁。聖人之言有個階級底，一句上面說高，下面說低。有平直朗說底，若此等句是也。」淳。〔八二〕

亞夫問：「『先難而後獲』，『先事後得』，莫是因樊遲有計較功利之心，故如此告之？」曰：「此是後面道理，而今且要知『先事後得』如何可以崇德。蓋做合做底事便純是天理，纔有一毫計較之心便是人欲。若只循個天理做將去，德便自崇。纔有人欲，便這裏做得一兩分，却那裏缺了一兩分，這德便消削了，如何得會崇。聖人千言萬語，正要人來這裏看得破。」時舉。〔八三〕

因論「先難後獲」，有問云：「先生解『勿正』字頗有後獲之意。」曰：「然。頗有此意。」問者云：「如此解則於用工者儘有條理。」曰：「聖賢之言，條理未嘗不精密，但看得不切，錯認了他

文義，則并與他意而失之耳。」希遜。〔八四〕

問：「『仁者先難而後獲』。難者，莫難於去私欲。私欲既去，則惻然動於中者，不期見而自見。」曰：「仁畢竟是個甚形狀？」對云：〔八五〕「仁者與天地萬物爲一體。」曰：「此只是既仁之後，見得個體段如此。方其初時仁之體畢竟是如何，要直截見得個仁底表裏。若不見它表裏，譬猶此屋子，只就外面貌得個模樣，縱説得着亦只是籠罩得大綱，不見屋子裏面實是如何，要〔八六〕須就中實見得子細方好。」又問：「就中間看，只是惻然動於中者，無所係累昏塞便是否？」曰：「此是已動者。若未動時，仁在何處？」曰：「未動時流行不息，所謂那活潑潑地便是。」曰：「諸友所説仁皆是貌模。今且爲老兄立個標準，要得就這上研磨，將來須自有個實見得處。譬之食糖，據別人説甜不濟事，須是自食，見得甜時，方是真味。」大雅。

問：「樊遲問智，當專用力於人道之所宜，而不惑於鬼神之不可知，此智者之事也。若不務人道之所宜爲而褻近鬼神，乃惑也。須是敬而遠之乃爲智。『先難而後獲』，謂先其事之所難，而後其效之所得，此仁者之心也。若方從事於克己，而便欲天下之歸仁，則是有爲而爲之，乃先獲也。若有先獲之心，便不可以爲仁矣。」曰：「何故有先獲之心，便不可以爲仁？」南升云：〔八七〕「方從事於仁，便計較其效之所得，此便是私心。」曰：「此一句説得是。克己，正是要克去私心，又却計其效之所得，乃是私心也。只此私心便不是仁。」又曰：「『務民之義』只是就分明處用力，則一日便有一日之效。不知『務民之義』，褻近鬼神，只是枉費心力。〔八八〕南升。

常人〔八九〕之所謂知，多求知人所不知。聖人之所謂知，只知其所當知而已。自常人觀之，此兩事若不足以爲知。然果能專用力於人道之宜，而不惑於鬼神之不可知，却真個是知。燾。〔九〇〕

問集注「仁之心，智之事」。曰：「『務民之義，敬鬼神』，是就事上説。『先難後獲』，是就處心積慮處説。『仁』字就〔九一〕較近裏，『智』字説較近外。」夔孫。

古注「先其事之所難而後有所獲」，「後」字説得輕了。程先生把「後」字作重説，較有力。「後獲」猶「先事後得」及「事君敬其事而後其食」之「後」同。淳。〔九二〕

胡叔器〔九三〕問集注心與事之分。曰：「這個有〔九四〕難曉處？事，便是就事上説；心，便是就裏面説。『務民之義，敬鬼神而遠之』，這是事。『先難後獲』，這是仁者處心如此。事也是心裏做出來，但心是較近裏説。如一間屋相似，説心底是那房裏，説事底是那廳上。」義剛。

問：「此一章，〔九五〕明道曰：『「先難」，克己也。』伊川曰：『以所難爲先而不計所獲，仁也。』又曰：『民，亦人也。務人之義，知也。鬼神不敬，則是不知；不遠，則至於瀆。敬而遠之，所以爲智。』又曰：『有爲而作，皆先獲也，如利仁是也。古人惟知爲仁而已，今人皆先獲也。』右第二十一章，凡七説，明道三説，伊川四説。今從明道、伊川之説。明道第一説曰：『民之所宜者，務之。

所欲，與之聚之。』第三説亦曰：『「務民之義」，如項梁立義帝，謂從民望者是也。』伊川第一説亦曰：『能從百姓之所義者，知也。』尹氏用伊川説。此三説，皆以『務民之義』作從百姓之所宜，〔九六〕恐説『知』字太緩。伊川第三説鬼神事。范氏〔九七〕作『振民育德』，其説寬。振民之意，亦與明道、伊川從百姓之所宜之意同，皆恐未穩否？呂氏曰：『當務爲急，不求所難知。』似將『務民之義，敬鬼神而遠之』作一句解。看此兩句，正與『非其鬼而祭之，諂也。見義不爲，無勇也』相類。兩句雖連説，而文意則異。謝氏曰：『「敬鬼神而遠之」，知鬼神之情狀也。』伊川第三説似未須説到如此深遠，正以其推言之耳。楊氏曰：『「樊遲學稼圃，務民之事而已，非義也。」莫非事也，而曰事而非義，則不可。但有義不義之異，事與義本無異。』先生曰：「民之義，謂人道之所宜也，來説得之。但所謂『「居天下之廣居」，與己之廣居無異』，則天下只有此一廣居，何必更説無人我之異乎？呂氏説，詞約而義甚精，但伊川説『非其鬼而祭之』，兩説相連却費力。若如范氏説，則可以相因矣。楊氏所引本無意義，然謂事即是義則不可，且如物還可便謂之理否？」榦。

## 子曰仁者樂山章〔九八〕

「『知者樂水，仁者樂山』，不是兼仁智而言，是各就其一體而言。如『仁者見之謂之仁，智者見之謂之智』」。人傑問：「『樂』字之義，釋曰『喜好』，是智者之所喜好在水，仁者之所喜好在山否？」曰：「且看水之爲體，運用不窮，或淺或深，或流或激；山之安静篤實，觀之儘有餘味。」某謂：「如仲尼之稱水曰：『水哉！水哉！』子在川上曰：『逝者如斯夫！』皆是此意否？舊看伊川説『非體仁智之深者，不能如此形容之』，理會未透。自今觀之，真是如此。」曰：「不必如此説[九九]泛濫，且理會樂水樂山，真要[一〇〇]看得意思窮盡，然後四旁莫不貫通。苟先及四旁，却終至於與本説都理會不得也。」人傑。

子善問「智者樂水，仁者樂山」。先生曰：「看聖人言須知其味。如今只看[一〇一]『樂山』、『樂水』字，將仁、智來比類，湊合聖言而不知味也。譬如喫饅頭只喫些皮，元不曾喫餡，謂之知饅頭之味，可乎？且今[一〇二]以智者樂水言之，須要子細看這水到隈深處時如何，到峻處時如何，到淺處時如何，到曲折處時如何。地有不同，而水隨之以爲態度，必至於達而後已，此可見知者處事處。『仁者樂山』亦以此推之。」[一〇三]

胡問「仁者樂山，知者樂水」章[一〇四]。曰：「聖人之言，有淺説底，有深説底，這處只是淺説。仁似今之重厚底人，智似今之靈利底人，[一〇五]亦在人看。」淳。義剛録同。[一〇六]

林正卿[一〇七]問：「『智者樂水，仁者樂山』，是以氣質言之，不知與『仁者安仁，智者利仁』有高下否？」曰：「此『仁者』[一〇八]二字亦説得淺，不可與『安仁利仁』較優劣。如中庸説『智仁勇』，這個『仁智』字是〔一〇九〕説得煞大。」賀孫。

問「仁者樂山，智者樂水」一章。舉東坡之説，〔一一〇〕曰：「此一章只要理會得如何是仁，如何是智。若理會這兩個字通透，如動、静等語自分曉。」賀孫。

問：「仁智動静之説，與陰陽動静之説同否？」曰：「莫管他陽動陰静，公看得理又過了。大抵看理只到這處便休，又須得走過那邊看，便不是了。然仁主於發生，其用未嘗不動，而其體却静。知周流於事物，其體雖動，然其用深潛縝密，則其用未嘗不静。其體用動静雖如此，却不須執一而論，須循環觀之。蓋仁者一身混然全是天理，故静而樂山，且壽，壽是悠久之意；知者周流事物之間，故動而樂水，且樂，樂是處當得理〔一一一〕而不擾之意。若必欲以配陰陽，則仁配春，主發生，故配陽動；知配冬，主伏藏，故配陰静。然陰陽動静又各互爲其根，不可一定求之也。此亦在學者默而識之。」祖道。

問：「『智者淵深不測而周流無滯，有似于水，故樂水；仁者包藏發育而安重不遷，有似於山，故樂山。各以類相合也。〔一一二〕智者動，仁者静』，動是運動周流，静是安静不遷，此以成德之體而言也。若論仁智之本體，智則淵深不測，衆理於是而斂藏，所謂『誠之復』，則未嘗不静；仁者包藏發育，一心之中生理流行而不息，所謂『誠之通』，則未嘗不動。今此言『智者動，仁者静』，是就君子成德之體而言也。動而不括自是樂，静而有常則有必得其壽之理。此以效言也。[一一三]」先生云：「知者動意思常多，故以動爲主；仁者靜意思常多，故以靜爲主。今夫水淵深不測，是靜也；及滔滔而流，日夜不息，故主於動。山包藏發育之意，是動也；而安重不遷，故主於靜。今以椀盛水在此，是靜也，畢竟它是動物。故知動仁靜，是體段模樣意思如此也，當以心體之便見。」[一一四]

通老問：「仁者[一一五]動靜，合二者如何？」曰：「何必合？此亦言其多耳。不成仁者便愚，智者便一向流蕩！要之，安靜中自有一個運動之理，運動中自有一個安靜之理方是。」可學。

「仁者靜」，或謂寂然不動爲靜，非也。此言仁者之人雖動亦靜也。喜怒哀樂皆動也，仁者之人豈無是數者哉！蓋於動之中未嘗不靜也。靜，謂無人慾之紛擾，而安於天理之當然耳。若謂仁有靜而不動，則智者亦常動而不靜乎！謨。

仁智動靜。自仁之靜、智之動而言，則是「成己，仁也；成物，知也」。自仁之動、智之靜而言，則是「學不厭，智也；教不倦，仁也」。恪。

仁靜智動。易中說「仁者見之」，陽也；「智者見之」，陰也。這樣物事大抵有兩樣。仁配春，智配冬。中庸說：「成己，仁也；成物，智也。」仁在我，智在物。孟子說：「學不厭，智也；教不倦，仁也。」又却智在我，仁在物。見得這樣物事皆有動靜。泳。

或問：「『智者動，仁者靜』。如太極圖說，則智爲靜而仁爲動，如何？」曰：「且自體當到不相礙處方是。」〔一一六〕良久，曰：「這物事直看一樣，橫看一樣。〔一一七〕子貢説學不厭爲智，教不倦爲仁。子思却言成己爲仁，成物爲智。仁固有安静意思，然施行却有運用之意。」又云：「智是伏藏、〔一一八〕淵深底道理，至發出則有運用。然至於運用各當其理而不可易處，又不專於動。」人傑。

問：「『仁者静，知者動』，太極圖説『仁是陽動，智是陰静』。如何？」曰：「大兄觀書且只就當下玩索文意，不消如此牽引，反生枝蔓。如孟子説『學不厭，智也；教不倦，仁也』。中庸又却説『成己，仁也；成物，智也』。道理不可執着，横看是一段，竪看是一段，且逐件理會。」元秉。〔一一九〕

問：「『智者動』，集注以動爲知之體；『智者樂〔一二〇〕』，又云：『其用周流而不窮』，言體、用相類，如何？」曰：「看文字須活着意思，不可局定。知對仁言，則仁是體，智是用。只就知言，則知又自有體、用。如『乾道成男，坤道成女』，豈得男便都無陰？女便都無陽？這般須錯〔一二一〕看。然大抵仁都是個體，知只是個用。」淳。

問：「仁智動静，集注説頗重疊。」曰：「只欠轉换了一個『體』字。若論來，仁者雖有動時，其體只自静；智者雖有静時，其體只自動。」賀孫。〔一二二〕

「仁者壽」，是有壽之理，不可以顔子來插看。如「罔之生也幸而免」，罔亦是有死之理。淳。

知者動而不静，又如何處動？仁者静而不動，又死殺了。是則有交互之理，但學者且只得據見在看，便自見得不要如此紛紛也。所舉程子曰「非禮仁智之深者，不能如此形容」，此語極好看。儘用玩味，不是常説。如「子語魯太師樂處」，亦云「非知樂之深者不能言」，皆此類也。極用子細玩味看。明作。

問：「『智者樂水』一章，看截三截却似倒。〔一二三〕動静是本體，山水是説其已發，樂壽是指其效。」曰：「然。倒因上二句説到他本體上。『智者動』，然他自見得許多道理分明，只是行其所無事，其理甚簡；以此見得雖曰動，而實未嘗不静也。『仁者静』，然其見得天下萬事萬理皆在吾心，無不相關，雖曰静，而未嘗不動也。動，不是恁地勞攘紛擾；静，不是恁地塊然死守。這與『樊遲問仁知』章相連，自有互相發明處。」朱飛卿問是如何。曰：「專去理會人道之所當行，而不惑於鬼神之不可知，便是見得日用之間流行運轉，不容止息，胸中曉然無疑，這便是智者動處。心下專在此事，都無别念慮繫絆，見得那是合當做底事，只恁地做將去，這〔一二四〕是『先難後獲』，便是仁者静。如今人不静時，只爲一事至，便牽惹得千方百種思慮。這事過了，許多夾雜底却又在這裏不能得了。頭底已自是過去了，後面帶許多尾不能得了。若是仁者，逐一應去便没事。一事至，便只都在此事上。」飛卿問：「先生初説『仁者樂山』，仁者是就成德上説；這〔一二五〕『仁者先難後獲』，仁者是就初學上説。」曰：「也只一般，只有個生熟。聖賢是已熟底學者，學者是未熟底聖賢。」飛卿問：「『先難後獲』，意如何？」曰：「後，如『後其君，後其親』之意。『哭死而哀，非爲生者；經德不回，非以干祿；言語必信，非以正行』，這是熟底『先難後獲』，是得仁底人。『君子行法以俟命』，是生底『先難後獲』，是求仁底人。」賀孫問：「上蔡所説『先難，謂如射之有志，若跣之視地，若臨深，若履薄』，皆其心不易之謂。」曰：「説得是。先難是心只在這裏，更不做別處去。如上嶺，高峻處不能得上，心心念念只在要過這處，更不思量別處去。過這難處未得，便又思量到某處，這便是求獲。」賀孫。

問：「伊川曰：『樂，喜好也。知者樂於運動，若水之通流；仁者樂於安靜，如山之定止。知者得其樂，仁者得[一二六]其常也。』[一二七]又曰：『「智者樂」，凡運用處皆樂；「仁者壽」，以靜而壽。』又曰：『樂山樂水，氣類相合。』范氏曰：『智者運而不息，故樂水；仁者安於山，故樂山。動則能和，故樂；動則自樂，恐不必將「和」作「樂」字。靜則能久，故壽。非深於仁智者，不能形容其德。』右第二十二章，凡七説，伊川四説。今從伊川、范氏之説。伊川第二説曰：『樂水樂山與夫動靜皆言其體也。』第三章亦曰：『動靜，仁智之體也。』『體』字只作形容仁智之體段則可，若作體用之體則不可。仁之體可謂之靜，則智之體亦可謂之靜。所謂體者，但形容其德耳。呂氏乃以爲『山水言其體，動靜言其用』，此説則顯然以爲體用之體。既謂之樂山樂水，則不專指體，用亦在其中。動可謂之用，靜則[一二八]不可謂用[一二九]。仁之用，豈宜以靜名[一三〇]！謝氏曰：『自非聖人，仁智必有所偏，故其趨向各異，則其成功亦不同也。』據此章，乃聖人形容仁智以教人，使人由是而觀，亦可以知其所以爲仁智也。謝氏以爲指仁智之偏，恐非聖人之意。謝氏又曰：『以其成物，是以動；以其成己，是以靜。』楊氏曰：『利之，故樂水；安之，故樂山。利，故動；安，故靜。』竊謂聖人論德，互有不同。譬如論日，或曰如燭，或曰如銅盤。説雖不同，由一〔一三一〕而觀之，皆可以知其爲日。然指銅盤而謂之燭，指燭而謂之銅盤，則不可。聖人論仁智，或以爲『成己』、『成物』，或以爲『安仁』、『利仁』，或以爲『樂山』、『樂水』，各有攸主，合而一之，恐不可也。游氏推説仁壽，尹氏同伊川，故不録。」先生曰：「所論體、用甚善。謝氏説未有病，但末後數〔一三二〕句過高不實。『成己』、『成物』，『安仁』、『利仁』，『樂山』、『樂水』，意亦相通。如『學不厭，教不倦』之類，不可强耳。」〔一三三〕幹。

璘問：「『仁者靜，知者動』，仁知非動靜也，乃仁知之人，其情性或動或靜耳。譬如圓者動，方者靜，不可便指方圓爲動靜。却未知仁者之所以靜，知者之所以動，如何形容？」先生曰：「仁者敦厚和粹，安於義理，故靜；知者明徹疏通，達於事變，故動。但詳味『仁』、『知』二字氣象，自見得動靜處，非但可施於文字而已。」〔一三四〕

# 晦庵先生朱文公語類卷第三十三

## 論語十五

### 雍也篇四

#### 齊一變至於魯章

問：「齊尚功利，如何一變便能至魯？」曰：「功利變了，便能至魯。魯只是大綱好，然裏面遺闕處也多。」淳。

行父問「齊一變至魯，魯一變至道」。曰：「太公之封於齊也，舉賢而尚功。孔子曰：『後世必有篡弑之臣。』周公治魯，親親而尊尊。孔子曰：『後世寖微矣！』齊自太公初封，已自做得不大段好。至後威公管仲出來，乃大變亂拆壞一番。魯雖然是衰弱不振，元舊底却不大段改換。欲變齊，則須先整理了已壞底了，方始如魯，方可以整頓起來，這便隔了一重。變魯，只是扶衰振弱而已。若論魯，如左傳所載，是〔一〕有許多不好事，只是恰不曾被人拆壞。恰似一間屋，魯只如舊弊之屋，其規模只在；齊則已經拆壞了。這非獨是聖人要如此損益，亦是道理合當如此。」賀孫。

齊經小白，法度盡壞。今須一變方可至魯，又一變方可至道。魯却不曾變壞，但典章廢墜而已。若得人以修舉之，則可以如王道盛時也。謨。

「『齊一變至於魯』，是他功利俗深。管仲稱伯，齊法毀〔二〕盡，功利自此益〔三〕盛。然太公治齊尚功時，便有些小氣象，尚未見得，只被管仲大段壞了。」又云：「管仲非不尊周攘夷，如何不是王道？但〔四〕只是功利駁雜其心耳。」明作。

先生因語及「齊一變至於魯」，曰：〔五〕「齊生得威公、管仲出來，它要『九合諸侯，一正天下』，其勢必至變太公之法，不變便做不得這事。若聖人變時，自有道理。大抵聖賢變時，只是興其滯，補其弊而已。如租庸調變爲彍騎長征之兵，皆是變得不好了。今日變時，先變熙豐之政，以復祖宗忠厚之意，次變而復於三代也。」

寓〔六〕問：「伊川謂：『齊自桓公之霸，太公遺法變易盡矣。魯猶存周公之法制。』看來魯自威公以來，閨門無度，三君見弒，三家分裂公室，昭公至於客死，以至不視朔，不朝聘，與夫稅畝、丘甲、用田賦，變亂如此，豈得是周公法制猶存乎？」曰：「齊魯初來氣象已自不同，看太公自是與周公別。到桓公管仲出來，又不能遵守齊之初政，却全然變易了，一向盡在功利上。魯却只是放倒了，畢竟先世之遺意尚存。如哀公用田賦，猶使人來問孔子。他若以田賦爲是，更何暇問。惟其知得前人底是，所以來問。若桓公管仲却無這意思，自道他底是了，一向做去不顧。」僩。〔七〕

問：「先生謂：『二國之俗唯聖人能變之而不得試，然即其言而考之，則其施爲緩急之序可知矣。』〔八〕敢問〔九〕『施爲緩急之序』，如何？」曰：「齊自伯政行，其病多。魯則其事廢墜不舉耳。齊則先須理會他許多病敗了，方可及魯。魯則修廢舉墜而已，便可復周公之道。」問：「孔子治齊，則當於何處下手？」曰：「莫須先從風俗上理會去。然今相去遠，亦不可細考，但先儒多不信史記所載太公伯禽報政事。然細考來，亦恐略有此意，但傳者過耳。」廣。

問：「『齊魯一變』章，注謂〔一〇〕『施爲緩急之序』如何？」曰：「齊變只至於魯，魯變便可至道。」問：「如此則是齊變爲緩，而魯變爲急否？」曰：「亦不必恁分。如齊變〔一一〕，則至魯在所急，而至道在所緩。至魯，則成個樸子，方就上光采〔一二〕。」淳。

恪〔一三〕問集注〔一四〕。曰：「不獨齊有緩急之序，魯亦有緩急之序。如齊功利之習所當變，便是急處。魯紀綱所當振，便是急處。」或問：「功利之習，爲是經威公管仲所以如此否？」曰：「太公合下便有這意思，如『舉賢而尚功』，可見。」季札。〔一五〕

讀「齊魯之變」一章，曰：「各有緩急。如齊功利之習，若不速革，而便欲行王化；魯之不振，若不與之整頓，而却理會甚功利之習，便是失其緩急之序。如貢禹諫元帝令節儉，元帝自有這個，何待爾說！此便是不知其所急者也。」時舉。

問：「伊川曰：『夫子之時，齊强魯弱，孰不以爲齊勝魯也？然魯猶存周公之法制，齊由桓公之伯，爲從簡尚功之治，太公之遺法變易盡矣，故一變乃能至魯。魯則修墜舉廢而已，一變至於先王之道也。』[一六]呂氏曰：『齊政雖修，未能用禮。魯秉周禮，故至於道。』右[一七]第二十三章凡八說，伊川三說。今從伊川、呂氏之說。伊川第二說曰：『此只說風俗。』以『至於道』觀之，則不專指風俗，乃論當時政治，風俗固在其中，然又別一節事。又第三說曰：『言魯國雖衰，而君臣父子之大倫猶在。』以魯觀之，其大倫之不正久矣。然禮記明堂位以魯爲君臣未嘗相弑，而注家譏其近誣，則此說亦恐未穩。橫渠、謝、游、楊、尹，大抵同伊川，故不録。范氏曰：『齊一變可使如魯之治時。』其意謂齊魯相若，故以謂治時。齊之氣象乃伯政，魯近王道，不可疑其相若。看魯秉周禮可見。」先生曰：「所疑范氏說，亦無病。」榦。集義。[一八]

## 觚不觚章　井有人[一九]焉章

問尹氏曰：「觚之不觚，不得爲觚矣。猶爲君必盡君道，爲臣必盡臣道。推之事物，亦如是而已。」[二〇]右[二一]第二十四章，凡六說，伊川兩說。今從尹氏之說。尹氏乃合伊川二說而爲[二二]。范、呂、楊之〔二三〕説亦正。伊川、范氏謂不合法制，呂氏、楊氏謂失其名，其實一也。失其制則失其名可知矣。謝氏是推説學者事。榦。〔二四〕謝曰：「猶學者，一不中節，雖賢者猶爲過也。則非禮之禮，非義之義，雖禮非禮也，雖義非義也。」〔二五〕

問：「『井有仁焉』一章。〔二六〕伊川曰：『宰我問，仁者好仁，不避難，雖告之以赴井爲仁亦從之乎？夫子謂不然。君子可使之有往，不可陷於不知；可欺以其方，不可罔以非其道。』呂氏曰：『「井有仁焉」，猶言自投陷穽以施仁術也。己已自陷，仁術何施！當是時也，君子可往以思救，不能自陷以行〔二七〕救；可欺之以可救，不可罔之使必救。』右〔二八〕第二十五章，凡七説。明道兩説。明道曰：『知井有仁者，當下而從之否？』此説恐未當。君子雖不逆詐，而事之是非曉然者未嘗不先見也。豈有仁者而在井乎？雖有之，君子不往也。范氏亦曰：『井有仁，則將入井而從之。』蓋此意也。『其從之也』，只合作從或者之言，不宜作從井中之仁也。謝氏謂宰我疑仁者之用心，觀宰我之言亦足以見其好仁之切，不宜深責之也。楊氏謂宰我疑君子之不逆詐，故問。觀宰我之意，好仁之切，以謂仁者好仁，雖患難不避，故問。非謂疑其不逆詐也。尹氏用伊川説，故不録。范氏解『逝』字極未安，與下句『可欺也』不類。」謂君子見不善，可逝而去。先生曰：「所論得之，但此章文義諸先生説不甚明，更詳考之爲佳。」榦。

## 君子博學於文章

「『博文約禮』，聖門之要法。博文所以驗諸事，約禮所以體諸身。如此用工，則博者可以擇善而居中〔二九〕不偏；約者可以應物而動皆有則。如此，則内外交相助，而博不至於泛濫無歸，約不至於流遁失中矣。」大雅。

或問「君子博學於文，約之以禮」。答曰：「此是古之學者常事，孔子教顔子亦只是如此。且如『行夏之時』以下，臨時如何做得，須是平時曾理會來。若『非禮勿視』等處，方是約之以禮，及他成功又自别有説處。」〔三〇〕

博學，亦非謂欲求異聞雜學方謂之博。博之與約，初學且只須作兩途理會。一面博學，又自一面持敬守約，莫令兩下相靠。作兩路進前用工，塞斷中間，莫令相通。將來成時，便自會有通處。若不如此，兩不用工，〔三一〕成甚次第！大雅。

問〔三二〕「博文約禮」。曰：「如講明義理、禮樂射御書數之類，一一着去理會。學須博，求盡這個道理。若是約，則不用得許多説話，只守這一個禮。日用之間，禮者便是，非禮者便不是。」恪。

行夫問「博文約禮」。曰：「博文條目多，事事着去理會。禮却只是一個道理，如視也是這個禮，聽也是這個禮，言也是這個禮，動也是這個禮。若博文而不約之以禮，便是無歸宿處。如讀書，讀詩，學易，學春秋，各有自[三三]一個頭緒。若只去許多條目上做工夫，自家身己都無歸着，便是離畔於道也。」恪。

問「博學於文，約之以禮」。先生曰：「禮是歸宿處。凡講論問辯，只是[三四]要這[三五]個正當道理有[三六]所歸宿爾。」銖。

博文[三七]是多聞，多見，[三八]及收拾將來，全無一事，和「敬」[三九]也沒安頓處。[四〇]。

「博學於文」，考究時自是頭項多。到得行時却只是一句，所以爲約。若博學而不約之以禮，安知不畔於道？徒知要約而不博學，則所謂約者未知是與不是，亦或不能不畔於道也。僩。

孔子之教人亦「博學於文」，如何便約得？畚。

博文尚[四一]欠工夫，只管去約禮上求，易得生煩。升卿。

博文工夫雖頭項多，然於其中尋將去自然有個約處。聖人教人有序，未有不先於博者。孔門三千人[四二]，顏子固不須説，只曾子、子貢得聞一貫之誨。謂其餘人不善學固可罪，然夫子亦不叫來罵一頓教便省悟，則夫子於其[四三]門人告之亦不忠矣？是夫子亦不善教人，致使宰我、冉求之徒後來狼狽也？要知[四四]無此理。只得且待他事事理會了[四五]，方可就上面欠闕處告語之。如子貢事[四六]亦不是許多時只教他多學，便[四七]它枉做工夫，直到後來方傳以此

祕妙。正是待它多學之功到了，可以言此耳。伯豐。〔四八〕

僩〔四九〕問：「『博學於文，約之以禮』與『博我以文，約我以禮』，固有淺深不同。如孟子『博學而詳說之，將以反說約也』，似又一義，如何？」曰：「論語中『博約』字是『踐履』兩字對說，孟子中『博約』字皆主見而言。且如學須要博，既博學，又詳說之，所以如此者，將以反說約也。是如此後自然却說得約，謂〔五〇〕博學詳說方有貫通處，下句當看『將以』字。若『博學於文，約之以禮』與『博我以文，約我以禮』，聖人之言本無甚輕重，但人所造自有淺深。若只是『博學於文』能『約之以禮』，則可以弗畔於道，〔五一〕及至顏子做到『欲罷不能』工夫，亦只是這個『博文約禮』。如梓匠輪輿，只是這斧斤規矩，但能斲削者。〔五二〕及至削鐻之神，斲輪之妙者，亦只是此斧斤規矩。」僩。

問：「伊川言：「『博學於文，約之以禮』，此言善人君子『多識前言往行』，而能不犯非禮者爾，非顏子所以學於孔子之謂也。」文蔚〔五三〕恐博文約禮只是一般，未必有深淺。」先生曰：「某曉他說不得，恐記録者之誤。」余正叔〔五四〕曰：「此處須有淺深。」曰：「畢竟博只是這博，約只是這約，文只是這文，禮只是這禮，安得不同！」文蔚。

節〔五五〕問：「博文不約禮，必至於汗漫，如何？」曰：「博文而不約禮，只是徒看得許多，徒記得許多，無歸宿處。」節。〔五六〕

寓[五七]問：「明道言：「『博學於文』而不『約之以禮』，必至於汗漫。所謂『約之以禮』者，能守禮而由於規矩也，未及知之也。」既能守禮而由規矩，謂之未及於知，何也？」曰：「某亦不愛如此說。程子說『博我以文，約我以禮』爲已知，不須將知說亦可。顏子亦只是這個博文約禮，但此說較粗，顏子所說又向上，然都從這工夫做來。學者只此兩端，既能博文，又會約禮。」問：「約禮，只是約其所博者否？」曰：「亦不須如此說。有所未知便廣其知，須是博學。學既博，又須當約禮。到約禮，更有何事？所守在此理耳。」[五八]

問[五九]「博學於文，約之以禮，亦可以弗畔矣夫。」先生曰：「博學是致知，約禮則非徒知而已矣，乃是踐履之實。明道謂此一章與顏子說博文約禮處不同，謂顏子約禮是知要，恐此處偶見得未是。約禮蓋非但知要而已也，此兩處自不必分別他[六〇]。」時舉。

問：「橫渠曰：『博文約禮，由至著入至簡，故可使不得畔而去。』尹氏曰：『「博學於文，約之以禮」，亦可以弗畔違於道。』右[六一]第二十六章凡八說，伊川三說。今從橫渠、尹氏之說。明道曰：『「博學於文」而不「約之以禮」，必至於汗漫。』范氏亦曰：『「博學於文」而不「約之以禮」，猶農夫之無疆埸也，其不入於異端邪說者鮮矣。』楊氏亦曰：『「博學於文」而「不知所以裁之」，則或畔矣。』此三說，皆推不約禮之失。謝氏曰：『不由博而徑欲趨約者，恐不免於邪遁也。』此則不博文之失。二者皆不可無，偏舉則不可。明道又曰：『所謂「約之以禮」者，能守禮而由於規矩也。』伊川第一説曰：『博學而守禮。』第二説曰：『此言善人君子「多識前言往行」而能不犯非禮。』『約』字恐不宜作『守』字訓，若作『守禮』，則與博學成二章〔六二〕。非博文則無以爲約禮，不約禮則博文爲無用。約禮云者，但前之博而今約之使就於禮耳。伊川之説，文自文，禮自禮，更無一貫説。看『博約』字與『之以』字有一貫意。伊川又説：『顔子博約與此不同。』亦似太過。博文約禮，本無不同。始乎由是以入德，斯可以不畔；終乎由是以成德，欲罷而不能。顔子與此不同處，只在『弗畔』與『欲罷不能』上，博約本無異。伊川以顔子之約爲知要，以此章之約作約束之『約』，恐未安。此『約』字亦合作知要。伊川第三説與第一、第二説同，但説大略耳。」先生曰：「此説大概多得之。但此『約』字與顔子所言『約』字，皆合只作約束之意耳。又看顔子『博我以文，約我以禮』，既連着兩『我』字，而此章『之』字亦但指其人而言，非指所學之文而言也。」榦。

## 子見南子章

「子見南子」，乃聖人不爲已甚處。孟子説「仲尼不爲已甚」，説得好。賀孫。〔六三〕

問：「『子見南子，夫子矢之曰：〔六四〕「予所否者，天厭之！」』謂不合於禮，不由於道，則天實厭棄之。」先生曰：「何以謂不合於禮，不由於道？」云：「其見惡人，聖人固謂在我者有可見之禮，而彼之不善於我何與焉。惟聖人道大德全，方可爲此。」先生曰：「今人出去仕宦，遇一惡人，亦須下門狀見之。它自爲惡，何與我事。此則人皆能之，何必孔子。」潘子善〔六五〕云：「此處當看聖人心。聖人之見南子，非爲利禄計，特以禮，不可不見。聖人本無私意。」先生曰：「如此看也好。」植録略同。〔六六〕

「諸先生皆以『矢』爲『陳』，『否』爲否塞之『否』，如此亦有甚意思！孔子見南子，且當從古注説：『矢，誓也。』」或問：「若作『誓』説，何師生之間不相信如此？」答曰：「只爲下三句有似古人誓言，如左氏言『所不與舅氏』之説，故有誓之氣象。」〔六七〕

問：「『天厭之，天厭之』，〔六八〕夫子欲見南子，而子路不悦，何發於言辭之間如此之驟？」曰：「這般所在難説。如聖人須要見南子是如何，想當時亦無必皆見之理。如『衛靈公問陳』，也且可以款款與他説，又却明日便行。齊景公欲『以季孟之間待之』，也且從容不妨，明日又便行。季桓子受女樂，也且可以教他不得受，明日又便行。看聖人這般所在，其去甚果。不知於南子須欲見之，到子路不悦，又費許多説話，又如此指誓。只怕當時如這般去就，自是時宜。聖人既以爲可見，恐是道理必有合如此。『可與立，未可與權』。吾人見未到聖人心下，這般所在都難説。」或問：「伊川以『矢』字訓『陳』，如何？」曰：「怕不是如此。若説陳，須是煞鋪陳教分明，今却只恁地直指數句而已。程先生謂『予所以否而不見用，乃天厭斯道』，亦恐不如此。」賀孫。

或問此章。答曰：「且依集注説。蓋子路性直，只是[六九]見子去見南子，心中以爲不當見，便不説。夫子似乎發咒模樣。夫子大故激得來躁，然夫子却不當如此。古書如此篇[七〇]曉不得處甚多。古注亦云可疑。」祖道曰：「横渠説，以爲『予所否厄者，是天厭棄之』。此説如何？」曰：「大抵後來人講經，只爲要道聖人必不如此，須要委曲遷就做一個出路，却不必如此。横渠論看詩，教人平心易氣求之，到他説詩，又却不然。」祖道。

問：「謝氏曰：『南子在當時，君臣宣淫，豈以爲非禮。在子路之意直以爲浼夫子，是以不説。孟子嘗謂夫子於衛靈公有際可之仕，至於此則行道之意其亦已矣，故於子路不説也直其理而語之曰：「我之所否者非人也，天之所厭者。胡爲不悦哉？樂天而已矣！」』」[七一]右[七二]第二十七章，凡七説，伊川六説。楊氏二説。今從謝氏之説。伊川第一説曰：『子路以夫子之被强也，故不説。』第二説曰：『子路不悦，以孔子本欲見衛君行道，反以非禮見迫。』竊謂夫人有見賓之禮，孔子之見南子，禮也，子路非不知也。子路之不説，非以其不當見，特以其不足見耳。使其不當見，夫子豈得而迫哉？被强見迫，恐未穩。伊川第三説曰：『孔子之見南子，禮也。子路不説，故夫子矢之。』第四説、第六説同。切謂南子，妾也，無道也，衛君以爲夫人。孔子不得不見，其辱多矣。子路以其辱也，故不説。夫子矢之曰：『使予之否塞至此者，天厭之也！』使天不與否，則衛君將致敬盡禮，豈敢使夫子以見夫人之禮而見其無道之妾！則子路不説之意，蓋以其辱夫子，非以其禮不當見也。使子路以南子之不當見，則更須再問，何至坐視夫子之非禮。雖不說，何益？而夫子告之，亦須別有說，豈有彼以非禮問，而此獨以天厭告！則夫子受非禮之名而不辭，似不可也。蓋子路知其禮所當見，特以其辱夫子也，故不說。謝氏以爲『浼夫子』之説極正。伊川第四説設或人之問曰：『子路不說，孔子何以不告之曰「是禮也」，而必曰「天厭之」乎？』曰：『使孔子而得志，則斯人何所容也！』楊氏兩説亦然，恐非聖人意。聖人但傷道之否在於衛君不能致敬盡禮，未必有欲正之之意，恐成別添説。伊川第五説穩，但説大略。横渠亦只説大略。范氏以矢爲誓，非聖人氣象。吕氏大意亦通，但以爲『使我不得見賢小君，天厭乎道也』，此亦非聖人意。合只作『使我見無道之小君，天厭乎吾道也』，却穩。尹氏同伊川，故不辨。」先生曰：「以文義求之，當如范氏之説。但諸公避咒誓之稱，故以『矢』訓『陳』耳。若猶未安，且闕以俟他日。」榦。

## 子曰中庸之爲德也章[七三]

問「中庸之爲德，其至矣乎，民鮮久矣[七四]」一條[七五]。曰：「只是不知理，隨他偏長處做將去：謹愿者則小廉曲謹，放縱者則跌蕩不羈，所以中庸説『道之難明』，又説『人莫不飲食，鮮能知味』，只爲是不知。」植。

問：「此章，尹氏曰：『中庸天下之正理，德合乎中庸，可謂至矣。人知擇乎中庸，而不能期月守也，故曰「民鮮久矣」！』右第二十八章凡七說，伊川兩說。楊氏三說。今從尹氏之說。伊川第一說說『久』字不出。第二說雖盡，而非本章意。尹氏合而解之。范氏說『久』字不出。呂氏說寬。謝氏曰：『中不可過，是以謂之至德。』楊氏第二說亦曰：『出乎中則過，未至則不及，故惟中爲至。』第一、第二說同。謝氏、楊氏之說皆以『至』字對『過』、『不及』說，謂無過不及則爲至也。『過』、『不及』只對『中庸』說，不可對『至』字說。『至』字只輕說，如曰『其大矣乎』，不宜說太深。楊氏第二、第三說推說高明、中庸處，亦不能無疑。或者曰：『高明所以處己，中庸所以處人，如此則是聖賢所以自待者當過，而以所賤事君親也。』或人之言，固非有識者。然楊氏亦不當如此答。據禮記，所謂極高明而道中庸，皆互言之。不極高明無以道中庸，不道中庸則亦不足爲高明。高明不可謂之過，中庸不可謂之淺。中庸者，不偏不易之正理。不偏不易，非高明而何？大抵楊氏之意以高明爲至大，而中庸乃其常行，故又曰：『極高明而不道中庸，則賢智之過；道中庸而不極高明，則愚不肖之不及。』此似未當。既曰高明，又安有過？既曰中庸，又安有不及？［七六］侯氏說大略。」先生曰：「當以伊川解爲正：『中庸，天下之正理也。德合乎中庸，可謂至矣。自世教衰，民不興於行，鮮有中庸之德也。』『自世教衰』，此四字正是說『久』字。意謝楊皆以『過』、『不及』對『中』字，而以中爲至耳，恐非如來說所疑也。所破楊氏『高明』、

「中庸」亦非是，當更思之。」榦。

## 博施濟衆章[七七]

子貢問仁，是就功用籠罩說，孔子是就心上答。可學。

節[七八]問：「『何事於仁』，先生前日[七九]以爲恰似而今人[八〇]說『何消得恁地』一般。節將來合上下文推之，說不通。[八一]」曰：「『博施濟衆』，何消得更說仁。」節。

「何事於仁」，猶言那裏更做那仁了。僩。

又曰：[八二]「猶言[八三]何待於仁。『必也聖乎』連下句讀。[八四]雖堯舜之聖，猶病其難徧。」德明。

問「何事於仁，必也聖乎」。曰：「『必也聖乎』，却按『堯舜其猶病諸』便見得意思出，聖如堯舜，猶以爲病。」希遜。[八五]

寓[八六]問：「子貢問『博施濟衆』，恐仁之極處與聖之功用本不可分大小。今言『何止於仁』，則仁、聖若有小大之分否[八七]？」曰：「此處不恁地讀。『必也聖乎』，語意未是殺處，當急連下文讀去。仁以理言，聖以事業言。子貢所問『博施濟衆』，必有聖人之德，有天子之位而後可以當此，堯舜恁地尚以爲病。仁本切己事，大小都用得。他問得空，浪廣不切己了，却成疏闊。似此看『仁』字，如何用得？如何下得工夫？中間着得一句，常人固是做不得，雖聖人尚以此爲病。此須活看。」寓。

「『何事於仁』，只作豈但於仁。」㽦謂：「『必也聖乎』，聖如堯舜，其尚有不足於此。」曰：「薛士龍論語解此亦是如此，只是渠遣得辭澀。蓋仁以道理言，聖以地位言，自是不同。如『博施濟衆』爲仁，而利物愛人小小者亦謂之仁。『仁』是直字［八八］，直上直下只一個道理。『聖』字便横着［八九］，有衆人，有賢人，有聖人，便有節次，只豈但於仁。蓋『博施濟衆』之大［九〇］，雖堯舜猶病耳。［九一］」㽦。

「仁以理言」，是個徹頭徹尾底物，如一元之氣。「聖以地位言」，非離了仁而爲聖，乃行仁到極處則爲聖也。蓋有衆人之仁，有賢人之仁，有聖人之仁，所以言「通乎上下」。「仁」字直，「聖」字横。夔孫。［九二］

問：「仁聖之分，［九三］仁通上下而言，聖造其極而言否？」曰：「仁或是一事仁，或是一處仁。仁者如水，有一杯水，有一溪水，有一江水。聖便是大海水。」僩。

問：「仁通上下，如何？」曰：「聖是地位，仁是德。」問：「如此，則一事上仁亦可謂之仁，此之謂『通上下』。其與全體之仁無乃不相似？」曰：「此一事純於仁，故可謂之仁。殷有三仁，亦未見其全體。只是於去就之際，純乎天理，故夫子許之。」可學。

鄭子上〔九四〕問：「仁通上下言〔九五〕，如何？」曰：「仁就處心處說。一事上處心如此，亦是仁。商三仁未必到聖人處，然就這處亦謂之仁。『博施濟衆』，何止於仁！必聖人能之，然堯舜尚自有限量，做不得。此處病在求遠。『博施濟衆仁者誠』是不解做得。〔九六〕『己欲立而立人，己欲達而達人』，只從他近處做。〔九七〕」淳。

問仁通上下而言。曰：「有聖人之仁，有賢人之仁。仁如酒好，聖如酒熟。」問：「仁是全體，如『日月至焉』乃是偏。」曰：「當其至時亦備。」問：「孟武伯問三子，却說其才，何意？」曰：「只爲未仁。」問：「管仲仁之功如何？」曰：「匡天下亦仁者之事。如趙韓王一言，至今天下安。謂韓王爲仁則不可，然其所作乃仁〔九八〕之功。」可學。

節〔九九〕問「仁以理言，通乎上下」。曰：「一事之仁也是仁，全體之仁也是仁，仁及一家也是仁，仁及一國也是仁，仁及天下也是仁。只是仁及一家者是仁之小者，仁及天下者是仁之大者。如孔子稱管仲之仁亦是仁，只是仁之功。」節〔一〇〇〕復問：「上是大，下是小？」曰：「只是高低。」又曰：「這個是兼愛而言，如『博施濟衆』，及後面說手足貫通處。」節〔一〇一〕復問貫通處。曰：「纔被私意截了，仁之理便不行。」節。〔一〇二〕

問「如有博施於民而能濟衆」一章。〔一〇三〕曰：「『博施濟衆』，是無盡底地頭，堯舜也做不了。蓋仁者之心雖無窮，而仁者之事則有限，自是無可了之理。若要就事上說，便盡無下手處。」時舉。

敬之問：「『己欲立而立人，己欲達而達人』。〔一〇四〕苟有此心，便有『博施濟衆』底功用。」曰：「『博施濟衆』，是無了期底事，故曰『堯舜其猶病諸』。然若得果無私意，已有此心。則〔一〇五〕自心中流出來，隨其所施之大小自可見矣。」時舉。

「夫仁者，己欲立而立人，己欲達而達人」，分明喚起「仁者」字，此自是仁者之事。若下面「能近取譬」，方是由此而推將去，故曰「仁之方」。「何事於仁，必也聖乎」，不是聖大似仁。仁只是一條正路，聖是行到盡處。欲立欲達，是仁者之心如此；「能近取譬」，是學做仁底如此。深淺不同。仁通上下，但克去己私，復得天理，便是仁，何必博施而後爲仁。若必待如此，則有終身不得仁者矣。孔顔不得位，不成做不得。山林之士更無緣得仁也。欲立欲達，即絜矩之義。子貢凡三問仁，聖人三告之以推己度物。想得子貢高明，於推己處有所未盡。仁者欲立，自然立人；欲達，自然達人。如「無加諸人」，更不待譬。下截方言求仁之方，蓋近取物〔一〇六〕以爲譬。明作。

「子貢曰如有博施於民」云云，〔一〇七〕先生以「何事於仁」爲一節，以「必也聖乎，堯舜其猶病諸」爲一節。其説以謂「『博施濟衆』，此固是仁，然不是人人皆能做底事。若必以聖人爲能之，則堯舜亦嘗以此爲病。此非是言堯舜不能盡仁道，蓋勢有所不能爾。人之所能者，下二節事是也：己欲立，便立人；己欲達，便達人。此仁者之事也。『能近取譬』，此爲『仁之方』也。今人便以『己欲立，己欲達』爲『能近取譬』，則誤矣。蓋『己欲立而立人，己欲達而達人』，此不待施諸己而後加諸人也。『能近取譬』，却是施諸己之意。故上二句直指仁者而言，而下一句則止以爲『仁之方』。」其言豈不甚明哉？學者當自玩味之。〔一〇八〕謨。

「子貢問『博施濟衆』」一段。〔一〇九〕植問云：〔一一〇〕「『己欲立而立人，己欲達而達人』，『立』、『達』二字，以事推之如何？」曰：「二者皆兼内外而言。且如修德，欲德有所成立，做一件事亦欲成立。如讀書要理會得透徹，做事亦要做得行。」先生又曰：「立是安〔一一一〕底意思，達是發用底意思。」〔一一二〕

問：「『己欲立而立人，己欲達而達人』，注云：『於此觀之〔一一三〕，可以得仁之體。』是此處見得人與己相關甚切，便是生意相貫處否？」曰：「亦是。只無私意，理便流通，然此處也是己對人説便恁地。若只就自己説，此又使不得，蓋此是仁之發出處。若未發之前只一念之私，便不是仁。」〔一一四〕

林問：「『己欲立而立人』與『己所不欲，勿施於人』，地位如何？」曰：「且看道理，理會地位作甚麽？他高者自高，低者自低，何須去此〔一一五〕比並。」問「博施濟衆」。曰：「此是仁者事功〔一一六〕。若把此爲仁，則只是『中天下而立』者方能如此，便都無人做得仁了。所以言『己欲立而立人』，使人人皆可盡得道理。『必也聖乎』當連下句説，意在『猶病』上。蓋此何但是仁，除是聖人方做得。然堯舜猶病諸〔一一七〕，尚自做不徹。」寓。

「夫仁者，〔一一八〕己欲立而立人，己欲達而達人」，是以己及人，仁之體也。「能近取譬」，是推己及人，仁之方也。德明。

致道説：「『夫仁者〔一一九〕己欲立而立人，己欲達而達人』。己纔要立便立別人，己纔要達便達別人，這更無甚着力。下云：『能近取譬，可謂仁之方也已。』這又是一意，煞着比方安排，與仁者異。『己欲立而立人，己欲達而達人』，與『我不欲人加諸我，吾亦欲無加諸人』一般，都是以己及物事。『能近取譬，可謂仁之方』與『己所不欲，勿施於人』一般，都是推己及物事。」曰：「然。」賀孫。

「己欲立而立人，己欲達而達人」，仁也；「能近取譬」，恕也。所以説「可謂仁之方」。泳。〔一二〇〕

問：「只仁之方，亦可謂之仁否？」曰：「看得透時便是仁。若循循做去，到得至處，回頭看前日所爲，亦喚做仁。」人傑。

或説〔一二一〕論語言仁處。曰：「理難見，氣易見，但就氣上看便見，如看元亨利貞是也。元亨利貞也難看，且看春夏秋冬。四〔一二二〕時盡是溫厚之氣，仁便是這般氣象。夏秋冬雖不同，皆是陽春生育之氣行乎其中，故『偏言則一事，專言則包四者』。如知福州是一個人，此偏言也；及專言之，爲八〔一二三〕州安撫亦是這一個人，不是兩人也。故明道謂『義、禮、智皆仁也。若見得此理，則聖人言仁處或就人上説，或就事上説，皆是這一個道理』。正叔云『滿腔子是惻隱之心』。」先生曰：「仁便是惻隱之母。若〔一二四〕曉得此理，便見得『克己復禮』，私欲盡去便純是温和冲粹之氣，乃天地生物之心。其餘人所以未仁者，只是心中未有此氣象。論語但云求仁之方者，是其門人必嘗理會得此一個道理。今但未知〔一二五〕求仁之方，故夫子隨其人而告之。」趙至道〔一二六〕云：「李先生云『仁是天理之統體』。」先生曰：「是。」〔一二七〕

林聞一問「博施濟衆」章。答曰：「『博施濟衆』無下手處，夫子故與之言〔一二八〕。『夫仁者己欲立而立人，己欲達而達人』，是能以己之欲〔一二九〕立者而立他人，以己之所欲達者而達他人，其所爲出於自然，此乃是仁之體。『能近取譬』者，近取諸身，知己之欲立欲達，則亦當知人之欲立欲達，是乃求仁之方也。伊川先生全舉此四句而結之曰：『欲令如是觀仁，可以得仁之體。』亦可以如此説，與某之説初不相礙。譬之於水，江海是水，一勺亦是水。程先生之説譬之一片大屋，某却是就下面分出廳堂房室，其實一也。」又云：「子貢所問，以事功而言，於本〔一三〇〕初無干涉，故聖人舉此心之全體大用以告之。以己之欲立者立人，以己之欲達者達人，以己及物，無些私意。如堯之『克明俊德，以親九族；九族既睦，平章百姓；百姓昭明，協和萬邦，黎民於變時雍』，以至於『欽若昊天，曆象日月星辰，敬授人時』，道理都擁出來。」又曰：「如周禮一書，周公所以立下許多條貫，皆是廣大心中流出。某自十五六時，聞人説這道理，知道是〔一三一〕如此好，但今日方識得。如前日見人説鹽鹹，今日食之方知是鹹；說糖甜，今日食之方知是甜。」人傑。

或問：「『博施濟衆』一段，程子作一統説，先生作二段，如何？」曰：「某之説即〔一三二〕非異於程子，蓋程子之説足見〔一三三〕包某之説。程子之説如大屋一般，某之説如在大屋之下分別廳堂房室一般，初無異也。公且道，子貢所問是大小大氣象，聖人却只如此説了。方〔一三四〕是爲仁必須『博施濟衆』，便使『中天下而立，定四海之民』如堯舜，也做不得，何況蓽門圭竇之士！聖人所以提起『夫仁者己欲立而立人，己欲達而達人』，正指仁之本體。蓋己欲立則思處置他人也立，己欲達則思處置他人也達。放開眼目，推廣心胸，此是其〔一三五〕氣象。如此安得不謂仁之本體！若『能近取譬』者以我之欲立，而知人之亦欲立；以己之欲達，而知人之亦欲達。如此則止謂之『仁之方』而已。此爲仁則同，但『己欲立而立人，欲達而達人』是已到底，『能取譬』是未到底，其次第如此。彼子貢所問是就事上説，却不就心上説。龜山云：『雖「博施濟衆」也須自此始。』某甚善其説。」先生又曰〔一三六〕：「某所説過底，要諸公有所省發則不枉了。若只恁地聽過了則無益也。」〔一三七〕久之，又云：「如釋氏説如標月指，月雖不在指上，亦欲隨指見月，須恁地始得。」久之，云：「二三子以我爲隱乎？吾無隱乎爾。吾無行而不與二三子者，是丘也。」又云：「天有四時，春秋冬夏，風雨霜露，無非教也。[一三八]」久之，又曰：「昔有人問話於一僧，僧指面前花示之，曰：『是甚麽？』其人云：『花也。』僧云：『吾無隱乎爾。』此不是他無見處，但見説得來粗了。孔子所謂『吾無隱乎爾』者，居鄉黨便恂恂，在宗廟朝廷便便[一三九]唯謹，與上大夫言便誾誾，與下大夫言便侃侃，自有許多實事可見。」又曰：「程子説：『莊子説道體，儘有妙處，如云「在谷滿谷，在坑滿坑」。不是他無見處，只是説得來作怪。』大抵莊老見得些影，便將來作弄矜詫。」又曰：「『黄帝問於廣成子』云云，『吾欲觀[一四〇]陰陽以遂群生』。東坡注云云。是則是有此理，如何便到這田地！」久之，又云：「昔在一山中[一四一]坐看潮來，凡溪澗小港中水皆如生蛇走入，無不通透，甚好看！識便是一實底道理。[一四二]」又曰：「『日月有明，容光必照焉』，如日月，雖些小孔竅，無不照見。此好識處。」祖道。賜録略同[一四三]。云：「問：『博施濟衆，程子合[一四四]做仁之體，先生却就上面分出個體用，使[一四五]有用力處。』先生曰：『某説非破程子之説，程子之説却兼得某説。程説似渾淪一個屋子，某説如屋下分間架爾。[一四六]』」

「明道云：『認得爲己，何所不至！』認得個什麽？夫仁者，己欲立而便立人，己欲達而便達人，此即仁之體也。『能近取譬』則是推己之恕，故曰『可謂仁之方』。『夫仁者』與『可謂仁之方』正相對説。」明道云：「欲令如是觀仁，可以得仁之體。」先生再三舉似，曰：「這處極好看仁。」又曰：「『博施濟衆』，固仁之極功。譬如東大洋海同是水，但不必以東大洋海之水爲〔一四七〕水，只瓶中傾出來底亦便是水。『博施濟衆』固是仁，但那個〔一四八〕見孺子將入井時有怵惕惻隱之心，亦便是仁。此處最好看。」道夫。

林安卿問：「『仁者以天地萬物爲一體』，此即人物初生時驗之可見。人物均受天地之氣而生，所以同一體，如人兄弟異形而皆出父母胞胎，所以皆當愛。故推老老之心則及人之老，推幼幼之心則及人之幼。惟仁者其心公溥，實見此理，故能以天地萬物爲一體否？」曰：「不須問他從初時，只今便是一體。若必用從初説起，則煞費思量矣。猶之水然，江河池沼溝渠皆是此水。如以兩椀盛得水來，不必教去尋討這一椀是那裏酌來，那一椀是那裏酌來。既都是水便是同體，更何待尋問所從來。如昨夜莊仲説人與萬物均受此氣，均得此理，所以皆當愛，便是不如此。『愛』字不在同體上説，自不屬同體事。他那物事自是愛。這個是説那無所不愛了，方説〔一四九〕得同體。若愛則是自然愛，不是同體了方愛。惟其同體，所以無所不愛，所以愛者以其有此心也，所以無所不愛者以其同體也。」僩。

問：「『己欲立而立人，己欲達而達人』，所謂『以己及人』；『能近取譬』，『近取諸身』，『己所不欲，勿施於人』，所謂『推己及人』。如何？」曰：「夫子分明説『夫仁者』，則是言仁之道如此；『可謂仁之方也已』，則是言求仁當如此。若以爲衮説，則既曰『夫仁者』矣，不當以『可謂仁之方』告〔一五〇〕之也。」又問：「程子說：『仁至難言』，至『欲令如是觀仁，可以得仁之體』一段，却是衮說。」曰：「程子雖不曾分說，然其意亦無害。大抵『己欲立而立人，己欲達而達人』，是自然工夫。至於『能近取譬』，則是着力處，所以不同。」人傑。

問：「遺書中取醫家言仁。又一段云：『醫家以不識痛癢爲不仁。』人以不知覺、不認義理爲不仁，又却從知覺上說。」曰：「覺是覺於理。」問：「與上蔡說同異？」曰：「異。上蔡說覺，纔見此心耳。」問：「南軒云：『上蔡說覺，與佛家不同。』如何？」曰：「上蔡云：『自此心中流出。』與佛亦不大段異。今說知痛癢，能知覺，皆好。只是說得第二節，說得用。須當看如何識痛癢？血脈從何而出？知覺從何而至？」某云：「若不究見原本，却是不見理，只說得氣。」曰：「然。伊川言穀種之性一段，最好。」可學。

問：「上蔡說仁本起於程先生引醫家之說而誤。」曰：「伊川有一段說不認義理，最好。只以覺爲仁，若不認義理，只守得一個空心，覺何事！」可學。〔一五一〕

問：「明道曰：『醫書以手足痿痺爲不仁。此言最善名狀。仁者以天地萬物爲一體，莫非己也。認得爲己，何所不至！若不屬己，自不與己相干。如手足不仁，氣已不貫，皆不屬己，故博施濟衆，乃聖人之功用。仁至難言，故止曰：「己欲立而立人，己欲達而達人，能近取譬，可謂仁之方也已。」欲令如是觀仁，〔一五二〕可以得仁之體』。又曰：「『能近取譬』，反身之謂也。」又曰：「『博施濟衆』，非聖人不能，何干仁事！故特曰夫仁者立人達人，『能近取譬，可謂仁之方也已』。使人求之自反，便見得也。雖然，聖人豈不盡仁？然教人不得如此指殺。」或問『堯舜其猶病諸』。伊川曰：『聖人之心，何時而已？』又曰：『聖乃仁之成德，謂仁爲聖，譬如雕木爲龍。木乃仁也，龍乃聖也，指木爲龍，可乎？故「博施濟衆」，乃聖之事。舉仁而言之，則「能近取譬」是也。』謝氏曰：「『博施濟衆』，亦仁之功用。然仁之名，不於此得也。子貢直以聖爲仁，則非特不識仁，并與聖而不識。故夫子語之曰：『必也聖乎！』又舉仁之方也。『己欲立而立人，己欲達而達人』，亦非仁也，仁之方所而已。知方所，斯可以知仁。猶觀『天地變化，草木蕃』，斯可以知天地之心矣。」右[一五三]第二十九章，凡八説，明道五説。伊川十七説。今從明道、伊川。謝氏之説大意與第一説同，故不録。明道第五説與伊川第二、第十三説皆以恕爲仁之方，大意皆正，但非解正文，故不録。伊川第一説曰：『惟聖人能盡仁道，然仁可通上下而言。故曰何事於仁，必也聖乎！』又第五説曰：『聖則無大小[一五四]，至於仁則兼上下小大而言之。』又第八説曰：『孔子見子貢問得來事大，故曰何止於仁！必也聖乎！蓋仁可以通上下言之，聖則其極也。』又第十二説曰：『博施而能濟衆，固仁也，而仁不足以盡之，故曰必也聖乎！』又第十四章曰：『仁在事，不可以爲聖。』此五説，皆以『何事於仁』作『何止於仁』，故以仁爲有小大上下。若既是有小大上下，則以此章爲子貢指其大與上者問之，亦可也，何以[一五五]答之曰『何事於仁』乎？若聖人以仁爲未足以盡『博施濟衆』，則下文當别有説。今乃論爲仁之方，恐上下意不貫。伊川五説，只説得到『其猶病諸』處住，則下文論仁之方不相接，不如木龍之説，却與明道之意合。明道以『何事於仁』只作『何干仁事』，則下文仁之方自相貫，又『功用』字分明。伊川第三説、第四説、第五説、第六説、第十五説，皆推説『博施濟衆猶病』，即聖人之心何時而已之意，故不録。伊川第九、第十一説皆論仁之方，與謝氏方所之説相類。九章，〔一五六〕聖人恐子貢便指作仁看，故但以爲若能由此而求之，乃可以知仁，故曰『仁之方』。伊川第十七説乃統説『仁』字大意，與明道第一説同，故不録。横渠曰：『必聖人之才，能弘其道。』恐本文無能弘其道之意。范氏曰：『以大爲小。』是以仁爲小，聖爲大也，恐未穩。餘説亦寬。吕氏以博施爲仁，濟衆爲聖，未當。楊氏之説亦正，但謂『仁者何事於博施濟衆』，又恐太過。則明道所謂『教人不得如此指殺』者，但以仁、聖須分説，方見仁之體，非以仁無與於聖也。尹氏與伊川餘説同，故不辯。」先生曰：「『何事於仁』、『何止於仁』、『必也聖乎』、『堯舜其猶病諸』，此四〔一五七〕句相連讀，言雖聖人亦有所不能也。『己欲立而立人，己欲達而達人』，仁也；『能近取譬』，恕也。」榦。〔一五八〕

# 晦庵先生朱文公語類卷第三十四

## 論語十六

### 述而篇

#### 述而不作章

飛卿問「信而好古」。曰：「既信古，又好古。今人多是信而不好，或好而不信。如好之者，則曰：『他也且恁地說。』信之者雖知是有個理恁地，畢竟多欠了個篤好底意思。」道夫。

行夫問「述而不作」一〔一〕章。答曰：「雖說道其功倍於作者，論來不知所謂刪者，果是有刪否。要之，當時史官收詩時已各有編次，但到孔子時已經散失，故孔子重新整理一番，未見得刪與不刪。如云『吾自衛反魯，然後樂正，雅、頌各得其所』。云『各得其所』，則是還其舊位。」賀孫。〔二〕

徐兄問：「『述而不作』，是制作之『作』乎？」曰：「是。孔子未嘗作一事，如删詩，定書，皆是因詩、書而删定。」又問：「聖人不得時得位時[三]只如此，聖人得時得位時更有制作否？」曰：「看聖人告顔子四代禮樂只是恁地，恐不大段更有制作。亦因四代有此禮樂而因革之，亦未是作處。」又問：「如何『作春秋』？恐是作否？」曰：「『其事則齊桓、晉文，其文則史，其義則丘竊取之矣。』看來則[四]是寫出魯史，中間微有更改爾。某嘗謂春秋難看，平生所以不敢説着。如何知得上面那個是魯史舊文，那個是夫子改底字？若不改時，便只依魯史，如何更作春秋做甚？」先生徐云：「『知我者其惟春秋乎！罪我者其惟春秋乎！』又公羊、穀梁傳云：『其辭，則丘有罪焉耳。』是這多少擔負！想亦不能不是作。不知是如何。」賀孫同。[五]

## 默而識之章

「默而識之」者，默不言也，不言而此物常在也。今人但説著時在，不説時不在。「非禮勿視」，要和根株取，不是只禁你不看。聽、言、動皆然。祖道。

問「述而不作」至「甚矣，吾衰也久矣」。先生曰：[六]「『默而識之』至『誨人不倦』，是三節。雖非聖人之極致，在學者亦難。如平時講貫方能記得，记得[七]或因人提撕方能存得。若

『默而識之』，乃不言而存諸心，非心與理契安能如此？『學不厭』，在學者久而[八]易厭。視人與己若無干涉，誨之安能不倦！此三者亦須是心無間斷，方能如此。」[九]

宜久問「默而識之」一[一〇]章。曰：「此雖非聖人極致，然豈易能？『默而識之』，若不是心與理契、念念不忘者不能。『學不厭』，如人之爲學有些小間斷時便是厭。『教不倦』，如以他人之事爲不切於己便是倦。今學者須是將此三句時時省察，我還能默識否？我學還不厭否？我教還不倦否？如此乃好。」時舉。

又讀「默而識之」一章，[一一]曰：「此必因人稱聖人有此，聖人以謙辭答之。後來記者却失其[一二]上面一節，只做聖人自話記了。『默而識之』，便是得之於心；『學不厭』，便是更加講貫；『誨不倦』，便是施於人也。」時舉。

鄭問「何有於我哉」。曰：「此語難説。聖人是自謙，言我不曾有此數者。聖人常有慊然不足之意。衆人雖見他是仁之至熟，義之至精，它只管自見得有欠闕處。」賀孫。

## 德之不修章

讀「德之不修」一章。此自是四句，若要分説，便是德須着修於己，講學便是須時要點檢，如此説却相連讀也。時舉。[一三]

行父問：「『德之不修，學之不講，聞義不能徙，不善不能改，是吾憂也。〔一四〕』惟是〔一五〕先知德不可不修，方知學不可不先〔一六〕講。能講學方能徙義，方〔一七〕能改不善。如此看，如何？」曰：「修德是本。修德，恰似說『入則孝，出則悌，謹而信，泛愛衆而親仁』。學不可不講，恰似說『行有餘力，則以學文』。」或問徙義、改不善之別。曰：「徙義不是說元初做不是。元初本心自是好，但做得錯了，做得不合宜，如所謂『皆以善爲之，而不知其義』。纔移教合義理便是全好。若不善，則是元初便做得不是，須都改〔一八〕，改了方得。徙義是過失，不善是罪犯。」賀孫。〔一九〕

李問「聞義不能徙，不善不能改」。〔二〇〕曰：「此章四句是四般。〔二一〕然此兩句自有輕重。蓋『見義不能徙』，此只是些子未合宜處，便當徙而從宜。『不善不能改』，則大段已是過惡底事，便當改了。此一句較重。」雉。

行父問「德之不修」一段。曰：「須先理會孝弟忠信等事有個地位，然後就這裏講學。『聞義不能徙』，這一件事已是好事，但做得不合義。見那人說如此方是義，便移此之不義，以從彼之義。不善，則已是私意了。上面是過失，下面是故犯。」恪。節問答並同。〔二二〕

節〔二三〕問：「『聞義不能徙，不善不能改』，先生云有輕重，其意如何？」曰：「義，宜也。事須要合宜。不能徙，未爲不是，却不合宜。那不善底却乖，須便打并了。」董叔重云〔二四〕：「『聞義不能徙』較輕。」曰：「那個大體却無邪惡。」又曰：「『聞義不能徙』較密於『不善不能改』，『不善不能改』較重於『聞義不能徙』。」〔二五〕

「德之不修」，如無害人之心則仁之德修，無穿窬之心則義之德修。「聞義不能徙」，只〔二六〕是見得自家事未合宜，及聞合宜事便徙而就之。「不善不能改」，〔二七〕不善則是有過惡了。如此說，方不合掌。〔二八〕

先生說：〔二九〕「『德之不修』，如有害人之心，則仁之德不修；有穿窬之心，則義之德不修。仁之德修，則所言無不仁之言，所行無不仁之行；義之德修，則所言無不義之言，所行無不義之行。」曼此下記却云：〔三〇〕『實得仁於心，則發出來爲仁之言，做出來爲仁之行；實得義於心，則發出來爲義之言，做出來爲義之行。』『聞義不能徙，不善不能改』二句雖似合掌，却有輕重深淺。聞義者，尚非有過，但不能徙義耳。至於不善，則是有過而不能改，其爲害大矣！」〔三一〕

立之問此章。曰：「德者〔三二〕，理之既得於吾心者，便已是我有底物事了。更須日日磨礱，勿令間斷始得。徙義與改不善，一似合掌，説相似，〔三三〕然須着與他分別，蓋義是事之宜處。我做這一件事，覺得未甚合宜，便着徙令合宜，此却未見得有不善處。至不善，便是有過惡，須着速改始得。此所以有輕重之別。」又問：「此四句若要連續看，如何？」曰：「纔要連續，便是說文字，不是要着實做工夫。若着實做工夫，便一句自是一句。」時舉。

或問此章。曰：「須是[三四]實見得是如何？德是甚麽物事？如何喚做修？如何喚做不修？人而無欲害人之心，這是德，得之於吾心也。然害人之心，或有時而萌者，是皆[三五]不能修者也。德者，道理得於吾心之謂；修者，好好修治之之謂，更須自體之。須把這許多說話做自家身上說，不是爲別人說。」又云：[三六]「『徙義』與『改不善』兩句，意似合掌。」曰：「聖人做兩項說在。試剖析令分明：徙義，是做一[三七]件事未甚合宜，或見人說，見人做得恰好，自家還在合宜處；不善，便是全然不是，這須重新改換方得。」[三八]

「德之不修」至「是吾憂也」，這雖是聖人以此教人，然「學不厭」之意多見於此。使有一毫自以爲聖，任其自爾，則雖聖而失其聖矣。賀孫。

又曰：「此是聖人自憂也。聖人固無是四者之憂，所以然者，亦自貶以教人之意。」謨。

## 子之燕居章

恪[三九]問：「『申申、夭夭』，聖人得於天之自然。若學者有心要收束，則入於嚴厲；有心要舒泰，則入於放肆。惟理義以養其氣，養之久則自然到此否？」曰：「亦須稍嚴肅則可。不然，則無下手處。」又曰：「但得身心收斂，則自然和樂。」又曰：「不是別有一個和樂，纔整肅則

自和樂。」季札。〔四〇〕

## 甚矣吾衰也久矣〔四一〕章

「夢周公」，「忘肉味」，「祭神如神在」，見得聖人真一處。理會一事，便全體在這一事。道夫。

節〔四二〕問「夫子曰：『甚矣吾衰也』」。曰：「不是孔子衰，是時世衰。」又曰：「與天地相應。若天要用孔子，必不教他衰。如太公武王皆八九十歲。夫子七十餘，想見累垂。」節。

淳〔四三〕問：「夢周公，是真夢否？」曰：「當初思欲行周公之道時，必是〔四四〕曾夢見。」曰：「恐涉於心動否？」曰：「心本是個動物，怎教它不動。夜之夢猶晝〔四五〕之思也。思亦是心之動處，但無邪思，可矣。夢但〔四六〕得其正，何害！心存這事便夢這事。常人便胡夢了。」〔四七〕徐居甫云：「莊子謂『至人無夢』，如何？」〔四八〕曰：「清淨者愛恁地說。佛家〔四九〕亦說一般無夢底話。」淳。〔五〇〕

「『吾不復夢見周公』，自是個徵兆如此。當聖人志慮未衰，天意難定，八分猶有兩分運轉，故他做得周公事，遂夢見之，非以思慮也。要之，聖人精神血氣與時運相爲流通。到鳳不至，圖不出，明王不興，其徵兆自是恁地。胡文定公謂春秋絕筆於獲麟，爲『志一則動氣』，意思說得也甚好。但以某觀之，生出一個物事爲人所斃，多少是不好，是亦一徵兆也」。道夫問：「設當孔子晚年，時君有能用之，則如何？」曰：「便是不衰，如孔子請討陳恒時，孔子已年七十一，到此也做得個甚！」又問：「程子謂孔子之志必將正名其罪，上告天子，下告方伯，而率與國以討之。不知天子果能從乎？」曰：「當時惟在下者難告。」問：「果爾，則告命稽違，得無有不及事之悔乎？」曰：「使哀公能從，則聖人必一面行將去，聞於周王，使知之耳。」道夫。

戴少望謂：「顏淵子路死，聖人觀之人事；『鳳鳥不至，河不出圖』，聖人察之天理；『無[五一]復夢見周公』，聖人驗之吾身，夫然後知斯道之果不可行，而天之果無意於斯世也。」曰：「這意思也發得好。」[五二]

問：「孔子夢周公，却是思。」曰：「程先生如此説，意欲説孔子不真見周公。然見何害？」可學。

問：「『孔子曰：「甚矣吾衰也！久矣吾不復夢見周公。」』[五三]如此則是孔子未衰以前[五四]嘗夢見周公矣。伊川却言不曾夢見，何也？」曰：「聖人不應日間思量底事，夜間便夢見。如高宗夢傅説事[五五]，却是分明有個傅説在那裏，高宗却[五六]不知。所以夢見，亦是朕兆先見者如此。孔子夢奠兩楹事，豈是思慮後方夢見。此説甚精微，但於此一章上説不行，今且得從程子説。」祖道。謨録同。[五七]

問：「『吾不復夢見周公』。[五八]伊川以爲不是夢見人，只是夢寐常存行周公之道耳。先生［五九］集注則以爲如或見之。不知果是如何？」曰：「想是有時而夢見。既分明説『夢見周公』，全道不是［六〇］見，恐亦未安。」又問：「夫子未嘗識周公，夢中烏得而見之？」曰：「今有人夜間［六一］夢見平生所不相識之人，却云是某人某人者蓋有之。夫子之夢固與常人不同，然亦有是理耳。」處謙。［六二］

## 士［六三］志於道章

甘吉甫［六四］説「志於道」處。曰：「『志於道』，不是只守個空底見解。須是至誠懇惻，念念不忘。所謂道者，只是日用當然之理。事親必要孝，事君必要忠，以至事兄而弟，與朋友交而信，皆是道也。『志於道』者，正是謂志於此也。」銖。時舉録同。［六五］

「據於德」者［六六］，得之於身。然既得之，守不定，亦會失了。須常照管，不要忘［六七］了。須是據守方得。明作。

問「志道、據德」［六八］。曰：「『志於道』，［六九］如孝，便是自家元得這孝道理，非從外旋取來。『據於德』，乃是得這基址在這裏。」［七〇］

問：「志於道，道則人倫，日用之間所當行者。人之爲學，當心心念念在於所當行者，則其志向已定。據於道，德則行道而有得於身者也。如行仁而愛，則仁爲我德；行義而宜，則義爲我德；行禮而理，行智而通，則禮智爲我德。既得之於身，當執守而勿失，斯能終始爲一而有日新之功。所謂得之於身者，苟得其皆德也。至於仁，則心之全德而私欲盡去，學者工夫至此則依之而不違。使造次顛沛必於是，則存養者熟無適，而非天理流行矣。此數句一節密似一節，學者須先立志而後能據於德，據德而後能依仁，至依於仁，則德性常用而物欲不行，工夫可謂至矣。又須游於藝者。游者，玩物適情之謂。如游於禮，所以防其躁；游於樂，所以導其和；游於射，所以正内志而直外體，是皆至理所寓而日用之不可闕者。朝夕游焉以博其義理之趣，則應務有餘而良心不放，所謂本末兼該，内外交舉，將以涵泳從容忽入于聖賢之域。」[七一]曰：「德者，吾之所自有，非自外而得也。以仁義禮智觀之可見。韓退之云：『德，足乎己，無待乎外。』説得也好。」[七二]

「志於道」，方有志焉。「據於德」，一言一行之謹，亦是德。「依於仁」，仁是衆善總會處。德明。

道是日用常行合做底，德是真個有得於己，仁謂有個安頓處。季札。

先生問正淳：「曾聞陸子壽『志於道』之説否？」正淳謂：「子壽先令人立志。」先生曰：「只做立志便虛了。聖人之説不如此，直是有用力處。且如孝於親、忠於君、信於朋友之類，便是道。所謂志，只是如此知之而已，未有得於己也。及其行之盡於孝、盡於忠、盡於信，有以自得於己，則是孝之德、忠之德、信之德。如此，然後可據。然只志道據德，而有一息之不仁，便間斷了，二者皆不能有，却須『據於德』後而又『依於仁』。」正淳謂：「這個仁是據發見説。」曰：「既見於德，亦是發見處。然仁之在此，却無隱顯，皆貫通，不可專指爲發見。」[僩]。〔七三〕

「志於道」，道是君臣、父子、夫婦、兄弟、朋友之道。明得此理，得之於身，斯謂「據於德」。然而不「依於仁」，則二者皆爲無用矣。依仁不止於發見。凡内外隱顯，莫非仁也。[人傑]。

正卿問「志道，據德，依仁」。曰：「『志於道』，猶是兩個物事。『據於德』，猶〔七四〕謂忠於君則得此忠，孝於親則得此孝，是我之得於己者也，故可據。依仁，則是平日存主處，無一念不在這裏，又是據德〔七五〕底骨子。」[時舉]。

正卿問「志於道，據於德，依於仁」〔七六〕。曰：「德，是自家心下得這個道理，如欲爲忠而得其所以忠，如欲爲孝而得其所以孝。到得『依於仁』，則又不同。依仁，則是此理常存於心，日用之間常常存在。據德、依仁，雖有等級，不比志道，與據德、依仁全是兩截。志只是心之所之，與有所據、有所依不同也。」[賀孫]。

德是道之實，仁是德之心。[道夫]。

問：「若是『志於道，據於德』，則雖初學便可如此下功。且如『據於德』，則得寸守寸，得尺守尺。若是『依於仁』，則仁是指全體而言，如何便解依於〔七七〕它？」曰：「所謂『據於德』，亦須是真個有是德方可據守。如事親時自無不孝，方是有孝之德，其餘亦然，亦非初學遽可及也。依仁，只是此心常[七八]不令少有走作也。」因言：「周禮先説『知仁聖義中和，孝友睦婣任卹』，此是教萬民底事。又説教國子以三德，曰：『至德以爲道本，敏德以爲行本，孝德以知逆惡。』至德，謂德之全體，天下道理皆由此出，如所謂存心養性之事是也，故以此教上等人。若次一等人，則教以敏德爲行本。敏，是强敏之謂。以敏德教之，使之見善必遷，有過必改，爲孝[七九]則强力，任事則果決，亦是一等特立獨行之人。若又次一等，則教以孝德以知逆惡[八〇]，使它就孝上做將去，熟於孝，則知惡逆之不可爲矣[八一]。是三者必相兼。若能至德，則自兼那兩事；若自下做去，亦可以到至德處；若只理會個至德而無下二者，則空疏去。」又曰：「自『志於道』至『依於仁』，是從粗入精；自『依於仁』至『游於藝』，是自本兼末。能『依於仁』則其游於藝也，蓋無一物之非仁矣。」因舉横渠語云：「『天體物而不遺，猶仁體事無不在也。』『禮儀三百，威儀三千』，無一物之非仁也。『昊天曰明，及爾出王；昊天曰旦，及爾游衍。』無一物之不體也。」此是横渠赤心片片説與人。如荀、揚，何嘗有這樣説話？」廣。

問[八二]：「『游者，玩物適情之謂。』玩物適情，安得爲善？」曰：「『游於藝』一句是三字，公却只説得一字。」人傑。[八三]

「據於德」，有時也會失了。必「依於仁」，此心常存則照管得到，能守是德矣。「游於藝」，似若無緊切底事，然能如此，則是工夫大故做得到了，所謂「庸言之信，庸行之謹」也。夔孫。

「『據於德』。德，謂得之於心，有這個物事了，不待時〔八四〕旋討得來。且如仁義禮知有在這裏，不待臨時旋討得來。」又曰：「德是自家有所得底〔八五〕在這裏。且如事親孝，則得孝之德〔八六〕；事兄弟，則得弟之德〔八七〕。所謂在這裏，但得有淺深。」又曰：「『志於道，據於德』，説得尚粗。到『依於仁』，方是工夫細密。『游於藝』者，乃是做到這裏又當養之以小物。」〔八八〕

讀書須將聖賢言語就自家身上做工夫，方見字字是實用。如「志道，據德，依仁，游藝」，將來安排放身上看，看道是甚麽物事？自家如何志之？以至「據德、依仁、游藝」，亦莫不然，方始有得。道夫。

寓〔八九〕問：「自『志於道』到『依於仁』，工夫到這處縝密，較易些否？」曰：「似恁地都是難。」問：「此是顔子不違仁地位否？」先生問：「如何知得顔子能如此，它人不能？」寓〔九〇〕曰：「顔子亞聖之資，固易爲力。若它人用工深，亦須到這處。」曰：「這處先要就『志於道』上理會。『志於道』，便恁地利，恁地好。這須知是個生死路頭。」因以手指分作兩邊去，云：「這一邊是死頭〔九一〕，那一邊去是生路。這去便善，那去便惡。知得此路是了，只管向此路去，念念不忘。處己也在是，接人也在是，講論也在是，思索也在是。令人把捉不定，要做這裏〔九二〕邊去，又要做那邊去，一出一入，或東或西。以夫子『十五志於學，三十而立，四十而不惑，五十而知天命』，皆是從志學做來着工夫，須看得聖人『志於學』處是如何。這處見得定，後去節節有下工夫處。『據於德』，德者，得也，便是我自得底，不是徒恁地知得便住了。若徒知得，不能得之於己，似説别人底，於我何干。如事親能孝，便是我得這孝；事君能忠，便是我得這忠。説到德，便是成就這道，方有可據處。但『據於德』，固是有得於心，是甚次第，然亦恐怕有走作時節。其所存主處須是『依於仁』，自得於心，不可得而離矣。到游藝猶言，雖事未甚要緊，然亦少不得。須知那個先，那個後始得，亦所以助其存主也。」〔九三〕

行夫問「志道，據德，依仁，游藝」。先生曰：「『志於道』，方是要去做，方是事親欲盡其孝，事兄欲盡其弟，方是恁地。至『據於德』，則事親能盡其孝，事兄能盡其弟。便是自有個道理了，〔九四〕却有可據底地位。纔説盡其孝，便是據於孝。雖然如此，此只是就事上逐件理會。若是不依於仁，不到那事親事兄時，此心便没頓放處。『依於仁』，則自朝至暮，此心無不在這裏，連許多德總攝貫穿都活了。『志於道』，方要去做。『據於德』，則道方有歸着。雖有歸着，猶是有〔九五〕事上。『依於仁』，則德方有本領。雖然，藝亦不可不去理會。如禮、樂、射、御、書、數，一件事理會不得此心便覺滯礙。惟是一一去理會，這道理脈絡方始一一流通，無那個滯礙。因此又却養得這個道理。以此知大則道無不包，小則道無不入。小大精粗皆無滲漏，皆是做工夫處，故曰『語大，天下莫能載；語小，天下莫能破。』」恪。

「志[九六]於道，據於德，依於仁」又且「游於藝」，不成只一句便了，若只一句便了何更用許多説話？如「詩三百，一言以蔽之，曰『思無邪』」，聖人何故不只存這一句，餘都删了？何故編成三百篇方説「思無邪」？看三百篇中那個事不説來[九七]？淳。[九八]

「志者，[九九]心之所之。道者，當爲之理，爲君有君之理，爲臣有臣之理。『志於道』者，留心於此理而不忘之[一〇〇]也。德者，得也。既得之則當據守而弗失。仁者，人之本心也。依，如『依乎中庸』之依，相依而不捨之之意[一〇一]。既有所據守又當依於仁而不違，如所謂『君子無終日之間違仁』是也。『游於藝』一句，比上三句稍輕，然不可大段輕説。如謝上蔡[一〇二]云『有之不害爲小人，無之不害爲君子』，則是太輕了。古人於禮、樂、射、御、書、數等事皆至理之所寓。游乎此則心無所放，而日用之間本末具舉而内外交相養矣。」或言：「『志於道』，正如顔子仰高鑽堅以求至乎聖人之地否？」曰：「若如此説，便是要將此心寄在道裏面底説話。道只是人所當行之道，自有樣子。如『爲人父，止於慈；爲人子，止於孝』。只從實理上行，不必向渺茫之中求也。」謨。

子升兄[一〇三]問：「此章[一〇四]上三句皆有次序，至於藝，乃日用常行，莫不可後否？」曰：「藝是小學工夫。若説先後，則藝爲先而三者爲後。若説本末，則三者爲本而藝其末，固不可徇末而忘本。習藝之功固在先。游者，從容潛玩之意，又當在後。文中子説：『聖人志道，據德，依仁，而後藝可游也。』此説得自好。」木之。

問：「『興於詩』三句與『志於道』四句相似？」曰：「『志』、『據』、『依』是用處，『興』、『立』、『成』是成效處。」夔孫。〔一〇五〕

## 自行束脩章無〔一〇六〕

## 不憤不悱〔一〇七〕章

問「憤悱」。曰：「此雖聖人教人之語，然亦學者用力處。」敬仲。

學者至憤悱時，其心已略略通流，但心已喻而未甚信，口欲言而未能達，故聖人於此啓發之。舉一隅，其餘三隅須是學者自去理會。舉一隅而不能以三隅反，是不能自用其力者，孔子所以不再舉也。謨。

「舉一隅以三隅反，只是告往知來否？」曰：「只是有四隅。」〔一〇八〕

問：〔一〇九〕「『引而不發，躍如也』與『舉一隅不以三隅反』同意否？」曰：「這般有問答處儘好看，這見得恁地問便恁地答。是〔一一〇〕酬酢處見意思，且自去看。」賀孫。〔一一一〕

「悱，非是全不曉底，也曉得三五分，只是説不出。」節〔一一二〕問伊川謂「必待誠至而後告之」。曰：「憤悱便是誠意到，不憤悱便是誠不到。」節。

## 子食於有喪者之側章

「子食於有喪者之側，未嘗飽也」，有食不下咽之意。謨。

又讀[一一三]「子於是日哭則不歌」，曰：「不要把一個『誠』字包却了。須要誠[一一四]得聖人自然重厚、不輕浮底意[一一五]。」時舉。

節[一一六]問：「博文亦可以學道，而上蔡解『哭則不歌』，謂『能識聖人之情性，然後可以學道。』」曰：「聖人情性便是理。」又曰：「博文約禮亦是要識得聖人情性。『思曰睿』只是思會睿。」節。[一一七]

「『子於是日哭則不歌』，上蔡説得亦有病。聖人之心，如春夏秋冬，不遽寒燠，故哭之日自是不能遽忘。」又曰：「聖人終不成哭了便輒[一一八]去歌得！如四時，也須漸漸過去。[一一九]且如古者喪服，自始死至終喪，中間節次漸漸變輕。不似如今人直到服滿，一頓除脱了，便着華采衣服。」賀孫。道夫録[一二〇]同。

## 用之則行章[一二一]

讀「用之則行，捨之則藏」[一二二]，曰：「專在『則』字上面[一二三]，如『可以仕則仕，可以久則久』之類是也。」時舉。

又曰：〔一二四〕「此八字極要人玩味。若它人用之則無可行，捨之則無可藏。唯孔子與顏淵先有此事業在己分內，若用之則見成將出來行，捨之則藏了，它人豈有是哉！故下文云：『唯我與爾有是夫。』『有是』二字，當如此看。」謨。

節〔一二五〕問：「此章注下，〔一二六〕尹氏曰：『命不足道也。』」曰：「如常人，『用之則行』，乃所願；『捨之則藏』，是自家命恁地，〔一二七〕不得已，不奈何。聖人無不得已底意思。聖人用我便行，捨我便藏，無不奈何底意思〔一二八〕，何消得〔一二九〕更言命。」又曰：「『命不足道也』，命不消得更說。」又曰：「知命不足道也。」節。

問「用捨行藏」一〔一三〇〕章。曰：「聖人於用捨甚輕，沒些子緊要做。用則行，捨則藏，如晴乾則着鞋，雨下則赤脚。尹氏云：『命不足道。』蓋不消言命也。」〔一三一〕

至之問：「尹氏云：『用捨無與於己，行藏安於所遇。命不足道也。』是如何？」曰：「聖人說命，只是爲中人以下說，如『道之將行也』、『道之將廢也』。故聖人欲曉子服、景伯，故以命言。」時舉。〔一三二〕

「『用之則行，捨之則藏』，〔一三三〕注云：〔一三四〕『用捨無預於己，行藏安於所遇，命不足道也。』蓋只看義理如何，都不問那命了。雖使前面做得去，若義去不得，也只不做；所謂『殺一不幸，行一不義而得天下，有所不爲』。若中人之情，則見前面做不得了方休，方委之於命；若使前面做得，它定不肯已；所謂『不得已而安之若〔一三五〕命』者也。此固賢於世之貪冒無知〔一三六〕者矣，然實未能無求之之心也。聖人更不問命，只看義如何。貧富貴賤，惟義所在，所〔一三七〕謂安於所遇也。如顏子之安於陋巷，它那曾計較命如何。陶淵明說盡萬千言語，說不要富貴，不〔一三八〕能忘貧賤。其實是大不能忘，它只是硬將這個抵拒將去。然使它做那世人之所爲，它定不肯做，此其所以賢於人也。」或云：「看來，淵明終只是晉宋間人物。」曰：「不然。晉宋間人物雖曰尚清高，然個個要官職，這邊一面清談，那邊一面招權納貨。淵明却真個是能不要，此其所以高於晉宋人也。」或引伊川言「晉宋清談，因東漢節義一激而至此」者。「公〔一三九〕且說，節義如何能激而爲清談？」或云：「節義之禍，在下者不知其所以然，思欲反之，所以一激而其變至此。」曰：「反之固是一說，然亦是東漢崇尚節義之時便自有這個意思了。蓋當時節義底人，便有傲睨一世、污濁朝廷之意。這意思便自有高視天下之心，少間便說〔一四〇〕入於清談處〔一四一〕去。如皇甫規見雁門太守曰：『卿在雁門，食雁肉，作何味？』那時便自有這意思了。少間那節義清苦底意思，無人學得，只學得那虛驕之氣。其弊必至於此。」僩。事見東漢王符傳。〔一四二〕

問「用捨行藏」。曰：「此有數節，最好子細看。未說到用捨行藏處，且先看個『毋意、毋必』底意。此是甚底心？渾然是個天理。尹氏謂『命不足道』，此本未有此意，亦不可不知也。蓋知命者，不得已之辭。人要做這事，及至做不得則曰命，是心裏猶不服它。若聖賢『用之則行，捨之則藏』，更不消得説命。到説『臨事而懼，好謀而成』八字，雖用捨行藏地位遠了，然就此地頭看也自好。某嘗謂聖人之言好如荷葉上水珠，顆顆圓。這『臨事而懼』，便是戒謹恐懼底心。若有所恐懼，心驚膽畏，便不得了。孟子説：『禹惡旨酒，而好善言；湯立賢無方；文王望道而未之見；武王不泄邇，不忘遠；周公思兼三王。』曰詩[一四三] 多事皆是聖人事，然有小大不同。如『惡旨酒』乃是事之小者，『思兼三王』乃是事之大者，然亦都是一個戒謹恐懼底心。人心多縱弛，便都放去。若是聖人行三軍，這便是不易之法。非特行軍如此，事事皆然。莊子庖丁解牛神妙，然每到族心必怵然爲之一動，然後解去。心動，便是懼處，豈是似醉人恣意胡亂做去！韓文鬬雞聯句云：『一噴一醒然，再接再礪乃。』謂都困了，一以水噴之則便醒。『一噴一醒』，所謂懼也。此是孟郊語，也説得好。」又問：「觀此處，則夫子與顏子一般了。」曰：「到此地位，大節也同了。如孟子説伯夷、伊尹與夫子『是則同』處。看伯夷、伊尹與夫子，豈是一樣人！但是此大節處同。若此處不同，則不足爲聖人矣。」夔孫。[一四四]

子路説：「子行三軍，則誰與？」雖無私意，然猶有固必之心。人傑。

子路曰：[一四五]「子行三軍，則誰與？」宜作相與之「與」，非許與之「與」。「好謀而成」，人

固有好謀者；然疑貳不決，往往無成者多矣。孔子行三軍，其所與事〔一四六〕者，必「臨事而懼，好謀而成者也」。〔一四七〕

亞夫問「子行三軍，則誰與」。曰：「三軍要勇，行三軍要謀。既好謀便須成之。蓋人固有好謀而事不成者，却亦不濟事。」潘子善因云：「謀在先，成在後。成非勇亦不能決。」曰：「然。」又問：「通書『動而無動，静而無静，神也』，此理如何？」曰：「譬之晝夜。晝固是屬動，却來管那神不得；夜固是屬静，然静亦管那神不得。蓋神之爲神，自是超於形器之表，貫動静而言其體，常如是而已矣。」僩。時舉略同。〔一四八〕

「好謀而成」，既謀了，須是果決去做教成。若徒謀而不成，何益於事？所謂「作舍道旁，三年不成」者也。「臨事而懼」，是臨那事時又須審一審。蓋閑時已自思量都是了，都曉得了，到臨事時又更審一審。這「懼」字，正如「安而後能慮」底「慮」字相似。又曰：「而今只是據本子看，説行三軍是如此。試把數千人與公去行看，好皇恐！」僩。

## 富而可求章

讀「富而可求」章，云：「須要子細看『富而可求也』一句。上面自是有〔一四九〕虚意。言『而可求』，便是富本不可求矣。」因舉「君子贏得做君子，小人枉了做小人」之説，又云：「此章最見得聖人言語渾成底氣象，須要識得。」時舉。

## 齊戰疾章無〔一五〇〕

## 聞韶章〔一五一〕

夫子之心與韶樂相契，所以「不知肉味」，又有習之三月之説。泳。

「子在齊，聞韶三月」，當作一點。人傑。〔一五二〕

問「子在齊，聞韶三月，不知肉味」。〔一五三〕曰：〔一五四〕「史記：『子在齊，聞韶音，學之三月，不知肉味。』『三月』當作一點。蓋是學韶樂三月耳，非三月之久不知肉味也。」祖道。謨録同。〔一五五〕

問：「孔子聞韶樂〔一五六〕，學之三月，不知肉味。若常人如此，則是『心不在焉』，而聖人如此，何也？」曰：「此其所以爲聖人也，公自思量看。」久之，又曰：「衆人如此，則是溺於物欲之私。聖人則是誠一之至，心與理合，不自知其如此。」又問：「聖人存心如此之切，所以至於忘味。」曰：「也不是存心之切，恁地又説壞了聖人。它亦何嘗切切然存心要去理會這事，只是心自與那道理契合，只覺得那個好，自然如此耳。」僩。

「史記云：〔一五七〕『子聞韶音，學之三月，不知肉味。』『學之』一節，不知如何，今正好看其忘肉味處。這裏便見得聖人之樂，如是之美；聖人之心，如是之誠。」又曰：「聖人聞韶，須是去學，不解得只恁休了；學之亦須數月方熟。三月，大約只是言其久，不是真個足頭九十日，至九十一日便知肉味。想見韶樂之美，是能感動人，是能使人視端而行直。某嘗謂，今世人有目不得見先王之禮，有耳不得聞先王之樂，此大不幸也。」道夫。

吳伯英問：「孔子在齊聞韶樂，〔一五八〕學之三月，至於〔一五九〕不知肉味。然則〔一六〇〕聖人殆亦固滯不化，而〔一六一〕當食之時，又不免『心不在焉』之病，若何？」曰：「『主一無適』，是學者之功。聖人行事不可以此求之也。更是舜之樂盡善盡美，而孔子聞之，深有所契于心者，所謂『得志行乎中國，若合符節』，是以學之三月，而不自知其忘味也。」處謙。〔一六二〕

石丈問：「子在齊聞韶，何以有韶？〔一六三〕」曰：「人說公子完帶來，亦有甚據。」淳問：「伊川謂〔一六四〕『三月不知肉味』爲聖人不應凝滯於物〔一六五〕。今添『學之』二字，則此意便無妨否？」曰：「是。」石又引「三月」之證。曰：「不要理會『三月』字。須看韶是甚調〔一六六〕，便有便得人如此，〔一六七〕孔子是如何聞之便恁地。須就舜之德、孔子之心處看。」淳。〔一六八〕

先生嘗讀它傳云：「孔子居齊，聞韶音，見齊國之人亦皆視端形聳〔一六九〕，蓋正音所感如此。」升卿。

時舉[一七〇]問：「伊川疑『三月』即是『音』字，如何？」曰：「此處最要看它『不知肉味』處，最有意思。蓋夫子知韶之美，一聞之則感之至深，學之三月，故至於不知肉味。然[一七一]若道一聞之便三月不知肉味，恐無此道理。伊川疑得自是，但史記上有『學之』二字，伊川恐適不曾考到此耳。觀此處須見得夫子之心與舜之心分明爲一，感之至深，故盡心以學之，念念在此而自不能忘也。」時舉。

「『子在齊聞韶，學之三月，不知肉味』。上蔡只要說得泊然處，便有些莊老。某謂正好看聖人之[一七二]忘肉味處，始見聖人之心如是之誠，韶樂如是之美。」又舉載孔子至齊，促從者行，曰：「韶樂作矣。」從者曰：「何以知之？」曰：「吾見童子視端而行直。」「雖是說得差異，亦容有此理。」賀孫。

## 夫子爲衛君章[一七三]

「『夫子爲衛君乎』，若只言以子拒父，自不須疑而問。今冉子疑夫子爲衛君者，以常法言之，則衛公輒亦於義當立者也。以輒當立，故疑夫子必助之。『求仁而得仁』，此只是不傷其本心而已。若伯夷叔齊，不讓而於心終不安。人之心本仁，纔傷着本心，則便是不仁矣。」謨。

論子貢問衛君事，曰：「若使子貢當時徑問輒事，不唯夫子或不答，便做答時亦不能盡〔一七四〕。若只問：『伯夷叔齊何人也？』曰：『古之賢人也。』亦未見分曉。聖人所謂〔一七五〕如『君子不仁者有矣』，亦如何便見得出處一時皆當，豈無怨悔處？只再問『怨乎』，便見得子貢善問。纔說道『求仁，〔一七六〕又何怨』，便見得夷齊兄弟所處無非天理，蒯輒父子所向無非人欲。二者相去，奚啻珷玞美玉，直截天淵矣。」僩。

問：「子貢欲知爲衛君，何故問夷齊？」曰：「一個是父子爭國，一個是兄弟讓國，此是則彼非可知。」問：「何故又問『怨乎』？」曰：「此又審一審。所以夫子言『求仁得仁』，是就心上本原處說。凡讓，出於不得已便有怨。夷齊之讓是合當恁地，乃天理之當然，又何怨！大綱衛君底固爲不是，到此越見得衛君没道理。」又問：「子欲正名，是公子郢否？」曰：「此又是第二節事。第一節且〔一七七〕先正輒父子之名。」問：「輒尚在，則如何正？」曰：「上有天子，下有方伯，它不當立，如何不正？」寓。淳録略同。〔一七八〕

問：「子貢有『怨乎』之問，何也？」曰：「夫子謂夷齊是賢人。恐賢者亦有過之者，於是問以決之，看這事是義理合如此否。如其不必讓而讓之，則未必無怨悔之心矣。夫子告以『求仁而得仁』者，謂是合恁地。若不恁地，是去仁而失仁矣。若衛君事則大不然矣，子貢所以〔一七九〕必其不爲也。」夔孫。

安卿以書問夷齊，辨論甚悉。曰：「大概是如此，但更於『求仁而得仁』上看之〔一八〇〕。」道夫問：「『安』字莫便是此意否？」曰：「然，但見他説得來不大[一八一]緊切，故教他更於此上看。」道夫[一八二]曰：「伯夷不敢安嫡長之分以違君父之命，叔齊不敢從父兄之命以亂嫡庶之義，這便是『求仁』。伯夷安於逃，叔齊安於讓，而其心舉無杌隉之慮，這便是『得仁』否？」曰：「然。衛君便是不能求仁耳。」道夫。

孔子論伯夷，謂：「求仁而得仁，又何怨？」司馬遷作伯夷傳，但見得伯夷滿身是怨。蘇子由伯夷論却好，只依孔子説。文蔚。

「蒯聵與輒，若有一人識道理，各相避就去了。今蒯聵欲入衛，輒不動，則所以處其事者當如何？後世議者皆以爲當立郢，不知郢不肯做。郢之立[一八三]，蓋知其必有紛争也。若使夫子爲政則必上告天子，下告方伯，拔郢而立之，斯爲得正。然夫子固不欲與其事也。」或謂：「春秋書『晉趙鞅納世子蒯聵于戚』，稱『世子』者，謂其當立。」曰：「若不如此書，當如何書之？説春秋者多穿鑿，往往類此。」人傑。[一八四]

吴伯英問：「夷齊讓國而去，一以父命爲尊，一以人倫爲重，要各得其本心之正，而盡乎天理之公矣。所謂『孤竹君』，當時或無中子之可立，則二子將奈何？」曰：「縱二子不立，則其宗社之有賢子弟立之可也。」處謙。

或問：「伯夷叔齊之讓，使無中子，則二子不成委先君之國而棄之！必有當立者。」曰：

「伊川說叔齊當立。看來立叔齊雖以父命，然終非正理，恐只當立伯夷。」或曰：「伯夷終不肯立，奈何？」曰：「若國有賢大臣，則必請於天子而立之，不問伯夷情願矣。看來二子立得都不安，但以正理論之，則伯夷分數稍優耳。胡文定春秋解這一段也好，說吳季札讓國事，聖人不取之，牽引四五事爲證。所以經只書『吳子使札來聘』，此何異於楚子使椒來聘之事耶？但稱名，則聖人貶之深矣，云云。但近世說春秋皆太巧，不知果然否也。」僩。

問：「胡氏正名說，謂『必將具其事之本末告諸天王，請于方伯，命公子郢而立之則人倫正』。[一八五]此正[一八六]是論孔子爲政正名合當[一八七]如此。設若衞君輒[一八八]用孔子，孔子爲之臣否[一八九]？既爲之臣而爲政，胡氏所說[一九〇]可通否？」曰：「聖人不[一九一]北面無父之人。若輒有意改過遷善，則孔子須與它[一九二]斷約，恁地做[一九三]方與他做。姚崇[一九四]猶先以十事與明皇約，然後爲之相，而況孔子乎！若輒不能然，則孔子決不爲之[一九五]矣。」淳。[一九六]

## 飯蔬[一九七]食章

恪[一九八]問：「『樂亦在其中』，聖人何爲如是之樂？」曰：「正要理會聖人之心如何得恁地。聖人之心更無些子渣滓，故我之心淘來淘去，也要知聖人之心。」季札。[一九九]

「樂亦在其中」，此樂與貧富自不相干，是別有樂處。如氣壯底人，遇熱亦不怕，遇寒亦不怕。若氣虛則必爲所動矣。閎祖。

論「不義而富且貴，於我如浮雲」，〔二〇〇〕上蔡云：「義而得富得貴，猶如浮雲，况不義乎！」「這是上蔡説得過當。此只説不義之富貴，視之如浮雲，不以彼之輕，易吾之重。若義而得富貴便是當得，如何掉脱得。如舜禹有天下，固説道『不與』，亦只恁地安處之。又如『所以長守貴也，所以長守富也』，義當得之，亦自當恁地保守。堯命舜云：『天之曆數在爾躬，允執其中。四海困窮，天禄永終。』豈是不要保守！」賀孫。〔二〇一〕

## 五十以學易章〔二〇二〕

問「五十學易」一段。曰：「聖人學易，而〔二〇三〕於天地萬物之理，吉凶悔吝，進退存亡，皆見得盡，自然無差失。聖人説此數句，非是謾然且恁地説。聖人必是見得是如此，方如此説。」希遜。〔二〇四〕

鄭文振〔二〇五〕問「五十以學易」。曰：「也只就卦爻上占考其理合如何。其他書則一事是一理，惟是易却説得闊。〔二〇六〕如已有〔二〇七〕底事説在裏，未有底事也説在裏。」又曰：「易須錯綜看，天下甚麼事，無一不出於此。如善惡是非得失，以至於屈伸消長盛衰，看是甚事，都出於此。伏羲以前不知如何占考，至伏羲將陰陽兩個畫卦以示人，使人於此占考吉凶禍福。一畫爲陽，二畫爲陰，一畫爲奇，二畫爲耦，遂爲八卦。又錯綜爲六十四卦，凡三百八十四爻。文王又爲之彖、象以釋其義，無非陰陽消長盛衰屈伸之理。聖人之所以學者，學此而已。把乾卦一卦看，如『乾，元亨利貞。』人要做事，若占得乾卦，乾是純陽：元者，大也；亨者，通也，其爲事必大通。然而雖説大亨，若所爲之事不合正道，則亦不得其亨。故雖云大亨，而又利於正。卦内六爻都是如此。如説『潛龍勿用』，是自家未當是〔二〇八〕作之時，須是韜晦方始無咎。若於此而不能潛晦，必須有咎。又如上九云：『亢龍有悔。』若占得此爻，必須以亢滿爲戒。如這般處，最是易之大義。易之爲書，大抵於盛滿時致戒。蓋陽氣正長，必有消退之漸，自是理勢如此。」又云：「當極盛之時便須慮其亢，如當堯之時須交付與舜。若不尋得個舜便交付與他，則堯之後，天下事未可知。」又云：「康節所以見得透，看他説多以盛滿爲戒。如云：『飲酒愛微醺，不成使酩酊。』」又云：「康節多於消長之交看。」又云：「許多道理本無不可知之數，惟是康節體得熟。只管體來體去，到得熟後，看是甚麽事理，無不洞見。」賀孫。

因學者問「學易無大過」章。曰：「易只有『陰陽』兩字分奇偶。一畫是陽，兩畫是陰，從此錯綜，推去〔二〇九〕爲六十四卦，三百八十四爻。後來文王却就畫繫之辭，〔二一〇〕。看來易元初只是畫。〔二一一〕」又曰：「天地只有〔二一二〕一個陰，一個陽，把來錯綜。大抵陽則多吉，陰則多凶。吉爲善，凶爲惡。又看所處之位，逐爻看之，陽有時而凶，陰有時而吉。」又曰：「如它經，先因其事方有其文。如書言堯、舜、禹、成、湯、伊尹、武王、周公之事，因有許多事業方説得[二一三]那裏，若無那事亦不説到那裏。易則是個空底物事，未有是事，預先説是理，故包括得盡許多道理。看人做甚事，皆撞着也。」又曰：「『易，無思也，無爲也。』易是個無情底物事，故『寂然不動』。占之者吉凶善惡隨事著見，乃『感而遂通』。」又云：「易中多言『正』，如『利正』、『正吉』、『利永正』之類，皆是要人守正。」又云：「易如占得一爻，須是以[二一四]觀諸身果盡得那道理否？如坤六二：『直方大，不習無不利。』須看自家能直、能方、能大，方能『不習無不利』。凡皆類此。」又曰：「所謂『大過』，如當潛而不潛，當見而不見，當飛而不飛，皆是過。」又曰：「乾之一卦，純乎陽，固是好。如『元亨利貞』，『利正』[二一五]，蓋大亨之中又須知利在正，非正則過矣。」又曰：「如坤之初六，須知履霜有堅冰之漸，要人恐懼修省。不知恐懼修省便是過。易大概欲人恐懼修省。」又曰：「文王繫繇辭[二一六]，本只是與人占底書。至孔子作十翼，方説『君子居則觀其象而玩其辭，動則觀其變而玩其占。』」又曰：「夫子讀易與常人不同，是他胸中洞見陰陽剛柔、吉凶消長、進退存亡之理。其贊易，即就胸中寫出這道理。」[二一七]

問：「『學易無大過』，聖人何以有過？」曰：「只是聖人不自足之意。聖人此般話，也如『道者三，我無能』、『聖仁吾豈敢』。不是聖人能如此，更誰能如此？程子謂『學易者無大過』，文勢不然。此章『五十』字誤，然章之大旨在『無大過』，不在『五十』上。」淳。

寓〔二一八〕問：「『五十以學易』章集注〔二一九〕，先生舉史記作『假我數年』〔二二〇〕。」云：「是時孔子年老，已及七十，欲贊易，故發此語。若作『五十以學易』，全無意思。」問：「孔子少年不學易，到老方學易乎？」曰：「作彖、象、文言以爲十翼，不是方讀易也。」問：「伊川以八索爲過處，如何？」曰：「某不敢如此說。」寓。

「子曰：『加我數年，五十以學易，可以無大過矣。』伊川曰：『此未贊易時語也。更加我數年，五十以學易，易之道可無大過。如八索之類皆過也。』又曰：『前此學易者衆與，說多過矣。聖人使弟子俟其贊易而後學之，其過鮮矣。』前一說則大過在八索之類，後一說則大過在弟子之學易者。俱未有定據。若曰孔子自五十歲後始學易，可以無大過，則大害義理。是未學易之前，聖人嘗有過也。伊川後來自不取此說。竊謂天下之人凡所云爲至於大過而不知止者，皆易道不明於天下故也。聖人之意，謂俟我贊易之後，庶幾易道大明，而天下之人皆有所省覺，雖不免有小小過失，然可以保其無大過矣。蓋不特爲八索與弟子之學易者言之。不知是否？」〔二二一〕曰：「史記『加』作『假』，古本『五十』作『卒』字。『加』、『假』聲相近，『五十』與『卒』字相似而并誤也。此孔子繫易之時，自謂『假我數年，五十〔二二二〕以學易，可以無大過』者，爲此自謙之辭以教學者，深以見易之道無窮也。」謨。

## 子所雅言章

「執禮」，執守也。泳。[二二三]

問「子所雅言：詩、書、執禮」。曰：「古之爲儒者，只是習詩書禮樂。言『執禮』則樂在其中。如易則掌於太卜，春秋掌於史官，學者兼通之，不是正業。只這詩書，大而天道之精微，細而人事之曲折，無不在其中。禮則節文法度。聖人教人亦只是許多事。」僩。

「子所雅言：詩、書、執禮」，未嘗及易。夫子常所教人，只是如此，今人便先爲一種玄妙之說。德明。

賀孫問：「『子所雅言：詩、書、執禮』，皆雅言也。[二二四]伊川云：『夫子雅素所[二二五]言，止於如此。若「性與天道不可得而聞」者，則在「默而識之」。』不知性與天道，便於詩、書、執禮中求之乎？」曰：「語意不如此。觀子貢說『夫子之言性與天道』，自是有說時節，但亦罕言之。」恭父云：「觀子貢此處，固足以見子貢方聞性、天[二二六]之妙。又如說：『天何言哉？四時行焉，百物生焉，天何言哉？』這是大段警悟它處。」曰：「這般處是大段分曉。」又云：「若實能『默而識之』，則於『詩、書、執禮』上自得[二二七]性與天道。若不實能默識得，雖聖人便說出也曉不得。」賀孫問：「『執禮』，『執』字恐當時自以執其禮[二二八]，非夫子方爲是言？」曰：「詩書只是口說得底，惟禮要當執守，故孔子常說教人執禮。故云：『詩、書、執禮，皆雅言也。』不是當時自有此名。」賀孫。〔二二九〕

## 葉公問孔子於子路章

「學者做得事不是，須是悔。悔了便不要做始得。若悔了，第二番又做，是自不能立志，又干別人甚事？」因問：「集注中〔二三〇〕有『未得則發憤忘食』之說。」先生曰：「聖人未必有未得之事，且如此說。若聖人便有這般事，是他便發憤做將去。學者當悔時，須是學聖人始得，豈可自道我不似聖人便休却！」明作。〔二三一〕

爲學要剛毅果決，悠悠不濟事。且如「發憤忘食，樂以忘憂」，是甚麼樣精神，甚麼樣骨肋！〔二三二〕正卿。〔二三三〕

寓〔二三四〕問：「『發憤忘食』，未知聖人發憤是如何？」曰：「要知他發憤也不得。只是聖人做事超越衆人，便做到極處，發憤便忘食，樂便忘憂。若他人，發憤未必能忘食，樂處未必能忘憂。聖人直是脫灑，私欲自是惹不着。這兩句雖無甚利害，細看來，見得聖人超出乎萬物之表！」〔二三五〕

「發憤忘食，樂以忘憂，不知老之將至云爾」。泛說若是謙辭。然聖人之爲人自有不可及處，直要做到底，不做個半間不界底人。非是有所因，真個或有所感，發憤而至於忘食，所樂之至而忘憂。蓋有不知其然而不自知其老之將至也。又如「好古敏以求之」，自是謙詞。「學不厭，教不倦」，亦是謙詞。當時如公西華、子貢自能窺測聖人不可及處。蓋聖人處己之謙若平易，而其所以不可及者亦在其中矣。觀聖人若慢〔二三六〕，只是你趕他不上。人傑。㽦録略同。〔二三七〕

「『發憤忘食，樂以忘憂，不知老之將至云爾。』聖人不是有所因爲甚事了如此，只是意思有所發憤〔二三八〕便至於忘食，樂便至於忘憂，至於不知老之將至。聖人不肯半上落下，直是做到底。雖是聖人若不〔二三九〕貶下之辭，其實超詣，却非聖人做不得。憤，是感之極深；樂，是樂之極至。聖人不是胡亂說，是他真個有『發憤忘食，樂以忘憂』處。」次日再問。先生曰：「如今不必說是爲甚發憤，或是有所感，只理會他忘食忘憂。發憤便至於忘食，樂便至於忘憂，便與聞韶不知肉味之意相似。」㽦。

因說「發憤忘食，樂以忘憂」，曰：「觀天地之運，晝夜寒暑無須臾停。聖人爲學亦是從生至死，只是如此無止法也。」僩。

對葉公之問，見其事皆造極，脱然無所係累，但見義理無窮，不知歲月之有改。「莫我知」之歎，見其樂天安土，無入而不自得，天人事理，洞然無毫髮之間。苟有一毫之私，則無以窺此境之妙，故曰「知我者其天乎」。道夫。

「其爲人也，發憤忘食，樂以忘憂，不知老之將至云爾」，與「不怨天，不尤人，下學而上達，知我者其天乎」，二章固不出乎略無人欲，渾然天理〔二四〇〕。然〔二四一〕要各隨其頭面，看他意思如何。譬之皆金也，做盞時是一樣，做釵時是一樣。須是隨其意思見得分明方好。不然，亦只鶻突而已。「發憤忘食」是發憤便能忘食，「樂以忘憂」是樂便是〔二四二〕忘憂，更無些子〔二四三〕係累，無所不用其極，從這頭便點到那頭，但見義理之無窮，不知身世之可憂、歲月之有變也。衆人縱如何發憤，也有些無緊要心在；雖如何樂，終有些係累乎其中。「不怨天，不尤人」，樂天安土，安於所遇，無一毫之私意。「下學上達」，是天人事理，洞然透徹，無一毫之間隔。聖人所謂上達，只是一舉便都在此，非待下學後旋上達也。聖人便是天，人則不能知〔二四四〕天。惟天無人許多病敗，故獨能知之。天非真有知識能知，但聖人有此理，天亦有此理，故其妙處獨與之契合。釋氏亦云：「惟佛與佛，乃能知之。」正此意也。伯羽。

## 我非生而知之者章

「我非生而知之者，我學不厭而教不倦也」。曰：「此雖聖人謙詞，觀聖人若甚慢，只是你趕他不上，所以子貢、公西華亦自看得破。」僩。〔二四五〕

大抵[二四六]如所謂「非生知」之説[二四七]，皆是移向下一等説以教人。亦是聖人着[二四八]得地步廣闊，自視猶有未十分全滿[二四九]處，所以其言如此。非全無事實而但爲此詞也。必大。[二五〇]

伯羽[二五一]問：「『我非生而知之者，好古敏以求之者』。聖人之敏求，固止[二五二]禮樂名數。然其義理之精熟，亦敏求之然[二五三]乎？」曰：「不然。聖人於義理，合下便恁地。『固天縱之將聖，又多能也』。敏求則多能之事耳。其義理完具，禮樂等事便不學也自有一副當，但力可及，故亦學之。若孟子於此等，也有學得底，也有不曾學得底，然亦自有一副當，但不似聖人學來尤密耳。」仲思問：「何以言之？」曰：「如班爵祿、井田、喪禮之類，只是説得大概。然亦是去古遠，無可考處，但他大綱正，制度雖有不備處亦不妨。」伯羽。

施問：「每疑夫子言『我非生而知之』、『若聖與仁則吾豈敢』，及至夢奠兩楹之間則曰：『太山其頽乎！梁木其壞乎！哲人其萎乎！』由前似太謙，由後似太高。」曰：「檀弓出於漢儒之雜記，恐未必得其真也。」寓。[二五四]

## 子不語怪力亂神章

問：「『子不語怪力亂神。』集注言：『鬼神之理難明易感，[二五五]而實不外乎人事。』鬼神之理在人事中如何見得？」曰：「鬼神只是二氣之屈伸往來。就人事中言之，如福善禍淫便可以見鬼神道理。論語中聖人不曾説此。」寓問：「如動靜語默亦是此理否？」曰：「固是。聖人全不曾説這話與人，這處無形無影，亦自難説。所謂『敬鬼神而遠之』，只恁地説。」集注舊文已改。〔二五六〕

## 三人行章

聖人之學異夫常人之學。纔略舉其端，這裏便無不昭徹，然畢竟是學。人若以自修爲心，則舉天下萬物，凡有感乎前者，無非足以教〔二五七〕吾義理之正。善者固可師，不善者這裏便恐懼修省，恐落在裏面去，是皆師〔二五八〕也。夔孫。

## 天生德於予章

又〔二五九〕讀「天生德於予」一章。「纔〔二六〇〕做聖人自反無愧説時，便小了聖人。須知道天生德於聖人，桓魋如何害得！故必其不能違天害己也。」時舉。

恭父問：「集注云『必不能違天害己』，不知當時聖人見其事勢不可害己，還以理度其不能害耶？」曰：「若以勢論，則害聖人甚易，唯聖人自知其理有終不能害者。」賀孫。

問：「伊川〔二六一〕云『夫子免於匡人之圍，亦苟脱也』，此言何謂？」曰：「謂當時或爲匡人所殺，亦無十成。」問：〔二六二〕「夫子自言『匡人其如予何』，程子謂『知其必不能違天害己』，何故却復有此説？」曰：「理固如是，事則不可知。」〔二六三〕

魏問：「謝氏又〔二六四〕云：『聖人不敢必其不我害也，使其能爲我害亦天也。』是如何？」曰：「這説是聖人必其不能害己，如『匡人其如予何』，皆是斷然害聖人不得。聖人説出，自恁地直截。如説：『道之將行也與？命也；道之將廢也與？命也。公伯寮其如命何！』這是未定之辭。如孟子説：『吾之不遇魯侯，天也。臧氏之子焉能使予不遇哉！』遇不遇，看天如何，亦是未定之辭。」賀孫。

## 二三子以我爲隱乎章

又讀「二三子以我爲隱乎」一段，云：「須要看聖人如何是『無行不與二三子』處。」時舉。〔二六五〕

子善説：「『吾無隱乎爾』。此在弟子自見得如何。如顔子只見得『所立卓爾』，冉子自見得『力不足，中道而廢』。聖人以學者不能自去用力，故以此警之。」曰：「要緊意思都在『吾無行而不與二三子』處，須去子細認聖人無不與二三子處在那裏。〔二六六〕凡日用飲食居處之間，認得聖人是如何，自家今當如何。」或問：「鄉黨所得，亦足以見聖人之動靜。」曰：「『與上大夫言，誾誾如也』之類，這亦可見，但夫子所以與二三子又不止此，須是實認得意思是如何。」賀孫。

「二[二六七]三子以我爲隱乎？吾無隱乎爾。吾無行而不與二三子者，是丘也」，向前[二六八]見衆人語得玄妙，程先生說得絜。[二六九]後來子細看，方見得衆人說都似禪了，不似程先生說得穩。淳。[二七〇]

## 子以四教章

讀「子以四教」。曰：「其初須是講學，講學既明而後修於行。所行雖善，然更須反之於心，無一毫不實處乃是忠信。」時舉。

子善說「文行忠信」。曰：「公意以爲如何？」[二七一]曰：[二七二]「恐是教人之序，却[二七三]當先博以文，使之躬行，方教之忠信。」曰：「此是表裏互說在這裏，不是當學文修行時不教之存忠信。在教人，當從外說入。」又云：「學者初來，須是先與他講說。不然，是行個甚麽？忠是甚物事？信是甚物事？到得爲忠爲信[二七四]，自是說不得。若平日講說到忠信，且只是文。到得盡此忠、信二節，全在學者自去做。如講說如何是孝，如何是悌，這都只是文。去行其所謂孝，所謂悌，方始是實事。」賀孫。

問：「『文行爲先，忠信爲次』之説如何？」曰：「世上也自有初間難曉底人，便把忠信與説，又教如何理會！也須且教讀書，漸漸壓伏這個身心教定，方可與説。」問：「『行有餘力，則以學文』是如何？」曰：「讀書最不要如此比並。如上説怕人卒急難理會，須先將文開發它，如詩書禮樂，射御書數，都是文，這自是説務本主意不同。〔二七五〕」賀孫。

「子以四教，文行忠信」。〔二七六〕教人之道自外約入向裏去，故先文行〔二七七〕而忠信者，又立行之方也。謨。

先生因或者講「子以四教」：「敢〔二七八〕問何以有四者之序？」或者既對。先生曰：「文便是窮理，豈可不見之於行。然既行矣，又恐行之有未誠實，故又教之以忠信也。所以伊川言以忠信爲本，蓋非忠信則所行不成故耳。」因問：「然則學而所謂〔二七九〕『行有餘力，則以學文』，何也？」曰：「彼將教子弟，而使之知大概也，此則教學者深切用工也。」問：「然則彼正合小學之事歟？」曰：「然。」處謙。

問：〔二八〇〕「此章是先文而後行，『行有餘力，則以學文』是先行而後文。何以不同？」曰：「『文行忠信』是從外做向内，『則以學文』是從内做向外。聖人言此類者，多要人逐處自識得。」銖問：〔二八一〕「中庸末章自『衣錦』説至『無聲無臭』是從外做向内，首章自『天命之性』説至『萬物育』是從内做向外。」曰：「不特此也。『惟天下聰明睿知』，説到『溥博淵泉』，是從内説向外；『惟天下至誠，經綸天下之大經』，至『肫肫其仁』，『聰明聖智達天德』，是從外説向内。聖人發明内外本末，小大巨細，無不周遍，學者當隨事用力也。」銖。

## 聖人吾不得而見之章

問善人有恒者之别。曰：「善人已無過[二八二]，但不入道。恒者[二八三]惟守常分而已。論語中此等皆泛問，非切於日用之最[二八四]急者。此等皆置之後面，前面自有緊切處。若緊切處通，餘處自會[二八五]理會得。」賀孫。

賓叔[二八六]問：「『善人有恒』一章，有恒者之去聖人高下固懸絶矣，然未有不自有恒而能至於聖人者。天下事大概既是有恒方做得成。嘗觀分水嶺之水，其初甚微；行一兩日，流漸大；至到建陽遂成大溪。看來爲學亦是有恒方可至於聖人。」曰：「最是古人斷機譬喻最切。緣是斷時易，接時難，一斷了便不可接。」泳。

善人是資質自好底人，要做好事而自然無惡者也。有恒則只是把捉得定，又未到善人自然好處在。善人，正如上文所謂聖人；有恒，正如所謂君子。然而善人、有恒者，皆未知學問者也。僩。

吴伯英解「亡而爲有」章。曰：「正謂此皆虚夸之事，不可以久，是以不能常，非謂此便是無常也。」處謙。

問：「『亡而爲有』等，與『難乎有恒矣』不相似。」曰：「蓋如此則不實矣。只是外面虛張做，安能有常乎！」寓。伯羽録同。〔二八七〕

問「難乎有恒矣」。曰：「這不是説它無常。只是這人恁地有頭無尾了，是難乎有常矣，是不會有常。〔二八八〕」又曰：〔二八九〕「言此三病皆受於無常之前。」又曰：「如説『居上不寬，爲禮不敬，臨喪不哀，吾何以觀之哉』，不是不去觀他，又不是不足觀。只爲它根源都不是了，更把甚麼去觀它！重在『以』字上。」又云：「將甚底物事去看他居上寬，爲禮敬，臨喪哀？就裏面方可看他個深淺過不及。〔二九〇〕它都無這個了，更將何以觀之？如考試一般，甚文字紕繆，〔二九一〕更將甚麼去考得？論語如此處多，今人都只粗淺過〔二九二〕，也自説得，只是聖人本意不如此。只是看得熟了，少間自分別〔二九三〕。」賀孫。〔二九四〕

味道問：「『亡而爲有，虛而爲盈，約而爲泰』，難乎有恒矣。」先生云：「如此等人是不可謂之有常之人矣。蓋言此三病皆受於無常之前。」先生因云：「吾何以觀之哉？亦是如此言：『居上者觀其寬如何，爲禮者觀其敬如何，臨喪者觀其哀如何。』如有其寬，有其敬，有其哀時，即觀其淺深之當否如何。今既無此則，吾復以何者而觀之矣？」又云：「論語如此處甚多，今人都只粗淺看了，也説得去，只是聖人本意不如此。只是看得熟了，少間自然分別得出。」卓。〔二九五〕

子釣而不綱章無[二九六]

## 蓋有不知而作之者章

子曰：「蓋有不知而作者，我無是也。多聞，擇其善者而從之。多見而識之，[二九七]知之次也。」知以心言，得於聞見者次之。謨

子曰：「多聞，擇其善者而從之。多見而識之。」[二九八]多見，姑且識之。如沒要緊底語言文字，謾與他識在，不識也沒緊要[二九九]。却[三〇〇]在「多聞，擇其善者而從之」。如今人却只要多識，却無擇善一着。賀孫。[三〇一]

或問：「『多聞，擇其善者而從之。多見而識之，知之次也。』其義如何？」[三〇二]曰：「聞是聞前言往行，見是見目今所爲。聞之，須要擇其善者而從之，必有得於己。不是聞詳見略，亦不是聞淺見深，不須如此分聞、見字。」蓋卿。

又讀「多聞，擇其善者而從之」章，云：[三〇三]「聞見亦是互相發明，如『子張學干祿』一章[三〇四]言『多聞闕疑，謹言其餘；多見闕殆，謹行其餘』。聞固是主於言，見固是主於行，然亦有聞而行者，見而言者，不可泥而看也。」時舉。[三〇五]

楊問：「蓋有『不知而作』者，[三〇六]作是述作？或只是凡所作事？」曰：「只是作事。」又：[三〇七]「『多聞，擇其善者而從之。多見而識之』，不知可以作『多聞而識之。多見，擇其善者而從之』，得否？」曰：「聞、見大略争不多。較所聞畢竟多，聞須別識善惡而從。見則見得此爲是，彼爲非，則當識之，它日行去不差也。」[三〇八]

問：「『擇善而從之』，是已知否？」曰：「未擇時則未辨善惡，擇了則善惡別矣。譬如一般物，好惡夾[三〇九]雜在此，須是擇出那好底，擇去那惡底。擇來擇去，則自見得好惡矣。」燾。

賀孫[三一〇]問：「多聞、多見不同，如何？」曰：「聞是耳聞，見是目見。」問：「『多聞，擇其善者而從之』，多見如何不擇？呂氏說『聞愈於見，從愈於識，知愈於從』，如何？」曰：「多聞，便有所當行，故擇而行之。多見雖切，然未必當行，姑識在。」賀孫。

### 互鄉難與言章無[三一一]

### 我欲仁章[三一二]

人之爲學也是難。若不從文字上做工夫，又茫然不知下手處。若是字字而求，句句而論，而不於身心上着切體認，則又無所益。且如說：「我欲仁，斯仁至矣！」何故孔門許多弟子，聖人竟不曾以仁許之？雖以顔子之賢，而尚或違於三月之後，而聖人乃曰「我欲斯至」，盍亦於日用體驗我若欲仁其心如何？仁之至其意又如何？又如説非禮勿視聽言動，盍亦每事省察，何者爲禮？何者爲非禮？而吾又何以能勿視勿聽？若每日如此讀書，庶幾看得道理自我心而得，不爲徒言也。處謙。

吴伯英講「我欲仁，斯仁至矣」。因引「有能一日用其力於仁矣乎」以證之。且曰：「如先生固嘗注曰：『仁本固有，欲之則至。志之所至，氣亦至焉。』」先生曰：「固是[三一三]，但是解『一日用力』而引此言，則是説進數步。今公言『欲仁仁至』而引前言，則是放退數步地也。」以此觀先生説經，大率如此。

## 陳司敗問昭公章

問：「昭公娶同姓之事，若天王舉法，則如何斷？」曰：「此非昭公固[三一四]爲之也。當時吴盛强，中國無伯主。以齊景公猶云『既不能令，又不受命』，『涕出而女於吴』。若昭公亦是藉其勢，不得已之故，非貪其色而然也。天王舉法則罪固不免，亦須原情自有處置。况不曰『孟姬』，而曰『吴孟子』，則昭公亦已自知其非矣。」淳

## 子與人歌而善章

「子與人歌而善，必使反之，而後和之」。今世間人與那人説話，那人正説得好，自家便從中截斷，如云已自理會得、不消説之類。以此類看，聖人是甚氣象！與人歌，且教他自歌一終了，方令再歌而後和之。不於其初歌便和，恐混雜它，不盡其意。此見聖人與人爲善。賀孫。若不待其反而後和，則它有善亦不得而知。今必使之反之而後和之，便是聖人不掩人善處。〔三一五〕

集注説「子與人歌」，「不掩人善」。蓋它歌既善，使他復歌，聖人未遽和以攙雜之。如今人見人説得話〔三一六〕好，未待人了，便將話來攙他底，則是掩善。〔三一七〕

問：「伊川云『歌必全章，與「割不正不食」同意。』如何？」曰：「是直候歌者徹章，然後再從頭和之，不是半中間便和。恐是此意。」僴。

## 文莫吾猶人也章

子曰：〔三一八〕「文，莫吾猶人也。躬行君子，則吾未之有得。〔三一九〕」先生云：〔三二〇〕「『莫』是疑辭，猶今人云『莫是如此否』。言文則吾與人一般，如云『聽訟，吾猶人也』。若『躬行君子，則吾未之有得』，此與『君子之道四，丘未能一焉』之意同。」謨。

明作。

## 若聖與仁章

仁之與聖所以異者：「大而化之之謂聖」；若大而未化之，只可謂之仁。此其所以異。

「爲之不厭，誨人不倦」，他也不曾説是仁聖，但爲之畢竟是爲個甚麽？誨人畢竟是以甚麽物事誨人？這便知得是：爲之是爲仁聖之道，誨之是以仁聖之道誨人。義剛。

夫子固多謙辭，到得説「抑爲之不厭，誨人不倦」，公西華便識得。所以有「正唯弟子不能學也」之説，便説道聖人有不讓處。泳。

其他人爲之，誨人不能無厭倦時；惟聖人則不厭不倦。「正唯弟子不能學也」，言正是弟子不能學處。這若不是公西華親曾去做來，親見是恁地，如何解恁地説！義剛。

## 子疾病章

或問子路請禱處。先生曰：「子路若不當請，聖人何不直拒之，乃問『有諸』，何也？」立之對云：「聖人不直拒子路，故必問之而後以爲無所事禱。」曰：「不然。蓋夫子疑子路禱之非正，故以『有諸』叩之。及子路舉誄，聖人知非淫祀，乃云我無所事禱。」時舉。

又[三二一]讀此章，曰：「在臣子則可，在我則不可。聖人也知有此理，故但言我不用禱，而亦不責子路之罪[三二二]也。」時舉。

問[三二三]「病而禱」。「古亦有此理，但子路不當請之於夫子。其曰：『丘之禱久矣！』注云：『孔子素行合於神明』是也。伊川云：『無過可悔，無善可遷。』此是解『素行合於神明』一句。」謨。

胡叔器[三二四]問：「『子路請禱』，注下是兩個意思模樣。」曰：「是。但士喪禮那意却只是個小意思。」良久，云：「聖人便是子細。若似[三二五]其他人，後[三二六]便須叫喚罵詈，聖人却又[三二七]問『有諸』，待他更說，却云是『禱久矣』。這如子[三二八]『與人歌而善，必反之而後和之』樣，却不是他心裏要恁子細。聖人自是恁地子細，不恁地失枝落節，大步跳過去了[三二九]說。」義剛。

## 奢則不孫章無[三三〇]

## 君子坦蕩蕩章無[三三一]

## 子温而厲章

「『子温而厲，威而不猛，恭而安』。須看厲便自有威底意思，不猛便自有温底意思。大抵曰『温』、曰『威』、曰『恭』三字是主，曰『厲』、曰『不猛』、曰『安』是帶説。上下二句易理會，諸公且看聖人威底氣象是如何。」久之，云：「聖人德盛，自然尊嚴。」又云：「謝氏以此説夷惠過處，頗是。」賀孫。

胡叔器〔三三二〕説「子温而厲」章。先生曰：「此雖是説聖人之德容自然如此，然學者也當如此舉偏而補弊。蓋自舜之命夔已如此，而臯陶陳九德亦然，不可不知。」義剛。

「子温而厲」。聖人固是自然，學者便須舉偏補弊。如舜命教胄子，臯陶九德可見。夔孫。〔三三三〕

魏問：「横渠言『十五年學「恭而安」不成』，明道曰『可知是學不成，有多少病在』，莫是如伊川説『若不知得，只是覷却堯學他行事，無堯許多聰明睿智，怎生得似他動容周旋中禮』。」曰：「也是如此，更有多少病在。」良久，曰：「人便是被一個〔三三四〕氣質局定。變得些子了又更有些子。」又云：「聖人『發憤忘食，樂以忘憂』〔三三五〕。發憤便忘食，樂便忘憂，直是一刀兩段，千了百當！聖人固不在説，但顔子得聖人説一句，直是傾腸倒肚，便都了，更無許多廉纖纏擾，絲來綫去。」問：「横渠只是硬把捉，故不安否？」曰：「他只是學個恭，自驗見不曾熟。不是學個恭又學個安。」賀孫。

問張子云「十五年學個『恭而安』不成」。先生曰：「『恭而安』，如何學得成？安便不恭，恭便不安，這個使力不得，是聖人養成底事。顔子若是延得幾年，便是聖人。〔三三六〕如煉丹火氣已足，更不添火，只以暖氣養教成就耳。」明作。

# 晦庵先生朱文公語類卷第三十五

## 論語十七

### 泰伯篇

#### 泰伯其可謂至德章

泰伯得稱「至德」，爲人所不能爲。可學。

寓[一]問：「『三以天下讓』，程言：『不立，一也；逃之，二也；文身，三也。』不知是否？」曰：「據前輩説亦難考。他當時或有此三節亦未可知，但古人辭讓，必至再至[二]三，想此只是固讓。」寓。[三]

問：「『泰伯可謂至德』。切以爲泰伯之讓，略無遲疑，蓋其所見已定，而其心無一毫怨恨之私。若其隱微之地稍有些子不合天理，便不足爲至德。[四]」先生曰：「這個[五]是於『民無得而稱焉』處見，而今〔六〕人都不去看這一句。如此，則夫子只說『至德』一句便了，何必更下此六個字？公更子細去看這一句，煞有意思。」義剛言：「夫子稱泰伯以至德，稱文王亦以至德，稱武王則曰未盡善。若以文王比武王，則文王爲至德；若以泰伯比文王，則泰伯爲至德。文王『三分天下有其二』，比泰伯已是不得全這一心了。」曰：「是如此。」義剛又言：「泰伯若居武王時，牧野之師也自不容已。蓋天命人心，到這裏無轉側處了。」曰：「却怕泰伯不肯恁地做。聖人之制行不同，『或遠或近，或去或不去』。雖是說他心只一般，然也有做得不同處。」范益之問：「文王如何？」曰：「似文王也自不肯恁地做了。縱使文王做時也須做得較詳緩，那〔七〕武王做得大故粗暴。當時紂既投火了，武王又却親自去斫他頭來梟起。若文王恐不肯恁地。這也難說。武王當時做得也有未盡處，所以東坡說他不是聖人，雖說得太過，然畢竟是有未盡處。」義剛曰：「武王既殺了紂，有微子賢可立，何不立之？而必自立，何也？」先生自〔八〕不答，無說，〔九〕但蹙眉，曰：〔一〇〕「這個〔一一〕事也難說。」義剛。

寓〔一二〕問：「泰伯之說〔一三〕，知文王將有天下而讓之乎，抑知太王欲傳之季歷而讓之乎？」曰：「泰伯之意却不是如此。只見太王有翦商之志，自是不合他意；且度見自家做不得此事，便掉了去。左傳謂『泰伯不從，是以不嗣』，不從即是不從太王翦商事耳。泰伯既去，其勢只傳之季歷，而季歷傳之文王。泰伯初來意思正是相反，至周得天下，又都是相成就處。看周

内有泰伯、虞仲，外有伯夷、叔齊，皆是一般所見，不欲去圖商。」〔一四〕

伯豐問：「集注云：『太王因有翦商之志。』恐魯頌之説，只是推本之辭，未必太王真有是志，〔一五〕今遂據以爲説，可否？」曰：「詩中分明如此説。」又問：「如此則太王爲有心於圖商也。」曰：「此是難説。書亦云：『太王肇基王迹。』」又問：「太王方爲狄人所侵，不得已而遷岐，當時國勢甚弱，如何便有意於取天下？」曰：「觀其初遷底規模便自不同，規模纔立便張大。如文王伐崇、伐密，氣象亦可見。然文王猶服事商，所以爲至德。」僩。〔一六〕

問：「泰伯知太王有取天下之志，而王季又有聖子，故讓去。」曰：「泰伯惟是不要太王有天下。」或問：「太王有翦商之志，果如此否？」曰：「詩裏分明説『實始翦商』。」又問：「恐詩是推本得天下之由如此。」「若〔一七〕推本説，不應下『實始翦商』。看左氏云『泰伯不從，是以不祀〔一八〕』，這甚分明。這事也難説。他無所據，只是將孔子稱『泰伯可謂至德也已矣』，是與稱文王一般。泰伯、文王、伯夷、叔齊是『行一不義，殺一不辜，而得天下不爲』底道理。太王湯武是弔民伐罪，爲天下除殘賊底道理。常也是道理合如此，變也是道理合如此，其實只是一般。」又問：「堯之讓舜，禹之傳子，湯放桀，武王伐紂，周公誅管蔡，何故聖人所遇如此〔一九〕？」笑〔二〇〕曰：「後世將聖人做模範，却都如此差異，信如公問。然所遇之變如此，到聖人處之皆恁地，所以爲聖人，故曰『遭變事而不失其常』。孔子曰：『可與適道，未可與立；可與立，未可與權。』公今〔二一〕且就平平正正處看。」賀孫。

吴伯英問：「泰伯知太王欲傳位季歷，故斷髮文身，逃之荆蠻，示不復用，固足以遂其所志，其如父子之情何？」先生曰：「到此却顧恤不得。父子君臣，一也。太王見商政日衰，知其不久，是以有翦商之意，亦至公之心也。至於泰伯，則惟知君臣之義截然不可犯也，是以不從。二者各行其心之所安，聖人未嘗説一邊不是，亦可見矣。或曰：『斷髮文身，乃仲雍也，泰伯則端委以治吴。』然吴之子孫皆仲雍之後，泰伯蓋無後也。」處謙。

方毅父問「泰伯可謂至德一章」，其間注云「其心即夷齊之心」處。先生云：「此語不是言其如夷齊之讓國，蓋謂其與夷齊諫伐之心同耳。」時舉。〔二二〕

「泰伯」章所引「其心即夷齊之心，而事之難處有甚焉者」，不是説遜國事。自是説夷齊諫武王，不信便休，無甚利害。若泰伯不從翦商之志，却是一家内事，與諫武王不同，所以謂之難處，非説遜國事也。集注説亦未分曉耳。處謙。〔二三〕

又曰：〔二四〕「夷齊處君臣間，道不合則去。泰伯處父子之際，又不可露形迹，只得不分不明且去。某書謂太王有疾，泰伯採藥不返，疑此時去也。」銖。

問：「泰伯讓天下，與伯夷、叔齊讓國，其事相類。何故夫子一許其得仁，一許其至德，二者豈有優劣耶？」曰：「亦不必如此。泰伯初未嘗無仁，夷齊初未嘗無德。」處謙。

問：「『泰伯不從』，事見春秋傳，不知春秋傳如何説？」曰：「只説『泰伯不從，是以不祀』而已。」廣。〔二五〕

## 恭而無禮章

禮只是理，只是看合當恁地。若不合恭後却必要去恭，則必勞。若合當謹後，謹則不葸；若合當勇後，勇則不亂。若不當直後，却須要直，如「證羊」之類便是絞。義剛。

義剛〔二六〕問：「『故舊不遺，則民不偷』，這想是義，〔二七〕蓋人皆有此仁義之心。篤於親，是仁之所發，故我篤於親則民興仁；篤故舊，是義之發，故不遺故舊則民興義。是如此否？」曰：「看『不偷』字，則又似仁樣〔二八〕，大概皆是厚底意思。不遺故舊固是厚，這不偷也是厚，却説〔二九〕難把做仁〔三〇〕説。」義剛。

鄭齊卿問「恭而無禮則勞」章〔三一〕集注舉横渠説之意。曰：「他要合下面意，所以如此説。蓋有禮與篤親、不遺故舊在先，則不葸、不勞、不亂、不絞，與興仁、不偷之效在後耳。要之，合分爲二章。」又問：「直而無禮則絞。」曰：「絞如繩兩頭絞得緊，都不寬舒，則有『證父攘羊』之事矣。」木之。

「『恭而無禮則勞』云云。寓看『君子篤於親』，與恭、謹、勇、直處意自是别。横渠説謂『人道知所先後則恭不勞，慎不葸，勇不亂，直不絞，民化而德厚矣。』此説如何？」〔三二〕曰：「横渠這説且與存在，某未敢決以爲定。若做一章説，就横渠説得似好。他就大處理會，便知得品節如此。」問：「横渠説『知所先後』，先處是『篤於親』與『故舊不遺』。」曰：「然。」問：「他却將恭慎等處入在後段説，是如何？」曰：「就他説，人能篤於親與不遺故舊，他大處自能篤厚如此，到節文處必不至大段有失。他合當恭而恭必不至於勞，謹慎必不至於畏縮，勇直處亦不至於失節。若不知先後，要做便做，更不問有六親眷屬，便是『證父攘羊』之事。」寓。淳録同。〔三三〕

「君子篤于親」，集注所載張子「知所先後」之説，〔三四〕謂先且篤於親，不遺故舊，此其大者，則恭、慎、勇、直不至難用力。此説固好，但不若吴氏分作兩邊説爲是。明作。

曾子有疾謂門弟子章

時舉讀問目。先生曰：「依舊有過高傷巧之病，切須放令平實。曾子啓手足是如此説，固好，但只就他保身上面看，自極有意思也。」時舉。

正卿問「曾子啓手足」章。曰：「曾子奉持遺體，無時不戒謹恐懼，直至啓手足之時方得自免。這個身己直是頃刻不可不戒謹恐懼。如所謂孝，非止是尋常奉事而已。當念慮之微有毫髮差錯，便是悖理傷道，便是不孝。只看一日之間，内而思慮，外而應接事物，是多多少少！這個心略不檢點便差失了。看世間是多少事，至危者無如人之心，所以曾子常常恁地『戰戰兢兢，如臨深淵，如履薄冰』。」賀孫。

問曾子戰兢。曰：「此只是戒謹恐懼，常恐失之。君子未死之前，此心常恐保不得，便見得人心至危。且説世間甚物事似人心危！且如一日之間，内而思慮，外而應接，千變萬化，劄眼中便走失了！劄眼中便有千里萬里之遠！所謂『人心惟危，道心惟微』。只理會這個道理分曉，自不危。『惟精惟一』，便是守在這裏；『允執厥中』，便是行將去。」㝢。

曾子曰：「戰戰兢兢，如臨深淵，如履薄冰。」此乃敬之法。此心不存，則常昏矣。今人有昏睡者，遇身有痛癢則蹶然而醒，蓋心所不能已，則自不至於忘。中庸戒謹恐懼，皆敬之意。〔三五〕

## 曾子有疾孟敬子問之章

節問：〔三六〕「『斯遠暴慢矣』，〔三七〕注云：『暴，粗厲也。』何謂粗厲？」曰：「粗，不精細也。」節。〔三八〕

林問：「『動容貌，斯遠暴慢』章，若未到此，如何用工？」曰：「也只是説楊作「就」字。容貌顏色辭氣之間用工，更無别所，楊作「法」字。但上面可臨時做，下面非臨時做得，須是熟然後能如此。初間未熟時須是動容貌，至熟後便自然遠暴慢；未熟時須是正顏色，至熟後便自然近信。辭是言語，氣是聲音，出是從這裏出去，三者是切我身上事要得如此。籩豆雖是末，亦道之所在，不可不謹。然此則有司之事，我只理會身上事。」淳。〔三九〕楊至問同。〔四〇〕

徐問：「『正顏色，斯近信。』何謂近於實？」曰：「近，只是其中有這，便與實處不相違背。如『色取仁而行違』，外面有許多模樣，其中所存却不恁地，便與信遠了。只將不好底對看便見。」淳。〔四一〕

「出辭氣，斯遠鄙倍」，是「修辭立其誠」意思。賀孫。

「出辭氣」，人人如此，工夫却在下面。如「非禮勿視，非禮勿聽」，人人皆然，工夫却在「勿」字上。泳。

毅父問「遠暴慢」章。先生曰：「此章『暴慢』、『鄙倍』等字，須要與他看。暴是粗厲，慢是放肆。蓋人之容貌少得和平，不暴則慢。暴是剛志〔四二〕之過，慢是寬柔〔四三〕之過。鄙是凡淺，倍是背理。今人之議論有見得雖無甚差錯，只是淺近者，此是鄙。又有説得甚高而實背於理者，此是倍。不可不辨也。」時舉録毅父問。〔四四〕

仲蔚説「動容貌」章。先生曰：「暴慢底是大故粗。『斯近信矣』，這須是裏面正後顏色自恁地正，方是近信。若是『色取仁而行違』，則不是信了。倍，只是倍於理。出辭氣時，須要看得道理如何後方出，則不倍於理。」問：「三者也似只一般樣。」先生曰：「是各就那事上説。」又問：「要恁地，不知如何做工夫？」先生曰：「只是自去持守。」〔四五〕義剛。

「君子所貴乎道者三」一章，是成就處。升卿。〔四六〕

「君子所貴乎道者三」，此三句說得太快，大概是養成意思較多。賜。

陳寅伯問「君子所貴乎道者三」。先生曰：「且只看那『所貴』二字，莫非道也。如籩豆之事亦是道，但非所貴。君子所貴只在此三者。『動容貌，斯遠暴慢矣』，『斯』字來得甚緊。動容貌便須遠暴慢，正顏色便須近信，出辭氣便須遠鄙倍。人之容貌只有一個暴慢，雖淺深不同，暴慢則一。如人狠戾固是暴，稍不溫恭亦是暴。如人倨肆固是慢，稍或怠慢亦是慢。正顏色而不近信却是色莊。信，實也。正顏色便須近實。鄙，便是說一樣卑底說話。倍，是逆理。辭氣只有此二者。」因曰：「不易。孟敬子當時寫得如此好。」或云：「想曾子病亟，門人多在傍者。」曰：「恐是如此。」因說：「看文字須是熟〔四七〕，熟後到自然脱落處方是。某初看此，都安排不成。按得東頭，西頭起；按得前面，後面起。到熟後全不費力。要緊處却在那『斯』字、『矣』字這般閑字上。此一段，程門只有尹和靖看得出。孔子曰『學而時習之，不亦說乎』，若熟後，真個使人說！今之學者，只是不深好後不得其味，只是不得其味後不深好。」文蔚。

問「君子所貴乎道者三」。先生曰：「君子〔四八〕存養之至，然後能如此。一出辭氣便自能遠鄙倍，一動容貌便自能遠暴慢，正顏色便自能近信，所以爲貴。若學者則雖未能如此，當思所以如此。然此亦只是説效驗，若作工夫則在此句之外。」雉。

曾子所謂「遠暴慢」、「鄙倍」，皆是自遠在我者，然「動容貌」以下三者，亦須先做工夫始得，如何便能如此。士毅。〔四九〕

或問：「『動容貌』三者如何用工？」先生曰：「亦不出此外，只到熟後自然能『遠暴慢』。」力行。〔五〇〕

黄敬之問「曾子有疾孟敬子問之」一節。〔五一〕曰：「『君子所貴乎道者三』是題目一句。下面要得動容貌便能遠暴慢，要得正顔色便近信，出辭氣便遠鄙倍。要如〔五二〕此，須是從前做工夫。」〔五三〕

「『動容貌，斯遠暴慢；正顔色，斯近信；出辭氣，斯遠鄙倍。』須要理會如何得動容貌便會遠暴慢，正顔色便會近信，出辭氣便會遠鄙倍。須知得曾子如此説，不是到動容貌、正顔色、出辭氣時方自會恁地。須知得工夫在未動容貌、未正顔色、未出辭氣之前。」又云：「正顔色，若要相似説，合當着得個遠虚僞矣。動、出都説自然，惟『正』字却似方整頓底意思。蓋緣是正顔色亦有假做恁地，内實不然者。若容貌之動，辭氣之出，却容僞不得。」賀孫。

「君子所貴乎道者三」。或云：「須是工夫持久方能？」〔五四〕曰：「如此説也不得。〔五五〕人之資禀各不同，資質好者，纔知得便把得定，不改變；資質遲慢者，須大段着力做工夫方得。」

因舉徐仲車先生從胡安定先生學。一日，頭容少偏，安定忽厲聲云：「頭容直！」徐因思得〔五六〕不獨頭容〔五七〕，心亦要直，自此不敢有慢〔五八〕心。又舉小南和尚偶靠倚而坐，其師見之，厲聲叱之曰：「恁地無脊梁骨！」小南聞之聳然，自此終身不靠倚坐。「這樣人都是資質美，所以一發〔五九〕便轉，終身不爲。」僩。

問：「所謂暴慢、鄙倍皆是指在我者言否？」曰：「然。」曰：「所以動容貌而暴慢自遠者，工夫皆在先歟？」曰：「此只大綱言人合如此。固是要平日曾下工夫，然即今亦須隨事省察，不令間斷。」廣。

問「君子所貴乎道者三」至「籩豆之事則有司存」。曰：「以道言之，固不可謂此爲道，彼爲非道。然而所貴在此，則所賤在彼矣；其本在此，則其末在彼矣。」人傑。

「君子所貴乎道者三」，乃是切於身者。若籩豆之事，特有司所職掌耳。今人於制度文爲一一致察，未爲不是。然却於大體上欠闕，則是棄本而求末者也。人傑。

問「君子所貴乎道者三」一段〔六〇〕。先生曰：「學者觀此一段，須看他兩節，先看上所貴所重者；〔六一〕至於一籩一豆皆有〔六二〕是理，但這個事自是〔六三〕人管，我且自〔六四〕理會個大者。且如今人講明制度名器，皆是當然，非不是學，但是於自己身上大處却不曾理會，何貴於學！」

先生因言：「近來學者多務高遠，不自近處着工夫。」有對者曰：「近來學者誠有好高之弊者[六五]。有問伊川：『如何是道？』伊川曰：『行處是。』又問明道：『如何是道？』明道令於父子、君臣、兄弟上求。諸先生言如此，初不曾有高遠之説。」先生曰：「明道之説固如此，然父子兄弟君臣之間，各有一個當然之理，是道也。」希遜。[六六]

「大凡學問不可只理會一端。聖賢千言萬語，看得雖似紛擾，然却都是這一個道理。而今只就緊要處做固好，然別個也須一一理會，湊得這一個道理都一般方得。天下事硬就一個做，終是做不成。如莊子説『風之積也不厚，則其負大翼也無力』，須是理會得多，方始襯簟得起。且如『籩豆之事各有司存』，非是説籩豆之事置之度外不用理會，只去理會[六七]『動容貌』三句，亦只是三句是自家緊要合做底。籩豆是付與有司做底，其事爲輕。而今只理會三句，籩豆之事都不理會，萬一被有司喚籩做豆，若不曾曉得，便被他瞞。又如田子方説『君明樂官，不明樂音』，他説得不是，若不明得音，如何明得官？次第被他易宮爲商也得。所以中庸先説個『博學之』，孟子曰『博學而詳説也[六八]』。且看孔子雖曰生知，是事去問人，若問禮、問喪於老聃之類甚多。只如官名不曉得莫也無害，聖人亦汲汲去問郯子，蓋是我不識底須去問人始得。」[六九]明作。[七〇]

正卿問：「『君子所貴乎道者三』。[七一]正顔色之『正』字，獨重於『動』與『出』字，何如？」曰：「前輩多就『動』、『正』、『出』三字上説，一向都將三字重了。若後今[七二]説便三字都輕說[七三]，却不可於中自分兩樣。某所以不以彼說爲然者，緣看上[七四]文勢不恁地也。『君子所貴乎道者三』，是指夫道之所以可貴者爲說，故云道之所以可貴者有三事焉，故下數其所以可貴之實如此。若禮文器數，自有官守，非在所當先而可貴者。舊說所以未安者，且看世上人雖有動容貌者，而便辟足恭，不能遠暴慢；雖有正顏色者，而『色取仁而行違』，多是虛僞不能近信；雖有出辭氣者，而巧言飾辭，不能遠鄙倍，這便未見得道之所以可貴。夫[七五]道之所以可貴者，惟是動容貌自然便會遠暴慢，正顏色自然便會近信，出辭氣自然便會遠鄙倍，此所以貴乎道者此也。」又云：「三句最是『正顏色，斯近信』見得分明。」賀孫。

或問：「『君子所貴乎道者三』，如何？」曰：「『動容貌，正顏色，出辭氣』，前輩不合將做用工處，此只是涵養已成效驗處。『暴慢、鄙倍、近信』皆是自己分內事。惟近信不好理會，蓋君子纔正顏色，自有個誠實底道理，異乎『色取仁而行違』者也。所謂『君子所貴乎道者三』，道雖無乎不在，然此三者乃修身之驗[七六]、爲政之本，故可貴。容貌，是舉一身而言；顏色，乃見於面顏者而言。」又問曰：「三者固是效驗處，然不知於何處用工？」曰：「只平日涵養便是。」祖道。謨、人傑録並同。[七七]

「『君子所貴乎道者三』以下三節，是要得恁地，須是平日莊敬工夫到此，方能恁地。若臨時做工夫，也不解恁地。」植因問：「明道云：『動容貌，舉一身而言，周旋中禮；暴慢斯遠，正顏色則不妄，斯近信矣；出辭氣，正由中出。斯遠鄙倍，正身而不外求，故曰「籩豆之事則有司存」。』[七八]又仍是三四[七九]句上半截是工夫，下半截是功效。」曰：「不是。所以恁地，也是平日莊敬工夫。」[八〇]

問：「『君子所貴乎道者三』云云。[八一]動也，正也，出也，不知是心要得如此？還是自然發見氣象？」曰：「上蔡諸人皆道此是做工夫處。看來只當作成效説，涵養莊敬得如此。工夫已在前了，此是效驗。動容貌，若非涵養有素，安能便免暴慢！正顔色，非莊敬有素，安能便近信！信是信實，表裏如一。色，有色厲，安能表裏如一乎！[八二]」問：「正者，是着力之辭否？」曰：「亦着力不得。若不到近實處，正其顔色，但見作僞而已。」問：「『遠』之字義如何？」曰：「遠，便是無復有這氣象。」問：「正顔色既是功效到此，則宜自然而信，却言『近信』，何也？」曰：「這也是對上『遠』字説。」[八三]

問：「『君子道者三』章，謝氏就『正、動、出』上用工。柄[八四]切謂此三句，其要緊處皆在『斯』字上，蓋斯者是便自然如此也。纔正顔色便自然近信，[八五]才動容貌便自然遠暴慢。非平昔涵養之熟，何以至此！此三句乃以效言，非指用功地步。」先生曰：「是如此。」柄。

問：「『君子所貴乎道者三』。[八六]先生舊解，以三者爲『修身之驗，爲政之本，非其平日莊敬誠實存省之功積之有素，則不能也』，專是做效驗説。如此，則『動』、『正』、『出』三字只是閑字。後來改本以驗其要［八七］，『非其』以下，改爲『學者所當操存省察，而不可有造次頃刻之違者也』。如此，則工夫却在『動』、『正』、『出』三字上。如謝上蔡［八八］之説，而不可以效驗言矣。某疑『動』、『正』、『出』三字不可以爲做工夫字。『正』字尚可説，『動』字、『出』字豈可以爲工夫耶？」曰：「這三字雖不是做工夫底字，然便是做工夫處。正如着衣喫飯，其着其喫雖不是做工夫，然便是做工夫處。此意所争只是絲髮之間，要人自認得。舊來解以爲效驗，語似有病，故改從今説。蓋若專以爲平日莊敬持養方能如此，則不成未莊敬持養底人，便不要『遠暴慢，近信，遠鄙倍』！便是舊説『效驗』字太深，有病。」僩。

「君子所貴乎道者三」，言道之所貴者有此三事，便對了。道之所賤者，籩豆之事，非不足道之，末耳。［八九］如「動容貌，正顔色，出辭氣」，須是平日先有此等工夫方如此效驗。「動容貌，斯遠暴慢矣」，須只做一句讀。「斯」字，只是個自然意思。龜山解此一句，引曾子修容閽人避之事，却是他人暴慢，全説不着。人傑。

舜功問：「『出辭氣』，［九〇］如何『遠暴慢』？」曰：「人之辭氣［九一］，非暴則慢，得中者極難，須是遠此方可。此一段，上蔡説亦多有未是處。」問：「『其言也善』，何必曾子？天下自有一等人臨死言善。通老云：『聖賢臨死不亂。』」曰：「聖賢豈可以不亂言？曾子到此愈極分明，易簀事可見。然此三句亦是由中以出，不是外向闘撰得成。」可學。

某思量，〔九二〕曾子當初告孟敬子「其〔九三〕言也善」，只説出三事。曾子當時有多少好話，到急處都説不辦，只撮出三項如此。這三項是最緊要底。若就〔九四〕這三事上更做得工夫，上面又大段長進。便不長進也做得個聖賢坯樣〔九五〕，雖不中，不遠矣。恪。

## 曾子曰以能問於不能章

陳仲亨説「以能問於不能」章。先生曰：「想是顔子自覺得有未能處，但不比常人十事曉得九事，便〔九六〕不肯問人。觀顔子『無伐善，無施勞』，看他也是把此一件〔九七〕。」又問：「『君子人與』，是才德出衆之君子？」先生曰：「『託六尺之孤，寄百里之命』，才者能之；『臨大節而不可奪』，則非有德者不能也。」義剛。

問：「如此，已是無我了。集注曰『非幾於無我者不能』，何也？」曰：「聖人則全是無我；顔子却但是不以我去壓人，却尚有個人與我相對在。聖人和人我都無。」義剛。

「不校」，是不與人比校强弱勝負，道我勝你負，我强你弱。如上言「以能問於不能」之類，皆是不與人校也。燾。

時舉〔九八〕問「犯而不校」。先生曰：「不是着意去容它，亦不是因它犯而遂去自反。蓋其所存者廣大，故〔九九〕小小觸犯處自不覺得，何暇與之校耶！」時舉。

潘子善[一〇〇]問：「『犯而不校』，恐是且點檢自家，不暇問他人。」曰：「不是如此。是他力量大，見有犯者如蚊蟲、虱子一般，何足與校！如『汪汪萬頃之陂，澄之不清，撓之不濁』。」[一〇一]

「顏子犯而不校」，是成德事。孟子「三自反」，却有着力處。學者莫若且理會自反，却見得自家長短。若遽學不校，却恐儱侗，都無是非曲直，下梢於自己分却恐無益。端蒙。

問：[一〇二]「若[一〇三]常持不校之心，如何？」曰：「此只看一個公私大小，故伊川云：『有當較者，順理而已。』」方子。

正卿問「託六尺之孤」一章。曰：「『百里之命』只是命令之『命』。『託六尺之孤』謂輔幼主，『寄百里之命』謂攝國政。」曰：「如霍光當得此三句否？」曰：「霍光亦當得上面兩句，至如許后之事，則大節已奪了。」曰：「託孤寄命，雖資質高者亦可及；『臨大節而不可奪』，非學問至者恐不能。」曰：「資質高底也都做得，學問到底也都做得。大抵是上兩句易，下一句難。譬如說『有猷，有爲，有守』，託孤寄命是有猷、有爲，『臨大節而不可奪』却是有守。霍光雖有爲、有猷矣，只是無所守。」僩。[一〇四]

正卿問：「『可以託六尺之孤』，至『君子人也』，此本是兼才節說，然緊要處却在節操上。」曰：「不然。三句都是一般說。須是才節兼全，方謂之君子。若無其才而徒有其節，雖死何益。

如受人託孤之責，自家雖無欺之之心，却被別人欺了，也是自家不了事，不能受人之託矣。如受人百里之寄，自家雖無竊之之心，却被別人竊了，也是自家不了事，不能受人之寄矣。自家徒能『臨大節而不可奪』，却不能了得它事，雖能死，也只是個枉死漢，濟得甚事！如晉之荀息是也。所謂君子者，豈是斂手並脚底村人耶！故伊川説：『君子者，才德出衆之名。』孔子曰：『君子不器。』既曰君子，須是事事理會得方可。若但有節而無才，也喚做好人，只是不濟得事耳。」恪。〔一〇五〕

「託六尺之孤，寄百里之命」，是才；「臨大節不可奪」，是德。如霍光可謂有才，然其毒許后事，便以愛奪了。燕慕容恪是慕容暐之霍光，其輔幼主也好，然知慕容評當去而不去之，遂以亂國，此也未是。惟孔明能之。賜。〔一〇六〕

問：「『可以託六尺之孤』云云，注言『其才輔幼君，攝國政，其節至於死生之際不可奪』，〔一〇七〕此處不知可以見得伊周事否？〔一〇八〕」答曰：「在〔一〇九〕伊周亦未足道此。只説有才志氣節如此，亦可爲君子之事。」又問：「下此一等，如平勃之入北軍，迎代王，霍將軍之擁昭，立宣，可以當此名〔一一〇〕否？」曰：「這也隨人做。聖人做出是聖人事業，賢人做出是賢人事業，中人以上是中人以上事業。這通上下而言。『君子人與？君子人也。』上是疑詞。如平勃，當時這處也未見得。若誅諸呂不成，不知果能死節否？古人這處怕亦是幸然如此。如藥殺許后事，光後來知，却含胡過。似這般所在解『臨大節而不奪』否，恐未必然。」因言：「今世人多道東漢名節無補於事。某謂三代而下，惟東漢人才，大義根於其心，不顧利害生死，不變其節，自是可保。未説公卿大臣，且如當時郡守懲治宦官之親黨，雖前者既爲所治，而來者復蹈其迹，誅殛竄戮，項背相望，略無所創。今士大夫顧惜畏懼，何望其如此！平居暇日琢磨淬礪，緩急之際尚不免於退縮。况游談聚議，習爲軟熟，卒然有警，何以得其伏節死義乎！大抵不顧義理，只計較利害，皆奴婢之態，殊可鄙厭！」又曰：「東坡議論雖不能無偏頗，其氣節直是有高人處。如説孔北海、曹操，使人凜凜有生氣。」又曰：「如前代多有幸而不敗者。如謝安，桓温入朝已自無策，從其廢立，九錫已成，但故爲遷延以俟其死。不幸而病小甦，則將何以處之！擁重兵上流而下，何以當之！於此看，謝安果可當伏節死義之資乎？」寓曰：「坦之倒持手板，而安從容閑雅，似亦有執者。」曰：「世間自有一般心膽大底人。如廢海西公時，他又不能拒，廢也得，不廢也得，大節在那裏！」〔一一一〕

## 曾子曰士不可以不弘毅章

「『弘毅』二字，『弘』雖只〔一一二〕是寬廣，却被人只把做度量寬容看了，便不得。且如『執德不弘』之『弘』字〔一一三〕，便是〔一一四〕此『弘』字，謂如人有許多道理。及至學來，下梢却做得狹窄了，便是不弘。蓋緣只以己爲是，大〔一一五〕凡他人之言便做説得天花亂墜，我亦不信，依舊只執己是，可見其狹小，何緣得弘？須是不可先以別人爲不是，凡有〔一一六〕他人之善，皆有以受之。集衆善之謂弘。」伯豐問：「是『寬以居之』否？」曰：「然。如『人能弘道』，却是以弘爲開廓，『弘』字却是作用。」㽦。〔一一七〕

問「『弘毅』之『弘』」。曰：「弘是寬廣。事事着得：道理也着得，事物也着得；事物逆來也着得，順來也着得；富貴也着得，貧賤也着得。看甚麽物事來掉在裏面，都不見形影了。」僩。

問集注「非弘不能勝其重」。〔一一八〕曰：〔一一九〕「弘，有耐意。如有一行之善，便道我善了，更不要進；能些小好事，便以爲只如此足矣，更不向前去，皆是不弘之故。如此其小，安能擔當得重任！」淳。

讀「曾子曰『士不可以不弘毅』」二章，〔一二〇〕云：〔一二一〕「所謂『弘』者，不但是放令公平寬大，容受得人，須是容受得許多衆理。若執着一見便自以爲是，他說更入不得，便是滯於一隅，如何得弘？如何勝得重任耶。〔一二二〕」時舉。〔一二三〕

問「弘毅」。先生曰：「弘是要勝得重任，不止是容物，須容受得衆理。今之學者執德不弘，見得些子道理，它人說話更入不得，如此則滯於一隅。如何得弘？弘是容受軋捺得衆理方得。」希遜。〔一二四〕

恭甫問：「『弘毅』。〔一二五〕弘是心之體？毅是心之力？」曰：「心體是多少大！大而天地之理，纔要思量，便都在這裏。若是世上淺心私見〔一二六〕底人，有一兩件事便着不得。」賀孫。

節〔一二七〕問：「『士不可以不弘毅』。〔一二八〕如何是弘？」曰：「計較小小利害，小小得失，褊隘，如公欲執兩事終身行之，皆是不弘。說道自家不敢承當，說道且據自己所見，皆是不弘。」節。

「士不可以不弘毅」。這曾子一個人，只恁地，他肚裏却着得無限。今人微有所得，欣然自以爲得。祖道。

毅，是立脚處堅忍强厲，擔負得去底意。〔一二九〕

黄敬之〔一三〇〕問：「弘，是容受得衆理；毅，是勝得個重任。」答曰：「弘乃能勝得重任，毅便是能搭〔一三一〕得遠去。弘而不毅，雖勝得任，却恐去前面倒了。」潘録止此。〔一三二〕先生又云：〔一三三〕「『弘』字只對『隘』字看，便見得。如看文字相似，只執一說，見衆說皆不復取，便是不弘。若是弘底人便包容衆說，又非是於中無所可否，包容之中又爲判別，此便是弘。」時舉録略同。〔一三四〕

陳仲蔚〔一三五〕問「弘毅」。曰：「弘，不只是有度量、能容物之弘〔一三六〕，正是『執德不弘』之『弘』。是無所不容，心裏無足時，不說我德已如此便住。如無底之谷，擲一物於中，無有窮盡時〔一三七〕。若有滿足之心，便不是弘了。毅，是忍耐持守，着力去做。」義剛。

弘而不毅，如近世龜山之學者，其流與世之常人無以異。毅而不弘，如胡氏門人都恁地撐腸拄肚，少間都没頓着處。賀孫。

問「弘毅」。曰：「弘是寬廣耐事，事事都著得：道理也著得多，人物也著得多。若著得這一個，著不得那一個，便不是弘。且如有兩人相争，須是寬著心都容得始得。若便分別一人是、一人非，便不得。或兩人都是，或兩人都非，或是者非、非者是，皆不可知。道理自是個大底物事，無所不備，無所不包。若小著這[一三八]心，如何承載得起。弘了却要毅。弘則都包得在裏面了，不成只恁地寬廣。裏面又要分別是非，有規矩始得。若只恁地弘，便没倒斷了。『任重』，是擔子重，非如任天下之重[一三九]。」又曰：「若纔小著這心，便容兩個不得。心裏只著得一個，這兩個便相柱礙在這裏，道理也只著得一說，事事都只著得一邊。」僩。

寓問：「曾子弘毅處，不知爲學工夫久方會恁地，或合下工夫便着恁地？」曰：「便要恁地。若不弘不毅，難爲立脚。」問：「人之資稟偏駁，如何便要得恁地？」曰：「既知不弘不毅，便警醒令弘毅，如何計[一四〇]道理教他莫恁地！弘毅處固未見得，若不弘不毅便傾東倒西，[一四一]既知此道理當恁地，既不能行又不能守；知得道理不當恁地，却又不能割不能[一四二]捨。除却不弘便是弘，除了不毅便是毅。這處亦須是見得道理分曉，磊磊落落。這個都由我處置，要弘便弘，要毅便毅。如多財善賈，須多蓄得在這裏，看我要買也得，要賣也得。若只有十文錢在這裏，如何處置得去！」又曰：「聖人言語自渾全温厚，曾子便有圭角。如『士不可以不弘毅』，如『可以託六尺之孤』云云，見得曾子直是恁地剛硬！孟子氣象大抵如此。」寓。按陳淳録同而略，今附於下云：〔一四三〕「徐問：『弘毅是爲學工夫久方能如此？抑合下便當如此？』曰：『便要弘毅，皆不可一日無。』曰：『人之資稟有偏，何以便能如此？』曰：『只知得如此，便警覺那不如此，更那裏別尋討方法去醫治他！弘毅處亦難見，不弘不毅却易見。不弘便淺迫，便窄狹，不容物，便安於卑陋。不毅，便倒東墜西，見道理合當如此，又不能行，不能守；見道理不當如此，又不能捨，不能去。只除了不弘便是弘，除了不毅便是毅。非別討一弘毅來。然亦須是見道理極分曉，磊磊落落在這裏，無遁情。病痛來便都由自家處置，要弘便弘，要毅便毅。如多財善賈，都蓄在這裏，要買便買，要賣便賣。若止有十來錢在此，則如何處置得！』」〔一四四〕

問「士不可以不弘毅」。曰：「弘是事事著得，如進學也要弘，接物也要弘，事事要弘。若不弘，只是見得這一邊，不見那一邊，便是不弘。只得些了便自足，便是不弘。毅却是發處勇猛，行得來强忍，是他發用處。」問：「後面只說『仁以爲己任』，是只成就這個仁否？」曰：「然。許多道理也只是這個仁，人也只要成就這個仁，須是擔當得去。」又問：「『死而後已』，是不休歇否？」曰：「然。若不毅，則未死已前便有時倒了。直到死方住。」又曰：「古人下字各不同。如『剛』、『毅』、『勇』、『猛』等字雖是相似，其義訓各微不同，如適間說『推』與『充』相似。」僩。

「仁以爲己任，不亦重乎！死而後已，不亦遠乎！」須是認得個仁，又將身體驗之，方真個知得這擔子重，真個是難。世間有兩種：有一種全不知者，固全無摸索處；又有一種知得仁之道如此大而不肯以身任之者。今自家全不曾擔著，如何知得它重與不重。所以學不貴徒説，須要實去驗而行之方知。僩。

「『士不可以不弘毅』，或云剛毅？」先生曰：「愚觀毅者，有守之意。」〔一四五〕又云：「曾子之學，大抵如孟子之勇。觀此弘毅之説，與夫『臨大節不可奪』，與孟子『彼以其富，我以吾仁』之説，則其勇可知。若不勇，如何主張得聖人〔一四六〕住！如論語載曾子弘毅處，〔一四七〕又言『臨大節不可奪』，則見他毅處。若孟子，便〔一四八〕只得他剛處，却少弘大底氣象。」謨。

## 子曰〔一四九〕興於詩章

學者當「興於詩」。須先去了小序，只將本文熟讀玩味，仍不可先看諸家注解。看得久之，自然認得此詩是説個甚事。謂如拾得個無題目詩，説此花既白又香，是盛寒開，必是梅花詩也。卷阿詩〔一五〇〕，召康公戒成王，其始只説個好意思，如「豈弟君子」皆指成王，「純嘏」、「爾壽」之類，皆説優游享福之事，至「有馮有翼」以下方説用賢。大抵告人之法亦當如此，須先令人歆慕此事，則其肯從吾言必樂爲之矣。人傑。〔一五一〕

問：「成樂處古人可證否？」曰：「不必過深。此處只理會如何是『興於詩』，如何是『立於

禮』，如何是『成於樂』。」淳。〔一五二〕

敬之問：「『興於詩，立於禮，成於樂』，覺得和悦之意多。」曰：「先王教人之法，以樂官爲學校之長，便是教人之本末都在這裏。」時舉。

或問「成於樂」。答曰：「樂有五音六律，能通暢人心。今之樂雖與古異，若無此音律，則不得以爲樂矣。」力行因舉樂記云：「耳目聰明，血氣平和。」先生曰：「須看所以聰明、和平如何，不可只如此說過。」力行。

寓〔一五三〕問：「『成於樂』，〔一五四〕『有五聲十二律云云，〔一五五〕以至於義精仁熟，而自和順於道德』，不知聲音節奏之末，如何便能使『義精仁熟，和順於道德』？」曰：「人以五聲十二律爲樂之末，〔一五六〕若不是五聲十二律，如何見得這樂？便是無樂了。〔一五七〕五聲十二律皆有自然之和氣。古樂不可見，要之聲律今亦難見。然今之歌曲，亦有所謂五聲十二律方做得曲，亦似古樂一般。如彈琴亦然。只它底是邪，古樂是正，所以不同。」又問：「五聲十二律，作者非一人，不知如何能和順道德？」曰：「如金石絲竹，匏土革木，雖是有許多，却打成一片。清濁高下，長短小大，更唱迭和，皆相應，渾成一片，有自然底和氣，〔一五八〕不是各自爲節奏。歌者，歌此而已；舞者，舞此而已。所以聽之可以和順道德者，須是先有興詩、立禮工夫，然後用樂以成之。」問：「古者『十有三年學樂誦詩，二十而冠，始學禮』，與這處不同，如何？」曰：「這處是大學終身之所得。如十歲學幼儀，十三學樂、誦詩，從小時皆恁地[一五九]學一番了，做一[一六〇]個骨子在這裏。到後來方得他力。禮，小時所學，只是學事親事長之節，乃禮之小者。年到二十，所學乃是朝廷、家廟[一六一]之禮，乃禮之大者。到『立於禮』，始得禮之力。樂，小時亦學了，到『成於樂』時始得樂之力。不是大時方去學。詩，却是初間便得力，説善説惡却易曉，可以勸，可以戒。禮只捉住在這裏，樂便難精。[一六二]詩有言語可讀，禮有節文可守。樂是他人作，與我有甚相關？如人唱曲好底，凡有聞者，人人皆道好。樂雖作於彼，而聽者自然竦動感發，故能義精仁熟而和順道德。舜命夔典樂，『教胄子：直而温，寬而栗，剛而無虐，簡而無傲』，定要教他恁地。至其教之之具，又却在於『詩言志，歌永言，聲依永，律和聲』處。五聲十二律不可謂樂之末，猶揖遜周旋不可謂禮之末。若不是揖遜周旋，又如何見得禮在那裏！」又問：「成於樂處，古人之學有可證者否？」曰：「不必恁地支離。這處只理會如何是『興於詩』，如何是『立於禮』，如何是『成於樂』。律呂雖有十二，用時只用得[一六三]七個，自黄鍾下生至姑洗便住了，若更要插一個便拗了。如今之作樂，亦只用七個。如邊頭寫不成字者，即是古之聲律。若更添一聲，便不成樂。」寓。按此條陳淳録作三條，而微有詳略，今附於下。云：「徐問：『成於樂』，樂有五聲六律，乃聲音節奏之末，何以能使『義精仁熟，和順於道德』？」曰：『五聲六律不可謂樂之末，若不是五聲六律，則爲無樂矣。何以見得樂？猶周旋揖遜不可謂禮之末。若不是周旋揖遜則無爲禮矣。何以見得禮？古樂不可見，五聲六律今亦不可見。然今之歌曲琴瑟等亦有所謂五聲六律，但今底是邪，不是古樂之正耳。』問：『五聲六律作者非一人，何以能使「義精仁熟，和順於道德」？』曰：『如金石、絲竹、匏土、革木，雖有許多，然清濁高下，長短小大，更唱迭和皆相應，渾成一片，有自然之和氣，所以聽之自能「義精仁熟，和順於道德」。樂於歌舞，不是各自爲節奏，樂只是此一節奏，歌亦是此一節奏，舞亦是此一節奏。』楊問：『古者「十有三年學樂誦詩，二十而冠始學禮」，與此不同，如何？』曰：『此是大學終身之所得。如「十歲學幼儀，十三學樂誦詩」，自少時皆學一番過，做個骨子，到後來方得它力。禮，少時所學只是學事親事長之節，禮之小者；二十所學乃學朝廷宗廟之禮，禮之大者；到立於禮時，始得禮之力。不是那時方去學樂。詩，初間却得力，説善説惡易曉，可以勸，可以戒。禮只捉在這裏，樂便難精，直是工夫至到方能有成。詩猶有言語可讀，禮猶有節文可守，樂是它人作，與我何相關？蓋如唱曲好底，凡有聞者，人人皆道好，樂雖作於彼，而聽者自是竦動，所以能「義精仁熟，和順於道德」。如舜命夔典樂，「教冑子，要得直而温，寬而栗，剛而無虐，簡而無傲」，而其所以發之者，亦不過下面「詩言志，歌永言」數事。』」〔一六四〕

「興於詩，立於禮，成於樂。」聖人做出這一件物事來，使學者聞之，自然歡喜，情願上這一條路去，四方八面攛掇它去這路上行。廣。

只是這一心，更無他説。「興於詩」，興此心也；「立於禮」，立此心也；「成於樂」，成此心也。今公讀詩是興起得個甚麽？僩。

「古人學樂，只是收斂身心令入規矩，使心細又〔一六五〕不粗，久久自然養得和樂出來。」又曰：「詩、禮、樂，古人學時本一齊去學了，到得成就時，〔一六六〕得力處却有先後。然『成於樂』又見無所用其力。」升卿。

亞夫問「興於詩，立於禮，成於樂」一章[一六七]。先生曰：「詩、禮、樂，初學時都已學了，至得力時却有次第。樂者，能動盪人之血氣，使人有些少[一六八]不善之意都着不得，便純是天理，此所謂『成於樂』。譬如人之服藥，初時一向服了，服之既久，則耳聰目明，各自得力。此興詩、立禮、成樂所以有先後也。」時舉。

或問「興於詩，立於禮，成於樂」。答曰：「『興於詩』，便是個小底；『成於樂』，便是個大底。『興於詩』，初間只是因他感發興起得來，到成處，却是自然後恁地。」又曰：「古人自小時習樂、誦詩、學舞，不是到後來方始學詩、學禮、學樂。如云『興於詩，立於禮，成於樂』，非是初學有許多次第，乃是到後來方能如此；不是說用工夫次第，乃是得效次第如此。」又曰：「到得『成於樂』，是甚次第，幾與理爲一。看有甚放僻邪侈，一齊都滌盪得盡，不留些子。『興於詩』，是初感發這些善端起來；到『成於樂』是刮來刮去，凡是[一六九]有毫髮不善都盪滌得盡了，這是甚氣象！」又曰：「後世去古既遠，禮樂蕩然，所謂『成於樂』者，固不可得。然看得來只是讀書理會道理，只管將來涵泳，到浹洽貫通熟處，亦有此意思。」致道云：「讀孟子熟，儘有此意。」曰：「也是。只是孟子較感發得粗，其他書都是如此。」賀孫因云：「如大學傳『知止』章及『齊家』章引許多詩語，涵泳得熟，誠有不自已處。」[一七〇]

正卿說「興於詩，立於禮，成於樂」。曰：「到得『成於樂』，自不消恁地淺說。成於此是大段極至。」賀孫。

「興於詩」，此二句上一字謂成功而言也，非其〔一七一〕『志於道』四句上一字，以用功而言也。椿。

陳仲蔚〔一七二〕問：「『興於詩』與『游於藝』先後不同，如何？」先生曰：「『興』、『立』、『成』是言其成，『志』、『據』、『依』、『游』是言其用功處，〔一七三〕但詩較感發人，故在先。禮則難執守，這須常常執守是得。樂則如太史公所謂『動盪血氣，流通精神』者，所以涵養前所得也。」問：「『消融查滓』如何？」曰：「查滓是他勉强用力，不出於自然，而不安於爲人之意，聞樂則可以融化了。然樂，今却不可得與〔一七四〕聞矣。」義剛。

寓〔一七五〕問：「『立於禮』，禮尚可依禮經服行。詩、樂皆廢，不知興詩成樂，何以致之？」曰：「豈特詩、樂無，禮也無。而〔一七六〕今只有義理在，且就理義〔一七七〕上講究。如分別得那是非邪正到感慨處，必能興起其善心，懲創其惡志，便是『興於詩』之功。涵養德性，無斯須不和不樂，直恁地和平，便是『成於樂』之功。如禮，古人這身都只在禮之中，都不由得自家。今既無之，只得硬做些規矩，自恁地收拾。如詩，須待人去歌誦。至禮與樂，自抨定在那裏，只得自去做。荀子言：『禮樂法而不説。』更無可説，只得就他法之而已。荀子此語甚好。」又問：「『志於道，據於德，依於仁』，與此相表裏否？」答曰：「也不争多，此却有游藝一脚子。」寓。按陳淳、楊道夫録同而各少異，今附于下。[一七八]陳[一七九]云：「徐問：『「立於禮」，猶可用力。詩今難曉，樂又無，何以興成乎？』曰：『今既無此家具，只有理義在，只得就理義上講究。如分別是非到感慨處，有以興起其善心，懲創其惡志，便是「興於詩」之功也。涵養和順，無斯須不和不樂，恁地和平，便是「成於樂」之功也。如禮，今亦無，只是硬[一八〇]做些規矩，自恁地收斂。古人此身終日都在禮之中，不由自家。古人「興於詩」，猶有言語以諷誦。禮，全無説話，只是恁地做去。樂，更無説話，只是聲音節奏，使人聞之自然和平。故荀子曰：「禮樂法而不説。」』曰：『此章與「志於道」相表裏否？』曰：『彼是言德性道理，此是言事業工夫。此却是「游於藝」脚子。』」○楊[一八一]云：「居父問：『「立於禮」猶可用力。詩、樂既廢，不知今何由興成之？』曰：『既無此家具，也只得以義理養其心。若精別義理，使有以感發其善心，懲創其惡志，便是「興於詩」。涵養從容，無斯須不和不樂，便是「成於樂」。今禮亦不似古人完具，且只得自存個規矩，收斂身心。古人終日只在禮中，欲不自由，亦不可得。』又曰：『詩猶可[一八二]有言語，可以諷誦。至於禮，只是夾定做去。樂，只是使他聲音節奏自然和平，更無説話。荀子云[一八三]：「禮樂法而不説。」只有法，更無説也。』或問：『此章與「志道、據德、依仁、游藝」如何？』曰：『不然。彼就德性上説，此就工夫上説，只是游藝一脚意思爾。』」

## 子曰[一八四]民可使由之章

問「民可使由之」。曰：「所『由』[一八五]，『雖是他自有底，却是聖人使之由』。如『道之以德，齊之以禮』，『教以人倫：父子有親，君臣有義，夫婦有別，長幼有序，朋友有信』，豈不是『使之由』。」問「不可使知之」。曰：「不是愚黔首，是不可得而使之知也。呂氏謂『知之未至，適所以啓機心而生惑志』，説得是。」問：「此不知與『百姓日用不知』同否？」曰：「彼是自不知，此是不能使之知。」淳。

「民可使由之，不可使知之」。〔一八六〕云：〔一八七〕「民可使之仰事俯育，而不可使之知其父子之道爲天性；可使之奔走服役，而不可使之知其君臣之義爲當然。」及諸友舉畢，先生云：「今晚五人看得都無甚走作。」植。

或問「民可使由之，不可使知之」。「聖〔一八八〕人只使得人孝，足矣；使得人弟，足矣。却無緣又上門逐個與他解説所以當孝者是如何，所以當弟者是如何。自是無緣得如此。頃年張子韶之論，以爲：『當事親，便當體認取那事親者是何物，方識所謂仁；當事兄，便當體認取那事兄者是何物，方識所謂義。』某嘗〔一八九〕説，若如此，則前面方推這心去事親，隨手又便去背後尋摸取這個仁；前面方推此心去事兄，隨手又便著一心去尋摸取這個義，是二心矣。禪家便是如此，其爲説曰『立地便要你究得，坐地便要你究得』，他所以撑眉努眼，使喝，〔一九〇〕都是立地便拶教承當識認取，所以謂之禪機。若必欲使民知之，少間便有這般病。某嘗舉子韶之説以問李先生曰：『當事親，便要體認取個仁；當事兄，便要體認取個義。如此，則事親事兄却是没緊要底事，且姑借此來體認取個仁義耳。』李先生笑曰：『不易，公看得好。』」或問：「上蔡愛説個『覺』字，便是有此病了。」曰：「然。張子韶初間便是上蔡之説，只是後來又展上蔡之説，説得來放肆無收殺耳。」或曰：「南軒初間也有以覺訓仁之病。」曰：「大概都是自上蔡處來。」又曰：「呂氏解『民可使由之，不可使知之』，云：『「不可使知」，非以愚民，蓋知之不至，適以起機心而生惑志也。』此説亦自好，所謂機心，便是張子韶與禪機之説。方纔做這事，便又使此心去體認，少間便啓人機心。只是聖人説此語時却未有此意在。向姑舉之或問，不欲附集注。」曰：「王介甫以爲『不可使知』，蓋〔一九一〕聖人愚民之意。」曰：「申韓莊老之説便是此意。以爲聖人置這許多仁義禮樂，都是殃考人。淮南子有一段説武王問太公曰：『寡人伐紂，天下謂臣殺主，下伐上。吾恐用兵不休，爭鬬不已，爲之奈何？』太公善王之問，教之以繁文滋禮以持天下，如爲三年之喪，令類不蓄，厚葬久喪，以亶音丹。其家。其意大概説，使人行三年之喪，庶幾生子少，免得人多爲亂之意；厚葬久喪，可以破產，免得人富以啓亂之意。都是這般無稽之語。」僩。

子曰〔一九二〕好勇疾貧章

「好勇疾貧」，固是作亂。不仁之人，不能容之，亦必致亂，如東漢之黨錮。泳。

子曰〔一九三〕如有周公之才之美章

正卿問「如有周公之才之美，使驕且吝，其餘不足觀也已。」〔一九四〕先生曰：〔一九五〕「某昨見一個人，學得些子道理便都不肯向人說。其初只是吝，積蓄得這個物事在肚裏無那何〔一九六〕，只見我做大，便要淩人，只此是驕。」恪。

聖人只是平說。云，如有周公之才美而有驕吝，也連他〔一九七〕才美功業壞了，況無周公之才美而使〔一九八〕驕吝者乎！甚言驕吝之不可也。至於程子云「有周公之德，則自無驕吝」，與某所說驕吝相爲根本枝葉，此又是發餘意。解者須先說得正意分曉，然後却說此，方得。賀孫。

驕吝是挾其所有以誇其所無。挾其所有是吝，誇其所無是驕。而今有一樣人，會得底不肯與人說，又却將來驕人。僩。

或問「驕吝」。曰：「驕是傲於外，吝是靳惜於中。驕者，吝之所發；吝者，驕之所藏。」讀「驕吝」一段云：「亦是相爲先後。」時舉。〔一九九〕

「周公之才之美」，此是爲有才而無德者而〔二〇〇〕言，但此一段曲折，自有數般意思。驕者必有吝，吝者必有驕。非只是吝於財，凡吝於事，吝於爲善，皆是。且以吝財言之，人之所以要吝者，只緣我散與人使他人富與我一般，則無可矜誇於人了，所以吝。某嘗見兩人，只是無緊要閑事也抵死不肯說與人。只緣他要說他〔二〇一〕自會，以是驕誇人，故如此。因曾親見人如此，遂曉得這「驕吝」兩字只是相匹配得在，故相靠得在。〔二〇二〕義剛。

先生云：「一學者來問：『伊川云：「驕是氣盈，吝是氣歉。」歉則不盈，盈則不歉，如何却云

「使驕且吝」?』試商量看。」伯豐對曰:「盈是加於人處,歉是存於己者。粗而喻之,如勇於爲非,則怯於遷善;明於責人,則暗於恕己,同是一個病根。」先生曰:「如人曉些文義後[二〇三],吝惜不肯與人説,便是要去驕人。非驕,無所用其吝;非吝,則無以爲驕。」僩。

寓[二〇四]問:「『驕吝』,[二〇五]伊川言[二〇六]『驕氣盈,吝氣歉』,氣之盈歉如何?」曰:「驕與吝是一般病,只隔一膜。驕是放出底吝,吝是不放出底驕。正如人病寒熱,攻注上則頭目疼,攻注下則腰腹痛。熱發出外似驕,寒包縮在内似吝。」因舉克己詩[二〇七]:「試於清夜深思省,剖破藩籬即大家。」問:「當如何去此病?」曰:「此有甚法?只莫驕莫吝,便是剖破藩籬也。覺其爲非,從源頭處正。我要不行,要[二〇八]便不行;要坐,便還我坐。莫非由我,更求甚方法!」寓。

「驕是氣盈,吝是氣歉。驕吝雖有盈歉之殊,然其勢常相因。[二〇九]蓋[二一〇]驕者,吝之枝葉;吝者,驕之根本。」先生曰:[二一一]「某嘗見人吝一件物,便有驕意,見得這兩字如此。」泳。

正卿問:「驕如何生於吝?」曰:「驕却是枝葉發露處,吝却是根本藏蓄處。且以淺近易見者言之:如説道理,這自是世上公共底物事,合當大家説出來。世上自有一般人,自恁地吝惜,不肯説與人這意思是如何,他只怕人都識了,却没詫異,所以吝惜在此。獨有自家會,别人都不會,自家便驕得他,便欺得他。如貨財也是公共底物事,合使便着使。若只恁底吝惜,合使不使,只怕自家無了,别人却有,無可强得人,所以吝惜在此。獨是自家有,别人無,自家便做大,便欺得他。」又云：「爲是要驕人，所以吝。」賀孫。

### 子曰〔二一二〕三年學章

問：「『不至於穀』，欲以『至』爲『及』字說，謂不暇及祿，免改爲『志』，得否？」曰：「某亦只是疑作『志』，不敢必其然。蓋此處解不行，作『志』則略通。不可又就上面撰，便越不好了。」或又引程子說。先生曰：「說不行不如莫解，解便不好，如解白爲黑一般。」淳。

### 子曰〔二一三〕篤信好學章

篤信故能好學，守死故能善道。惟善道故能守死，惟好學故能篤信。每推夫子之言，多如此。德明。

惟篤信故能好學，惟守死故能善道。善，如「善吾生，善吾死」之「善」，不壞了道也。然守死生於篤信，善道由於好學。徒篤信而不好學，則所信者或非所信；徒守死而不能推以善其道，則雖死無補。升卿。

篤信須是好學，但要好學也須是篤信。善道須是守死，而今若是不能守死，臨利害又變了，則亦不能善道，但守死須是善道。若不善道，便知守死也無益，所以人貴乎有學。篤信方能守

死，好學方能善道。義剛。[二一四]

「篤[二一五]信而不好學，是非不辨，其害却不小。既已好學，然後能守死以善其道。」問：[二一六]「如下文所言莫是篤信之力否？」曰：「是。[二一七]既[二一八]信得過，危邦便不入，亂邦便不居；天下有道便不隱，天下無道便不見，決然是恁地做。」驤。[二一九]

「危邦不入」，是未仕在外則不入；「亂邦不居」，是已仕在内，見其紀綱亂，不能從吾之諫，則當去之。淳。

「危邦不入」，舊説謂已在官者便無可去之義。若是小官恐亦可去，當責任者則不容去也。必大。

或問：「危邦固是不可入，但或有見居其國，則當與之同患難，豈復可去？」曰：「然。到此無可去之理矣，然其失則在於不能早去。當及其方亂未危之時去之，可也。」僩。

天下無道，譬如天之將夜，雖未甚暗，然自此[二二〇]只向暗去。知其後來必不可支持，故亦須見幾而作，可也。時舉。

## 子曰[二二一]不在其位章

馬莊甫問「不在其位，不謀其政」。答曰：「此各有分限。田野之人不得謀朝廷之政，身在此間只得守此。如縣尉，豈可謀他主簿事！纔不守分限，便是犯他疆界。」馬曰：「如縣尉，可與他縣中事否？」曰：「尉，佐官也。既以佐名官，有繁難，只得伴他謀，但不可侵他事權。」大雅。

## 子曰〔二二二〕師摯之始章

徐問：「『關雎之亂』，何謂『樂之卒章』？」曰：「自『關關雎鳩』至『鐘鼓樂之』，皆是亂。想其初必是已作樂，只無此詞。到此處便是亂。」淳。

亂〔二二三〕者，樂之卒章也。故楚辭有「亂曰」是也。前面須更有，但今不可考耳。南升。〔二二四〕

或問：「『關雎之亂』，亂何以訓終？」曰：「既『奏以文』，又『亂以武』。」節。

## 子曰〔二二五〕狂而不直章

狂，是好高大，便要做聖賢，宜直；侗，是愚模樣，不解一事底人，宜謹愿；悾悾，是拙模樣，無能爲底人，宜信。有是德則有是病，有是病必無是德。有是病而無是德，則天下之棄才也。泳。

問曰：〔二二六〕「切意〔二二七〕侗者，同也，於物同然一律，無所識別之謂。悾者，空也，空而又空，無一長之實之謂。」先生以爲：「此亦因舊説，而以字義音訓推之恐或然爾。此類只合大概看，不須苦推究也。」

## 子曰〔二二八〕學如不及章

「學如不及，猶恐失之」，如今學者却恁地慢了。譬如捉賊相似，須是着起氣力精神，千方百計去趕捉他，如此猶恐不獲。今却只在此安坐熟視它，不管它，如何奈它〔二二九〕！只忺時起來行得三兩步，懶時又坐，恁地如何做得事成！燾。〔二三〇〕

## 子曰巍巍乎舜禹之有天下章〔二三一〕

「不與」，只是不相干之義。言天下自是天下，我事自是我事，不被那天下移動着〔二三二〕。義剛。

正卿問：「舜禹有天下而不與，莫是物各付物，順天之道如此〔二三三〕否？」曰：「據本文説，只是崇高富貴不入其心，雖有天下而不與耳。巍巍，是至高底意思。且如大凡人有得些小物事，便覺累其心。今富有天下，一似不曾有相似，豈不是高！」恪。

看「巍巍乎舜禹有天下不與〔二三四〕」至「禹，吾無間〔二三五〕」四章。先生云：「舜禹與天下不相關，如不曾有這天下相似，都不曾把一毫來奉己。如今人纔富貴便被他勾惹，此乃爲物所役，是他〔二三六〕自卑了。若舜禹，直是它〔二三七〕高！首出庶物，高出萬物之表，故夫子稱其『巍巍』。」又曰：「堯與天爲一處，民無能名。所能名者，事業禮樂法度而已。」植。時舉録同。〔二三八〕

陳與叔問〔二三九〕「惟天爲大，惟堯則之」，只是尊堯之詞。不必謂獨堯能如此，而他聖人不與也。〔二四〇〕

「堯則天」一段。〔二四一〕曰：「雖蕩蕩無能名，也亦有巍巍之成功可見，又有焕乎之文章可覩。」謨。

『唐虞之際於斯爲盛，惟唐虞之際乃盛於此』，降自夏商皆所不及。泳。〔二四二〕

魏問：「集注云『惟唐虞之際乃盛於此』，此恐將『舜有臣五人』一句閑了。」曰：「寧可將上一句存在這裏。若從元注説，則是『亂臣十人』，却多於前，於今爲盛。却是舜臣五人，不得如後來盛。」賀孫。〔二四三〕

陳仲亨問諸儒才、德之説。先生曰：「合下語自不同。如説『才難』須是那有德底才。高陽氏才子八人，這須是有德而有才底。若是將才對德説，則如『周公之才之美』樣，便是有〔二四四〕

才更要德。這個合下説得自不同。」又問智伯五賢。先生曰：「如説射御足力之類，也可謂之才。」義剛。〔二四五〕

李問「至德」。先生曰：「『三分天下有其二』，天命人心歸之，自可見其德之盛了。然如此而猶且不取，乃見其至處。」雉。〔二四六〕

寓〔二四七〕問：「『三分天下有其二，以服事商』，使文王更在十三四年，將終事紂乎，抑爲武王牧野之舉乎？」曰：「看文王亦不是安坐不做事底人。如詩中言『文王受命，有此武功。既伐于崇，作邑于豐，文王烝哉』云云〔二四八〕。武功皆是文王做來。詩載武王武功却少，但卒其伐功耳。觀文王一時氣勢如此，度必不終竟休了。一似果實，文王待它十分黄熟自落下來，武王却似生拍破一般。」〔二四九〕

或問以爲：「文王之時，天下已二分服其化。使文王不死，數年天下必盡服。不俟武王征伐，而天下自歸之美矣〔二五〇〕。」曰：「自家心如何測度得聖人心。孟子曰：『取之而燕民不悦，則勿取，古之人有行之者，文王是也。』聖人已説底話尚未理會做得，何况聖人未做底事，如何測度得？」後再有問者，先生乃曰：「若紂之惡極，文王未死，也只得征伐救民。」僩。

問：「文王受命是如何？」曰：「只是天下歸之。」問：「太王翦商是有此事否？」曰：「此不可考矣。但據詩云『至于太王，實始翦商』，左傳云「泰伯不從，是以不祀〔二五一〕』。要之，周自日前積累以來，其勢日大；又當商家無道之時，天下趍周，其勢自爾。至文王三分有二，以服事殷，孔子稱〔二五二〕其『至德』。若非文王，亦須取了。孔子稱『至德』只二人，皆可爲而不爲者也。周子曰『天下，勢而已矣。勢，輕重也』，周家基業日大，其勢已重，民又日趍之，其勢愈重。此重則彼自輕，勢也。」璘。

因説文王事商，先生曰：「文王但是做得從容不迫，不便去伐商太猛耳。蘇東坡〔二五三〕説，文王只是依本分做，諸侯自歸之。」或問：「此有所據否？」曰：「這也見未得在，但是文王伐崇、戡黎等事，又自顯然。書説『王季勤勞王家』，詩云『太王翦商』，都是他子孫自説，不成他子孫誣其父祖！春秋分明説『泰伯不從』，是不從甚底事？若泰伯〔二五四〕武王之世，也只是爲諸侯，但時措之宜，聖人又有不得已處。横渠云：『商之中世都棄了西方之地，不管它，所以戎狄復進入中國，太王所以遷於岐。』然岐下也只是個荒涼之地，太王自去立個家計如此。」夔孫。

問：「『文王『三分天下有其二』一段，據本意只是説文王。或問中載胡氏説，又兼武王而言，以爲武王之間以服事商，如何？」曰：「也不消如此説，某也謾載放那裏，這個難説。而今都回互個聖人，説得忒好也不得。如東坡罵武王不是聖人又也無禮。只是孔子便説得來平，如『武未盡善』。此等處未消理會，且存放那裏。」僩。

子曰〔二五五〕禹吾無間然章

黻，蔽膝也，以韋爲之。韋，熟皮也。有虞氏以革，夏后氏以山，「殷火，周龍韋〔二五六〕」。祭服謂之黻，朝服謂之韠。左氏「帶裳韠舄」。泳。

# 晦庵先生朱文公語類卷第三十六

## 論語十八

### 子罕篇上

#### 子罕言利章

問「子罕言利」。先生曰：「利最難言。利不是不好，但聖人纔[一]要言，恐人一向去趍利；纔[二]不言，不應是教人去就害，故但罕言之耳。蓋『利者義之和』，義之和處便是利。老蘇嘗以爲義剛而不和，惟有利在其中故和。此不成議論，蓋義之和即是利，却不是因義之不和而遂用些小利以和之。後來東坡解易亦用此説，更不成議論也。」時舉。

問：「『子罕言利』，孔子自不曾説及利，豈但罕言而已？」曰：「大易一書所言多矣。利，只是這個利。若只管説與人，未必曉得『以義爲利』之意，却一向只管營[三]貪得計較。孟子曰：『未有仁而遺其親，未有義而後其君。』這個是説利，但人不可先計其利。惟知行吾仁，非爲不遺其親而行仁；惟知行吾義，非爲不後其君而行義。」賀孫。

「或問龜山：『「子罕言利」是如何利？』曰：『都一般。如「利用出入」之「利」皆是。』此説似可疑。」[四]曰：「易所言『利』字，謂當做底。若『放於利而行』之『利』，夫子誠罕言。二『利』字豈可做一般！」𥮊。

「必大[五]竊謂夫子罕言者，乃『放於利而行』之『利』。若『利用出入』乃義之所安處，恐不可以爲一般。」曰：「『利用出入』之『利』亦不可去尋討。尋討着，便是『放於利』之『利』。如言『利物足以和義』，只去利物，不言自利。」又曰：「只『元亨利貞』之『利』亦不可計較，計較着即害義。爲義之人只知有義而已，不知利之爲利。」[六]

文振問「子罕言利，與命，與仁」一章[七]。先生曰：「命只是一個命，有以理言者，有以氣言者。天之所以賦與人者，是理也；人之所以壽夭窮達[八]者，是氣也。理精微而難言氣數，子[九]又不可盡委之而至於廢人事，故聖人罕言之也。仁之理至大，數言之，不惟使人躐等，亦使人有玩之之心。蓋舉口便説仁，人便自不把當事了。」時舉。

問：「論語説仁亦多，所以罕言者，其所説止如此否？」曰：「也不容易説與人，只説與幾個向上底。」寓。淳録同。[一〇]

命有二，「天命」之「命」固難説，只貴賤得喪委之於命亦不可。仁在學者力行。利亦不是不好底物事，纔專説利便廢仁。」泳。

又〔一一〕曰：「『命』只是窮通之『命』，如『不知命無以爲君子』之『命』。〔一二〕故曰『計利則害義，言命則廢事』也。」必大。

「子罕言利，與命，與仁。」非不言，罕言之爾。利，誰不要。纔專説，便一向向利上去。命，不可專恃。若專恃命，則一向胡做去。仁，學者所求，非不説，但不可常常把來口裏説。泳。

問「子罕言利，與命，與仁」。曰：「這『利』字是個監平聲。界麞糟底物事。若説全不要利，又不成特地去利而就害。若纔説著利，少間便使人生計較，又不成模樣。所以孔子於易，只説『利者義之和』，又曰『利物足以和義』，只説到這裏住。」又曰：「只認義和處便是利，不去利上求利了。孟子只説個仁義，『未有仁而遺其親，未有義而後其君』。只説到個『義』字時，早是掉了那『利』字不説了。緣它是個裏外牽連底物事，纔牽着這一邊，便動那一邊，所以這字難説。『命』字亦是如此，也是個監界物事。孔子亦非不説，如云『不知命』之類。只是都不説着，便又使人都不知個限量；若只管〔一三〕説着時，便又使人百事都放倒了不去做。只管説仁之弊，於近世胡氏父子見之。踢着脚指頭便是仁，少間都使人不去窮其理是如何，只是口裏説個『仁』字，便有此等病出來。」恪。〔一四〕

行夫問「子罕言利，與命，與仁」。曰：「罕言者，不是不言，又不可多言，特罕言之耳。罕言利者，蓋凡做事只循這道理做去，利自在其中矣。如『利涉大川』、『利用行師』，聖人豈不言利？但所以罕言者，正恐人求之則害義矣。罕言命者，凡吉凶禍福皆是命。若儘言命，正〔一五〕恐人皆委之於命而人事廢矣，所以罕言。罕言仁者，正〔一六〕恐人輕易看了，不知切己上做工夫。然聖人若不言，則人又理會不得如何是利，如何是命，如何是仁，故不可不言。但雖不言利而所言者無非利，雖不言命而所言者無非命，雖不言仁而所言者無非仁。」僩。〔一七〕

## 達巷黨人章〔一八〕

「吾執御」，只是謙詞。德明。〔一九〕

## 麻冕禮也章

麻冕，緇布冠也，以三十升布爲之。升八十縷，則其經二千四百縷矣。八十縷，四十杪也。泳。

「純，儉」，絲也。不如用絲之省約。泳。

## 子絶四章

這「意」字正是計較底私意。僩。

問：「『意』如何毋得？」曰：「凡事順理則意自正。『毋意』者，主理而言。不順理則只是自家私意。」可學。

『必』，在事先；『固』，在事後。『固』只是滯不化。德明。

先生又說「子絶四」一章，〔二〇〕云：「必，在事先；固，在事後。如做一件事不是了，即管固道『是做在』。〔二一〕」

『意』，私意之發。『必』，在事先；『固』，在事後。『我』，私意成就。四者相因如循環。閎祖。

余國秀問「毋意」、「必」、「固」、「我」。曰：「『意』，是發意要如此；『必』，是先事而期必；『固』，是事過而執滯；到『我』，但知有我，不知有人。『必』之時淺，『固』之時長。譬如士人赴試，須要『必』得，到揭榜後便已『必』不得了。但得了〔二二〕則喜，喜不能得化；不得則愠，愠亦不能得化，以此知『固』時久也。『意』是始，『我』是終，『必』、『固』在中間，亦似〔二三〕一節重似一節也。」又云：「『言必信，行必果。』言自合着信，行自合着果，何待安排。纔有心去

『必』它，便是不活，便不能久矣。」又云：「『意』是絲毫，『我』是成一山嶽也。」時舉。

意、必、固、我，亦自有先後。凡起意作一事，便有必期之望。所期之事或未至，或已過，又執滯而留於心，故有有我之患。意是爲惡先鋒，我是爲惡成就。正如四德，貞是好底成就處，我是惡底成就處。人傑。

問：「意是有所爲而爲否？」曰：「意，是我要去主張那事要恁地。聖人只看理當做便做，不曾道我要做，我不要做。容一個『我』，便是意了。」問：「必、固之私輕，意、我之私重？」曰：「意、必、固、我，只一套去。意，初創有此私意，便到那必處；必，便到固滯不通處；固，便到有我之私處。意，是我之發端；我，是意之成就。」又問：「我，是有人己之私否？」曰：「不必說人己。人自是人，己自是己，不必把人對說。我，只是任己私去做，便於我者便做，不便於我者便不做。只管就己上計較利害，與人何相關。人多要將人、我合一，如何合一？呂與叔說：『立己與物，私爲町畦。』它門都將人、己合說。克己，自克去私欲，如何便說到人己爲一處？物與我自有等差。只是仁者做得在這裏了，要得人也恁地，便去及人。所以『親親而仁民，仁民而愛物』。人、我只一理，分自不同。」寓。陳淳録同。〔二四〕

意者，有我之端；我，則意之效。先立是意，要如此而爲之，然後有必、有固，而一向要每事皆己出也。聖人作事初無私意，或爲或不爲，不在己意，而惟理之是從，又何固、必、有我哉！

力行。

問：「『毋意，毋必，毋固，毋我』。〔二五〕『意，私意也。我，私己也。』看得來私己是個病根，有我則有意。」曰：「意在〔二六〕初發底意思，己〔二七〕則結撮成個物事矣。有我則又起意思〔二八〕，展轉不已。此四事一似那『元亨利貞』，但『元亨利貞』是好事，此是不好事。」廣。

吳仁父問意、必、固、我。先生曰：「須知四者之相生：凡人做事，必先起意，不問理之是非，必期欲事成而已。事既成，是非得失已定，又復執滯不化，是之謂固。三者只成就得一個我。及至我之根源愈大，少間三者又從這裏生出。我生意，意又生必，必又生固，又歸宿於我。正如『元亨利貞』，元了亨，亨了又利，利了又貞，循環不已。」僩。

吳伯英問意、必、固、我四者之異〔二九〕。先生曰：「四者始於我，而終於我。人惟有我，故任私意；既任私意，百病俱生。做事未至而有期必之心，事既過則有固滯之患。凡若此者，又只是成就一個我耳。」處謙。

時舉〔三〇〕問：「『子絕四』一章。〔三一〕横渠謂：『四者有一焉，則與天地不相似。』略有可疑。」先生曰：「人之爲事，亦有其初未必出於私意而後來不能化去者。若曰絕私意則四者皆無，則曰『子絕一』便得，何用更言『絕四』？以此知四者又各是一病也。」時舉。

「必，在事先；固，在事後。有意、必、固三者，乃成一個我。如道是我恁地做，蓋固滯而不

化，便成一個我。」又曰：〔三二〕「橫渠先生曰：『四者有一焉，則與天地不相似。』」〔三三〕

僩〔三四〕問：「意、必、固、我，有無次第？」曰：「『意』，是私意始萌，既起此意。『必』，是期要必行。『固』，是既行之後，滯而不化。『我』，是緣此後便只知有我。此四者似有終始次序。『必』者，迎之於前；『固』者，滯之於後。此四字〔三五〕正與元、亨、利、貞四者相類。『元者，善之長』，『貞』是個善〔三六〕成就處。『意』是造化始萌，『我』是個無狀底〔三七〕成就處。」又問：「『敬則無己可克。』若學之始，則須從絕四去，如何？」曰：「敬是已成之敬，可知無己可克。此四者，雖是始學亦須便要絕去之。」又問「復於喜怒哀樂未發之前」。曰：「此語尹子已辯之，疑記録有差處。」又問：「『意、必、固、我既亡之後，學者所宜盡心』，如何？」曰：「此謂『學者所宜盡心』，於此事而學之，非謂意、必、固、我既亡之後，始盡心耳。」又問橫渠云「四者既亡，則『以直養而無害』」。曰：「此『直』字説得重了。觀孟子所説處，説得觕。〔三八〕後人求之太深，説得來忒夾細了。」僩。〔三九〕

問：「『君子之學，在於意、必、固、我既亡之後，而復於喜、怒、哀、樂未發之前』，如何？」曰：「不然。尹和靖一段好。意、必、固、我是要得無。未發之前，衆人俱有，却是要發而中節，與此不相類。」又問：「若自學者而言，欲絕意、必、固、我。聖人〔四〇〕地位無此四者，則復於未發之前。復於未發之前，蓋全其天理耳。」曰：「固是如此，但發時豈不要全？」因命敬之取和靖語録來檢看。又云：「他意亦好，却説不好。」可學。

問：「『意、必、固、我既亡之後，必有事焉』，所謂『有事』者如何？」曰：「横渠亦有此説。若既無此，天理流出亦須省看。」可學。

問：「『意、必、固、我，伊川以『發而當者，理也；發而不當者，私意也』。此語是否？」曰：「不是如此。所謂『毋意』者，是不任己意，只看道理如何。見得道理是合當如此做，便順理做將去，自家更無些子私心，所以謂之『毋意』。若纔有些安排布置底心，便是任私意。〔四一〕縱使發而偶然當理，也只是私意，未説到當理在。伊川之語想是被門人錯記了。不可知。」僩。

仲尼「絶四」，〔四二〕横渠之意以「絶」爲禁止之詞，是言聖人將這四者使學者禁絶而勿爲。「毋」字亦是禁止之意，故曰「自始學至成德，竭兩端之教也。」必，是事之未來處；固，是事之已過處。道夫。

守約問横渠説「子絶四」曰：〔四三〕「絶四之外，心可存處必有事焉。聖不可知也。」曰：「這句難理會。舊見横渠理窟，見他裏面説有這樣文〔四四〕意，説：無是四者了，便當自有個所嚮。所謂『聖不可知』，只是道這意思難説。横渠儘會做文章，如西銘及應用之文，如百椀燈詩，甚敏。到説話，却如此難曉，怕是關西人語言自是如此。」賀孫。

問：「以〔四五〕張子下數條語考之，似以『必有事焉』爲理義之精微處。其意大抵謂善不可以有心爲，雖夷清惠和，猶爲偏倚，未得謂之精義。故謂『絶四』之外，下頭有一不犯手勢、自然底道理方真是義。孟子之言蓋謂下頭必有此道理，乃『聖而不可知』處。此説於孟子本意殊不合，然未審張子之説是如此否？」曰：「横渠此説又拽退孟子數重，自説得深。古聖賢無此等議論。若如此説，將使讀者終身理會不得，其流必有弊。」必大。

伯豐問張子曰：「毋意、必、固、我，然後能範圍天地之化。」曰：「固是如此。四者未除，如何能範圍天地！但如此説話，終是稍寬耳。」䪧。

## 子畏於匡章

「文不在兹乎」，言「在兹」，便是「天未喪斯文」。淳。

「後死者」只是夫子自言，天既使我與斯文，是「天未喪斯文也，匡人其如予何」。德明。〔四六〕

「後死者不得與於斯文」。〔四七〕「後死者」，夫子自謂也。「死」字對「没」字。「文王既没」。〔四八〕泳。

問：「『天之將喪斯文』，『未喪斯文』，文即是道否？」曰：「既是道，安得有喪、未喪？文亦先王之禮文，聖人於此極是留意。蓋古之聖人既竭心思焉，將行之萬世而無弊者也，故常恐其喪失而不可考。」大雅。

「『後死者不得與於斯文』。〔四九〕『後死者』是對上文『文王』言之。如曰『未亡人』之類，此孔子自謂也。與『天生德於予』意思一般。斯文既在孔子，孔子便做着天在。孔子此語，亦是被匡人圍得緊後方説出來。」又問：「孔子萬一不能免匡人之難時，如何？」曰：「孔子自見得了。」僴。

敬之問：「明道云：『舍我其誰』，是有所受命之辭。『康人其如予何』，是聖人自做着天裏。孟子是論世之盛衰，己之去就，故聽之於天。孔子言道之興喪，自應以己任之。」未審此説如何？」曰：「不消如此看。明道這説話固是説未盡。如孔子云『天之將喪斯文』，『天之未喪斯文』，看此語也只看天如何。只是要緊不在此處，要緊是看聖賢所以出處大節。」賀孫。

問：「明道〔五〇〕云『夫子免於康人之圍，亦苟免〔五一〕也』，此言何謂？」曰：「謂當時或爲康人所殺，亦無十成。」某云：「夫子自言『康人其如予何』，程子謂『知其必不能違天害己』，何故却復有此説？」曰：「理固如是，事則不可知。」必大。〔五二〕

## 夫子聖者與章〔五三〕

植〔五四〕問：「『太宰問於子貢夫子聖者歟』一章。〔五五〕太宰初以多能爲夫子之聖。子貢所答方正，説得聖人體段。夫子聞之數語，却是謙辭，及有多能非所以率人之意。」曰：「固是子貢説得聖人本分底。聖人所説乃謙辭云云[五六]。」植。

問：「夫子多材藝[五七]，何故能爾？」曰：「聖人本領大，故雖[五八]材藝，他做得自別。只且[五九]如禮，則[六〇]聖人動容周旋，俯仰升降，自是與它人不同。如射亦然。天生聖人，氣稟清明，自是與它人不同。列子嘗言聖人力能拓關，雖未可信，然要之，聖人本領大後事事做得出來自別。」銖。

「將聖」，殆也。殆，庶幾也，如而今説「將次」。「將」字訓「大」處多。詩中「亦孔之將」之類，多訓「大」。詩裏多叶韻，所以要如此等字使。若論語中只是平説。泳。

寓[六一]問：「『天縱之將聖』，『縱，猶肆也，言不爲限量』，如何？」曰：「天放縱聖人做得恁地，不去限量它。」問：「如此，愚不肖是天限量之乎？」曰：「看氣象亦似天限量它一般。如這道理，聖人知得盡得，愚不肖要增進一分不得，硬拘定在這裏。」寓。淳録同。[六二]

問「吾不試，故藝」。曰：「想見聖人事事會，但不見用，所以人只見它小小技藝。若使其得用，便做出大功業來，不復有小小技藝之可見矣。」問：「此亦是聖人賢於堯舜處否？」曰：「也不須如此説。聖人賢於堯舜處，却在於收拾累代聖人之典章、禮樂、制度、義理，以垂於世，不在此等小小處。此等處非所以論聖人之優劣也。橫渠便是如此説，以爲孔子窮而在下，故做得許多事。如舜三十便徵庸了，想見舜於小事也煞有不會處。雖是如此，也如此説不得。舜少年耕稼陶漁，也事事去做來，所以人無緣及得聖人。聖人事事都〔六三〕從手頭更歷過來，所以都曉得。而今人事事都不會。最急者是禮樂，樂固不識了，只是日用常行吉凶之禮，也都不曾講得。」僩。

先生曰：「太宰云：『夫子聖者歟！何其多能也？』是以多能爲聖也。子貢對以夫子『固天縱之將聖，又多能也』。是以多能爲聖人餘事也。子曰：『吾少也賤，故多能鄙事。君子多乎哉？不多也。』是以聖爲不在於多能也。三者之説不同，諸君且道誰説得聖人地位着？」諸生多主夫子之言。先生曰：「太宰以多能爲聖，固不是。若要形容聖人地位，則子貢之言爲盡。蓋聖主於德，固不在於〔六四〕多能，然聖人未有不多能者。夫子以多能不可以律人，故言君子不多，尚德而不尚藝之意，其實聖人未嘗不多能也。」柄。

## 子曰〔六五〕吾有知乎哉章

問：「『吾有知乎哉』與『吾無隱乎爾』意一般否？」曰：「那個説得闊，這個主答問而言。」或曰：「那個兼動静語嘿説了。」曰「然」。燾。

林恭甫問此章。曰：「這『空空』是指鄙夫言。聖人不以其無所有而略之，故下句更用『我』字唤起。」義剛。

「兩端」猶言「兩頭」，言始終本末，上下精粗，無所不盡。泳。〔六六〕

寓〔六七〕問：「竭兩端處，疑與『不憤不啓』一段相反。『不憤不啓』，聖人待人自理會方啓發他。空空鄙夫，必着竭兩端告之，如何？」曰：「兩端，就一事而言。説這淺近道理，那個深遠道理也便在這裏。如舉一隅以四角言，這卓子舉起一角便有三角在。兩端，以兩頭言之。凡言語便有兩端。文字不可類看，這處與那處説又别，須是看他語脈。論這主意，在『吾有知乎哉？無知也』。此聖人謙辭，言我無所知，空空鄙夫來問，我又盡情説與他。凡聖人謙辭，未有無因而發者。這上面必有説話，門人想記不全，須求這意始得。如達巷黨人稱譽聖人『博學而無所成名』，聖人乃曰『吾執御矣』，皆是因人譽己，聖人方承之以謙。此處想必是人稱道聖人無所不知，誨人不倦，有這般意思。聖人方道我是〔六八〕無知識，亦不是誨人不倦，但鄙夫來，我則盡情向他説。若不如此，聖人何故自恁地謙？自今觀之，人無故説謙話，便似要人知模樣。」寓。

問〔六九〕：「伊川謂：『聖人之言必降而自卑，不如此則人不親；賢人之言必引而自高，不如此則道不尊。』此是形容聖賢氣象不同邪？抑據其地位合當如此？」曰：「聖人極其高大，人自難企及，若更不俯就，則人愈畏憚而不敢進。賢人有未熟處，人未甚信服，若不引而自高，則人也必以爲淺近不足爲。孟子，人皆以爲迂闊，把做無用。使孟子亦道我底誠迂闊無用，則何以起人慕心？所以與他争辨，不是要人尊己，直使人知斯道之大，庶幾竦動，着力去做。孔子嘗言：『如有用我者，期月而已可也。』又言：『吾其爲東周乎！』只作平常閑説。孟子言：『如欲平治天下，當今之世，舍我其誰！』便説得廣，是勢不得不如此。」又問：「如程〔七〇〕説話，亦引而自高否？」曰：「不必如此又生枝節。且就此本文上看，看〔七一〕一段須反覆看來看去，要爛熟，方見意味快樂，令人都不欲看別段，始得。」淳。寓同而少異，今附於下。云：〔七二〕「『程子曰：「聖人之言必降而自卑，不如此則人不親；賢人之言必引而自尊，不如此則道不高。」不審這處形容聖、賢氣象不同，或據其地位合着如此耶？』曰：『地位當如此。聖人極其高大，人皆疑之，以爲非我之〔七三〕所能及；若更不恁地俯就，則人愈畏憚而不敢進。孟子於是〔七四〕雖已見到至處，然做處畢竟不似聖人熟，人不能不疑其所未至，若不引而自高，則人必以爲淺近而不足爲。孟子，人皆以爲迂闊，把他無用了。若孟子也道是我底誠迂闊無用，如何使得？所以與人辨，與人争，亦不是要人尊己，只要人知得斯道之大，庶幾使人竦動警覺。夫子常言：「如有用我者，期月而已可也。」又言：「吾其爲東周乎！」只平常如此説。孟子便道：「如欲平治天下，當今之世，舍我其誰也！」便説得恁地奢遮，其勢不得不如此。這話從來無人會如此説。非他程先生見得透，如何敢鑿空恁地説出來！』」

問〔七五〕孔子「空空」、顔子「屢空」與中庸「無〔七六〕聲無臭」之理。曰：「以某觀論語之意，自是孔子叩鄙夫，鄙夫空空，非是孔子空空。顔子簞瓢屢空自對子貢貨殖而言。始自文選中説顔子屢空，空心受道，故疏論語者亦有此説。要之，亦不至如今日學者直是懸空説入玄妙處去也。中庸『無聲無臭』本是説天道。彼其所引詩，詩中自説須是『儀刑文王』，然後『萬邦作孚』，詩人意初不在『無聲無臭』上也。中庸引之以〔七七〕結中庸之義。嘗細推之，蓋其意自言謹獨以修德。至詩曰『不顯惟德，百辟其刑之』，乃『篤恭而天下平』也。後面節節贊歎其德如此，故至『予懷明德』以至『「德輶如毛」，毛猶有倫；「上天之載，無聲無臭」，至矣』，蓋言天德之至而微妙之極，難爲形容如此。今〔七八〕爲學之始，未知所有而遂〔七九〕欲一蹴至此，吾見其倒置而終身迷亂耳〔八〇〕。」大雅。〔八一〕

正淳問：「『執兩端』與『竭兩端』，如何？」曰：「兩端也只一般，猶言頭尾也。執兩端方識得一箇中，竭兩端言徹頭徹尾都盡也。」問：「只此是一言而盡這道理，如何？」曰：「有一言而盡者，有數言而盡者。如樊遲問仁，曰：『愛人。』問知，曰：『知人。』此雖一言而盡，推而遠之亦無不盡。如子路正名之論，直説到『無所措手足』。如子路問政、哀公問政，皆累言而盡。但只聖人之言，上下本末，始終小大，無不兼舉。」端蒙。

子曰〔八二〕鳳鳥不至章

「鳳鳥不至」。聖人尋常多有謙詞，有時亦自諱不得。泳。

子見齊衰者章

唐叔臨〔八三〕問：「『子見齊衰者、冕衣裳者與瞽者，見之，雖少必作；過之，必趨。』〔八四〕

作與趨者，敬之貌也，何爲施之於齊衰者［八五］與瞽者？」先生曰：「作與趨固是敬，然敬心之所由發則不同：見冕衣裳者，敬心生焉而因用其敬；見齊衰者、瞽者，則哀矜之心動於中而自加敬也。呂刑所謂『哀敬折獄』，正此意也。」蓋卿。

問：「作與趨，如何見得聖人哀矜之心？」曰：「只見之、過之而變容動色，便是哀矜之，豈直［八六］涕泣而後謂之哀矜也！」［八七］

## 顏淵喟然嘆章

學者説「顏子喟然嘆曰」一章。曰：「公只消理會顏子因何見得到這裏，是見個甚麼物事。」衆無應者。先生遂曰：「要緊只在『夫子循循然善誘人，博我以文，約我以禮』三句上。須看夫子『循循然善誘』底意思是如何。聖人教人，要緊只在『格物致知』、『克己復禮』。這個窮理是開天聰明，是甚次第！」賀孫。

「致知格物」，博文也；「克己復禮」，約禮也。道夫。［八八］

夫子教顏子，只是博文、約禮兩事。自堯舜以來便自如此説。「惟精」便是博文，「惟一」便是約禮。寓。［八九］

「博我以文，約我以禮」，聖門教人，只此兩事，須是互相發明。約禮底工夫深，則博文底工夫愈明。博文底工夫至，則約禮底工夫愈密。廣。

博文工夫雖頭項多，然於其中尋將去自有個約處。聖人教人有序，未有不先於博者，子貢得聞一貫，[九〇]亦是待它多學之功到了，方可以言此耳。[九一]必大。[九二]

問：[九三]「聖人教人先博文而後約禮，橫渠先以禮教人，何也？」曰：「學禮中也有博文。如講明制度、文爲，這都是文。到[九四]那行處方是約禮。」夔孫。

「博我以文，約我以禮」，聖人教人只此兩事。博文工夫固多，約禮則只是這些子。如此是天理，如此是人欲，不入人欲則是天理。「禮者，天理之節文」。節謂等差，文謂文采。等差不同，必有文以行之。鄉黨一篇，乃聖人動容周旋皆中禮處。與上大夫言，自然誾誾；與下大夫言，自然侃侃。若與上大夫言却侃侃，與下大夫言却誾誾，便不是。聖人在這地位，知這則揩莫不中節。今人應事，此心不熟，便解忘了。又云：「聖賢於節文處描畫[九五]出這個[九六]樣子，令人依本子去學。譬如小兒學書，其始如何便寫得好。須是一筆一畫都依他底，久久自然好去。」又云：「天理、人欲，只要認得分明。便喫一盞茶時，亦要知其孰爲天理，孰爲人欲。」人傑。

植舉「仁者，愛之理，心之德」，紬繹説過。曰：「大概是如此，而今只[九七]做仁工夫。」植因問：「顏子『博文約禮』是循環工夫否？」曰：「不必説循環。如左脚行得一步子，右脚方行得一步；右脚既行得一步，左脚又行得一步。此頭得力，那頭又長；那頭既得力，此頭又長。

所以欲罷而不能[九八]者，是它先見得透徹，所以復乎天理，欲罷不能。如顏子，教他復天理他便不能自已，教他徇人欲便沒舉止了。蓋惟是見得通透方無間斷，不然安得不間斷？」植。[九九]

陳安卿[一〇〇]問：「博文是求之於外，約禮是求之於內否？」曰：「博[一〇一]文也是自內裏做出來。我本來有此道理，只是要去求。知須是致，物須是格。雖是說博，然求來求去，終歸於一理，乃所以約禮也。易所謂：『尺蠖之屈，以求伸也；龍蛇之蟄，以存身也；精義入神，以致用也；利用安身，以崇德也。』而今尺蠖蟲子屈得一寸，便能伸得一寸來許。他之屈乃所以爲伸。龍蛇於冬若不蟄，則凍殺了。其蟄也，乃所以存身也。『精義入神』乃所以致用也，『利用安身』乃所以崇德也。『欲罷不能』，如人行步，左脚起了，不由得右脚不起。所謂『過此以往，未之或知也』。若是到那『窮神知化』，則須是『德之盛也』方能。顏子其初見得聖人之道尚未甚定，所以說『彌高，彌堅，在前，在後』。及博文、約禮工夫既到，則見得『如有所立，卓爾』。但到此却用力不得了，只待他熟後自到那田地。」義剛。

又曰：[一〇二]「至於『如有所立卓爾』處，只欠個熟。[一〇三]所謂『過此以往，未之或知也。窮神知化，德之盛也』。」人傑。

因論「博我以文」，曰：「固是要就書冊上理會，然書冊上所載者是許多，書冊載不盡底又是多少，都要理會。」僩。

傳問表裏之説。曰：「所説『博我以文，約我以禮』便是。『博我以文』是要四方八面都見得周匝無遺，是之謂表。至於『約我以禮』，又要逼向身己上來無一毫之不盡，是之謂裏。」子升云：「自古學問亦不過此二端。」曰：「是，但須見得通透。」木之。〔一〇四〕

余國秀〔一〇五〕問：「所以博文、約禮，格物、致知，是教顏子就事物上理會。『克己復禮』，却是顏子有諸己。」曰：「格那物，致吾之知也，便是會有諸己。」賀孫。

顏淵喟然歎處是顏子見得未定，只見得一個大物事後奈不何。節。

顏子〔一〇六〕「瞻之在前，忽然在後」是猶見〔一〇七〕得未定，及「所立卓爾」〔一〇八〕則已見得定了，但未到耳。從周。壽仁録同。〔一〇九〕

「仰高鑽堅，瞻前忽後」，此猶是見得未親切在。「如有所立，卓爾」，方始親切。「雖欲從之，末由也已」，只是脚步未到，蓋不能得似聖人從容中道也。閎祖。

或問「瞻前忽後」章。曰：「此是顏子當初尋討不着時節，瞻之却似在前，及到着力趕上，又却在後。及鑽得一重了又却有一重，及仰之又却煞高，及至上得一層了又有一層。到夫子教人者，又却『循循善誘』，既博之以文又約之以禮。博之以文，是事事物物皆窮究；約之以禮，是使之復禮。却只如此教我循循然去下工夫，久而後見道體卓爾立在這裏，此已見得親切處。然『雖欲從之』，却又『末由也已』，此是顏子未達一間時，此是顏子説己當初捉摸不着時事。」祖道問：「顏子此説亦是立一個則例與學者求道用力處，故程子以爲學者須學顏子，有可依據，孟子才大難學者也。」先生曰：「然。」祖道。

或問顏子鑽仰。先生曰：「顏子鑽仰前後，只是〔一一〇〕摸索不着意思。及至盡力以求之，則有所謂卓然矣。見聖人氣象大概如此，然到此時工夫細密，從前篤學力行底工〔一一一〕夫全無所用。蓋當此時只有些子未安樂在〔一一二〕，但須涵養將去，自〔一一三〕到聖人地位也。」力行。

周元興問：「顏子當鑽仰瞻忽時，果何所見？」先生曰：「顏子初見聖人之道廣大如此，欲向前求之，轉覺無下手處。退而求之，則見聖人所以循循然善誘人〔一一四〕者不過博文約禮。於是就此處竭力求之，而所見始親切的當，如有所立卓爾在前，而歎其峻絶着力不得也。」又問：「顏子合下何不便做博文、約禮工夫？」曰：「顏子氣禀高明，合下見得聖人道大如此，未肯便向下學中求。及其用力之久，而後知其真不外此，故只於此處着力爾。」銖。潘録同。〔一一五〕

問：「顏子瞻忽事，爲其見得如此，所以『欲罷不能』？」先生曰：「只爲夫子博之以文，約之以禮，所以『欲罷不能』。」問：「瞻忽前後，是初見時事；仰高鑽堅，乃其所用力處。」曰：「只是初見得些小，未能無礙，奈何他不得。夫子又〔一一六〕告以博文、約禮，顏子便服膺拳拳弗失。緊要是博文、約禮。」問：「顏子後來用力，見得『如有所立卓爾』，何故又曰『雖欲從之，末由也已』？」曰：「到此亦無所用力，只是博文、約禮，積久自然見得。」德明。

問：「顔子喟然歎處，莫正是未達一間之意？夫顔子無形顯之過，夫子稱其『三月不違仁』，莫〔一一七〕是有纖毫私欲發見否？」曰：「易傳中説得好，云『既未能「不勉而中」，「所欲不踰矩」，是有過也。』瞻前忽後，是顔子見聖人不可及，無捉摸處。『如有所立卓爾』，却是真個見得分明。」又曰：「顔子纔有不順意處，有要着力處，便是過。」人傑。

孔〔一一八〕門惟顔子、曾子、漆雕開、曾點見得這個道理分明。顔子固是天資高，初間「仰之彌高，鑽之彌堅」亦自討頭不着，從博文約禮做來欲罷不能，既〔一一九〕竭吾才方見得「如有所立卓爾」，向來髣髴底到此都合聚了。曾子初間亦無討頭處，只管從下面崖〔一二〇〕來崖去，崖到十分處方悟得一貫。漆雕開曰「吾斯之未能信」，斯是何物？便是見得這〔一二一〕個物事。曾點不知是如何，合下便被他暐見〔一二二〕這個物事。「曾點、漆雕開已見大意」，方是程先生恁地説。漆雕開較静，曾點較明爽，亦未見得他無下學工夫，亦未見得他合殺是如何，只被孟子唤做狂。及〔一二三〕檀弓所載，則下梢只如此而已。〔一二四〕淳。〔一二五〕

夫子之教顔子，只是博文、約禮二事。至於「欲罷不能，既竭吾才，如有所立卓爾」處，只欠個熟。所謂「過此以往，未之或知也。窮神知化，德之盛也」。人傑。

問「顔淵喟然歎」一條〔一二六〕。曰：「『仰』、『鑽』、『瞻』、『忽』四句是一個關，『如有所立卓爾』處又是一個關。不是夫子循循善誘，博文、約禮，便雖見得高堅前後亦無下手處。惟其如此，所以過得這一關。『欲罷不能』，非止是約禮一節。博文一節處亦是『欲罷不能』。博了又約禮，得約了〔一二七〕又博文。恁地做去，所以『欲罷不能』。至於『如有所立』去處見得大段親切了，那『末由也已』一節却自着力不得。着力得〔一二八〕處顔子自着力了。博文、約禮是着力得處也。」又曰：「顔子爲是先見得這個物事，自高堅前後做得那卓爾處，一節親切如一節了。如今學者元不曾識那個高堅前後底是甚物事，更怎望他卓爾底！」植。

問：「『如有所立卓爾』，只是說夫子之道高明如此，或是似有一物卓然可見之意否？」曰：「亦須有個模樣。」問：「此是聖人不思不勉、從容自中之地。顔子鑽仰瞻忽，既竭其才，歎不能到。」曰：「顔子鑽仰瞻忽，初是捉摸不着。夫子不就此啓發顔子，只將〔一二九〕之以文，約之以禮，令有用功處。顔子做這工夫漸見得分曉，至於『欲罷不能』，已是住不得了。及夫『既竭吾才』，如此精專，方見得夫子動容周旋無不中處，皆是天理之流行，卓然如此分曉。到這裏，只有個生熟了。顔子生些小未能渾化如夫子，故曰『雖欲從之，末由也已』。」德明。

問：「『如有所立卓爾』，是聖人不思不勉、從容自中處。顔子必思而後得，勉而後中，所以未至其地。」曰：「顔子竭才，便過之。」問：「如何過？」曰：「纔是思勉便過，不思勉又不及。顔子勉而後中，便有些〔一三〇〕不肯底意。心知其不可，故勉强擺回。此等意義，懸空逆料不得，須是親到那地位方自知。」問：「集解〔一三一〕『瞻之在前，忽焉〔一三二〕在後』，作『無方體』。」

曰：「大概亦是如此。」德明。

恭父問：「顏子平日深潛純粹，到此似覺有苦心極力之象。只緣他工夫到後，視聖人地位卓然只在目前。只這一步峻絶直是難進，故其一時勇猛奮發，不得不如此。觀揚子雲言『顏苦孔之卓』，似乎下得個『苦』字亦甚親切，但顏子只這一時勇猛如此，却不見迫切。到『末由也已』亦只得放下。」曰：「看他別自有一個道理，然茲苦也，茲其所以爲樂也。」僴。〔一三三〕

恭父問：「顏子平日深潛沉粹，觸處從容，只於喟然之歎見得他煞苦切處。揚子云『顏苦孔之卓』，恐也是如此。到這裏見得聖人直是峻極，要進這一步不得，便覺有懇切處。」曰：「顏子到這裏，也不是大段着力。只他自覺得要着力，自無所容其力。」賀孫。〔一三四〕

問：「集注引程子説『到此地位，直是峻絶，又大段着力不得』如何？」曰：「到這裏直待他自熟。且如熟，還可着力否？」洽。〔一三五〕

寓又問。答曰：「到這處自是用力不得。孔子『六十而耳順，七十而從心所欲，不踰矩。』如這耳順處如何用力？這裏熟了，只自然恁地去。在熟之而已。」因舉横渠「大可爲也，化不可爲也」，又曰：「過此以往，未之或知。窮神知化，德之盛也」。寓。〔一三六〕

問：「李先生謂顏子『聖人體段已具』。『體段』二字莫是〔一三七〕言個模樣否？」曰：「然。」

又問：「惟其具聖人模樣了，故能聞聖人之言，默識心融否？」曰：「顏子去聖人不爭多，止隔一膜，所謂『於吾言無所不説』。其所以不及聖人者，只是須待聖人之言觸其機，乃能通曉耳。」又問：「所以如此者，莫只是查滓化未盡否？」曰：「聖人所至處顔子都見得，只是未到。『仰彌高，鑽彌堅，瞻在前，忽在後』。〔一三八〕這便是顔子不及聖人處。這便見它未達一間處。且如於道理上纔着緊又蹉過，纔放緩又不及。又如聖人平日只是理會一個大經大法，又却有時而應變達權；纔去應變達權處看他，又却不曾離了大經大法。〔一三九〕可仕而仕，學他仕時又却有時而止；可止而止，學他止時又却有時而仕。『無可無不可』，學他不可又却有時而可，學他可又却有時而不可。終不似聖人事事做到自然〔一四〇〕恰好處。」又問：「程子説『孟子，雖未敢便道他是聖人，然學已到聖處』，莫便是指此意而言否？」曰：「顔子去聖人尤近。」或云：「某於『克己復禮』、『動容貌』兩章却理會得。若是仰高鑽堅、瞻前忽後，終是未透。」曰：「此兩章止説得一邊，是約禮底事，到顔子便説出兩脚來。聖人之教學者之學〔一四一〕，不越博文、約禮兩事耳。博文是『道問學』之事，於天下事物之理皆欲知之；約禮是『尊德性』底〔一四二〕事，於吾心固有之理無一息之〔一四三〕不存。今見於論語者雖只有『問仁』、『問爲邦』兩章，然觀夫子之言有曰『吾與回言終日』，想見凡天下之事無不講究來。自視聽言動之際，人倫日用當然之理，以至夏之時、商之輅、周之冕、舜之樂、歷代之典章文物，一一都理會得了。故於此舉其大綱以語之，而顔子便能領略得去。若元不曾講究，則於此必有〔一四四〕疑問矣。蓋聖人循循善誘人，纔攢到那有滋味處自然住不得，故曰『欲罷不能，既竭吾才，如有所立卓爾』。卓爾〔一四五〕是聖人之大本立於此，以酬酢萬變處。顏子亦見得此甚分明，只是未能得〔一四六〕到此耳。又却趲逼他不得，他亦大段用力不得。易曰『精義入神以致用也，利用安身以崇德也。過此以往，未之或知也。窮神知化，德之盛也』。只是這一個德，非於崇德之外別有個德之盛也。做來做去，做到徹處便是。」廣。〔一四七〕

問「堅高前後」。曰：「堅高，只是説難學；前後，只是摸索不着。皆是譬喻如此，其初恁地，雖到『循循善誘』方略有個近傍處，『既竭吾才』便已見個定體規模了。」曰：「所謂『卓爾』亦在日用之間，何以見？」曰：「只是真見得恁地定。」曰：「程子謂『到此着力不得』，而胡氏又曰『不怠所從』，何也？」曰：「『末由』，也已不是到此便休了，不用力，但工夫用得細。不似初間用許多粗氣力。如博學、審問、謹思、明辨、篤行之類，只是循循地養將去。顏子與聖人大抵只是争些子，不多。如何大段着力得恁地？養熟了，便忽然落在那窠窟裏。明道謂『賢看顯如此，顯煞用工夫』，見明道是從容，明道却自有着力處，但細膩了，人見不得。」淳。〔一四八〕

寓〔一四九〕問：「『顔淵喟然歎』一段，高堅前後可形容否？」曰：「只是説難學，要學聖人之道都摸索不着。要如此學不得，要如彼學又不得，方取他前，又見在後。這處皆是譬喻如此。其初恁地難，到『循循善誘』，方略有個近傍處。」吳氏以爲卓爾亦不出乎日用行事之間。問：

「如何見得？」曰：「是他見得恁地定，見得聖人定體規摹。此處除是顏子方見得。」問：「程子言『到此大段着力不得』，胡氏又曰『不怠所從，必欲至乎卓立之地』，何也？」曰：「『末由也已』，不是到此便休了不用力。但工夫用得細，不似初間用許多粗氣力，如博學、審問、謹思、明辯、篤行之類。這處也只是循循地養將去。顏子與聖人大抵争些子，只有些子不自在。聖人便『不勉而中，不思而得』，這處如何大段着力得！纔着力，又成思勉去也。只恁地養熟了，忽然落在那窠窟裏。明道謂：『賢毋謂我不用力，我更着力！』〔一五〇〕人見明道是從容，然明道却自有着力處，但細膩了，人見不得。」〔一五一〕

蜚卿問：「博約之説，程子或以爲知要，或以爲約束，如何？」曰：「『博我以文，約我以禮』與『博之〔一五二〕以文，約之以禮』一般，但『博之以文，〔一五三〕約之以禮』，孔子是泛言人能博文而又能約禮，可以弗畔天道，而顏子則更深於此。侯氏謂博文是致知、格物，約禮是『克己復禮』，極分曉，而程子却作兩樣説，便是某有時曉他老先生説話不得。孟子曰『博學而詳説之，將以反説約也』，這却是知要。蓋天下之理都理會透，到無可理會處便約。蓋博而詳，所以方能説到要約處。約與要同。」道夫曰：「漢書『要束』字讀如『約束』。」曰：「然。」頃之，復曰：「『知崇禮卑』，聖人這四個字，如何説到那地位？」道夫曰：「知崇便是博，禮卑便是約否？」曰：「博然後崇，卑然後約。物理窮盡，卓然於事物之表，眼前都攔自家不住，如此則所謂崇。戒謹恐懼，一動一舉、〔一五四〕一言一行，無不着力，如此則是卑。」問：「卑法地」。曰：「只是極其卑爾。」又問：「知崇如天，禮卑如地，而後人之理行乎？」曰：「知禮成性，而天理行乎其間矣。」道夫。〔一五五〕

或〔一五六〕問：「伊川曰『聖人與理爲一，無過不及，中而已』，敢問顔子擇乎中庸未見其止，歎夫子瞻前忽後，則過不及雖不見於言行，而亦嘗動於心矣。此亦是失否？」曰：「此一段說得好，聖人只是一個中底道理。」人傑。〔一五七〕

問：「橫渠說顔子三段，却似說顔子未到中處。」曰：「可知是未到從容中道。如『瞻之在前，忽焉在後』，便是橫渠指此做未能及中。蓋到這裏，又着力不得，纔緊着便過了，稍自放慢便遠了。到此不争分毫間，只是做得到了，却只涵養。『既竭吾才，如有所立卓爾』，便是未到『不思而得』處；『雖欲從之，末由也已』，便是未到『不勉而中』處。」僩。

問橫渠說顔子發歎處。曰：「『高明不可窮』是說『仰之彌高』，『博厚不可極』是說『鑽之彌堅』，『中道不可識』則『瞻之在前，忽焉在後』。至其『欲罷不能，既竭吾才』，則方見『如有所立卓爾』。謂之『如』，則是於聖人中道所争不多。纔着力些便過，纔放慢些便不及，直是不容着力。」人傑。

或問「仰之彌高，鑽之彌堅，瞻之在前，忽然在後」。先生舉橫渠語云：「高明不可窮，博厚

不可極，則中道不可識，蓋顏子之歎也。」蓋卿。〔一五八〕

「所謂『瞻之在前，忽然在後』，這只是個『中庸不可能』。蓋聖人之道是個恰好底道理，所以不可及。自家纔着意要去做，不知不覺又蹉過了。且如『恭而安』，這固〔一五九〕是聖人不可及處。到得自家纔着意去學時，便恭而不安了，此其所以不可能。只是難得到那〔一六〇〕恰好處，不着意又失了，纔着意又過了，所以難。橫渠曰：『高明不可窮，博厚不可極，則中道不可識，蓋顏淵〔一六一〕之歎也。』雖説得拘，然亦自説得好。」或曰：「伊川過、不及之説亦是此意否？」曰：「然。蓋方見聖人之道在前，自家要去趕着他，不知不覺地蹉過了，那聖人之道又却在自家後了。」所謂『忽焉〔一六二〕在後』，也只是個『中庸不可能』。『夫子循循然善誘人』，非特以博文、約禮分先後次序，博文中亦自有次序，約禮中亦自有次序，有個先後淺深。『欲罷不能』，便只是就這博文、約禮中做工夫。合下做時便是下這十分工夫去做，到得這歎時，便是『欲罷不能』之效。衆人與此異者，只是争這個『欲罷不能』。做來做去，不知不覺地又住了。顏子則雖欲罷而自有所不能，不是勉强如此，此其所以異於人也。」又曰：「顏子工夫到此已是七八分了。到得此，是滔滔地做將去，所以『欲罷不能』。如人過得個關了，便平地行將去。」僩。

呂氏説顏子云：「隨其所至，盡其所得，據而守之則拳拳服膺而不敢失，勉而進之則既竭吾才而不敢緩。此所以恍惚前後而不可爲像，求見聖人之止，欲罷而不能也。」此處甚縝

密。[一六三]淳。[一六四]

正淳問：「呂氏云『顔子求見聖人之止』，或問以爲文義不安。」[一六五]曰：「此語亦無大利害，但横渠錯認『未見其止』爲聖人極至之地位耳。作『中道』亦得，只作『極』字佳[一六六]。」僩。[一六七]

人傑問：「呂氏稱顔子曰『求見聖人之止，欲罷而不能』，中庸或問以『求見聖人之止』一句文義未安。人傑竊謂聖人乾健而不息，未嘗有所止，況欲求以見之乎？若曰『求得聖人之中道，欲罷而不能』，如何？」曰：「作『中道』亦得，或只作『極』字亦佳。」人傑。[一六八]

## 子路使門人爲臣章[一六九]

問：「『久矣哉，由之行詐也久矣哉[一七〇]』，則是不特指那一事言也。」曰：「是指從來而言。」問：「人苟知未至，意未誠，則此等意慮時復發露而不自覺？」曰：「然。」廣。

㽦[一七一]問：「『由之行詐』，如何？」曰：「是子路要尊聖人，耻於無臣而爲之，一時不能循道理，子路本心亦不知其爲詐。然而子路尋常亦是有不明處，如死孔悝之難，是至死有見不到。只有一毫不誠，便是詐也。」[一七二]㽦。

有美玉於斯章〔一七三〕

子貢只是如此設問，若曰「此物色是只藏之，惟復將出用之」耳，亦未可議其言之是非也。必大。

子欲居九夷章

問：「子欲居九夷，使聖人居之，真有可變之理否？」曰：「然。」或問：「九夷，前輩或以箕子爲證，謂朝鮮之類，是否？」曰：「此亦見未得〔一七四〕。古者中國亦有夷、狄，如魯有淮夷，周有伊雒之戎是也。」又問：「此章與『乘桴浮海』莫是戲言否？」曰：「只是見道不行，偶然却〔一七五〕發此歎，非戲言也。」因言：「後世只管説當時人君不能用聖人，不知亦用不得。每國有世臣把住了，如何容外人來做！如魯有三桓，齊有田氏，晉有六卿，比比皆然，如何容聖人插手！」雉。

子曰吾自衛反魯章無〔一七六〕

子曰〔一七七〕出則事公卿章

問〔一七八〕「何有於我哉」。先生曰：「此語難説。聖人自謙之語〔一七九〕，言我不能有此數

者。聖人之心[一八〇]常有慊然不足之意。衆人雖見它是仁之至精、義之至熟[一八一]，它只管見它有欠闕處。」卓。[一八二]

問「不爲酒困，何有於我哉」。曰：「語有兩處如此説，皆不可曉。尋常有三般説話：一以爲上數事我皆無有，一説謂此數事外我皆復何有，一説云於我何有。然皆未安，某今闕之。」祖道。謨録同。[一八三]

此章之義看來似説得極低，然其實則説得極重。雖非有甚高之行，然工夫却愈精密，道理却愈無窮，故曰『知崇』、『禮卑』。范氏云『不爲酒困者，燕而不亂也』，其意似以『不爲酒困』爲不足道，故以燕飲不亂當之，過於深矣。」必大。[一八四]

又曰：「此等處聖人必有爲而言，須有上一截話。恐是或有人説夫子如何，故夫子因有此言也。今却只是記録夫子之語耳。」[一八五]

## 子在川上章

問：「『逝者如斯夫[一八六]』。『逝』只訓往，『斯』字方指川流。」曰：「是。」[一八七]

問：「子在川上之嘆，[一八八]注云：『此道體之本然也。』後又曰：『皆與道爲體。』向見先生説：『道無形體，却是這物事盛，載那道出來，故可見。「與道爲體」，言與之爲體也。這字〔一八九〕較粗。』如此，則與本然之體微不同。」曰：「也便在裏面。只是前面『體』字説得來較闊，連本末精粗都包在裏面。後面『與道爲體』之『體』，又説出那道之親切底骨子。恐人説物自物，道自道，所以指物以見道。其實這許多物事湊合來，便都是道之體，道體〔一九〇〕便在這許多物事上，只是水上較親切易見。」僩。

問：「『子在川上』。〔一九一〕伊川曰：『此道體也。天運而不已，日往則月來，寒往則暑來。水流而不息，物生而不窮。皆與道爲體。』」〔一九二〕「此〔一九三〕四者，非道之體也，但因此則可以見道之體耳。那『無聲無臭』便是道，但尋從那『無聲無臭』處去，如何見得道？因有此四者，方見得那『無聲無臭』底，所以説『與道爲體』。」劉用之曰：「如炭與火相似。」曰：「也略是如此。」義剛。

徐問：「程子曰『日往則月來，寒往則暑來。物生而不窮，水流而不息。皆與道爲體〔一九四〕』，何謂也？」曰：「日月寒暑等不是道，〔一九五〕然無這道便也無這個了。惟有這道方始有這個，既有這個，則就上面便可見得道。這個是與道做骨子。」問：「張思叔説：『此便是無窮。』伊川曰：『一個「無窮」，如何便了得！』何也？」曰：「固是無窮，然須看因甚恁地無窮。須見得所以無窮處始得。若説天只是高，地只是厚，便也無説了。須看所以如此者是如何。」淳。寓録〔一九六〕同。

問：「『逝者如斯夫』〔一九七〕如何是『與道爲體』？」曰：「與那道爲形體。這『體』字却粗，只是形體。」問：「猶云『性者道之形體』否？」曰：「然。」僩。

李公晦〔一九八〕問：「『子在川上』下〔一九九〕注『體』字是『體用』之『體』否？」曰：「只是這個『體道』之『體』，只是道之骨子。」節。

或問：「『逝者如斯夫，不舍晝夜』，〔二〇〇〕集注云：〔二〇一〕『天地之化，往者過，來者續，此道體之本然也。』如何？」曰：「程子言之矣。『天運而不已，日往則月來云云，皆與道爲体』。『與道爲體』，此句極好。某嘗記得舊作觀瀾記兩句云：『觀湍流之不息，悟有本之無窮。』」人傑。〔二〇二〕

周元興問：「『與道爲體』，此『體』字如何？」〔二〇三〕曰：「是體質。道之本然之體不可見，觀此則可見〔二〇四〕，如陰陽五行爲太極之體。」又問：「太極是體，二五是用？」曰：「此是無體之體。」董叔重〔二〇五〕曰：「如『其體則謂之易』否？」曰：「然。」又問明道云〔二〇六〕「有天德便可語王道」。曰：「有天德則便是天理，便做得王道。無天德則做王道不成。」又曰：「無天德則是私意，是計較。後人多無天德，所以做王道不成。」節。

又曰：「天理流行之妙，若有〔二〇七〕私欲以間之，便如水被些障塞，不得恁滔滔地去〔二〇八〕。」問：「程子曰〔二〇九〕：『自漢以來，儒者皆不識此義。』」先生曰：「是不曾識得。佛

氏却略曾窺得上面些個影子。」元秉。[二一〇]

或問「子在川上」。曰：「此是形容道體。伊川所謂『與道爲體』，此一句最妙。某嘗爲人作觀瀾詞，其中有兩句云：『觀川流之不息兮，悟有本之無窮。』」又問：「明道曰：『其要只在謹獨。』如何？」曰：「能謹獨，則無間斷而其理不窮。若不謹獨，便有欲來參入裏面，便間斷了也，如何却會如川流底意！」又問：「明道云：『自漢以來，諸儒皆不識此』，如何？」曰：「是他不識，如何却要道他識。此事除了孔孟，却[二一一]猶是佛老見得些形象。譬如畫人一般，佛老畫得些模樣。後來傳者[二一二]於此全無相着，如何教他兩個不做大！」祖道曰：「只爲佛老從心上起工夫，其學雖不是，然却有本。儒者只從言語文字上做，有知此事是合理會者，亦只做一場說話過了[二一三]，所以輸與他。」先生曰：「彼所謂心上工夫本不是，然却勝似儒者多。公此說却是。」祖道。

或問「子在川上曰：『逝者如斯夫，不舍晝夜』」。曰：「古說是見川流因歎。大抵過去底物不息，猶天運流[二一四]不息如此，亦警學者要當如此不息。蓋聖人之心『純亦不已』，所以能見之。」祖道。謨録同。[二一五]

楊至之問[二一六]：「『逝者如斯夫，不舍晝夜』便是『純亦不已』意思否？」曰：「固是。然此句在吾輩作如何使？」楊曰：「學者當體之以自强不息。」先生曰：「只是要得莫間斷。程子

謂：『此天德也。有天德便可語王道，其要只在謹獨。』謹獨與這裏何相關？只少有不謹便斷了。」〔二一七〕

問：「『子在川上曰：逝者如斯夫，不舍晝夜』〔二一八〕，先生解曰：〔二一九〕『天地之化，往者過，來者續，無一息之停，乃道體之本然也。其可指而易見者，莫如川流，故於此發以示人。』某反而求之身心，固生生而不息，氣亦流通而不息。此〔二二〇〕二者皆得之於天，與天地爲一體者也。然人之不能不息者有二：一是不知後行不得，一是役於欲後行不得。見得〔二二一〕人須是下窮理工夫，使無一理之不明；下克己工夫，使無一私之或作。然此兩段工夫皆歸在敬上，故明道云：『其要只在謹獨。』」曰：「固是。若不謹獨，便去隱微處間斷了，能謹獨，然後無間斷。若或作或輟，如何得與天地相似！」廣。〔二二二〕

因說此章，問曰：「今不知吾之心與天地之化是兩個物事，是一個物事？公且思量。」良久，乃曰：「今諸公讀書只是去理會得文義，更不去理會得意。聖人言語只是發明這個道理。這個道理，吾身也在裏面，萬物亦在裏面，天地亦在裏面。通同只是一個物事，無障蔽，無遮礙。吾之心即天地之心。聖人即川之流，便見得也是此理，無往而非極致，但天命至正，人心便邪；天命至公，人心便私；天命至大，人心便小，所以與天地不相似。而今講學便要去得與天地不相似處，要與天地相似。」又曰：「虛空中都是這個道理，聖人便隨事物上切出來。」又曰：「如今識得個大原了，便見得事事物物都從本根上發出來。如一個大樹，有個根株，便有許多芽蘖枝葉，牽一個則千百個皆動。」夔孫。

「子在川上」一段注：「此道體之本然也。欲學者時時省察而無毫髮之間斷。」纔不省察便間斷，此所以「其要只在謹獨」。人多於獨處間斷。泳。

## 子曰〔二二三〕吾未見好德如好色章

楊至之〔二二四〕問：「此〔二二五〕即大學『如好好色』之意，要得誠如此。然集注載衛靈公事與此意不相應，何也？」曰：「書不是恁地讀。除了靈公事，便有何發明？存靈公事在那上，便有何相礙？此皆没緊要。聖人當初只是恁地歎未見好德如那好色者。自家當虛心去看，又要反求思量，自己如何便是好德，如何便是好色，方有益。若只管去校量他，與聖人意思愈見差錯。聖人言語，自家當如奴僕，只去隨他，教住便住，教去便去。今却如與做師友一般，只去與他校，如何得！大學之説自是大學之意，論語之説自是論語之意。論語只是説過去，尾重則首輕，這一頭低，那一頭便〔二二六〕昂。大學是〔二二七〕將兩句平頭説去，説得尤力。如何要合兩處意來做一説得！」淳。〔二二八〕

董叔重問〔二二九〕：「何謂招摇？」曰：「如翺翔。」節。

譬如爲山章無〔二三〇〕

子曰〔二三一〕語之而不惰章

讀「語之而不惰」，曰：「惟於行上見得它不惰。」時舉。

陳仲亨問：「『語之而不惰』，於甚處見得？」曰：「如『得一善，則拳拳服膺，而不失之矣』，『欲罷不能』，皆是其不惰處。」義剛。

又曰：〔二三二〕「看來『不惰』，只是不説没緊要底話，蓋是那時也没心性説得没緊要底話了。」燾。

問：「『語之而不惰者，其回也與』。〔二三三〕如何是不惰處？」先生曰：「顔子聽得夫子説話，自然住不得。若他人聽過了，半疑半信，若存若亡，安得不惰！」雉。

子曰惜乎吾見其進章無〔二三四〕

子曰苗而不秀者章〔二三五〕

徐問：「『苗而不秀，秀而不實』，何所喻？」曰：「皆是勉人進學如此。這個道理難當，只管恁地勉强去。『苗而不秀，秀而不實』，大概只説物有生而不到長養處，有長養而不到成就處。」淳。

子曰〔二三六〕後生可畏章

問：「『後生可畏』是方進者也，『四十五十而無聞』是中道而止者也。」曰：「然。」燾。

# 晦庵先生朱文公語類卷第三十七

## 論語十九

## 子罕篇下

### 法語之言章

植說：「此章集注云：『法語，人所敬憚，故必從。然不改則面從而已。』如漢武帝見汲黯之直，深所敬憚，至帳中可其奏，可謂從矣。然黯論武帝『內多慾而外施仁義』，豈非面從！集注云：『巽言無所乖忤，故必悅。然不懌〔一〕，又不足以知其微意之所在。』如孟子論太王好色、好貨，齊王豈不悅。若不知繹，則徒知古人所謂好色，不知其能使『內無怨女，外無曠夫』；徒知古人所謂好貨，不知其能使『居者有積倉，行者有裹糧』。」先生因曰：「集注中舉楊氏說亦好。」〔二〕

與[三]謂巽順。與它說都是教它做好事，如「有言遜于汝志」者[四]，而其重處恰在[五]「不改」、「不繹」。聖人謂如此等人與它說得也不濟事，故曰「吾末如之何也已」。端蒙。

## 主中信章 學而篇互見[六]

## 三軍可奪帥章

志若可奪，則如三軍之帥被人奪了。做官奪人志。志執得定，故不可奪；執不牢，也被物欲奪去。志真個是不可奪！泳。

## 衣敝緼袍章

「衣敝緼袍」，是裏面夾衣，有綿作胎底。義剛。

「衣敝緼袍」，也有一等人資質自不愛者。然如此人亦難得。泳。

問：「『「不忮不求，何用不臧」，[七]子路終身誦之』，此子路所以不及顏淵處。蓋此便是『願車馬，衣輕裘，與朋友共，敝之而無憾』底意思。然他將來自誦，便是無那底[八]『無伐善』、『施勞』底意思。」曰：「所謂『終身誦之』，亦不是他矜伐。只是將這個做好底事，『終身誦之』，要常如此，便別無長進矣。」又問呂氏「貧與富交，强者必忮，弱者必求」之話[九]。曰：「世間人見富貴底，不是心裏妬嫉它，便羨慕它，只是這般見識爾。」僩。

先生又[一〇]曰：「李相祖[一一]云：『忮，是疾人之有；求，是耻己之無。』呂氏之説亦近此意，然此説又分曉。」[一二]

問[一三]「子路終身誦之」。曰：「是他把來誦來。[一四]然[一五]自有一般人，著破衣服在好衣服中亦不管者。子路自是不把這般當事。」㽦問：「子路却是能克己[一六]。如『願車馬，衣輕裘，與朋友共，敝之而無憾』。」曰：「子路自是恁地人，有好物事猶要與衆人共用了。上蔡論語中説管仲小器一段極好。」㽦。

謝教問：「『子路終身誦之』，夫子何以見得終其身也？」「只[一七]是以大勢恁地。這處好，只不合自擔當了，便止於此，便是自畫。大凡好[一八]底事，纔自擔便也壞了，所謂『有其善，喪厥善』。」淳。

又曰：[一九]「道怕擔了。」[二〇]可學。

「何足以臧」，聖人恐子路止於是，故激而進之。泳。[二一]

問：「子路資質剛毅，固是個負荷容受得底人。如何却有那『聞之喜』及『終身誦之』之事？」曰：「也只緣他好勇，故凡事粗率，不能深求細繹那道理，故有此事。」廣。[二二]

## 歲寒然後知松柏之後彫也章 無〔二三〕

## 知者不惑章

「知者不惑」。真見得分曉，故不惑。泳。

問「仁者何故不憂」，或曰：「仁者無私心，故樂天而不憂。」先生曰：「此亦只是貌説。」復合致思皆未曉。曰：「仁者，理即是心，心即是理，有一事來便有一理以應之，所以無憂。」方子。〔二四〕

又問「仁者不憂」。曰：「仁者心與理一。心純是這道理，看甚麽事來，自有這道理在處置它，自不煩惱。今人有這事却無這理，便處置不去，所以憂。」恪。〔二五〕

「仁者不憂」。人之所以有憂，只是處未得。仁者，心即是理，有一事來便以一理去處之，所以無憂。文卿。〔二六〕

道夫問「仁者不憂」。先生曰：「仁者通體是理，無一點私心。事之來者雖無窮，而此之應者各得其度。所謂『建諸天地而不悖，質諸鬼神而無疑，百世以俟聖人而不惑』，何憂之有！」道夫。〔二七〕

「仁者不憂」。仁者，天下之公。私慾不萌而天下之公在我，何憂之有！泳。

陳仲亨說「仁者不憂」，云：「此非仁體，只是說夫子之事。」先生曰：「如何又生出這一項情節！恁地，則那兩句也須恁地添一說始得。這只是統說。仁者便是不憂。」義剛。

「勇者不懼」。氣足以助道義，故不懼。故孟子說：「配義與道，無是，餒也。」今有見得道理分曉而反懾怯者，氣不足也。泳。

或〔二八〕舉程子「明理可以治懼」之說。曰：「明理固是能勇，然便接那『不懼』未得，蓋爭一節在，所以聖人曰：『勇者不懼。』」燾。

李兄閎祖曰：〔二九〕「論語所說『勇者不懼』處，作『有主則不懼』。恐『有主』字明『勇』字不出。」曰：「也覺見是如此。多是一時間下字未穩，又且恁地備員去。」因云：「前輩言解經命字爲難。近人解經亦間有好處，但是下語親切，說得分曉。若前輩所說，或有不大故分曉處，亦不好。如近來耿氏說易『女子貞，不字』。伊川說作『字育』之『字』。耿氏說作『許嫁〔三〇〕而字』之『字』，言『女子貞，不字』者，謂其未許嫁也，却與昏媾之義相達〔三一〕，亦說得有理。」又云：「伊川易亦有不分曉處甚多。如『益之，用凶事』，作凶荒之『凶』，直指刺史、郡守而言。在當時未見有刺史、郡守，豈可以此說。某謂『益之，用凶事』者，言人臣之益君，是責難於君之時，必以危言鯁論恐動〔三二〕其君布〔三三〕益之，雖以中而行，然必用圭以通其信。若不用圭而通，又非忠以益於君也。」［三四］卓。

行夫説「仁者不憂」一章。答曰：「『勇者不懼』，勇是一個果勇必行之意，説『不懼』也易見。『智者不惑』，智是一個分辨不亂之意，説『不惑』也易見。惟是仁如何會不憂？這須思之。」行夫云：「仁者順理，故不憂。若只順這道理做去，自是無憂。」曰：「意思也是如此，更須細思之。」久之，行夫復云云。答曰：「畢竟也説得粗。仁者所以無憂者，止緣仁者之心便是一個道理。看是甚麽事來，不問大小，改頭換面來，自家此心各各是一個道理應副去，不待事來方始安排，心便是理了。不是方見得道理合如此做，不是方去恁地做。」賀孫。［三五］

方毅父問：「『知者不惑』，明理便能無私否？」曰：「也有人明理而不能去私欲者，然去私欲必先明理，無私欲則不屈於物，故勇。惟聖人自誠而明，可以先言仁，後言智。至於教人當以智爲先。」時舉。［三六］

先生説「知者不惑」章：「惟不惑不憂，便生得這勇來。」［三七］

有［三八］仁、智而後有勇，然而仁、智又少勇不得。蓋雖曰「仁能守之」，只有這勇方能守得到頭，方能接得去。若無這勇，則雖有仁、智，少間亦恐會放倒了。所以中庸説仁、智、勇三者。勇本是個没緊要底物事，然仁、智不是勇則做不到頭，半塗而廢。燾。

問：「與後一章次序不同？」［三九］曰：「成德以仁爲先，進學以知爲先。此誠而明，明而誠也。」「中庸言三德之序如何？」曰：「亦爲學者言也。」問：「何以勇皆序〔四〇〕在後？」曰：「末後做工夫不退轉，此方是勇。」〔四一〕

或問：「『人之所以憂、惑、懼者，只是窮理不盡，故如此。若窮盡天下之理，則何憂何懼之有？』『因其無所憂，故名之曰仁；因其無所惑，故名之曰智；因其無所懼，故名之曰勇。』不知二説孰是？」先生曰：「仁者隨所寓而安，自是不憂；知者所見明，自是不惑；勇者所守定，自是不懼。〔四二〕自有次第。」或曰：「勇於義，是義理之勇。如孟施舍、北宮黝，皆血氣之勇。」〔四三〕曰：「三者也須窮理克復方得。只如此説，不濟事。」祖道。謨録同。〔四四〕

寓〔四五〕問：「集注〔四六〕『知以知之，仁以守之，勇以終之』，看此三句，恐知是致知、格物，仁是存養，勇是克治之功。」先生首肯，曰：「是。勇是持守堅固。」問：「中庸『力行近乎仁』，又似『勇者不懼』意思。」曰：「交互説，都是。如『或生而知之，或學而知之，或困而知之』，三個〔四七〕知都是知；『或安而行之，或利而行之，或勉强而行之』，三個〔四八〕行都是仁；『好學近乎知，力行近乎仁，知恥近乎勇』，三個〔四九〕近都是勇。」寓。淳録同。〔五〇〕

## 可與共學章

「習矣不察，行矣不著」，如今人又不如此。不曾去習便要〔五一〕察，不曾去行便要説著。

「可與共學，未可與適道」，今人未曾理會「可與共學」便要「適道」。賀孫。〔五二〕

「可與共學」，有志於此；「可與適道」，已看見路脈；「可與立」，能有所立；「可與權」，遭變事而知其宜。此只是大綱如此說。可學。

問「可與適道」章。曰：「這個只說世人可與共學底，未必便可與適道；可與適道底，未必便可與立；可與立底，未必便可與權。學時，須便教可適道；適道，便更教立去；立，便〔五三〕教權去。」〔五四〕

「可與立，未可與權」，亦是甚不得已方說此話。然須是聖人方可與權，若以顔子之賢，恐也不敢議此。「磨而不磷，涅而不緇」。而今人纔磨便磷，纔涅便緇，如何更說權變？所謂「未學行，先學走」也。僩。

問：「權，地位如何？」曰：「大賢已上。」可學。

權是稱星〔五五〕，教子細看〔五六〕。閎祖。

問：「權便是義否？」曰：「權是用那義底。」問：「中便是時措之宜否？」曰：「以義權之，而後得中。義似秤，權是將這秤去稱量，中是物得其平處。」僩。

先生因說：「『可與立，未可與權』，權處是道理上面更有一重道理。如君子小人，君子固當用，小人固當去。然方當小人進用時，猝乍要用君子也未得。當其深根固蒂時便要去他，適爲所害。這裏須斟酌時宜，便知個緩急深淺，始得。」或言：「本朝人才過於漢唐而治效不及者，緣漢唐不去攻小人，本朝專要去小人，所以如此。」曰：「如此說，所謂『内君子，外小人』，古人且胡亂恁地說，不知何等議論！永嘉學問專去利害上計較，恐出此。」又曰：「『正其義不謀其利，明其道不計其功。』正其義則利自在，明其道則功自在。專去計較利害定未必有利，未必有功。」［五七］

經自經，權自權，但經有不可行處而至於用權，此權所以合經也。如湯、武事，伊、周事，嫂溺則援事。常如風和日暖固好。變如迅雷烈風，若無迅雷烈風則都旱了，不可以爲常。泳。

叔重問：「程子云：『權者，言秤錘之義也。何物以爲權？義是也。然也只是說到義。義以上更難說，在人自看如何。』此意如何看？」先生曰：「此如有人犯一罪，性之剛者以爲可誅，性之寬者以爲可恕，概之以義，皆未是合宜。此則全在權量之精審，然後親切不差。欲其權量精審，是他平日涵養厚［五八］，此心虚明純一，自然權量精審。伊川嘗云：『敬以直内，則義以方外；義以爲質，則禮以行之。』」時舉。

蘇宜久問「可與權」。先生云：「權與經，不可謂是一件物事。畢竟權自是權，經自是經，但非漢儒所謂權變、權術之說。聖人之權雖異於經，其權亦是事體合［五九］那時合恁地做方好。」宜久。［六〇］時舉略同。

問：「經、權不同，而程子云『經即權也。』」先生曰：「固是不同：經是萬世常行之道，權是不得已而用之，大概不可用時多。」又曰：「權是時中，不中則無以爲權矣。」賜。

用之問：「『權也者，反經而合於道』，此語亦好。」曰：「若淺說亦不妨。伊川以爲權便是經。某以爲反經而合於道乃所以爲經。如征伐視揖遜、放廢視臣事，豈得是常事？但終是正也。」賀孫。

吳伯英問：「伊川言『權即是經』，何謂[六一]也？」曰：「某常謂不必如此說。孟子分明說：『男女授受不親，禮也；嫂溺援之以手者，權也。』權與經豈容無辨！但是伊川見漢儒只管言反經是權，恐後世無忌憚者皆得借權以自飾，因有此論耳。然經畢竟是常，權畢竟是變。」又問：「某欲以『義』字言權，如何？」曰：「義者，宜也。權固是宜，經獨不宜乎？」處謙。

或有書來問經、權。先生曰：「程子固曰『權即經也』，而[六二]人須着子細看。此項大段要子細。經是萬世常行之道，權是不得已而用之，須是合義也。如湯放桀、武王伐紂、伊尹放太甲，此是權也。若日日時時用之，則成甚世界了！」或云：「權莫是中否？」曰：「是此一時之中，不中則無以爲權矣。然舜禹之後六七百年方有湯，湯之後又六七百年方有個[六三]武王。權也是難說，故夫子曰『可與立，未可與權。』到得可與權時節，也是地位太煞高了也。」祖道。

或問經與權之義。先生曰：「公羊以『反經合道』爲權，伊川以爲非。若平看，反經亦未爲不是。且如君臣兄弟是天地之常經，不可易者。湯武之誅桀紂，却是以臣弑君；周公之誅管蔡，却是以弟殺兄，豈不是反經？但時節到這裏，道理當恁地做，雖然反經，却自合道理。但反經而不合道理則不可，若合道理，亦何害於經乎！」又曰：「合於權，便是經在其中。」余正甫謂〔六四〕：「『權、義舉而皇極立』，權、義只相似。」先生曰：「義可以總括得經、權，不可將來對權。義當守經則守經，當用權則用權，所以謂義可以總括得經、權。若可權、義並言，如以兩字對一字，當云『經』、『權舉』乃可。伊川曰『惟義無對』，伊川所謂『權便是經』，亦少分別。須是分別經、權自是兩物，到得合於權便自與經無異，如此說乃可。」僴。

問：「『可與立，未可與權〔六五〕』，如何是立？」曰：「立，是見得那正當底道理分明了，不爲事物所遷惑。」又問：「程子謂『權只是經』，先生謂『以孟子援嫂之事例之，則權與經亦當有辨』，莫是經是一定之理，權則是隨事以取中。既是中則與經不異否？」曰：「經是常行道理，權則是那常理行不得處，不得已而有所通變底道理。權得其中固是與經不異，畢竟權則可暫而不可常。如堯、舜揖遜，湯、武征誅，此是權也，豈可常行乎！觀聖人此意，畢竟是未許人用權。故學者須當先理會那正底道理。且如朝廷之上，辨別君子小人，君子則進之，小人則去之，此便是正當底道理。今人却〔六六〕不去理會此，却說小人亦不可盡去，須放他一路。不爾，反能害人。自古固有以此而濟事者，但終非可常行之理。若是君子小人常常並進，則豈可也？」廣。

亞夫問「可與立，未可與權」。曰：「漢儒謂『反經合道』爲權，伊川謂『權是經所不及者』。權與經固是兩義，然論權而全離乎經則不是。蓋權是不常用底物事。如人之病，熱病者當服涼藥，冷病者當服熱藥。此是常理，然有時有熱病却用熱藥去發他病者，亦有冷病却用冷藥去發他病者。此皆是不可常用者，然須是下得〔六七〕方可。若有毫釐之差，便至於殺人，不是作劇〔六八〕。然若用得是，便是少他不得，便是合用這個物事。既是合用，兹權也，所以爲經也。大抵漢儒説權是離了個經説，伊川説權便道權只在經裏面。且如周公誅管蔡，與唐太宗殺建成、元吉，其推刃於同氣者雖同，而所以殺之者則異。蓋管蔡與商之遺民謀危王室，此是得罪於天下，得罪於宗廟，蓋不得不誅之也。若太宗，則分明是争天下也。故周公可以謂之權，而太宗不可謂之權。孟子曰：『有伊尹之志則可，無伊尹之志則篡也。』故在伊尹可以謂之權，而在他人則不可也。權是最難用底物事，故聖人亦罕言之。自非大賢以上，自見得這道理合是恁地，了不得也。」時舉。

因論「經」、「權」二字。先生曰：「漢儒謂『權者，反經合道』，却是權與經全然相反。伊川非之，是矣。然却又曰『其實未嘗反經』，權與經又却是一個，略無分别，恐如此又不得。權固不離於經，看『可與立，未可與權』，及孟子『嫂溺援之以手事』，毫釐之間，亦當有辨。」文蔚曰：「經是常行之理，權是適變處。」曰：「大綱説固是如此。要就程子説中分別一個異同，須更精微。」文蔚曰：「權只是經之用。且如秤衡有許多星兩，一定而不可易。權往來秤物，使輕重恰好，此便是經之用。」曰：「亦不相似。大綱都是，只争些子。伊川又云：『權是經所不及者。』此説方盡。經只是一個大綱，權是那精微曲折處。且如君仁臣忠，父慈子孝，此是經常之道，如何動得！其間有該不盡處，須是用權。權即細密，非見理大段精審，不能識此。『可與立』，便是與經[六九]，却『未可與權』，此見經權毫釐之間分別處。莊子曰：『小變而不失其大常。』」或曰：「莊子意思又別。」曰：「他大概亦是如此，但未知他將甚做大常。」文蔚。[七〇]

問經、權。先生曰：「權者，乃是到這田[七一]地頭道理合當恁地做，故雖異於經而實亦經也。且如冬月便合着綿向火，此是經。忽然一日煖，則亦須使扇，當風坐，此便是權。伊川謂『權只是經』，意亦如此，但説『經』字太重，若偏了。漢儒『反經合道』之説却説得『經』、『權』兩字分曉，則[七二]他説權遂謂反了經，一向入[七三]於變詐，則非矣。」夔孫。義剛録同。[七四]

經與權之分，諸人説皆不合。先生曰：「若説權自權，經自經，不相干涉，固不可。若説事須用權，經須權而行，權只是經，則權與經又全無分別。觀孔子曰『可與立，未可與權』；孟子曰『嫂溺援之以手』，則權與經須有異處。雖有異，而權實不離乎經也。這裏所争只毫釐，只是諸公心粗，看不子細。伊川説『權只是經』，恐也未盡。嘗記龜山云：『權者，經之所不及。』這説却好，蓋經者只是存得個大法、正當底道理而已，蓋精微曲折處固非經之所能盡也。所謂權者，於精微曲折處曲盡其宜以濟經之所不及耳，所以説中之爲貴者權之者，即是經之要妙處也。如漢儒説『反經合道』，此語亦未甚病。蓋事也有那反經底時節，只是不可説事事要反經，又不可説全不反經。如君令臣從，父慈子孝，此經也。若君臣父子皆如此，固好。然事又有到必不得已處，[七五]經所行不得處，也只得反經。只是反經[七六]依舊不離乎經耳，所以貴乎權也。孔子曰：『可與立，未可與權。』立便是經。『可與立』，則能守個經，有所執立矣，却説『未可與權』。以此觀之，權乃經之要妙微密處。非見道理之精密、透徹、純熟者，不足以語權也。」又曰：「莊子曰『小變而不失其大常』，便是經權之別。」或曰：「恐莊子意思又別。」先生曰：「他大概亦是如此，只不知他把甚麽做大常。」又云：「事有緩急，理有小大，這樣處皆須以權稱之。」僩問：「『子莫執中』，程子之解經便是權，則『權』字又似海説。如云『時措之宜』，事事皆有自然之中，則似事事皆用權。以孟子『嫂溺援之以手』言之，則『權』字須有別。」先生曰：「『執中無權』，這『權』字稍輕，可以如此説。『嫂溺援之以手』之權，這『權』字却又重，亦有深淺也。」僩。

問經、權。先生曰：「經是已定之權，權是未定之經。」[七七]又[七八]問：「伊川謂『權只是經』，如何？」先生曰：「程子説得却不活絡，如漢儒之説權却自曉然。曉得程子説底，知得權也是常理；曉不得他説底，經、權却鶻突了。某之説，非是異程子之説，只是須與他分別，經是經，權是權。且如『冬日則飲湯，夏日則飲水』，此是經也。有時天之氣變，則冬日須着飲水，夏日須着飲湯，此是權也。權是礙着經行不得處方始用得，然却依前是常理，只是不可數數用。如『舜不告而娶』，豈不是怪差事？以孟子觀之，那時合如此處。然使人人不告而娶，豈不亂大倫？所以不可常用。」賜。〔七九〕

問：「『可與立，未可與權』，看來『權』字亦有兩樣。伊川先生曰以權只是經，蓋每日事事物物上稱量個輕重處置，此權也，權而不離乎經也。若論堯舜禪遜是遜，〔八〇〕與人遜一盆水也是遜；湯武放伐是爭，爭一個彈丸也是爭。康節詩所謂『唐虞玉帛烟光紫，湯武干戈草色萋』，大小不同而已矣。『堯夫非是愛吟詩』，正此意也。伊川說『經』、『權』字，將經做個大抵物事，經却包得那個權，此說本好。只是據聖人說『可與立，未可與權』，須是還他是兩個字，經自是經，權自是權。若如伊川說，便用廢了那『權』字始得。只是雖是權，依舊不離那經，權只是經之變。如冬日須向火，忽然一日大熱，須着使扇始得〔八一〕，這便是反經。今須是曉得孔子說，又曉伊川之說方得。若相把做一說，如兩脚相併，便行不得。須還他是兩隻脚，雖是兩隻，依舊是脚。」又曰：「若不是大聖賢用權，少間出入，便易得走作。」僩。

恭父問「可與立，未可與權」。先生云：「『可與立』者，能處置得常事；『可與權』者，即能處置得變事。雖是處變事，而所謂處置常事，意思只在『井以辨義，巽以行權』。此說義與權自不同。漢儒有反經之說，只緣將論語下文『偏其反而』誤作一章解，故其說相承曼衍。且看集義中諸儒之説，莫不連下文。獨是范純夫不如此説，蘇氏亦不如此説，自以『唐棣之華』爲下截。程子所以〔八二〕説漢儒之誤，固是如此。要之，『反經合道』一句，細思之亦通。緣『權』字與『經』字對説。纔説權，便是變却那個，須謂之反，可也。然雖是反那經，却不悖於道；雖與經不同，而其道一也。因知道伊川之説，斷然經自是經，權亦是經，漢儒反經之説不是。此説不可不知。然細與推考，其言亦無害，此説亦不可不知。『義』字大，自包得經與權過接處。〔八三〕如事合當如此區處，是常法如此，固是經；若合當如此，亦是義當守其常。事合當如此區處，却變了常法恁地區處，固是權；若合當恁地，亦是義當通其變。文中子云：『權義舉而皇極立。』若云經、權舉，則無害。今云權、義舉，則『義』字下不得。何故？却是將義來當權。不知經自是義，權亦是義，『義』字兼經、權而用之。若以義對經，恰似將一個包兩物之物，對着包一物之物。」行夫云：「經便是權。」先生曰：「不是説經便是權。經自是經，權自是權。但是雖反經而能合道，却無背於經。如人兩脚相似，左脚自是左脚，右脚自是右脚，行時須一脚先，一脚後，相待而行，方始行得。不可將左脚便喚做右脚，右脚便喚做左脚。繫辭既説『井以辨義』，又説『井居其所而遷』。井是不可動底物事，水却可隨所汲而往。如道之正體却一定於此，而隨事制宜自莫不當。所以説『井以辨義』，又云『井居其所而遷』。」賀孫。

## 唐棣之華章

或問「未之思也，夫何遠之有」一章。時舉因云：「人心放之甚易，然反之亦甚易。」曰：「反之固易，但恐不能得他久存爾。」時舉。

問「唐棣之華，偏其反而」。曰：「此自是一篇詩，與今常棣之詩別。常，音裳。爾雅：『棣，栘，似白楊，江東呼夫栘。常棣，棣，子如櫻桃可食。』自是兩般物。此逸詩，不知當時詩人思個甚底。東坡謂『思賢而不得之詩』，看來未必是思賢。但夫子大概止是取下面兩句云『人但不思，思則何遠之有』，初不與上面説權處是一段。『唐棣之華』而下，自是一段。緣漢儒合上文爲一章，故誤認『偏其反而』爲『反經合道』，所以錯了。晉書於一處引『偏』字作『翩』，『反』作平聲，言其花有翩反飛動之意。今無此詩，不可考據，故不可立爲定説。」祖道。周謨録同。〔八四〕

# 晦庵先生朱文公語類卷第三十八

## 論語二十

### 鄉黨篇

#### 總論

鄉黨記聖人動容周旋無不中禮。泳。

問賀孫：「讀鄉黨已終，覺得意思如何？」賀孫對曰：〔一〕「見得段段都是道理合着如此，不如此定不得。纔有些子不如此，心下便不安。」先生曰：「然。〔二〕聖賢一句是一個道理，要得教人識着，都是要人收拾已放之心。所謂『學問之道無它，求其放心而已』，非是學問只在求放心，非把求放心爲學問工夫，乃是學問皆所以求放心。如『詩三百篇〔三〕，一言以蔽之，曰「思無邪」』，大要皆欲使人『思無邪』而已。」賀孫。

賀孫〔四〕問：「看論語，及鄉黨之半。」曰：「覺公看得淺，未甚切己。終了鄉黨篇，更須從頭温一過。許多説話盡在集注中。」賀孫。

鄉黨一篇，自「天命之謂性」至「道不可須臾離也」皆在裹面。許多道理皆自聖人身上迸出來。惟聖人做得甚分曉，故門人見之熟，是以紀之詳也。燾。

第一節　鄉黨、宗廟、朝廷言貌不同。

賀孫〔五〕問：「『孔子於鄉黨，恂恂如也，似不能言者』。或有大是非利害，似不可不説。所謂『似不能言者』，恐但當以卑遜爲主，所以説『似不能言』。」曰：「不是全不説，但較之宗廟、朝廷爲不敢多説耳。」賀孫〔六〕問：「『其在宗廟、朝廷』，集注云『宗廟，禮法之所在』，在宗廟則『每事問』，固是禮法之所在，不知聖人還已知之而猶問，還以其名物制度之非古而因訂之？」曰：「便是這處，某嘗道是孔子初仕時如此。若初來問一番了，後番番來，番番問，恐不如此。『孰謂鄹人之子知禮乎』，呼曰『鄹人之子』，是與孔子父相識者有此語，多應是孔子初年。」賀孫。

「看鄉黨篇，須以心體之。『孔子於鄉黨，恂恂如也，似不能言者』。如何是『恂恂』？〔七〕如何是『似不能言〔八〕』？『其在〔九〕宗廟、朝廷，便便言，惟謹』。〔一〇〕『朝，與下大夫言，侃侃如也；與上大夫言，誾誾如也。』如何是『侃侃』？如何是『誾誾』？」〔一一〕問：「先生解『侃侃』、『誾誾』四字，不與古注同。古注以侃侃爲樂〔一二〕，誾誾爲中正。」曰：「『衎』字乃訓和樂，與此

『侃』字不同。説文以侃爲剛直，後漢書中亦云『侃然正色』。誾誾是『和説而諍』，此意思甚好。和説則不失事上之恭，諍則又不失自家義理之正。」廣。

或問鄉黨如「恂恂」、「侃侃」之類。先生曰：「如此類，解説則甚易。須是以心體之，真自見個氣象始得。」士毅。

## 第二節 在朝廷事上、接下不同。

亞夫問「朝，與下大夫言，侃侃如也；與上大夫言，誾誾如也」。先生曰：「侃侃，是剛直貌。以其位不甚尊，故吾之言可得而直遂。至於上大夫之前，則雖有所諍，必須有含蓄不盡底意思，不如侃侃之發露得盡也。『閔子侍側』一章，義亦如此。」時舉。

賀孫[一三]問：「『與下大夫言侃侃如也』章，[一四]集注[一五]云：『侃侃，剛直。誾誾，和悦而諍。』不知諍意思如何？」曰：「説道和悦，終不成一向放倒了，到合辨別處也須辨別始得。內不失其事上之禮，而外不至於曲從。如古人用這般字，不是只説字義，須是想象這意思是如此。如『恂恂』，皆是有此意思方下此字。如史記云：『魯道之衰，洙泗之間齗齗如也。』「齗」、「誾」字同。這正見得[一六]『和悦而諍』底意思。當道化盛時，斑白者不提挈、不負戴於道路，少壯者代其事。到周衰，少壯者尚欲執其任，而老者自不肯安，争欲自提挈、自負戴，此正是『和悦而諍』。」賀孫。

第三節　爲君擯相。

賀孫〔一七〕問：「『君召使擯』，擯如其命數之半。如上公九命，則擯者五人，以次傳命。」曰：「古者擯介之儀甚煩。如九命擯五人，介則如命數，是九人。賓主相見，自擯以下列兩行，行末相近。如主人説一句，主人之擯傳許多擯者訖，又交過末介傳中介，直至賓之上介，方聞之賓。」賀孫。

植侍坐，舉鄉黨「君召使擯」至「朝服而立於階」説「左右手」注云：〔一八〕「『揖左人則左其手，揖右人則右其手。』揖右人，傳命出也；揖左人，傳命入也。」曰：「然。」植。

問「賓不顧矣」。曰：「古者賓退，主人送出門外，設兩拜，賓更不顧而去。國君於列國之卿大夫亦如此。」燾。

第四節　在朝之容。

「立不中門，行不履閾」。注云「棖闑之間，由闑右，不踐閾」，只是自外入。右邊門邊乃君出入之所。闑，如一木拄門，如今人多用石墩當兩門中。臣傍闑右邊出入。此「右」字，自内出而言。賀孫。

棖，如今衮頭相似。闑，當中礙門者，今城門有之。古人常掩左扉。人君多出在門外見人，所以當棖闑之間爲君位。泳。

蕭問：「『過位，色勃如也』。『位，謂門屏之間，人君宁立之處。』」先生曰：「古今之制不同，今之朝儀用秦制也。古者朝會，君臣皆立，故史記謂『秦王一旦捐賓客，而不立朝』。君立於門屏之間。屏者，乃門間蕭墻也，今殿門亦設之。三公九卿以下，設位於廷中，故謂之『三槐』、『九棘』者，廷中有樹處，公卿位當其下也。」雉。

今官員笏[一九]最無道理。笏者，只是君前記事恐事多，須以紙粘笏上記其頭緒。或在君前不可以手指人物，須用笏指之。此笏常只[二〇]插在腰間，不執在手中。夫子「攝齊升堂」，何曾手中有笏？攝齊者是[二一]畏謹，恐上階時踏着裳，有顛仆之患。執圭者，圭自是贄見之物，只是捧至君前，不是[二二]如執笏。所以執圭時便「足縮縮，如有循」。緣手中有圭不得攝齊，亦防顛仆。明作。[二三]

問「復其位，踧踖如也」。曰：「此是到末梢又結筭則個。若衆人，到末梢便撒了。聖人則始乎敬，終乎敬，故到末梢又整頓則個。」燾。

第五節 爲君聘於鄰國之禮[二四]。

「執圭，上如揖，下如授」。前輩多作上階之「上」，下階之「下」。其實既下則已不用笏，往往授介者。只是高不過於揖，[二五]下不低於授，故如授。賀孫。

「『饗禮有容色』，儀禮謂『發氣滿容』，何故如此？」曰：「聘是初見時，故其意極於恭肅。

既聘而享則用圭璧以通信，有廷實以將意[二六]其意，比聘時漸謹[二七]也。」廣。聘禮篇云：「及享，發氣滿容」。[二八]

第六節　衣服之制。

紺，只是而今深底雅青樣色。[二九]義剛。

問：「『緅以飾練服』，緅是絳色。練服是小祥後喪服，如何用絳色以爲飾？」曰：「便是不可曉。此個制度差異。絳是淺紅色；紺是青赤色，如今之閃青也。」廣。

問：「紅紫『且近於婦人女子之服』。不知古之婦人女子亦多以紅紫爲服否？」曰：「此亦不可知，但據先儒如此説耳。」廣。

「君子不以紺緅飾，紅紫不以爲褻服」。今反以紅紫爲朝服。賀孫。

「當暑袗絺綌，必表而出之」與「蒙彼縐絺」，有兩説。泳。

襞積殺縫。泳。[三〇]

「裘，乃純用獸皮而加裏衣，如今之貂裘。」或問狐白裘。曰：「是集衆狐爲之。」植。

第七節　謹齋事。

「『明衣』即是個布衫。『長一身有半』，欲蔽足爾。」植[三一]又曰：「即浴衣也。[三二]」賀孫。

問：「『「變食」謂不飲酒、不茹葷』，有[三三]今之致齋者有酒，何也？」曰：「飲酒非也，但禮中亦有『飲不至醉』之說。」廣。

伯豐〔三四〕問「齋必變食」。曰：「葷是不食五辛。」僩。

第八節 飲食之節。

一言一語，一動一作，一坐一立，一飲一食，都有是非。是底便是天理，非底便是人欲。如孔子「失飪不食，不時不食，割不正不食，不多食」，無非天理。如口腹之人，不時也食，不正也食，失飪也食，便都是人欲，便都是逆天理。如只喫得許多物事，如不當喫，纔去貪喫不住，都是逆天理。看道理只管進，只管子〔三五〕細便好。只管見上面，只管有一重方好。如一物相似，剥一重又剥一重，又有一重又剥一重，剥到四五重，剥得許多皮殼都盡，方見真實底。今人不是不理會道理，只是不肯子細，只守着自底便了，是是非非一向都没分別。如詖淫邪遁之辭，也不消得辨，便説道是他自陷、自蔽、自如此，且恁地和同過也不妨。賀孫。

問：「『割不正不食』與『席不正不坐』，此是聖人之心純正，故日用間纔有不正處，便與心不相合，心亦不安。」曰：「聖人之心無毫釐之差，謂如事當恁地做時便硬要〔三六〕做。且如『不得其醬不食』，這一物合用醬而不得其醬，聖人寧可不喫，蓋皆欲得其當然之則故也。」又問注云「精，鑿也」。曰：「是插教那米白着。」燾。

「不得其醬不食」，「其」字正緊要。「其醬」如「魚膾芥醬」之類。閎祖。

「肉雖多，不使勝食氣」。非特肉也，凡蔬果之類皆不可使勝食氣。泳。

第十節 居鄉。

賀孫〔三七〕問：「『鄉人儺，朝服而立於阼階』，集注云『庶其依己而安』。或云存室神，蓋五祀之屬。子孫之精神即祖考之精神，故祖考之精神依於己。若門、行、户、竈之屬，吾身朝夕之所出處，則鬼神亦必依己而存。」先生曰：「然。一家之主則一家之鬼神屬焉，諸侯守一國則一國鬼神屬焉，天子有天下則天下鬼神屬焉。看來爲天子者，這一個神明是多少大，如何有些子差忒得！若縱欲無度，天上許多星辰，地下許多山川，如何不變怪！」蔡云：「子陵足加帝腹，便見客星侵帝座。」先生曰：「『殷之未喪師，克配上帝』。紂未做不好時便與天相配，是甚細事！」賀孫。

第十一節 與人交之誠意。

蘇實問「問人於他邦，再拜而送之」一節〔三八〕。先生曰：「古人重此禮，遣使者問人於他邦，則主人拜而送之，從背脊後拜。」潘子善因言：「浙中若納婦嫁娶盛禮時，遣人入傳語婚姻之家，亦拜送之。傳，〔三九〕拜〔四〇〕至反命則不拜也。」植。

賀孫〔四一〕問：「『康子饋藥，拜而受之』。看此一事，見聖人應接之間義理發見極其周密。」先生曰：「這般所在却是龜山先生看得子細，云：『大夫有賜，拜而受之，禮也；未達不敢嘗，所以慎疾；必告之，直也。直而有禮，故其直不絞。』龜山爲人粘泥，故説得〔四二〕較密。」賀孫。

第十二節 事君之禮。

「君祭先飯」。尋常則主人延客祭，如世俗出生之類。今侍食於君，君祭則臣先自喫飯，若爲君嘗食然，不敢當客禮也。饍人取那飲食來，請君祭。泳。

賀孫〔四三〕問：「『疾，君視之，東首，加朝服，拖紳〔四四〕』。君視之〔四五〕方東首，常時首當在那邊？禮記自云寢常當東首矣。平時亦欲受生氣，恐不獨於疾時爲然。」先生曰：「常時多東首，亦有隨意卧時節。如記云『請席何向，請衽何趾』，這見得有隨意向時節。然多是東首，故玉藻云『居常當户，寢常東首』也。常寢於北牖下，君問疾，則移南牖下。」賀孫。

第十三節 交朋友之義。

賀孫〔四六〕問：「『朋友死，無所歸，曰：「於我殯。」朋友之饋，非祭肉不拜』，朋友之義固當如此。後世同志者少，而泛然交處者多，只得隨其淺深厚薄，度吾力量爲之，寧可過厚，不可過薄。」曰：「朋友交游固有淺深。若泛然之交，一一要周旋也不可，於自家情分稍厚自着如此。須是情文相稱，若泛泛施之，却是曲意徇物。古人於這般所在自分明。如『交友稱其信也，執友稱其仁也』，自有許多樣。又如，於『師，吾哭諸寢；朋友，哭諸寢門之外；所知，哭於野』，恩義自有許多節。」賀孫。

第十四節　容貌之變。

賀孫〔四七〕問：「『迅雷風烈必變』，〔四八〕記云『若有疾風、迅雷、甚雨，雖夜必興，衣服冠而坐』。看來不如此定是不安，但有終日之雷、終夜之雨，如何得常如此？」曰：「固當常如此，但亦主於疾風、迅雷、甚雨，若平平底雷風雨，也不消如此。」問：「當應接之際無相妨否？」曰：「有事也只得應。」賀孫。

第十五節　升車之容。

立之説「車中不内顧」一章。先生曰：「『立視五巂，式視馬尾』。蓋巂是車輪一轉之地，車輪高六尺，圍三徑一則闊丈八，五轉則正爲九丈矣。立視雖遠，亦不過此。」時舉。植録同。〔四九〕

問「山梁雌雉」一段，答云：「此難理會，故闕之。」謨。〔五〇〕

問「山梁雌雉」。曰：「此有數説，不甚緊要，故闕之。」祖道。〔五一〕

# 晦庵先生朱文公語類卷第三十九

## 論語二十一

### 先進篇

#### 先進於禮樂章

「先進於禮樂，野人也；後進於禮樂，君子也」，此兩句是當時之語如此。義剛。〔一〕

立之問：「先進、後進，於禮樂文質何以不同？」先生曰：「禮，只是一個禮，用得自不同。如升降揖遜，古人只是誠實依許多威儀行將去，後人便自做得一般樣忒好看了。古人只是正容謹節，後人便近於巧言令色。樂，亦只是一個樂，亦是用處自不同。古樂不可得而見矣。只如今人彈琴，亦自可見。如誠實底人彈，便雍容平淡，自是好聽。若弄手弄脚，撰出無限不好底聲音，只見繁碎耳。」因論樂：「黃鍾之律最長，應鍾之律最短，長者聲濁，短者聲清。十二律旋相爲宮，宮爲君，商爲臣。樂中最忌臣陵君，故有四清聲。如今響板子有十六個，十二個是正律，四個是四清聲。清聲是減一律之半。如應鍾爲宮，其聲最短而清。或蕤賓爲商，則是商聲高似宮聲，是爲臣陵君，不可用；遂乃用蕤賓律減半爲清聲以應之。雖然減半，然只是此律，故亦自能相違[二]也。此是通典載此一項。徽宗朝作大晟樂，其聲是一聲低似一聲，故其音緩散。太祖英明不可及，當王朴造樂時，聞其聲太急，便令減下一律，其聲遂平。」時舉。

賀孫[三]問：「『先進於禮樂』，還[四]說宗廟、朝廷以至州、閭、鄉、黨之禮[五]？」曰：「也不止是這般禮樂，凡日用之間一禮一樂皆是禮樂。只管文勝去，如何合殺！須有個變轉道理。如今日事都恁地侈靡。如某在南康時，通上位書啓，只把紙封，後來做書盝，如今盡用紫羅背盝，蓋[六]內用真紅。事事都如此，如何合殺！」賀孫[七]問：「孔子又云『吾從周』，只是指周之前輩而言？」曰：「然。聖人窮而在下，所用禮樂固是從周之前輩。若聖人達而在上，所用禮樂須更有損益，不止從周之前輩。如[八]答顏子爲邦之問，則告以四代之禮樂。」賀孫[九]問：「如孔子所言：『禮，與其奢也寧儉；喪，與其易也寧戚。』又云：『禮云禮云，玉帛云乎哉！樂云樂云，鍾鼓云乎哉！』此皆欲損過就中之意。」先生曰：「固是。此等語最多。」又云：「觀聖人意思，因見得事事都如此，非獨禮樂。如孟子後面說許多鄉原直是不好，[一〇]寧可是狂底、狷底。如今人恁地文理細密，倒未必好，寧可是白直粗疏底人。」賀孫。

「既欲從周，又欲從先進」，伊川云「周末文弊，故以前人爲野」，當從此說。人傑。〔一一〕「孔子『既欲從周，又欲從先進』，明道云『孔子患時之文弊，而欲救之以質也』。果如所言，則合便當救之以質，不應有『吾從周』之語。既從周又從先進，何腦中擾擾而無一定之見邪？竊意聖人必不如此。伊川乃曰『周末文弊，故以前人爲野』，不知此說然乎？」先生曰：「當從伊川說。」謨。〔一二〕

## 從我於陳蔡章

賀孫〔一三〕問：「『從我於陳蔡』一章，後列四科之目，〔一四〕如〔一五〕德行，不知可兼言語、文學、政事否？」先生曰：「不消如此看，自就逐項上看。如顏子之德行固可以備，若他人固有德行而短於才者。」因云：「冉伯牛、閔子之德行亦不多見，子夏、子游兩人成就自不同。胡五峰說不知集注中載否？他說子夏是循規守矩細密底人，子游却高朗，又欠細密工夫。荀子曰：『第作其冠，神禫其辭，禹行而舜趨，是子張氏之賤儒也；正其衣冠，齊其顏色，嗛然而終日不言，是子夏氏之賤儒也；偷儒憚事，無廉耻而嗜飲食，必曰「君子固不用力」，是子游氏之賤儒也。』如學子游之弊，只學得許多放蕩疏闊意思。」賀孫因舉：「如『喪至乎哀而止』，『事君數，斯辱；朋友數，斯疏』，皆是子游之言。如『小子當灑掃應對進退』等語，皆是子夏之言。又如子游能養而不能敬，子夏能敬而少温潤之色，皆見二子氣象不同處。」先生曰：「然。」賀孫。

「『從[一六]我於陳、蔡者，皆不及門也』。嘗謂聖人之門室堂奧，喻學者所造之淺深皆不及門，則顔子而下，莫非升堂入室者矣。龜山先生曰：『説者謂從于陳、蔡者皆不及門，無升堂者，失其旨矣。』若以不及門爲無升堂者固不可也，未審以爲皆非及門之士則盡爲升堂入室之人，可乎？」[一七]先生曰：「此説當從明道。謂此時適皆不在孔子之門，思其相從於患難而言其不在此耳。門人記之，因歷數而下[一八]十人，并目其所長云耳。」謨。

回也非助我者也章

舊曾問李先生云[一九]「顔子非助我者，無所不説[二〇]」處。李先生云：「顔子於聖人根本有默契處，不假枝葉之助也。如子夏，乃枝葉之助。」祖道。

孝哉閔子騫章 無[二一]

南容三復白圭章

「南容三復白圭」，家語云「一日而三復白圭之詩」，這不是一番讀。賀孫。[二二]

先生令接續早上[二三]「南容三復白圭」。云：「不是一旦讀此，乃是日日讀之，玩味此詩而欲謹於言行也。此事見家語，自分明。」時舉。

問：「集注〔二四〕云『以其謹於言行』，如〔二五〕三復白圭固見其謹於言矣。謹於行處雖未見，然言行實相表裏，能謹於言，必能謹於行矣。」曰：「然。」燾。〔二六〕

## 季康子問弟子孰爲好學章 無〔二七〕

## 顔路請子之車章

節〔二八〕問：「『顔路請子之車』，〔二九〕注以下爲命車，何以驗之？」曰：「禮記言大夫賜命車。」節。

鄭問：「顔淵死，孔子既不與之車，若有錢還亦與之否？」曰：「有錢亦須與之，無害。」淳。

## 子哭之慟章 無〔三〇〕

## 門人厚葬章

「門人厚葬」，是顔子之門人。「不得視猶子」，以有二三子故也，歎不得如葬鯉之得宜。此古注説得甚好，又簡徑。明作。

## 季路問事鬼神章

或問「季路問鬼神」一〔三一〕章。先生曰：「事君親盡誠敬之心，即移此心以事鬼神，則『祭如在，祭神如神在』。人受天所賦許多道理，自然完具無欠闕。須是〔三二〕得這道理無欠闕，到那死時乃是生理已盡，亦安於死而無愧。」時舉。植録同。〔三三〕

「事人、事鬼」，以心言；「知生、知死」，以理言。泳。

或問：「『季路問事鬼神。子曰：「未能事人，焉能事鬼？」問死，曰：「未知生，焉知死？」』〔三四〕夫〔三五〕二氣五行，聚則生，散則死。聚則不能不散，如晝之不能不夜，故知所以生則知所以死。苟於事人之道未能盡，焉能事鬼哉？」先生曰：「不須論鬼，須鬼〔三六〕爲已死之物，但事人須是誠敬，鬼亦要如此。事人，如『出則事公卿，入則事父兄』，事其所當事者。事鬼亦然。苟非其鬼而事之，則諂矣。」祖道。謨及人傑録同。〔三七〕

問：「『未能事人，焉能事鬼。未知生，焉知死』。〔三八〕人鬼一理。人能誠敬則與理爲一，自然能盡事人、事鬼之道。有是理則有是氣。人，氣聚則生，氣散則死，是人〔三九〕如此否？」先生曰：「人且從分明處理會去。如誠敬不至，以之事人，則必不能盡其道，況事神乎！不能曉其所以生，則又焉〔四〇〕曉其所以死乎！」廣。

亞夫問「未知生，焉知死」。先生曰：「若曰氣聚則生，氣散則死，纔説破則人便都理會得。然須知道人生有多少道理，自稟五常之性以來，所以『父子有親，君臣有義』者，須要一一盡得這生底道理，則死底道理皆可知矣。張子所謂『存吾順事，没吾寧也』是也。」時舉。

賀孫〔四一〕問：「『季路事鬼神』。〔四二〕伊川先生所謂〔四三〕『死生人鬼，一而二，二而一』，此〔四四〕是兼氣與理言之否？」曰：「有是理則有是氣，有是氣則有是理。氣則二，理則一。」賀孫。

問：〔四五〕「集注云『鬼神不外乎〔四六〕人事』，在人事中何以見？」曰：「鬼神只是二氣屈伸往來。在人事，如福善禍淫，亦可見鬼神道理。論語少説此般話。」曰：「動静語默亦是此理否？」曰：「亦是。然聖人全不曾説這般話與人，以其無形無影，固亦難説。所謂『敬鬼神而遠之』，只如此説而已。」淳。〔四七〕

## 閔子侍側誾誾如也〔四八〕

「『誾誾』，説文云『和悦而諍』。『諍』，〔四九〕看得字義是一難底字，緣有争義。與史記〔五〇〕『洙泗之間齗齗』，義一同兩齒相齘。」泳。〔五一〕一本「史記」字作「漢志」。〔五二〕

漢[五三]諸尚書争一件事，「誾誾侃侃，緘默邪心，非社稷之福」。[五四]泳。[五五]二本「事」字下「緘」字上云：「其中有云：『誾誾侃侃，得禮之容。』」[五六]

賀孫[五七]問：「『冉有、子貢侃侃如也』。這個[五八]『侃侃』字也[五九]只作剛直說，如何？」曰：「也只是剛直。閔子騫氣象便自深厚，冉有、子貢便都發見在外。」賀孫。

問閔子誾誾，冉有、子貢侃侃，二者氣象。先生曰：「閔子純粹，冉有、子貢便較粗了。侃侃，便有盡發見在外底氣象。閔子則較近裏些子。」雉。[六〇]

「誾誾」是深沉底，「侃侃」是發露圭角底，「行行」是發露得粗底。賜。[六一]

問：「『誾誾』、『行行』、『侃侃』皆是剛正之意。如冉求平日自是個退遜之人，如何也解有此意思？」先生曰：「三子皆意思大同小異：求、賜則微見其意，子路則全體發在外面[六二]，閔子則又不在[六三]外見，然此意思亦自在。三子者，皆有疑必問，有懷必吐，無有遮覆含糊之意。」曰：「豈非以卑承尊，易得入於柔佞卑諂去[六四]，三子各露其情實如此，故夫子樂之？」先生曰：「都無那委曲回互底意思。」[六五]

問「閔子侍側，誾誾如也；子路行行如也；冉有、子貢侃侃如也」[六六]。曰：「閔子於和悦中，却有剛正意思，仲由一於剛正，閔子深厚，仲由較表露。」問「子路不得其死然」。曰：「『然』者，未定之辭。聖人雖謂其『不得其死』，使子路能變其氣習，亦必有以處死。」賀孫。

吴伯英講「由也不得其死」處，問曰：「由之死，疑其甚不明於大義。豈有子而[六七]拒父，如是之逆而可以仕之乎？」先生曰：「然。仲由之死也有些没緊要。然誤處不在致死之時，乃在於委質之始，但不知夫子既教之以正名，而不深切言其不可仕於衛，何歟？若冉有、子貢，則能問夫子爲衛君與否，蓋不若子路之粗率。」處謙。

或問「子路之死於衛」。曰：「子路只見下一截，不見上一截。孔悝之事，他知是食，焉不避其難？這合當如此。而不知食出公之食爲不當也。東坡嘗論及此矣。」問：「是初仕衛時便不是了否？」曰：「然。」道夫。[六八]

或問：「子路死於孔悝之難，死得是否？」曰：「非是，自是死得獃。出公輒何如主？[六九]豈可仕也！」又問：「若仕於孔悝，則其死爲是否？」曰：「未問死孔悝是不是，只合下仕於衛自不是了。况孔悝亦自是個不好底人，何足仕也。子路只見得可仕於大夫，而不知輒之國非可仕之國也。」問：「孔門弟子多仕於列國之大夫者，何故？」曰：「它別無科闕，仕進者只有此一門，捨此則無從可仕，所以顔、閔寧不仕耳。」僩。

子路死孔悝之難，未爲不是。只是他當初事孔悝時錯了，到此不得其死。[七〇]衛君不正，冉有、子貢便能疑而問之，有思量，便不去事他。若子路粗率，全不信聖人説話。「必也正名」，亦是教子路不要仕衛。他更説夫子之迂。「若由也，不得其死」，聖人已見得它錯了，鳴[七一]鼓攻之，責得求來[七二]深。雖有不得其死及正名之説，然終不分曉痛説與他，使之知不要事孔悝。此事不可曉，不知聖人何故不痛責之。明作。

## 魯人爲長府章　無[七三]

## 由之瑟章　無[七四]

## 師與商也孰賢章[七五]

賀孫[七六]問：「『師也過，商也不及。』看過與不及處，莫只是二子知見上欠工夫，如何？[七七]」先生曰：「也不獨知見上欠，只二子合下資質是這模樣。子張便常要將大話蓋將去，子夏便規規謹守。看論語中所載子張説話，及夫子告子張處，如『多聞闕疑，多見闕殆』之類。如子張自説：『我之大賢歟，於人何所不容？我之不賢歟，人將拒我，如之何其拒人也！』此説話固是好，只是他地位未説得這般話。這是大賢以上聖人之事，他便把來蓋人，其疏曠多如此。孔子告子夏，如云『無爲小人儒』，又云『無欲速，無見小利』，如子夏自言『可者與之，其不可者拒之』、『小子當洒掃應對進退』之類，可見。」又問：「『參也，竟以魯得之』。魯，却似有不及之意。然曾參所以雖魯，而規模志向自大，所以終能傳夫子之道。子夏合下淺狹，而不能窮究道體之大全，所以終於不及。」曰：「魯，自與不及不相似。魯是質樸渾厚意思，只是鈍。不及底恰似一個物事欠了些子。」賀孫。

問：「伊川謂師商過、不及，其弊爲楊墨，過則漸至於兼愛，不及則便至於爲我。其源同出於儒者，其末遂至於楊墨。失之毫釐，謬以千里。〔七八〕」曰：「不似楊墨。墨氏之學萌蘖已久，晏子時已有之，兼師商之過、不及與兼愛、爲我不關事。」必大。

## 季氏富於周公章

賀孫〔七九〕問「季氏富於周公，求也爲之聚斂〔八〇〕」一章。先生令舉范氏之說，歎美久之。云：「人最怕資質弱。若過於剛，如子路雖不得其死，百世之下，其男氣英風尚足以起頑立懦。若冉有之徒都自扶不起。如云『可使足民』，他豈不知愛民而反爲季氏聚斂。如范氏云：『其心術不明。』惟是心術不明，到這般所在都不自知。」又云：「『以仕爲急』。他只緣以仕爲急，故從季氏。見他所爲如此，又拔不出，向〔八一〕從其惡。」賀孫因云：「若閔子『善爲我辭』之意，便見得煞高。」曰：「然。」因云：「謝氏說閔子騫〔八二〕處最好。」因令賀孫舉讀全文。曰：「冉求路頭錯處只在急於仕。人亦有多樣，有一等人合下只是要求進；又有一等人心性自不要如此，見此事似〔八三〕匹似閑；又有一等人雖要求進，度其不可，亦有退步之意。」賀孫。謝氏云：「學者能少知內外之分，皆可以樂道而忘人之勢，况閔子得聖人爲之依歸。彼其視季氏不義之富貴，不啻犬彘。從而臣之，豈其心哉！居亂邦見惡人，在聖人則可。自聖人以下，剛則必取禍，柔則必取辱。閔子豈不能早見而豫待之乎！如由也不得其死，求也爲季氏附益，夫豈其本心哉？蓋既無先見之知，又無克亂之才故也。」〔八四〕

問：「冉求，聖門高弟，親炙聖人，不可謂無所見。一旦仕於季氏，『爲之聚斂而附益之』。蓋緣他工夫間斷，故不知不覺做到這裏，豈可不時時自點檢！」先生曰：「固是。只緣個公私義利界分不明，所以如此。若是常在界分內做，自然不到如此，纔出界分去，則無所不至矣。」廣。

問：「以季氏之富，『而求也爲之聚斂』。」曰：「不問季氏貧富，若季氏雖富而取於民有制亦何害。此必有非所當取而取之者，故夫子如此說。」義剛。

## 柴也愚章

「柴也愚」。他是個謹厚底人，不曾見得道理，故曰愚。明作。

吳伯英問「柴也愚」，因說：「柴嘗避難於衛，不徑不竇。使當時非有室可入，則柴必不免，此還合義否？」先生曰：「此聖人所以言其愚也。若夫子畏於匡，微服過宋，料須不如此。」處謙。

用之問高子羔不竇不徑事。曰：「怕聖人須不如此。如不徑不竇，只說安平無事時節。若當有寇賊患難，如何專守此以殘其軀，此柴之所以爲愚。聖人『微服而過宋』。微服，是着那下賤人衣服。觀這意如此，只守不徑不竇之説不得。如途中萬一遇人盜賊，也須走避，那時如何要不由小徑去得！然子羔也是守得定，若更學到變通處，儘好，止緣他學有未盡處。」問：「學到時，便如曾子之易簀？」曰：「易簀也只是平常時節。」又曰：「『子路使子羔爲其[八五]宰。子曰：「賊夫人之子！」』不可爲政者，正緣他未能應變，他底却自正。」問：「子路之死，與子羔事如何？」曰：「子路事更難説。」又曰：「如聖節，祝[八六]壽處拜四拜。張忠甫不出仕，嘗曰：『只怕國忌、聖節，去拜佛不得。』這也如不竇不徑相似。」因説：「國家循襲這般禮數都曉不得。往往拜佛之事，始於梁武帝，以私忌設齋，始思量聖節要寓臣子之意，又未有個所在奉安。」又曰：「尊號始於唐德宗，後來只管循襲。若不是人主自理會得，如何説。當神宗時，群臣上尊號，司馬温公密撰不允詔書，勸上不受，神宗便不受。自後並不用此。[八七]這只是神宗自見得，若不自見得，雖温公也要如此不得。且如三年喪，其廢如此長遠，壽皇按行了[八八]，也不見有甚不可行處。」賀孫。

「參也，竟以魯得之」。魯鈍則無造作。賀孫。

「參也，竟以魯得之」。不説須要魯。魯却正是他一般病，但這[八九]却尚是個好底病。就他説，則他[九〇]却是得這個魯底力。義剛。

「參也魯」。魯是魯鈍。曾子只緣魯鈍，被他不肯放過，所以做得透。若是放過，只是魯而已。恪。

「參也魯」，「竟以魯得之」。曾子魯鈍難曉，只是他不肯放過，直是捱得到透徹了方住。不似別人，只略綽見得些小了便休。今一樣敏底見得容易，又不能堅守；鈍底捱得到略曉得處，便說道理止此，更不深求。惟曾子不肯放捨，若這事看未透，直〔九一〕是捱得到盡處，所以竟得之。僩。

讀「參也魯」一段，云：「只曾子資質自得便宜了。蓋他以遲鈍之故，見得未透，只得且去理會，終要洞達而後已。若理會不得便放下了，如何得通透？則是終於魯而已。」時舉。

## 回也其庶乎章

敬之問：「『回也，其庶乎，屢空』。大意謂顏子略〔九二〕不以貧窶動其心，故聖人於此〔九三〕見其於道庶幾。子貢不知貧富之定命，而於貧富之間不能無留情，故聖人見其於〔九四〕平日所講論者多出億度而中。」先生曰：「據文勢也是如此，但顏子於道庶幾却不在此。聖人謂其如此，益見其好。子貢不受命，也在平日，聖人亦不因其貨殖而言。」賀孫因問：「集注云，顏回，言其樂道，又能安貧。以此意看，若顏子不處貧賤困窮之地，亦不害其爲樂。」先生曰：「顏子不處貧賤固自樂。到他處貧賤，只恁地更難，所以聖人於此數數拈掇出來。」賀孫。

「顏子屢空」，說作「空中」，不是。論語中只有「空空如也」，是說無所得，別不見說虛空處。可學。

問：「『回也，其庶乎，〔九五〕屢空』，前輩及南軒諸公〔九六〕皆作空無說，以爲『無意、必、固、我』之『無』，但顏子屢空，未至於聖人之皆無而純然天理也。及先生所解，却作屢空之〔九七〕而自樂，何也？」先生曰：「經意當如此。不然，則達〔九八〕下文子貢作二段事，不可。〔九九〕空無之說，蓋自何晏有此解。晏，老氏清净之學也。因其有此說，後來諸公見其說說得新好，遂發明之。若顏子固是意、必、固、我之屢無，只是此經意不然。顏子不以貧乏改其樂而求其富。如此說，下文見得與子貢有優劣。」寓。

「『回也，其庶乎，屢空。賜不受命而貨殖焉，億則屢中。』明道先生曰：『顏子虛心受道，子貢不受天命而貨殖，億則屢中，役聰明億度而知此子貢始時事。』伊川先生曰：『屢空兼兩意，惟其能虛中，所以能屢空，貨殖便生計較，便不受命。』〔一〇〇〕呂曰：『貨殖之學，聚所聞見以度物事〔一〇一〕，可以屢中而不能悉中。』謝曰：『子貢非轉販者，要之，於貨殖不能忘意爾。』楊曰：『所謂貨殖，非若後世之營營，特於物未能忘耳。』四先生之說皆以貨殖爲財貨。呂與叔以爲聚聞見，而未詳其說焉。〔一〇二〕常〔一〇三〕記前輩一說曰：『自太史公、班固列子貢於貨殖，下與馬醫、夏畦同科，謂其「所至，諸侯莫不分庭抗禮」，天下後世無不指子貢爲豎賈之事。嗟乎！[一〇四]子貢，孔門高弟，聞一而知二，可與從政。至言性與天道，則其所至蓋不在諸子之後，[一〇五]豈有聖人之門而以賈豎爲先乎！夫[一〇六]屢空，無我者也，其學則自內而求。貨殖，自外而入，非出於己之所自得也。特其才高，凡接於見聞者莫不解悟，比之屢空者爲有間矣，此其所以爲「億則屢中」。億則以意測，而非真知者也。然則吕曰聚聞見者，蓋得其旨而言之未盡。不審然可從否？[一〇七]」先生曰：「此説乃觀文葉公所作，審是集中之語，蓋吕與叔之遺意也。乍看似好，而道理恐不如是。蓋『屢空』者，空乏其身也。『貨殖』則對『屢空』而言，不能不計較者是也。范氏曰：『顔子簞食瓢飲屢絶而不改其樂，天下之物豈有能動其心者！』此説爲得之。」[一〇八]

## 子張問善人之道章

問「子張問[一〇九]善人之道。子曰：『不踐迹，亦不入於室』[一一〇]」。曰：「『善人之道』，只是個善人底道理。所謂善人者，是天資渾全一個好人，他資質至善而無惡，即『可欲之謂善』。他所行底事自然至善，不消得按本子，他[一一一]自不至於惡。若是常人，時若[一一二]不依本子，便有不能盡善流而爲惡。但他既天資之善，故不必循塗守轍，行之皆善。却緣只是如此而無學，故不能入聖人閫室。橫渠之解極好。」塗轍，猶言規矩尺度。㽦。

「踐迹」，迹是舊迹，前人所做過了底樣子，是成法也。善人雖不曾知得前人所做樣子，效他去做，但所爲亦自與暗合，但未能到聖人深處。恪。

施問「善人〔一一三〕不踐迹」。曰：「是他資質美，所爲無個不是。雖不踐成法，所爲〔一一四〕却暗合道理。然他也自不能曉會，只暗合而已。又却不曾學問，所以『亦不入於室』。」林問：「不入室，室是神化地位否？」曰：「非也。室只是深奥處。」寓。〔一一五〕陳淳録同。〔一一六〕

問「聖人不踐迹」一段。〔一一七〕先生曰：「善人資質，雖不學樣子，却做得是。然以其不學，是以不入室，到聖人地位不得。」泳。〔一一八〕

問：「『不踐迹，亦不入於室』，莫是篤行之而後可以入善之閫奥否？」曰：「若如此言，却是説未爲以前事。今只説善人只是一個好底資質，不必踐元本子，亦未入於室。須是要學方入聖賢之域。惟橫渠云：『志於仁而無惡。』此句最盡。如樂正子，自『可欲』之善人去，自可到美、大、聖、神地位。」祖道。謨、人傑録略同。〔一一九〕

問：「善人莫是天資好人否？故雖不必循守途轍〔一二〇〕而自不爲惡。然其不知學問，故亦不能入於聖人之室。此可見美質有限，學問無窮否？」曰：「然。」廣。

問：「『不踐迹，亦不入於室』。〔一二一〕尋常解『踐迹』猶踏故步，『不踐迹』者亦有所進。『亦不入於室』者，所進不遠也。今集注解『踐迹』不循樣轍之意，如何？」先生曰：「善人者以其心善，故不假成法而其中自能運用，故曰『不踐迹』。據此，止說善人未有進意。」洽。

問：「不踐迹，何以爲善人？」曰：「不循習前人已試之法度而亦可以爲善也，如漢文帝是也。」大雅。

魏才仲〔一二二〕問「善人之道」一章。曰：「如所謂『雖曰未學，吾必謂之學矣』之類。」又問：「如太史公贊文帝爲善人，意思也是？」曰：「然。只爲他截斷，只到這裏，不能做向上去。所以說道不依樣子也自不爲惡，只是不能入聖人之室。」又問：「文帝好黄老，亦不免有慘酷處。莫是纔好清浄，便至於法度不立，必至慘酷而後可以服人？」曰：「自清浄至慘酷，中間大有曲折，却如此說不得。唯是自家好清浄便一付之法。有犯罪者，只〔一二三〕都不消問自家，但看法如何。只依法行，自家這裏更不與你思量得，此所以流而爲慘酷。」伯謨曰：「黄老之教本不爲刑名，只要理會自己，亦不說要慘酷，但用之者過耳。」曰：「緣黄老之術凡事都先退一着做，教人不防它。到得逼近利害也便不讓别人，寧可我殺了你，定不容你殺了我。他術多是如此，所以文、景用之如此。文帝猶善用之，如南越反，則卑詞厚禮以誘之；吴王不朝，賜以几杖等事。這退一着都是術數。到他教太子，晁錯爲家令。他謂太子亦好學，只欠識術數，故以晁錯傅之。到後來七國之變，弄成一場紛亂。看文、景許多慈祥豈弟處，都只是術數。然景帝用得不好，如削之亦反，不削亦反。」賀孫。

## 子曰論篤是與章 無〔一二四〕

## 子路問聞斯行之章 無〔一二五〕

## 子畏於匡章

或謂「『子畏於匡，顔淵後。子曰：「吾以汝爲死矣。」曰：「子在，〔一二六〕回何敢死。」』伊川改『死』爲『先』，是否？」曰：「伊川此說，門人傳之恐誤，其間前後有相背處。今只作『死』字說。其曰『吾以汝爲死矣』者，孔子恐顔回遇害，故有此語。顔子答曰『子在，回何敢死』者，顔子謂孔子既得脱禍，吾可以不死矣。若使孔子遇害，則顔子只得以死救之也。」或問：「顔路在，顔子許人以死，何也？」曰：「事偶至此，只得死。此與不許友以死之意別。不許以死，在未處難以前乃可。如此處已遇難，却如此說不得。」祖道。去僞、謨録同。〔一二七〕

# 晦庵先生朱文公語類卷第四十

## 論語二十二

### 先進篇下

#### 季子然問仲由冉求章

賀孫〔一〕問：「『季子然問仲由、冉求可謂大臣』一章，〔二〕據賀孫看來，仲由、冉求氣質不同，恐冉求未必可保，仲由於是〔三〕不屈。」曰：「不要論他氣質。只這君臣大義，他豈不知。聖人也是知他必可保，然死於禍難是易事，死於不可奪之節是難事。纔出門去事君，這身己便不是自家底，所謂『事君能致其身』是也。如做一郡太守、一邑之宰、一尉之任，有盜賊之虞，這不成休了？便當以死守之，亦未爲難。惟卒遇君臣大變，利害之際只争些子，這誠是難。今處草茅，説這般事似未爲切己。看史策所載，篡易之際直是難處。篡弒之賊，你若不從他，他便殺了你；你從他，便不死。既是貪生惜死，何所不至！」賀孫。

問：〔四〕「閔子不仕季氏，而由、求仕焉〔五〕。」曰：「仕於大夫家爲僕。家臣不與大夫齒，那上等人自是不肯做。若論當時侯國宗臣〔六〕世臣自是無官可做，不仕於大夫，除是終身不出，如曾、閔方得。」燾。〔七〕

「當〔八〕時不仕則已，仕則必出於季氏。蓋〔九〕魯君用捨之權皆歸於季氏也。」問：〔一〇〕「子路未易屈者，亦〔一一〕仕於季氏，蓋季氏〔一二〕雖不能行其道，亦稍知尊敬之。」曰：「説道他尊敬不得。才不當仕時，便教他尊敬也不〔一三〕仕。」〔一四〕夔孫。

問：「張子韶解『不可則止』〔一五〕，『當其微有不可則隨即止之，無待其事之失過之形而後用力以止之』。」曰：「子韶之説不通，與上下文義不相貫。近世學者多取此説，愛其新奇而不察其不當於理。此甚害事，不可不知也。」謨。

## 子路使子羔爲費宰章

問：「『有民人焉？有社稷焉？』〔一六〕何必讀書，然後爲學』。此語説得如何？〔一七〕」曰：「子路當初使子羔爲費宰，意不知是〔一八〕如何。本却〔一九〕不是如此，只大言來答，故孔子惡佞〔二〇〕。」問：「此恐失之偏否？」曰：「亦須是講學方可如此做。左傳子産説『學而後從政，

未聞以政學』一段説得好。如子路却是以政學者也。」淳。事見左傳襄公三十一年。[二一]

## 子路曾晳冉有公西華侍坐章

子路品格甚高，若打疊得些子過，謂粗暴。便是曾點氣象。處謙。升卿録同。[二二]

伊川謂「子路之志，亞於曾點」，蓋所言却是實。[二三]道夫。

冉求、公西、赤言皆退讓，却是見子路被哂後，計較如此説。子路是真。此四人氣象好看。處謙。[二四]

讀「曾晳言志」一章，曰：「此處正要理會。如子路説：『比及三年，可使有勇。』冉有云：『可使足民。』不知如何施設得便如此。曾晳意思固是高遠，須是看他如何得如此。若子細體認得這意思[二五]，令人消得無限利禄鄙吝之心。須如此看，有[二六]意味。」時舉。

晏因説：「夜來話[二七]『浴乎沂』等數句意在言外，本爲見得此數句只是見得曾點受用自在處，却不曾見得曾點見那道理處。」曰：[二八]「須是[二九]當分明先從這數句上體究出曾點所以如此。[三〇]」

晏因問：「這『禮』字恁地重看？」先生曰：「只是這個道理，有説得開朗底，有説得子[三一]細密地底。『復禮』之『禮』説得較細密。『博文約禮』、『知崇禮卑』，『禮』字都説得細密。知崇是見得開朗，禮卑是要確守得底。」先生又云：「早間與亞夫説得那『克己復禮』，是克己便是復禮，不是克己了方待復禮，不是做兩截工夫。就這裏克將去，這上面便復得來。明道先生説那『克己則私心去自能復禮，雖不學禮文而禮意已得』，這個説得不相似。」先生云：〔三二〕「『克己復禮』是合掌説底。」植。〔三三〕

「『爲〔三四〕國以禮』之『禮』不是〔三五〕繁文末節。」問：〔三六〕「莫便是那『克己復禮』之『禮』？」曰：「禮是那天地自然之理。理會得時繁文末節皆在其中，『禮儀三百，威儀三千』却只是這個道理，千條萬緒貫通來只是一個道理。夫子所以説『吾道一以貫之』，曾子曰『忠恕而已矣』是也。蓋爲道理出來處只是一源，散見事物，都是一個物事做出底。一草一木與它夏葛冬裘、渴飲飢食、君臣父子、禮樂器數，都是天理流行，活潑潑地，那一件不是天理中出來！見得透徹後都是天理。理會不得則一事各自是一事，一物各自是一物，草木各自是草木，不干自己事。倒是莊、老有這般説話。莊子云『言而足則終日言而盡道，言而不足則終日言而盡物』。」〔三七〕

問：「夫子令四子言志，曰：『汝於平時則曰人不我知也，若人果我知，則以何者而用之哉？』〔三八〕故三子皆言用，而夫子卒不取三子，〔三九〕而卒〔四〇〕取無用之曾點，何也？」先生曰：「三子之志趣皆止於所能，而曾點氣象又大，志趣又別，極其所用，當不止此也。」又曰：「曾點雖是如此，於用工夫處亦欠細密。」卓。

先生問曹兄叔遠云：「子路、曾皙、冉有、公西華侍坐。子路、冉有之徒説許多話，説得如許大，聖人却不取他。至如曾皙説得全無意思，聖人却取他，曰『吾與點也』。看聖人這意思如何？」卓。[四一]

曾點之志如鳳凰翔於千仞之上，故其言曰「異乎三子者之撰」。道夫。

曾點言志，當時夫子只是見他説幾句索性話，令人快意，所以與之。其實細密工夫却多欠闕，便似莊列。如季武子死，倚其門而歌，打曾參仆地，皆有些狂怪。人傑。

曾點是他見得[四二]個道理大原了，只就眼前景致上説將去，如「暮春」以下是也。[四三]其行有不掩者，是他先見得大了，自然是難掩。廣。

曾點見得事事物物上皆是天理流行。良辰美景，與幾個好朋友行樂去[四四]。他看得[四五]那幾個説底功名事業都不是了，他看見日用之間莫非天理，在在處處莫非可樂。他自見得[四六]「莫春[四七]春服既成，冠者五六人，童子六七人，浴乎沂，風乎舞雩，詠而歸」處，此是可樂天理。植。

曾點之學，蓋有以見夫天理流行，隨處發見，充足彌滿，無少欠闕。故其言志不過即其所居之位，與諸朋儕徜徉自適，初無捨己爲人之意，而其胸次超然，直與天地萬物上下同流，各得其

所之妙，隱然自見於言外，非三子之所及也。故夫子嘆惜而深與之。〔四八〕

敬之問：「曾點言志，見得天理流行，獨於其間認取這許多作自家受用。」曰：「不用恁地説。曾點只是見得許多都是道理發見，觸處是道理，只緣這道理本來到處都是。」〔四九〕

敬之又問「曾點」章。曰：「都不待着力説。只是他見得許多自然道理流行發見，眼前觸處皆是，曾點〔五〇〕但舉其一事而言之耳。只看他『鼓瑟希，鏗爾，捨瑟而作』，從容優裕悠然自得處，無不是這個道理。此一段都是這意思。今人讀之，只做等閑説了。當時記者亦多少子細。曾點見子路、冉有、公西華幾個所對都要着力出來做，他肚裏自覺得不足爲。若以次對，當於子路對後便問他。聖人見他鼓瑟，意思恁地自得，且問從別人上去，待都説了却問他。」又曰：「這道理處處都是。事父母，交朋友，都是這道理；接賓客是接賓客道理；動靜語默莫非道理；天地之運，春夏秋冬，莫非道理。人之一身便是天地，只緣人爲人欲隔了，自看此意思不見。如曾點，却被他超然看破這意思，夫子所以喜之。日月之盈縮，晝夜之晦明，莫非此理。」賀孫。

曾點於道，見其遠者大者，而視其近〔五一〕皆不足爲，故其言超然，無一毫作爲之意，唯欲樂其所樂，以終身焉耳。道夫。

曾點之志，夫子當時見他高於三子，故與之。要之，觀夫子「不知所以裁之」之語，則夫子正欲共它理會在。道夫。

曾點所見不同，方當侍坐時，見三子言志，想見有些笑[五二]他幾個，作而言曰「異乎三子者之撰」。看其意思直是[五三]有鳳凰翔于千仞底氣象。莊子中説子反琴張云云，聞喪而鼓琴，[五四]點亦只是此輩流。渠若不得聖人爲之依歸，恐入莊老去！[五五]寓。[五六]琴張見莊子第六篇注。[五七]

問言志。先生曰：「某嘗説曾皙不可學，他自是見得如此，若莊周、列禦寇也，是它見得如此。若學它便會狂妄了。今日浴沂詠歸，明日又浴沂詠歸，少間做甚收殺。他却與曾子相反，曾子是步步踏實地做去，到得一貫處已是得了。然而它也只是淮而已，也不曾恁地差異，從此後也只是穩穩帖帖地去，至死且曰『吾知免』。夫未死以前戰戰兢兢，未嘗少息，豈曾如此狂妄顛蹷。」夔孫。[五八]

恭父問：「曾點説『詠而歸』一段，恐是他已前實事，因舉以見志。」曰：「他只是説出個意思要如此。若作已前事説亦不可知。人只見説曾點狂，看夫子特與之之意，須是大段高。緣他資質明敏，洞然自見得斯道之體，看天下甚麽事能動得他！他大綱如莊子。明道先生亦稱莊子云：『有大底意思。』又云：『莊生形容道體，儘有好處。』邵康節晚年意思正如此，把見處亦高，只是不合將來玩弄，[五九]造物[六〇]世事都做則劇看。曾點見得大意，然裏面工夫却疏略。明道亦云：『莊子無禮無本。』」賀孫。

或問：「『如或知爾，則何以哉』。待諸子以可用對，而曾點獨不答所問，夫子乃許之，何也？」曰：「曾點意思見得如此，自與諸子別。看他意思，若做時，上面煞有事在。」或問：「如何煞有事？」曰：「曾點見得如此時，若子路、冉求、公西華之所爲，曾點爲之有餘。」又曰：「只怕曾點有莊老意思。」或問：「曾點是實見得如此，還是偶然説着？」曰：「這也只是偶然説得如此。他也未到得便做莊老，只怕其流入於莊老。」又問：「東萊説『曾點只欠「寬以居之」』，這是如何？」曰：「他是太寬了，却是工夫欠細密。」因舉明道説康節云：「堯夫豪傑之士，根本不貼貼地。」又曰：「今人却怕做莊老，却不怕做管商。〔六一〕」賀孫。

問：「曾點浴沂氣象與顏子樂底意思相近否？」曰：「顏子底較恬静，無許多事。曾點是自恁地〔六二〕説，却也好。若不已便成釋老去，所以孟子謂之狂。顏子是孔子稱他樂，他不曾自説道我樂。大凡人自説樂時，便已不是樂了。」淳。〔六三〕

曼〔六四〕問：「曾點見得了，若能如顏子實做工夫去，如何？」先生曰：「曾點與顏子見處不同：曾點只是見他精英則個〔六五〕，却不是〔六六〕見那粗底。顏子天資高，精粗本末一時見得透了，便知得道合恁地下學上達去。只是被他一時見透，所以有〔六七〕恁做將去。曾點但只見得這向上底道理，所以胸中自在受用處從容。」植。〔六八〕

曼〔六九〕問：「曾點資質莫是與顏子相反，所見處如此？〔七〇〕」先生曰：「不是與顏子相

反，却與曾參相反。他父子間爲學大不同。曾參是逐些子捱得［七一］去，曾點是只見得向上底了便不肯做。」植。［七二］

曾子［七三］與曾點［七四］，父子之學自相反，一是從下做到，一是從上見得。子貢亦做得七八分工夫，聖人也要喚醒他，喚不去［七五］。也［七六］不是不説這道理，也不是便説這道理，只是説之有時，教之有序。［七七］淳。［七八］

曾點父子爲學不同。點有康節底意思，將那一個物玩弄。道夫。［七九］

歐陽希遜問「浴沂」章，云：「本朝康節先生大略與點相似。」先生批云：「人有天資高，自然見得此理真實流行運用之妙者，未必皆由學問之功。如康節、二程先生亦以『爲學則元不知也』來喻皆已得之。大抵學者當循『下學上達』之序，庶幾不錯。若一向先求曾點見解，未有不入於佛老者也。」僩。［八〇］

「顔子之樂平淡，曾點之樂已勞攘了。至邵康節云『真樂攻心不奈何』，樂得大段顛蹷。」或曰：「顔子之樂只是人［八一］有這道理便樂否？」曰：「不須如此説，且就實處做工夫。」正卿。［八二］

明道詩云「旁人不識予心樂，將爲偷閑學少年」，此是後生時氣象，眩［八三］露無含蓄。正卿。

或問：「曾點之言如何？」曰：「公莫把曾點作面前［八四］看，縱説得是也無益。須是自家做曾點，便見得他〔八五〕曾點之心。」正卿。

問曾點。曰：「今學者全無曾點分毫氣象。今整日理會一個半個字有下落，猶未分曉在〔八六〕，如何敢望他？他直是見得這個〔八七〕道理活潑潑地快活。若似而今諸公樣做工夫，如何得似它在〔八八〕？」問：「學者須是打疊得世間一副當富貴利禄底心，方可以言曾點氣象，方有可用功處。」曰：「這個大故是外面粗處。某常說這個不難打疊，極未有要緊，不知別人如何。正當是裏面工夫極有細碎難理會處，要人打疊得。若只是外面富貴利禄，此何足道！若更這處打不透，說甚麼學？正當學者裏面工夫多有節病，人亦有〔八九〕多般樣。而今自家只見得這個重，便說難打疊，它人病痛又有不在是者。若人人將這個去律它，教須打併這個了方可做那個，則其無此病者却覺得緩散無力，急這一邊便緩却那一邊。所以這道理極難，要無所不用其力。莫問它急緩先後，只認是處便奉行，不是處便緊閉，却〔九〇〕教它莫要出來。所以說『是故君子無所不用其極』，『是故君子戒慎乎其所不睹，恐懼乎其所不聞。莫見乎隱，莫顯乎微』。又曰『仁以爲己任，不亦重乎』，四方八面盡要照管得到。若一處疏闕，那病痛便從那疏處入來。如人厮殺，凡山川途徑、險阻要害無處不要防守。如姜維守蜀，他只知重兵守著正路頭〔九一〕，以爲魏師莫能來，不知鄧艾却從陰平、武都而入，反出其後。他當初也說那裏險阻，人必來不得。不知意之所不備處纔有縫罅，便被賊人來了。做工夫都要如此，所以這事極難，只看『是故君子無所不用其極』一句便見。而今人有終身愛官職不知厭足者；又有做到中[九二]官職便足者；又有全然不要，只恁地懶惰因循，我也不要官職，我也無力爲善，平平過者；又有始間是好人，末後不好者；又有始間不好，到末後[九三]好者。如此者多矣。又有做到宰相了，猶未知厭足，更要經營久做者。極多般樣。」僩。[九四]

或問曾晳曰：「是他見得到日用之間無非天理流行。如今便是不能得恁地充其見，便是孔子『老者安之，朋友信之，少者懷之』意思。聖賢做出便只是這個物事，更不用安排。如今將文字看，也且[九五]説得是如此，只是做不能得恁地。」輔漢卿再懇請：[九六]「前所問『必有事焉』，蒙教曰：『人須常常收斂此心，但不可執持，太過便倒塞了。然此處最難，略看差了便是禪。』此意如何？」曰：「這便是難言。」正淳謂云云。先生曰：「固是如此，便是難。學者固當尋向上去，只是向上去便怕易差。只吾儒與禪家説話，其深處止是毫忽之争。到得不向上尋，又只晝住在淺處。須是就源頭看，若理會得，只是滔滔地去。如操舟，尋得大港水脈，便一直溜去不問，三尺船也去得，五尺船也去得，一丈二丈船也去得。若不就源頭尋得，只三五尺船子，便只閣在淺處，積年過代，無緣得進。」賀孫。

先生令叔重讀江西嚴時亨、歐陽希遜問目，皆問「曾點言志」一段。以爲學之與事初非二致，學者要須涵養到「清明在躬，志氣如神」之地，則無事不可爲矣。先生曰：「此都説得偏了。

學固着學，然事亦豈可廢也！若都不就事上學，只要便如曾點樣快活，將來却恐狂了人去也。學者要須常有三子之事業，又有曾點襟懷，方始不偏。蓋三子是就事上理會，曾點是見得大意。曾點雖見大意，却少却事上工夫；三子雖就事上學，却〔九七〕又無曾點底脱洒意思也。若曾子之學，却與曾點全然相反。往往曾點這般説話，曾子初間却理會不得他。但夫子説東便去學東，説西便去學西，説南便去學南，説北便去學北。到學來學去，一旦貫通，却自得意思也。」時舉。

蕭問「曾點言志」章，程子云云。先生曰：「集注内載前輩之説於句下者，是解此句文義；載前輩之説於章後者，是説一章之大旨及反覆此章之餘意。今曾點説底不曾理會得，又如何理會得後面底！」雉。〔九八〕

「曾點言志」、「顔淵問仁」二章。〔九九〕植舉曾點言志云：「明道謂：『孔子與點，蓋與聖人之志同。』」〔一〇〇〕先生詰云：「曾點與聖人志同在那裏？」對〔一〇一〕云：「曾點浴沂詠歸，樂而得其所，與聖人安老、懷少、信朋友，使萬物各遂其性處同。」先生云：「也未湊盡得。」因座中諸友皆不合意〔一〇二〕，先生云：「立之底只争這些子。」潘子善以爲：「點只是樂其性分而已。日用間見得天理流行，纔要着私意去安排便不得。」先生云：「他不是道我不要着私意安排，私意自着不得。這個道理是天生自然，不得〔一〇三〕安排。蓋道理流行，無虧無欠，是天生自然如此，與聖人安老、懷少、信朋友底意思相似。聖人見老者合安便安之，朋友合信便信之，少者合懷便懷之。惟曾點見得到這裏，聖人做得到這裏。」因閎子善記：[一〇四]「二月二十四日趙恭父問：[一〇五]『曾點詠而歸，意思如何？』先生曰：『曾點見處極高，只是工夫疏略。他狂之病處易見，須[一〇六]要看他狂之好處如何[一〇七]。緣他日用之間見得天理流行，故他意思常恁地好。只如「莫春浴沂」數句，也只是略略地說將過。』又曰：『曾點意思與莊周相似，只是[一〇八]不至如此跌蕩。莊子見處亦高，只是[一〇九]不合將來玩弄也[一一〇]。』」植。時舉同。[一一一]

先生云：[一一二]「『孔子與點』，蓋[一一三]與聖人之志同』者，蓋都是自然底道理。安老、懷少、信朋友，自是天理流行。天理流行，觸處皆是。暑往寒來，川流山峙，『父子有親，君臣有義』之類，無非這理。如『學而時習之』，亦是窮此理；『孝弟仁之本』，亦是實此理。所以貴乎格物者，是物物上皆有此理。此聖人事，點見得到。蓋事事物物莫非天理，初豈是安排得來！安排來[一一四]時便湊合不着。這處更有甚私意來？自是着不得私意。聖人見得當[一一五]閑事，曾點莫[一一六]把作一件大事來說。他見得這天理隨處發見，處處皆是天理，所以如此樂。」又云：「恆是個一條物事，徹頭徹尾，不是尋常字。古字作『恒』，其說象一隻船，兩頭尾岸可見，頭尾徹。」[一一七]植。

寓〔一一八〕問：「『吾與點』處，〔一一九〕程子謂『便是堯舜氣象』，如何？」曰：「曾點却只是見得，未必能做得堯舜事。孟子所謂『狂士』，『其行不掩焉者也』。看〔一二〇〕其見到處，直是有堯舜氣象。如莊子亦見得堯舜分曉。」或問天王之用心何如，便說到「『天德而出寧，日月照而四時行，若晝夜之有經，雲行而雨施』」。以是知他見得堯舜氣象出。曾點見識儘高，見得此理洞然，只是未曾下得工夫。曾點、曾參父子正相反。以點如此高明，參却魯鈍，一向低頭捱將去，直到一貫，方始透徹。是時見識方到曾點地位，然而規模氣象又別」。寓。

問：「論語只有個顏子、曾子傳聖人之學，其大概既得聞命矣。敢問曾點浴沂處，注云『有堯舜氣象』，夫子固於此已予點〔一二一〕矣。而子路『爲國以禮』處，亦注云『達得時便是這氣象』，如何？」曰：「子路所言底，他亦是無私意，但是不遜讓時便不是也。曾點見處豈不曰『與堯舜同』，但是他做不得此事。如今人在外看屋一般，知得有許大高〔一二二〕，然其中間廊廡廳館、户牖房闥，子細曲折，却是未必看得子細也。然看到此，也是大故難。」或曰：「程子云：『曾點漆雕開已見得大意』，如何？」曰：「曾點見得較高。開只是朴實，其才雖不及點，然所見也是不苟。」或曰：「曾點既見得天理流行，胸中灑落矣，而行有不掩，何也？」曰：「蓋爲他天資高，見得這物事透徹，而做工夫却有欠闕。如一個大屋樣，他只見得四面墻壁，高低大小都定，只是裏面許多間架，殊不見得。如漆雕開，見大意則不如點，然却是他肯去做。點雖見得，却又不肯去做到盡處。且如邵康節，只緣他見得如此，便把來做幾大作弄，更不加細密工夫。某嘗謂曾子父子正相反。曾參初頭都不會，只從頭自一事一物上做去，及四方八面都做了，却到大處。及他見得大處時，共〔一二三〕他小處一一都了也。點合下見得大處，却不肯去做小底，終不及他兒子也。」祖道。〔一二四〕

問：「孔子語子路『爲國以禮』，只是以子路不遜讓，故發此言。程先生云云，如何？」曰：「到『爲國以禮』分上便是理明，自然有曾點氣象。」可學。

晏〔一二五〕又問：「子路若達『爲國以禮』道理，如何便是這氣象？」先生曰：「若達時事事都見得是自然底天理。既是天理，無許多費力，生受〔一二六〕灑落，因個甚麼見之〔一二七〕？這〔一二八〕數句只是見得曾點從容自在處，見得道理處却不在此。然而却當就這看出來。」先生又曰：「只爲三子見得低了，曾點恁他説出來，夫子所以與之言〔一二九〕，而終不似説顔子時。説是狂者，正爲只見得如此，做來却不恁地。」又云：「『爲國以禮』之『禮』却不只是繁文末節。」植。〔一三〇〕

李守約問：「『言志』章，集注説：〔一三一〕『子路只爲不達「爲國以禮」道理，〔一三二〕若〔一三三〕達時，便是此氣象。』意謂禮是天理，子路若識得便能爲國，合得天理？」曰：「固是。只更有節奏。雖〔一三四〕説聖人只爲他『其言不讓』故發此語，如今看來，終不成纔得〔一三五〕讓底道理，便與曾點氣象相似。似未會如此。如今且平看，若更去説程子之説，却又是説上添説。子思言『鳶飛魚躍』與孟子言『勿忘』、『勿助長』，此兩處皆是喫緊爲人處，但語意各自别。後人因『喫緊爲人』一句，却只管去求他同處，遂至牽合。」木之。

問：「『子路曾晳冉有公西華侍坐』章，程子曰：『子路只緣不達「爲國以禮」道理，故夫子哂之。若達，却便是這氣象也。』［一三六］政［一三七］使子路知禮，如何便得似曾晳氣象？」曰：「此亦似乎隔驀，然亦只争個知不知、見不見耳。若達得，則便是這氣象也。曾點只緣他見得個大底意思了。據他所説之分，只得如此説。能如此，則達而在上便可做得堯舜事業，隨所在而得其樂矣。」又曰：「公且更説曾點意思。」廣云：「點是已見得大意，其所言者無非天理之流行，都不爲事物所累。」曰：「亦不必説不爲事物所累。只是緣他高明，自見得個大底意思。」曰：「既見得這意思，如何却行有不掩？」曰：「緣他見得了，不去下工夫，所以如此。譬如人須以目見，以足行，見得方能行得。然亦有見得了不肯行者，亦有未見得後强力以進者。如顏子，則見與行皆到也。」又曰：「曾點、曾參［一三八］父子學問却如此不同。曾點是未行而先見得此意思者。曾子其初却都未能見，但一味履踐將去。到得後來真積力久，夫子知其將有所得，始告之以一貫之説，曾子方領略得。然緣他工夫在先，故一見便了，更無窒礙處。若是曾晳，則須是更去行處做工夫始得，若不去做工夫，則便入於釋老去也。觀季武子死，曾點倚其門而歌。他雖未是好人，然人死而歌是甚道理！此便有些莊老底意思了[一三九]。程子曰『曾點、漆雕開已見大意』，看得來漆雕開爲人却有規矩，不肯只恁地休，故曰『吾斯之未能信』。」廣。

吴伯豐問：「四子言志處，程子曰『子路只爲不達「爲國以禮」道理，若達却便是這氣象』。然則冉有、公西華其言皆遜，便可謂是這氣象耶？」先生曰：「子路地位已高，若於此達得，即其進不可量。若二子，蓋因仲由見哂方且如此，非真見得也，其地位去曾點甚遠。雖知讓之爲美，此外更有多少事耶。」處謙。[一四〇]

陳仲亨説：「『子路只是不達爲國以禮道理』數句，未明。」先生曰：「子路地位是[一四一]高，但[一四二]其病是有些子粗。緣是[一四三]如此，所以便有許多粗暴疏率處。他若能消磨得這些子去，却能恁地退遜，則便是個[一四四]氣象了。蓋是他資質大段高，不比冉求、公西華，那二子雖如此謙退，然却如何及得子路？譬之如一個坑，跳不過時只在這邊，一跳過便在那邊。若達那『爲國以禮』道理，便是這般氣象，意正如此。『求也退，故進之』，冉求之病乃是子路底藥，子路底病乃是冉求底藥。」義剛。

問：「再看『浴沂』章，程子云：『曾點，狂者也，未必能爲聖人之事，而能知夫子之志，故曰「浴乎沂，風乎舞雩，詠而歸」，言樂而得其所也。孔子之志在於「老者安之，朋友信之，少者懷之」，使萬物莫不遂其性。曾點知之。故孔子喟然歎曰：「吾與點也！」』若如程子之説看，則事皆切實。若只從曾點見得個大底意思看，恐易入於虛無。」先生曰：「此一段唯上蔡見得分曉，蓋三子只就事上見得此道理，曾點是去自己心性上見得個[一四五]本原頭道理。使曾點做三子事，未必做得。然曾子見處，雖堯舜事業，亦不過以此爲之而已。程子所説意思固好，但所録不盡其意。看得來上面須别有説話在，必先説曾點已見此道理了，然後能如此，則體、用具備。若如今恁地説，則有用無體，便覺偏了。」因説：「一貫之旨，忠恕之説，程先生門人中亦只上蔡領略得他意思，餘皆未曉。『浴沂』一章解向來亦曾改過，但令尋未見在。」問：「先生謂二[一四六]子從事上見得此道理，必如此説，然後見得程子所謂『只緣子路不達「爲國以禮」道理者，若達，則便是這氣象』之説。三子皆是去事上見[一四七]此道理，而子路之言不讓，則便是不知不覺違了這個道理處，故夫子哂之也。」先生曰：「然。二子亦因夫子之哂子路，故其言愈加謙讓，皆非其自然，蓋有所警也。」廣。

上蔡説「鳶飛魚躍」，因云「知『勿忘，勿助長』則知此，知此則知夫子與點之意」，看來此一段好，當入在集注中「舞雩」後。僩。[一四八]

節[一四九]問：「前輩説『鳶飛魚躍』與曾點浴沂一事同。不知曾點之事何緣與子思之説同？」曰：「曾點見日用之間莫非天理。」節復[一五〇]問：「何以見曾點見日用之間莫非天理？」曰：「若非見得日用之間無非天理，只恁地空樂也無意思。」又曰：「諸子有安排期必，至曾點，只以平日所樂處言之。曾點不說道欲做那事，不做那事。」又曰：「曾點以樂於今日者對，諸子以期於異日者對。」又曰：「某今日見得又別。」節次日問：「節取先生所注一段看，不見與昨日之說異。」答曰：「前日不曾說諸子有安排期必，至曾點無之。」節。

上蔡說，勿忘勿助長則知曾點氣象。此段當入在集注中。僩。以下集義。〔一五一〕

「集義，謝曰：『鳶飛戾天，魚躍於淵，無些私意。上下察以明道體無不在，非指鳶、魚而言也。若指鳶、魚爲言，則上面更有天，下面更有地在。知「勿忘勿助長」則知此，知此則知夫子與曾點之意。季路、冉求言志之事，非大才做不得。然常懷此意在胸中，在曾點看著正可笑爾。學者不可著一事在胸中，纔著些事，便不得其正。且道曾點有甚事，列子御風事近之。』其說然乎？」曰：「聖賢之心所以異於佛老者，正以無意、必、固、我之累，而所謂『天地生物之心』、『對時育物之事』者，未始一息而停也。若但曰『曠然無所倚着而不察乎』，此則亦何以異於虛無寂滅之學，而豈聖人之事哉？觀其直以異端之妄言爲比，則得失亦可見矣。」〔一五二〕

廖子晦、李唐卿、陳安卿共論三子言志，及顏子喟然之歎，録其語質諸先生。答曰：〔一五三〕「覺見諸公都說得枝蔓。此等處不通如此說，在人自活看方得。若云堯舜事業非曾點所能，又逐一稱述堯舜來比並，都不足〔一五四〕如此。曾點只是個高爽底人，他意思偶然自見得，只見得了便休；堯舜則都見得了，又都踏著這個物事行。此其不同處耳。〔一五五〕要人自見得，只管推說，已是枝蔓。」或問：「程子云：『子路只緣曉不得「爲國以禮」底道理，若曉得，便是此氣象也。』如公西、冉求二子，語言之間亦自謙遜，可謂達禮者矣，何故却無曾點氣象？」曰：「二子只是曉得那禮之皮膚，曉不得那裏面微妙處。他若曉得，便須見得『大高地下，萬物散殊，而禮制行矣；流而不息，合同而化，而樂興焉』底自然道理矣。曾點却有時見得這個氣象，只是他見得了便休。緣他見得快，所以不將當事。他底他見得了，〔一五六〕又從頭去行，那裏得來！曾參則元來未見這個大統體，先從細微曲折處行，都透了，見得個大體。曾氏父子二人極不同。世間自有一樣人如此高灑見得底，學不得也。學者須是學曾子逐步做將去，方穩實。」又問：「子路氣象須較開闊如二子。」曰：「然。」〔一五七〕僩。

吴兄問曾子言志一段。先生曰：「何謂『視其氣象，雖堯舜事業亦可爲』？」吴兄無對。先生曰：「曾點但開口說一句『異乎三子者之撰』，時便自高了，蓋三子所志者雖皆是實，然未免局於一君一國之小，向上更進不得。若曾點所見，乃是大根大本。使推而行之，則將無所不能。雖其功用之大，如堯舜之治天下，亦可爲矣。蓋言其所志者大而不可量也。譬之於水，曾點之所用力者，水之源也；三子之所用力者，水之流也。用力於派分之處，則其功止於一派；用力於源，則放之四海亦猶是也。然使點遂行其志，則恐未能掩其言，故以爲狂者也。某嘗謂曾點父子爲學，每每相反。曾點天資高明，用志遠大，故能先見其本，往往於事爲之間有不屑用力者焉。是徒見其忠之理，而不知其恕之理也。曾子一日三省，則隨事用力，而一貫之説必待夫子告之而後知。是先於恕上得之，而忠之理則其初蓋未能會也。然而一唯之後，本末兼該，體用全備，故其傳道之任不在其父，而在其子。則其虚實之分，學者其必有以察之。」處謙。

問：「集注謂曾點『氣象從容』，便是鼓瑟處；『詞意洒落』，便是下面答言志『雖堯舜事業亦優爲之』處否？」先生曰：「且道堯舜是甚麽樣事？何不説堯舜之心？恰限説事業，蓋『富有之謂大業』，至如『平章百姓』，明目達聰，納大麓，皆是事也。此分明説事業。緣曾點見得道理大，所以『堯舜事業優爲之』，『視三子規規於事爲之末』，固有間矣。是他見得聖人氣象如此，雖超然[一五八]事物之外，而實不離乎事[一五九]之中。是個無事無爲底道理，却做有事有爲底功業。天樣大底[一六〇]事也做得，針樣小底[一六一]事也做得，此所謂大本、所謂忠、所謂一者是也。點操得柄欛，據着源頭。諸子則從支流[一六二]上做工夫。諸子底做得小，他底高大。曾點合下便見聖人本是如此[一六三]，但於細微工夫却不曾做得，所以未免爲狂。緣他資稟高，見得這個大，不肯屑屑做那小底工夫。是他只緣[一六四]合下一見便了，於細微節目工夫却有欠闕，與後世佛老近似，但佛老做得忒無狀耳。」又云：「曾參、曾點父子兩人絶不類。曾子隨事上做，細微曲折，做得極爛熟了，纔得聖人指撥，一悟即了當。點則不然，合下便見得如此，却不曾從事上下曲折工夫[一六五]，所以聖人但説『吾與點』而已。若傳道，則還曾子也。學者須是如曾子做工夫，點自是一種天資，不可學也。伊川說「曾點、漆雕開已見大意」，點則行不掩，開見此個大意了，又却要補填滿足，於「未能信」一句上見之。此與一貫，兩處是大節目，當時〔一六六〕經心始得。」又曰：「只看『異乎三子者之撰』一句，便是從容洒落〔一六七〕了。」又曰：「諸子之欲爲國，也是他實做〔一六八〕，方如此說。」明作。〔一六九〕

# 晦庵先生朱文公語類卷第四十一

## 論語二十三

### 顔淵篇

#### 顔淵問仁章

顔子生平只是受用「克己復禮」四個字。不遷，不貳。三月不違。不改其樂。道夫。

顔子克己，如紅爐上一點雪。道夫。

「克己」如誓不與賊俱生。「克伐怨欲不行」，如「薄伐玁狁，至于太原」，但逐出境而已。僩。〔一〕

問「體道」〔二〕。先生曰：「『體』〔三〕是〔四〕自家身上去體那道。聖賢説話無非是道，〔五〕要自家將身去體他，〔六〕如克己便是體道工夫。」僩。〔七〕

「克己復禮」，「如火烈，火烈則莫我敢遏」。若海。

「克己復禮」，如通溝渠壅塞。仁乃水流也。可學。

「克己復禮」，間不容髮。無私便是仁。道夫。

節〔八〕問：「『克己復禮』，『如見大賓』之時，指何者爲仁？」答曰：「存得心之本體。」節。

「克己復禮爲仁」與「可以爲仁矣」之「爲」，如「謂之」相似。「孝〔九〕弟爲仁之本」、「爲仁由己」之「爲」不同。節。

或曰：「克己，是勝己之私之謂克否？」先生曰：「然。」曰：「如何知得是私後克將去？」曰：「隨其所知者漸漸克去。」或曰：「南軒張公〔一○〕作克己齋銘，不取子雲之説，如何？」曰：「不知南軒何故如此説。恐只是一時信筆寫將去，殊欠商量。」曰：「聞學中今已開石了。」先生笑曰：「悔不及矣！」祖道。謨、人傑同。〔一一〕

或問：「克己之私有三：氣稟，耳目鼻口之欲，及人我是也。不知那個是夫子所指者？」先生曰：「三者皆在裏。然非禮勿視聽言動，則耳目口鼻之欲較多。」又問：「『克者，勝也』，不如以『克』訓『治』較穩。」先生曰：「『治』字緩了。且得〔一二〕捱得一分也是治，捱得三〔一三〕分也是治。『勝』，便是打疊殺了他。」學蒙。

因説「克己復禮」，有問云「私欲難去」。先生曰：「難。有時忘了他，有時便與人爲一片

了。」希遜。〔一四〕

先生曰：「『克己復禮』最要子細理會，如要説『克己復禮』處便是私了，便是人欲。」從周。〔一五〕

元翰問：「『克己復禮爲仁』。〔一六〕克去己私最是難事。如今且於日用間每事上〔一七〕尋個是處。只就心上驗之，覺得是時此心便安。此莫是仁否？」先生曰：「此又似説義，却未見得仁。又况做事只要靠着心，但恐己私未克時，此心亦有時解錯認了。不若日用間只就事上子細思量體認那個是天理，那個是人欲。着力除去了私底，不要做，一味就理上做去，次第漸漸見得道理自然純熟，仁亦可見。且如聖賢千言萬語雖不同，都只是説這道理。且將聖賢説底看，一句如此説，一句如彼説，逐句把來湊看，次第合得都是這道理。」或説：「如今一等非理事固不敢做。只在書院中時亦自有一般私意難識，所謂『孜孜爲善，孜孜爲利』，於善利之中却解認〔一八〕。」先生曰：「且做得一重又做一重，大概且要得界限分明。」遂以手畫扇中間，云：「這一邊是善，這一邊是利。認得善利底界限了，又却就這一邊體認纖悉不是處，克將去。聖人所以下個『克』字，譬如相殺相似，定要克勝得他！大率克己工夫是自着力做底事，與他人殊不相干。緊緊閉門自就身上子細體認，覺得纔有私意便是克去，故曰『爲仁由己，而由人乎哉』，夫子説得大段分曉。呂與叔克己銘却有病，他説須於與物相對時克，若此則是併物亦克也。己私可克，物如何克得去？己私是自家身上事，與物未相干在。」明作。

㬅問「克己復禮」之事〔一九〕。答〔二〇〕曰：「只〔二一〕有天理、人欲兩途，不是天理，便是人欲，即無不屬天理，又不屬人欲底一節。且如「坐如尸」是天理，跛倚是人欲。克去跛倚而未能如尸，即是克得未盡，却不是未能如尸之時不係人欲。須是立個界限，將那未能復禮時底都把做人欲斷定。」先生又曰：「禮是自家本有底，所以說個『復』，不是待克了己方去復禮。克得那一分人欲去，便復得這一分天理來，克得那二分己去，便復得這二分禮來。且如箕踞非禮，自家克去箕踞，稍稍端坐，雖未能如尸，復得這些個來。」植。〔二二〕時舉録同而略。〔二三〕

因說克己，或曰：「若是人欲則易見，但恐自說是天理處，却是人欲，所以爲難。」先生曰：「固是如此。且從易見底克去，又却理會難見底。如剥百合，須去了一重方始去那第二重。今且將『義利』兩字分個界限，緊緊走從這邊來。其間細碎工夫又一面理會。如做屋柱一般，且去了一重粗皮，又慢慢出細。今人不曾做得第一重，便做第二重工夫去。正如中庸說『戒謹乎其所不睹，恐懼乎其所不聞。莫見乎隱，莫顯乎微，故君子謹其獨也』。此是尋常工夫都做了，故又說出向上一層工夫，以見義理之無窮耳。不成『十目所視，十手所指』處不謹，便只是〔二四〕去謹獨。無此理也。」雉。

「克己復禮」，纔「克己」便是「復禮」。泳。〔二五〕

克己則禮自復，閑邪則誠自存。非克己外別有復禮，閑邪外別有存誠。賀孫。〔二六〕

問「克己復禮爲仁」。曰：「克去己私，復此天理便是仁。只『克己復禮』如以刀割物，刀是自己刀，就此便割物，不須更借別人刀也。『天下歸仁』，天下之人以仁稱之也。解釋經義須是實歷其事，方見着實。如説『反身而誠，樂莫大焉』，所謂誠者，必須實能盡得此理。仁義禮智無一些欠闕他底，如何不樂！既無實得，樂自何而生？天下歸仁之義亦類此。既能『克己復禮』，豈更有人以不仁見稱之理？」謨。

曼亞夫〔二七〕問「克己復禮」章。先生云：「今人但説克己，更不説復禮。夫子言非禮勿視聽言動，即是『克己復禮』之目也。顔子會問，夫子會答，答得來包括得盡。『己』字與『禮』字正相對説，禮便有規矩準繩。且以坐立言之：己便是箕踞，禮便是『坐如尸』；己便是跛倚，禮便是『立如齊』。但如此看便見。」又曰：「克己是大做工夫，復禮是事事皆落腔窠。克己便能復禮，步步皆合規矩準繩，非是克己之外，別有復禮工夫也。釋氏之學只是克己，更無復禮工夫，所以不中節文，便至以君臣爲父子，父子爲君臣，一齊亂了。吾儒克己便復禮，見得工夫精細。聖人説得來本末精粗具舉。下面四個『勿』字，便是克與復工夫皆以禮爲準也。『克己復禮』便是捉得病根，對證下藥。仲弓主敬行恕是且涵養將去，是非猶未定。涵養得到，一步又進一步，方添得許多見識。『克己復禮』便剛决克除將去。」〔二八〕

「克己須着復於禮」。賀孫問：「非天理便是人欲，克盡人欲便是天理。如何却說克己了，又須着復於禮？」曰：「固是克了己便是理，然亦有但知克己而不能復於禮，故聖人對說在這裏，却不只道『克己爲仁』，須着個『復禮』，庶幾不失其則。下文云『非禮勿視，非禮勿聽，非禮勿言，非禮勿動』，緣本來只有此禮，所以克己是要得復此禮。若如[二九]佛家，儘是[三〇]有能克己者，雖謂之無己私可也，然却不曾復得禮也。吾[三一]聖人之教所以以復禮爲主，若但知克己，則下梢必墮於空寂，如釋氏之爲矣。」亞夫又問。曰：「如『坐如尸，立如齊』，此是理；如箕踞跛倚，此是非理。去其箕踞跛倚，宜若便是理。然未能『如尸如齊』，尚是己私。」賀孫。[三二]

晏[三三]問：「如磨昏鏡相似，磨得一分塵埃去，復得一分明。」先生曰：「便是如此，然而世間却有能克己而不能復禮者，佛老是也。佛老不可謂之有私欲，只是他元無這禮，克己私了却空蕩蕩地。他是見得這理元不是當。克己了無處歸着[三四]。」植。[三五]

亞夫問：「『克己復禮』，疑若克己後便已是仁，不知復禮還又是一重工夫否？」曰：「己與禮對立，克去己後必復於禮然後爲仁。若克去己私便無一事，則克之後須落空去了。且如坐當如尸，立當如齊，此禮也。坐而倨傲，立而跛倚，此己私也。克去己私，則不容倨傲而跛倚，然必使之如尸如齊方合禮也。故克己者所以[三六]復此身於規矩準繩之中，乃所以爲仁也。」又問：「若以禮與己對看，當從禮說去。禮者，天理之節文。起居動作莫非天理，起居動作之間莫不渾全是禮，則是仁者，皆不合節文便都是私意，不可謂仁。」先生曰：「不必皆不合節文，但纔有一處不合節文，便是欠闕，若克去己私而安頓不着，便是不入他腔科[三七]。且如父子自是父子之禮，君臣自是君臣之禮。若把君臣做父子，父子做君臣，便不是禮。」又問「克己復禮」與「主敬行恕」之別。曰：「仲弓方始是養生[三八]在這裏，中間未見得[三九]。顏子『克己復禮』便規模大，精粗本末，一齊該貫在這裏。」又問：「『克己復禮』如何分精粗？」曰：「若以克去己私言之，便克己是精底工夫，到禮之節文有所欠闕，便是粗者未盡。然克己又只是克去私意，若未能有細密工夫一一入他規矩準繩之中，便未是復禮。如此則復禮却乃是精義[四〇]。」時舉因問：「夜來先生謂『坐如尸，立如齊』是禮，倨傲跛倚是己。有知倨傲跛倚爲非禮而克之，然乃未能『如尸如齊』者，便是雖已克己，而未能復禮也。」先生曰：「跛倚倨傲亦未必盡是私意，亦有性自坦率者，但伊川所謂『人雖無邪心，苟不合正理，乃邪心也』。佛氏之學超出世故，無足以累其心，不可謂之有私意。然只見他空底，不見實理，所以都無規矩準繩。」曰：「佛氏雖無私意，然源頭是自私其身，便乃[四一]是有個大私意了。」先生曰：「他初間也未便盡去[四二]私意，但只[四三]見得偏了。」時舉曰：「先生向所作石先生[四四]克齋記云『克己者所以復禮，非克己之外別有所謂復禮之功』，是如何？」先生曰：「便是當時也説得忒快了。明道先生謂『克己則私心去，自能復禮』便是實，[四五]如曰[四六]『雖不學文，而禮意已得』，如此等語也説忒高了。孔子説『克己復禮』都[四七]是實。」曰：「如此則『克己復禮』分明是兩節工夫。」先生曰：「也不用做兩節看，但不會做工夫底克己了猶未能復禮。會做工夫底纔克己便復禮也。」先生因言：「學者讀書須要體認。靜時要體認得親切，動時要別白得分明。如此讀書，方爲有益。」時舉。

鄭伯説「克己復禮」云：[四八]「克去己私後却方復禮。」先生曰：「『克己復禮』一如將水去救火相似。又似一件事，又似兩件事。」時舉。植録[四九]同。

曼再舉「未能至於復禮以前，皆是己私未盡克去」。先生曰：「這是旋克將去。」植。[五〇]

問：「『克己復禮』即仁乎？」曰：「『克己復禮』當下便是仁，非復禮之外別有仁也。此間不容髮。無私便是仁，所以謂『一日克己復禮，天下歸仁』。若真個一日打併得净潔，便是仁。如昨日病，今日愈，便是不病。」伯羽。

非禮即己，克己便復禮，「克己復禮」便是仁。「天下歸仁」，天下以仁歸之。閎祖。

或問「克己復禮爲仁」。曰：「『一日有是心，則一日有是德』，事事皆仁故曰『天下歸仁』。」祖道。[五一]

問：「『一日克己復禮，天下歸仁[五二]』，如何使天下便能歸仁？」曰：「若真能一日『克己復禮』，則天下有歸仁之理。這處亦如『在家無怨，在邦無怨』意思。『在家無怨』，一家歸其仁；『在邦無怨』，一邦歸其仁。就仲弓告，止於邦家。顔子體段如此，便以其極處告之。」又

曰：「『歸』猶歸重之意。」淳録同。〔五三〕

「天下歸仁」。「歸」猶「歸重」之「歸」，亦如「在家無怨，在邦無怨」之意，「在家無怨」是一家歸仁，「在邦無怨」是一邦歸仁。告仲弓止於邦家。顔子體段如此，便以其極處言之。淳。〔五四〕

或問「一日克己復禮，〔五五〕天下歸仁」。答曰：「『一日克己復禮』，使天下於此皆稱其仁。」又問：「一日之間安能如此？」答曰：「非是一日便能如此，只是有此理。」節。

「一日存此心，則一日有此德」，「一日克己復禮，天下歸仁」，不是恁地略用工夫便一日自能如此，須是積工夫到這裏。若道是「一日克己復禮」，天下便一向歸其仁也不得。若「一日克己復禮」，則天下歸其仁；明日若不「克己復禮」，天下又不歸其仁。時舉。〔五六〕

問：「『顔子克己，〔五七〕天下歸仁』，先生言一日能『克己復禮』，天下皆以仁之名歸之，與前説不同，何也？」先生曰：「所以『克己復禮』者，是先有爲仁之實，而後人以仁之名歸之也。」卓。

一於禮之謂仁。不〔五八〕是仁在内，爲人欲所蔽，如一重膜遮了。克去己私，復禮乃見仁。仁、禮非是二物。可學。

節〔五九〕問「節文」之「文」〔六〇〕。曰：「文是裝裹得好，「得」字又疑是「全」字。〔六一〕如升降揖遜。」節。〔六二〕

晏云〔六三〕：「『爲國以禮』〔六四〕莫便是那『克己復禮』之『禮』？」先生云：「禮是那天地自然之理，理會得時繁文末節皆在其中。『禮儀三百，威儀三千』却只是這個道理。千條萬緒貫通來只是一個道理。夫子所以説『吾道一以貫之』，曾子曰『忠恕而已矣』是也。蓋爲道理出來處只是一源，散見事物，都是一個物事做出底。一草一木與他夏葛冬裘、渴飲飢食、君臣父子、禮樂器數，都是天理流行，活潑潑地，那一件不是天理中出來！見得透徹後都是天理。理會不得則一事各自是一事，一物各自是一物，草木各自是草木，不干自己事。如今〔六五〕倒是莊、老有這般説話。莊子云『言而足則終日言而盡道，言而不足則終日言而盡物』。」又問：「子路就使達得，却只是事爲之末，如何比得這個？」先生曰：「理會得這道理，雖事爲之末，亦是道理。『暮春者，春服既成』，何嘗不是事爲〔六六〕？」晏〔六七〕又問：「三子皆事爲之末，何故子路達，得便是這氣象？」先生云：「子路才氣去得，他雖粗暴些，纔理會這道理，便就這個『比及三年，可使有勇且知方』上面，却是這個氣象。求、赤二子雖似謹細，却只是安排來底，又更是他才氣小了。子路是甚麼樣才氣！」先生云〔六八〕：「曾點之學，無聖人爲之依歸便且〔六九〕佛老去。如琴張、曾點門〔七〇〕已做出這般事來。」先生又云：「克〔七一〕已往往吾儒之所不及，但只無〔七二〕它無那禮可復。」植。〔七三〕

林安卿問：「克復工夫全在『克』字上，蓋都〔七四〕是就發動處克將去。必因有動而後天理、人欲之幾始分，方知所決擇而用力也。」曰：「若[七五]如此則未動以前不消得用力，只消動處用力便得。如此得否？且更子細。」次早問：「看得如何？」林舉注中程子所言「『克己復禮』乾道，『主敬行恕』坤道」爲對。曰：「這個也只是微有些如此分。若論敬，則自是徹頭徹尾要底。如公昨夜之説只是發動方用克，則未發時不成只在這裏打瞌睡懞懂，等有私欲來時旋捉來克！如此得否？」又曰：「若待發見而後克，不亦晚乎！發時固是用克，未發時也須致其精明，如烈火之不可犯始得。」僩。[七六]

㬅云：[七七]「所以喚[七八]禮而不謂之理者，莫是禮便是實了，有準則，有着實處？」先生云：「只説理却空去了。這個禮是那天理節文，教人有準則處。佛老只爲元無禮出來[七九]，克去空了。只如曾點見處，便見這意思。」植。[八〇]

問煇[八一]：「以私欲難克爲病[八二]，奈何？」曰：「『爲仁由己，而由人乎哉』，所謂『克己復禮爲仁』者正如以刀切物，那刀子乃我本自有之器物，何用更借別人底？只認我一己爲刀子而克之，則私欲去而天理見矣。」晦夫。[八三]

敬之問「克己復禮」一章謂[八四]：「上面『克己復禮』是要克盡己私，而[八五]下面『四勿』乃[八六]是嚴立限制[八七]，使之用力。」先生曰：「此一章，聖人説只是要他『克己復禮』。『一日克己復禮，則天下歸仁』，是言『克己復禮』之效。『爲仁由己，而由人乎哉』，是言『克己復禮』工夫，專在我而不在人。下面『請問其目』，則是顏子更欲聖人詳言之耳。蓋『非禮勿視』便是要在視上『克己復禮』，『非禮勿聽』是要在聽上『克己復禮』，『非禮勿言』是要在言上『克己復禮』，『非禮勿動』是要在動上克己復禮。前後反復只説這四個字，若如公説，却是把做兩截意思看了也〔八八〕。」時舉。

問：「顏淵問仁，孔子對以『克己復禮』。顏淵請問其目，則對以『非禮勿視聽言動』。看得用力只在『勿』字上。」曰：「亦須是要睹當得是禮與非禮。」文蔚。

緊要言是「勿」字，不可放過。閎祖。〔八九〕

「『非禮勿視』，説文謂『勿』字似旗脚。此旗一麾，三軍盡退，工夫只在『勿』字上。纔見非禮來，則以『勿』字禁止之，纔禁止便克去，纔克去便能復禮。」又云：「顏子力量大，聖人便就他一刀截斷。若仲弓，則是閉門自守，不放賊入來底。然敬恕上更好做工夫。」明作。

問：「顏淵問仁，子曰非禮勿視聽言動。嘗見南軒云：『「勿」字雖是禁止之辭，然中須要有主宰始得。不然則將見禁止於西而生於東，禁止於此而發於彼，蓋有力不暇給者矣。主宰云何？敬而已矣。』」先生云：「不須更添字，又是兩沓了。」先生問祖道曰：「公見南軒如何？」曰：「初學小生，何足以窺大賢君子。」曰：「試一言之。」曰：「南軒大本完具，資禀粹然，却恐玩索處更欠精密。」曰：「未可如此議之。某嘗論『未發之謂「中」』字，以爲在中之義，南軒深以爲不然。及某再書論之，書未至而南軒遺書來以爲是。南軒見識純粹，踐行誠實，使人望而敬畏之，某不及也。」祖道。

「非禮勿視[九〇]」，「姦聲亂色，不留聰明；淫樂慝禮，不接心術」。非是耳無所聞，目無所見。[九一]

元翰問：「非禮勿視聽言動，看來都在視上。」先生曰：「不專在視上，然聽亦自不好。只緣先有視聽便引惹得言動，所以先説視聽後説言動。佛家所謂視聽甚無道理，且謂物雖現[九二]前，我元不曾視聽[九三]，與我自不相干。如此却是將眼光逐流入鬧可也。聽亦然，天下豈有此理！」坐間舉佛書亦有克己底説話。先生曰：「所以不可行者，却無『復禮』一段事。既克己，若不復禮如何得？東坡説『思無邪』有數語極好，他説『纔有思便有邪，無思時又只如死灰。却要得無思時不如死灰，有思時却不邪。』此數語亦自好。[九四]」明作。

子壽言：「孔子答群弟子所問，各隨其材答之，不使聞其不能行之説，故所成就多。如『克己復禮爲仁』，唯以分付與顏子，其餘弟子不得與聞也。今教學者，説着便令『克己復禮』，幾乎以顏子望之矣。今釋子接人猶能分上、中、下三根，云『我則隨其根器接之』。吾輩却無這個。」先生曰：「此説固是。如克己之説，却緣衆人皆有此病，須克之乃可進。使肯相從，却不誤他錯行了路。今若教他釋子輩來相問，吾人使之『克己復禮』，他還相從否？」子壽云：「他不從矣。」「然[九五]則彼所謂根器接人者，又如何見得是與不是？解後却錯了，不可知。」大雅。

問：「論語顔淵問仁與顔淵[九六]問爲邦，必竟先是問仁，先是問爲邦？」答[九七]曰：「看他自是有這『克己復禮』底工夫後，方做得那四代禮樂底事業。」卓。

「顔子聞『克己復禮』，又問其目，直是詳審。曾子一唯悟道，真是直截。[九八]」先生曰：「顔子資質固高於曾子。顔子問目却是初學時。曾子一唯，年老成熟時也。」謨。

先生曰：[九九]「人須會問始得。[一〇〇]聖門顔子也是會問。他問仁，曰『克己復禮爲仁』，聖人恁地答他。若今人到這裏須問如何謂之克己，如何謂之復禮。顔子但言請問其目。到聖人答他『非禮勿視，非禮勿聽，非禮勿言，非禮勿動』處[一〇一]，他更不再問非禮是如何，勿視是如何，勿聽是如何，勿言、勿動又是如何，但言『回雖不敏，請事斯語矣』。這是個答問底樣子，到司馬牛問得便乖。聖人答他問仁處，他説『「其言也訒」，斯謂之仁已乎』。他心都向外去，未必將來做切己工夫，所以問得如此。又謂『「不憂不懼」，斯謂之君子已乎』，恰似要與聖人相拗底説話，[一〇二]這處亦是個不會問樣子。」[一〇三]

林正卿名學蒙。[一〇四]問：「夫子答顔淵『克己復禮爲仁』之問，説得細密。若其他弟子問，多是大綱説，如語仲弓以『己所不欲，勿施於人』之類。」先生大不然之，曰：「以某觀之，夫子答群弟子却是細密，答顔子者却是大綱。蓋顔子純粹，無許多病痛，所以大綱告之。至於『請問其目』答以『四勿』，亦是大綱説。使答其它弟子者，如此必無入頭處。如答司馬牛以『其言也訒』，是隨其病處使之做工夫。若能訒言，即牛之『克己復禮』也。至於答樊遲、答仲弓之類，由其言以行之，皆『克己復禮』之功也。」人傑。

孔子告顔子以「克己復禮」，語雖切，看見不似告樊遲「居處恭，執事敬，與人忠」更詳密〔一〇五〕。蓋爲樊遲未會見得個己是甚、禮是甚底〔一〇六〕，只分曉説教恁地做去。顔子便理會得，只未敢便領略，却問其目。待説得上下周匝了方承當去。賀孫。

問：「諸子問仁，惟孔子答顔淵以『克己復禮爲仁』説得仁之全體。」曰：「若真個見得則門人孔子所答無非是全體，若見不得，雖是『克己復禮』也只没理會。」僩。〔一〇七〕

國秀問：「聖人言仁處，如『克己復禮』一句，最是言得仁之全體否？」先生曰：「聖人告人，如『居處恭，執事敬，與人忠』之類，無非言仁。若見得時則何處不是全體？何嘗見有半體〔一〇八〕仁！但『克己復禮』一句，却尤親切。」時舉。

曹問：「『一日克己復禮』，便是仁〔一〇九〕？」先生曰：「今日『克己復禮』是今日事，明日『克己復禮』是明日事。『克己復禮』有幾多工夫在，須在〔一一〇〕日日用工。聖人告顔淵如此，告仲弓如此，告樊遲又曰『居處恭，執事敬，與人忠』。各隨人説出來，須着究竟。然大概則一，聖人之意千頭萬緒，終歸一理。」辛。〔一一一〕

孔門弟子如「仁」字「義」字之説，已各各自曉得文義，但看答問中不曾問道如何是仁，只説道如何可以至仁；只問如何何以行仁，夫子答之，亦不曾説如何是仁。〔一一二〕如顏子之問，孔子答以「克己復禮」；仲弓之問，孔子答以「出門如見大賓，使民如承大祭，己所不欲，勿施於人」；司馬牛之問，孔子答以「仁者其言也訒」；樊遲之問，孔子答以「居處恭，執事敬，與人忠」。想是「仁」字都自解理會得，但要如何做。賀孫。

問：「顏淵，孔子未告以『克己復禮』，當如何用工夫？」曰：「如『博我以文，約我以禮』等，可見。」又問云云。曰：「只消就『克己復禮』上理會便了，只管如此説做甚！〔一一三〕」賀孫。

或問：「某欲克己而患未能。」先生曰：「此更無商量。人患不知耳，既已知之，便合下手做，更有甚商量？『爲仁由己，而由人乎哉』。」雉。〔一一四〕

問：「『一日克己復禮，天下歸仁』。向來徐誠叟説，此是克己工夫積習有素，到得一日果能『克己復禮』，然後『天下歸仁』。如何？」曰：「不必如此説，只是一日用其力之意。」問：「有人一日之中『克己復禮』，安得天下便歸仁？」曰：「只爲不曾『克己復禮』，『一日克己復禮』即便有一日之仁。顏子『三月不違仁』，只是『拳拳服膺而弗失』。『惟聖罔念作狂，惟狂克念作聖』。今日克念即可謂〔一一五〕聖，明日罔念即爲狂矣。」曰：「到顏子地位，其德已成，恐不如此。」曰：「顏子亦只是『有不善未嘗不知，知之未嘗復行』。除是夫子『七十而從心所欲，不踰矩』，方可説此。」德明。

或問顔子「克己復禮」。曰：「公且未要理會顔子如何『克己復禮』，且要理會自家身己如何須着『克己復禮』。這也有時須曾思量到這裏，顔子如何苦死要『克己復禮』？自家如何不要『克己復禮』？如今若〔一一六〕説時也自會〔一一七〕説得儘通，只是不曾關自家事。也有被別人只管説，説來説去，無奈何去克己，少間又忘了。這裏須思量顔子如何心肯意肯要『克己復禮』？自家因何不會〔一一八〕心肯意肯去『克己復禮』。這處須有病根，先要理會這路頭，方好理會所以克之之方。須是識得這病處，須是見得些小功名利達真個是輕，『克己復禮』事真個是重，真個是不恁地不得。」賀孫。〔一一九〕

問：「顔子已是知非禮人，如何聖人更恁地向他説？」曰：「也只得恁地做。〔一二〇〕横渠教人道『夜間自不合睡。只爲無可應接，他人皆睡了，己不得不睡也〔一二一〕』。做正蒙時或夜間默坐徹曉，他直是恁地勇方做得。」因舉曾子「任重道遠」一段，曰：「子思、曾子直恁地，方被他打得透。」邵武〔一二二〕江元益問：「近日〔一二三〕門人勇者爲誰？」曰：「未見勇者。」榦。〔一二四〕

問：「『一日克己復禮，天下歸仁焉』，〔一二五〕先生集注云：『歸，猶與也。』謂天下皆與其仁。後面却載伊川語『天下歸仁』，謂『事事皆仁』，恰似兩般，如何？」曰：「爲其『事事皆仁』，所以『天下歸仁』。」文蔚。〔一二六〕

問：「程先生云『克己復禮則事事皆仁，故曰天下歸仁』，如何？」答曰：「不若他更有一説云『一日克己復禮，則天下稱其仁』爲是。」大雅。

問：「『顔淵問仁』一條。『一日克己復禮，天下歸仁』，〔一二七〕程子曰『事事皆仁，故曰「天下歸仁」』，一日之間如何得事事皆仁？」曰：「『一日克己復禮』了，雖無一事，亦不害其爲『事事皆仁』，雖不見一人，亦不害其爲天下歸仁。」植。

問程子曰「事事皆仁，故曰『天下歸仁』」。〔一二八〕先生曰：「『事事皆仁』，所以『天下歸仁』。於這事做得恁地，於那事亦做得恁地，所以天下皆稱其仁。若有一處做得不是，必被人看破了。」又曰：「天下歸仁者，是人稱之以爲仁。」〔一二九〕希遜。〔一三〇〕

問：「謝氏説『克己須從性偏難克處克將去』，此性是氣質之性否？」曰：「然。然亦無難易，凡氣質之偏處皆須從頭克去。謝氏恐人只克得裏面小小不好底氣質而忘其難者，故云然。」僩。

時舉〔一三一〕問伊川先生四箴。先生云：「這個須着子細去玩味。」因言：「工夫也恁地做將去，也別無個〔一三二〕道理拘迫得他。譬如做酒相似〔一三三〕，只是用許多麯，到時日至時便自迸個〔一三四〕酒出來也。〔一三五〕凡看文字只要『温故知新』，只温個故底，便新意自出。若捨了故底，別要討個新意，便不得也。」時舉。

「由乎中而應乎外」，這是勢之自然；「制於外所以養其中」，這是自家做工夫處。道夫。

「『由乎中而應乎外，制於外所以養其中』，上句是説視聽言動皆由中出，[一三六]下句是用功處。」[一三七]問：「須是識得如何是禮，如何是非禮？」曰：「固是分別得緊，然要[一三八]在『勿』字上，不可放過。」閎祖。

讀伯豐克己復禮爲仁説，曰：「只克己便是復禮，『克己復禮』便似『著誠去僞』之類。蓋己私既克，無非天理便是禮，大凡纔有些私意便非禮。若截爲兩段，中間便有空闕處。[一三九]伊川曰[一四〇]『由乎中而應乎外』，是説『非禮勿視』[一四一]四者皆由此心出[一四二]。下面一句却是克去己私做工夫。[一四三]如尹彦明書四箴却云『由乎中所以應乎外』，某向見傳本，上句初無『所以』字。」畨。

直卿問：「伊川云[一四四]『制於外所以養其中』，此是説仁之體而不及用？」曰：「『制於外』便是用？」又曰：「視聽自外入，言動自内出，聖人言語緊密如此。聖人於顔子仲弓都是就綱領上説，其他則是就各人身上説。」道夫。

問：「伊川先生箴序[一四五]『由乎中而應乎外，制於外所以養其中』。克己工夫從内面做去，反説『制於外』。如何？」曰：「制却在内。」又問：「視箴何以特説心？聽箴何以特説理[一四六]？」曰：「互換説也得，然諺云『開眼便錯』，視所以就心上説。『人有秉彝，本乎天性』，道理本自好在這裏，却因雜得外面言語來誘化，聽所以就理上説。」植。

或問：「非禮勿視聽言動，程子以爲『制之於外，以安其内』，却是與『克伐怨欲不行』底相似。」先生曰：「克己工夫，其初如何便得會自然。也須着禁制始得，到養得熟後便私意自漸漸消磨去矣。今人須要揀易底做，却不知若不自難處入，如何得到易處。所謂『非禮勿』者，只要勿爲耳。眼前道理，善惡是非，阿誰不知，只是自冒然去做。若於眼前底識得分明，既不肯去做，便却旋旋見得細密底道理。蓋天下事有似是而實非者，亦有似非而實是者，這處要得講究。若不從眼前明白底做將來，却〔一四七〕這個道理又如何得會自見。」時舉。

問：「學顔子當從『不遷怒、不貳過』起。」答曰：「不然。」過思之則曰：「當從四句起。」答曰：「程子所以云『請事斯語，所以進於聖人』。」過又曰：「學曾子則自『君子所貴乎道者三』起。」過。〔一四八〕

「『子曰非禮勿視』章，舉伊川云『制乎外以安其内』。〔一四九〕看〔一五〇〕顔子心齋坐忘都無私意，似更不必制於外。」曰：「顔子若便恁地，聖人又何必向他説『克己復禮』。便是他也更有些私意。莫把聖人令做一個人看，便只是這樣人。『如有周公之才之美使驕且吝』，便〔一五一〕不是周公。『惟聖罔念作狂』，若使堯、舜爲桀、紂之行便狂去，便是桀、紂。」賀孫。

又〔一五二〕問四箴。先生曰：「視是將這裏底引出去，所以云『以安其内』；聽是聽得外面底來，所以云『閑邪存誠』。」又問：「四者還有次第否？」先生曰：「視爲先，聽次之。」又曰：「『哲人知幾，誠之於思』，此是動之於心；『志士勵行，守之於爲』，此是動之於身。」雉。

問：「聽箴『人有秉彝』云云，前面亦大概說，至後兩句言『閑邪存誠，非禮勿聽』，不知可以改『聽』字作視箴用得否？」答〔一五三〕曰：「看他視箴說又較力。視最在先，開眼便是，所以說得力。至於聽處，却又較輕也。」寓。

賀孫〔一五四〕問：「『知誘物化，遂忘其正』，這個知是如何？」曰：「樂記云：『人生而靜，天之性也；感於物而動，性之欲也。物至知知，然後好惡形焉。好惡無節於內，知誘於外，不能反躬，天理滅矣。』人莫不有知，知者，所當有也。物至則知足以知之而有好惡，這是自然如此。到得『好惡無節於內，知誘於外』，方始不好去。」賀孫。

賀孫問〔一五五〕說「顏淵問仁」章集注之意。曰：「如此只就上面說，又須自家肚裏實理會得始得。固是說道，若〔一五六〕不依此說却在〔一五七〕外面生意，不可；若只誦其文而自不實曉認得其意，亦不可。」又曰：「且依許多說話常常諷詠，下梢自有得。」又曰：「四箴意思都該括得盡。四個箴有說多底，有說少底，多底減不得，少底添不得。如言箴說許多，也是人口上有許多病痛。從頭起至『吉凶榮辱，爲〔一五八〕其所召』，是就身上謹；『傷易則誕』至『出悖來違』，是當謹於接物問。都說得周備。『哲人知幾，誠之於思；志士勵行，守之於爲』，這說兩般人：哲人只於思量間便見得合做與不合做，志士便於做出了方見得。雖則是有兩樣，大抵都是順理便安裕，從欲便危險。集注所録都説得意思盡了，此外亦無可説。只是須要自實下工夫，實見是如何。看這裏〔一五九〕意思都克去己私，無非禮之視，無非禮之聽，無非禮之言，無非禮之動，這是甚麽氣象！這便是渾然天理，這便是仁，須識認得這意思。」賀孫。問：「視聽之間，或明知其不當視而自接乎目，明知其不當聽而自接乎耳，這將如何？」曰：「視與看見不同，聽與聞不同。如非禮之色若過目便過了，只自家不可有要視之之心；非禮之聲若入耳也過耳〔一六〇〕，只自家不可有要聽之之心。然這般所在也難。古人於這處亦有以禦之，如云『姦聲亂色，不留聰明；淫樂慝禮，不接心術』。」賀孫。

問：「承誨，言箴自『人心之動，因言以宣』至『吉凶榮辱，爲〔一六一〕其所召』，是謹諸己，以下是説接物許多病痛。」曰：「上四句是就身上，是〔一六二〕緊切處，須是不躁妄方始静專。纔不静專，自家這心自做主不成，如何去接物！下云『矧是樞機，興戎出好』四句，都是説謹言底道理。下四句却説四項病：『傷易則誕』，『傷煩則支』，『己肆則物忤，出悖則來違』。」賀孫。問：「如今所以難克，也是習於私欲之深。今雖知義理，而舊所好樂未免沉伏於方寸之間，所以外物纔誘，裏面便爲之動，所以要緊只在『克』字上。克者，勝也。日用之間只要勝得他，天理纔勝私欲便消，私欲纔長天理便被遮了。要緊最是勝得去始得。」曰：「固是如此。如權衡之設，若不低便昂，若〔一六三〕不昂便低。凡天地陰陽之消長，日月之盈縮，莫不皆然。」又云：「這『克己復禮』事體極大，非顏子之聰明剛健不足以擔當，故獨以告顏子。若其他所言，如『出門如見大賓，使民如承大祭』，如『仁者其言也訒』，又如『居處恭，執事敬』，都是克己事，都是爲仁事，但且就一事説，然做得工夫到也一般。」問「仲弓問仁」一章。曰：「看聖人言只三四句便説得極謹密。説『出門如見大賓，使民如承大祭』，下面便又説『己所不欲，勿施於人』，都無些闕處。尋常人説話，多是只説得半截。」問：「看此意思，則體、用兼備。」曰：「是如此。自家身己上常是持守，到接物又如此，則日用之間無有間隙，私意直是何所容。可見聖人説得如此極密。」問：「集注云『事斯語而有得，則固無己之可克矣』，此固分明。下云『學者審己而自擇焉，可也』，未審此意如何？」曰：「看自家資質如何，夫子告顏淵之言，非大段剛明者不足以當之。苟惟不然，只且就告仲弓處着力。告仲弓之言只是淳和底人皆可守。這兩節一似易之乾，一似易之坤。聖人於乾説『忠信，所以進德也；修辭立其誠，所以居業也』，説得煞廣闊。於坤只説『敬以直內，義以方外』，止緣乾是純剛健之德，坤是純和柔之德。」又云：「看集義聚許多説話，除程先生外，更要揀幾句在集注裏，都拈不起。看諸公説，除是上蔡説得猶似，如游、楊説，直看不得。」賀孫。

尹叔問：「伊川四箴，其動箴曰：『哲人知幾，誠之於思；志士勵行，守之於爲』，此四句莫分優劣否？」曰：「只是兩項。爲處動，思處亦動。思是動於內，爲是動於外。蓋思於內不可不誠，爲於外不可不守。然專誠於思而不守於爲，不可；專守於爲而不誠於思，亦不可。」先生因問坐間：「動箴那句是緊？」或云：「恐『順理則裕』是緊要處。」先生首肯曰：「『順理則裕，從欲則危』，此兩句是生死路頭。」寓。[一六四]

尹叔問：「伊川動箴云[一六五]『哲人知幾，誠之於思；志士勵行，守之於爲』，四句莫有優劣否？」曰：[一六六]「思是動之微，爲是動之著。這個是該動之精粗。爲處動，思處亦動。是思是動於內，爲是動於外。蓋思於內不可不誠，爲於外不可不守。然專誠於思而不守於爲，不可；專守於爲而不誠於思，亦不可。」又曰：「看文字須是得個骨子。諸公且道這動箴那句是緊要？」道夫云：「『順理則裕』，莫是緊要否？」曰：「更連『從欲則危』，兩句都是。這是生死路頭。」又曰：「四者惟視爲切，所以先言視，而視爲[一六七]箴之説尤重於聽也。」道夫。寓同。[一六八]

「『克[一六九]己復禮』一[一七〇]章。嘗謂克己至難能也，能克己是爲仁矣。聖人不以克己爲仁，而以克己復禮爲仁者，豈非視、聽、言、動一有非禮，則不足以盡克己之道乎？因嘗求其説而謂不能復禮以得夫仁。及讀西銘，始見仁之道若是其大，而龜山始有兼愛之疑。伊川辨之曰『西銘明理一而分殊，分立而推理一，以止私勝之流，仁之方也』，於是知聖人之仁，蓋未嘗以仁而違其分也。[一七一]及讀[一七二]外書有曰『不能克己是爲楊氏之爲我，不能復禮是爲墨氏之兼愛。故曰「親親而仁民，仁民而愛物」』，則所謂復禮爲仁，其不爲墨氏兼愛之仁乎？不知是否？〔一七三〕」先生曰：「『克己復禮』只是一事。外書所載殊覺支離，此必記録之誤。向來所以別爲一編而目之曰『外書』者，蓋多類此故也。伊川嘗曰『非禮處便是私意，既是私意，如何得仁？須是克盡己私，皆歸於禮方始是仁』，此説是〔一七四〕爲的確。」謨。

問：「『天下歸仁焉〔一七五〕』，如何？〔一七六〕」曰：「只是天下以仁稱之。」又問：「謝説如何？」曰：「只是他見得如此。大抵謝與范只管就見處，却不若行上做工夫。只管扛，扛得大，下梢直是没著處。如夫子告顏子『非禮勿視聽言動』，只是行上做工夫。」祖道。〔一七七〕

聖人只説做仁，如「克己復禮爲仁」，是做得這個模樣便是仁。上蔡却説「知仁」、「識仁」，煞有病。節。

問：「『一日克己，天下歸仁』，若是聖人固無可克，其餘則雖是大賢亦須是〔一七八〕著工夫。如何一日之間便能如此？到〔一七九〕顏子亦須從事於四勿。」先生曰：「若是果能『克己復禮』了，自然能如此，吕氏曰『一日有是心，則一日有是德』。」廣。

因問「一日克己復禮」，先生曰：「吕氏説得兩句最好，云『一日有是心，則一日有是德』，蓋一日真個能克己復禮，則天下之人須道我這個是仁始得。若一日之内事事皆仁，安得天下不以仁歸之！」雉。〔一八〇〕

包詳道言克去勝心、忌心。先生曰：「克己有兩義，物物亦是己，私欲亦是己。呂與叔作克己銘只說得一邊」。方子。

問：「克己銘只說得公底意思？」曰：「克己銘不曾說着本意。揚子雲曰『勝己之私之謂克』，『克』字本虛，如何專以『勝己之私』爲訓？『鄭伯克段于鄢』，豈不〔一八一〕勝己之私耶？」閎祖。

問：「向見〔一八二〕或問深論克己銘之非，敢問何謂也？〔一八三〕」曰：「『克己』之『克』〔一八四〕未是對人物言，只是對『公』字說，猶曰私耳。呂與叔極口稱揚，遂以『己既不立，物我並觀』，則雖天下之大，莫不皆在於吾仁之中。說得來恁大，故人皆喜其快，纔不恁說便不滿意，殊不知未是如此。」道夫云：「如此，則與叔之意與下文克己之目全不干涉。此自是自修之事，未是道著外面在。」先生曰：「須是恁地思之。公且道，視聽言動干人甚事！」又問「天下歸仁」。先生曰：「『克己復禮』則事事皆是，天下之人聞之見之，莫不皆與其爲仁也。」又曰：「有幾處被前輩說得來大，今收拾不得。謂如『君子所過者化』，本只言君子所居而人自化；『所存者神』，本只言所存主處便神妙。横渠却云『性性爲能存神，物物爲能過化』，至上蔡便道『唯能「所存者神」，是以「所過者化」』。此等言語，人皆爛熟，以爲必須如此說，纔不如此說便不快意矣。」道夫。

林正卿問「天下歸仁」。曰：「『痒痾疾痛，舉切吾身』只是存想『天下歸仁』，恁地則不須克己，只坐〔一八五〕存想月十日便自『天下歸仁』，歐陽録止此。〔一八六〕豈有此理！」時舉問：「程先生曰『事事皆仁，故曰「天下歸仁」』，是如何？」曰：「『事事皆仁』，所以『天下歸仁』。於這事做得恁地，於那事亦做得恁地，所以天下皆稱其仁。若有一處做得不是，必被人看破了。」時舉。

# 晦庵先生朱文公語類卷第四十二

## 論語二十四

### 顔淵篇下

#### 仲弓問仁章

文振説「仲弓問仁」，謂「上四句是主敬行恕，下兩句是以效言。」曰：「此六句又須作一片看始得。若只以下兩句作效驗説，却幾乎是[一]閑了這兩句。蓋内外無怨是個應處，到這裏方是充足飽滿。如上章説『天下歸仁』亦是如此。蓋天下或有一人不許以仁，便是我爲仁之[二]工夫有所未至。惟[三]如此看，方見『出門』、『使民』兩句，便[四]綴個『己所不欲，勿施於人』底[五]兩句，這兩句又便綴着個『無怨』底[六]兩句，上下貫通，都無虧欠，方始見得聖人[七]告顔淵、仲弓之[八]問仁規模尤大[九]。只依此做工夫，更不容別閑用心矣。」時舉。植同。

「『己所不欲，勿施於人』，緊接着那『出門』、『使民』；『在邦無怨，在家無怨』，緊接着那『己所不欲，勿施於人』。直到這裏，道理方透徹，似一片水流注出來到這裏方住，中間也間斷不得。效驗到這處方是做得透徹，充足飽滿，極道體之全而無虧欠。外内間纔有一人怨它便是未徹，便如『天下歸仁』底纔有一個不歸仁，便是有未到處。」又云：「内外無怨便是應處，如關雎之仁，則有麟趾之應；鵲巢之仁，則有騶虞之應。問仁者甚多，只答顏子、仲弓底説得來大。」又曰：「顏子天資明，便能於幾微之間斷制得天理人欲了。」植。

或問「推己及物之謂恕」。曰：「『推己及物』便是『己所不欲，勿施於人』，然工夫却在前面。『出門如見大賓，使民如承大祭』，須是先立個[一〇]敬，然後能行其恕。」或問：「未出門、使民之前，更有工夫否？」曰：「未出門、使民之時只是如此。惟是到出門、使民時易得走失，故愈着用力也。」時舉。

先生言：「自塘石歸，有一同人問：『「己所不欲，勿施於人」爲恕。[一一]且[一二]如刑人殺人之事，己亦不欲，到其時爲之則傷恕。』如何？」可學云：「但觀其事之當理，則不欲變爲欲。」曰：「設如人自犯罪至於死刑[一三]，到刑時其心欲否？」諸友皆無以答。曰：「此當合『忠』字看。忠者，盡己之謂。若看得己實有是罪，則外雖不欲而亦知其當罪，到此則『不欲』字使不着。若不看『忠』字，只用一『恕』字，則似此等事放不過，必流而爲姑息。張子韶解中庸云『以己之

難克而知天下皆可恕之人』，因我不會做，皆使天下之人不做，如此則相爲懈怠而已。此言最害理！」可學。〔一四〕

問「在家無怨，在邦無怨」。曰：「此以效驗言。若是主敬行恕，而在家在邦皆不能無怨，則所謂『敬恕』者未是敬恕。」問：「怨有是有非，如何都得他無怨？」曰：「此且説怨得是底，未説到不是底。」雉。

問：「『在邦無怨，在家無怨』，或以爲其怨在己，或以爲其怨在人。」曰：「若以爲己自無怨，却有甚義理？此言能以敬爲主而行之恕，則人自不怨也。人不我怨，此仁之效。如孔子告顔淵克己則言『天下歸仁』，告仲弓以『己所不欲，勿施於人』，則言『在邦無怨，在家無怨』。此皆以效言，特其效有小大之異耳。」祖道。謨同。〔一五〕

希遜問夫子荅顔子、仲弓問仁之異。曰：「此是各就它資質上説。然持敬行恕便自能克己，克己便自能持敬行恕，不必大段去分別也。〔一六〕」時舉。〔一七〕

「一日〔一八〕克己復禮」，是剛健勇決，一上便做了。若所以告仲弓者，是教他平穩做去，慢慢地消磨了。譬如服藥，克己者要一服便見效；敬恕者却〔一九〕漸漸服藥，磨去其病也。人傑。

持敬行恕，若是着力去做，然亦與「克己復禮」只一般。〔二〇〕蓋是把這個養去那私意，私意自是着不得。〔二一〕「出門如見大賓，使民如承大祭」〔二二〕，也着那私意不得；「己所不欲，勿施於人」[二三]，也着那私意不得。義剛。

問：「克己工夫與主敬行恕如何？」曰：「『克己復禮』是截然分別個天理人欲，是則行之，非則去之。敬恕則猶是保養在這裏，未能保它無人慾在。若將來保養得至，亦全是天理矣。『克己復禮』如撥亂反正，主敬行恕如持盈守成，二者自相[二四]優劣。」雉。

「『克己復禮』如内修政事，外攘夷狄，『出門』、『使民』如上策莫如自治。」問：「程先生說：『學質美者明得盡，查滓便渾化；其次惟莊敬持養。及其成功，一也。』此可以分顏子、仲弓否？」曰：「不必如此說。」賀孫。

問朱飛卿：「讀書何所疑？」答云：「讀論語所疑已録。」呈。先生曰：「且舉大疑處。」[二五]答云：[二六]「論語切要處在言仁。言仁處多，某未識門路。日用至親切處覺在告顏子一章。答仲弓又却別。集注云『仲弓未及顏子，故特告以操存之要』，不知告顏子者亦只是操存否？」曰：「這須子細玩味，所告二人氣象自不同。」顧問賀孫：「前夜曾如何說？」賀孫舉先生云：「告仲弓底是防賊工夫，告顏淵底是殺賊工夫。」飛卿問：「如何？」曰：「且子細看，大意是如此。告顏子底意思是本領已自堅固了，未免有些私意，須一向克除教盡。告仲弓底意思是本領未甚周備，只是教他防捍疆土，爲自守之[二七]計。」賀孫。

李時可問：「仲弓問仁，孔子告之以『出門如見大賓，使民如承大祭。己所不欲，勿施於人』。[二八]伊川只説作敬，先生便説『敬以持己，恕以及物』。看來須如此説方全。」曰：「程子不是就經上説，是偶然摘此兩句，所以只説做敬。」又問：「伊川曰：『孔子言仁，只説「出門如見大賓，使民如承大祭」，觀其氣象，便須「心廣體胖」，「動容周旋中禮」自然。』看來孔子方是教仲弓就敬上下工夫，若是言仁，亦未到得這處。」曰：「程子也不是就經上説。公今不消得恁地看，但且就他這二句上看其氣象是如何。」又問：「孔子告顔子以『克己復禮爲仁』，若不是敬也，如何克得己、復得禮？」曰：「不必如此説，聖人説話隨人淺深。克己工夫較難，出門、使民較易。然工夫到後只一般，所謂『敬則無己可克』也。」賀孫。[二九]

或問伊川云：「孔子言仁，只説『出門如見大賓，使民如承大祭』，觀其氣象，便須『心廣體胖』，『動容周旋中禮』，[三〇]惟謹獨便是守之之法。」曰：「亦須先見得個意思方謹獨以守之。」又曰：「此前面説敬而不見得。此便是見得底意思，便是見得敬之氣象功效恁地。若不見得，即黑淬淬地守一個敬也不濟事。」賀孫。

伊川答或人未出門、使民以前之説[三一]。或問：「未出門、使民時如何？」曰：「此『儼若思』時也。」[三二]固是好，足以明聖人之説，見得前面有一段工夫。但當初正不消恁地答他，却[三三]與他説：「今且就出門、使民時做去。」若是出門、使民時果能如見大賓、承大祭，則未出門、使民時自住不得[三四]。寓。[三五]

問：〔三六〕「『克己復禮』何以謂之乾道？『主敬行恕』何以謂之坤道？」曰：「乾道奮發而有爲，坤道静重而持守。〔三七〕」時舉。

問「『克己復禮』，乾道也；『主敬行恕』，坤道也」。先生曰：「乾道奮發有力，坤道静重持守。」因舉易乾卦「忠信，所以進德也；修辭立其誠，所以居業也」，坤卦「敬以直内，義以方外」。又曰：「仲弓與顔子各就其資質而教之，下工夫無甚相遠，不用大段分别。」希遜。〔三八〕

問「克己，乾道；主敬，坤道」。曰：〔三九〕「坤是個無頭底，其繇辭曰『利牝馬之貞，先迷後得』。乾爻皆變而之坤，其辭曰『見群龍無首，吉』。乾便從知處説起，故云『知至至之，知終終之』。坤只是從持守處説，故云『敬以直内，義以方外』。『克己復禮』也是有知底工夫在前，主敬行恕只是據見定依本分做得〔四〇〕去。或説仲弓顔淵〔四一〕，謂『出門如見大賓，使民如承大祭』，勝如克己底費脚手。然而顔子譬如創業底，仲弓是守成底。顔子極聰明警悟，仲弓儘和粹。」夔孫。〔四二〕

林安卿問：「克己復禮工夫全在『克』字上，蓋都〔四三〕是就發動處克將去，必因有動而後天理、人欲之機〔四四〕始分，方知所決擇而用力也。」曰：「若〔四五〕如此，則未動已前不消得用力，只消動處用力便得。如此得否？且更子細看〔四六〕。」次早問：「看得如何？」林舉注中程子所言「『克己復禮』乾道，『主敬行恕』坤道」爲對。曰：「這個也只是微有些如此分。若論敬，則自是徹頭徹尾要底。如公昨夜之說，只是發動方用克，則未發時不成只在這裏打瞌睡懵懂，坐[四七]等有私欲來時旋捉來克！如此得否？」又曰：「若待發見而後克，不亦晚乎！發時固是用克，未發時也須致其精明，如烈火之不可犯始得。」僩。[四八]

子升問：「『「克己復禮」，乾道也』，此莫是知至已後工夫否？」曰：「也不必如此說。只見得一事，且就一事上克去，便是克己，終不成說道我知未至，便未下工夫！若以大學之序言之，誠意固在知至之後，然亦須隨事修爲，終不成說道[四九]知未至便不用誠意、正心！但知至已後，自不待勉强耳。」木之。

問：「先生謂[五〇]『「克己復禮」，乾道也；主敬行恕，坤道也』，如何？」曰：「仲弓資質温粹，顏子資質剛明。『克己復禮，天下歸仁。爲仁由己，而由乎人乎哉』，顏子之於仁，剛健果決，如天旋地轉，雷動風行做將去；仲弓則斂藏嚴謹做將去。顏子如創業之君，仲弓如守成之君。顏子如漢高祖，仲弓如漢文帝。伊川曰：『質美者明得盡，查滓便渾化，却與天地同體。其次惟莊敬以持養之[五一]。』顏子則是明得盡者也，仲弓則是莊敬以持養之者也，及其成功一也。」潛夫曰：「舊曾聞先生說：『顏冉二子之於仁，譬如捉賊：顏子便赤手擒那賊出；仲弓則先去外面關防，然後方敢下手去捉他。』」廣。

「『克己復禮』，乾道也」，是一般藥，打疊了病者。「『主敬行恕』，坤道也」，是漸服藥，消磨

了病者。元秉。[五二]

問：「顏子問仁與仲弓問仁處看來，仲弓才賢勝似顏子。」曰：「陸子静向來也道仲弓勝似顏子，然却不是。蓋『克己復禮』，乾道也，是喫一服藥便效。主敬行恕，坤道也，是服藥調護，漸漸消磨去。公看顏子多少大力量，一『克己復禮』便了！仲弓只是循循做將去底，如何有顏子之勇！」祖道云：「雖是如此，然仲弓好做中人一個準繩。至如顏子，學者力量打不到，不如且學仲弓。」先生曰：「不可如此立志，推第一等與別人做。顏子雖是勇，然其着力下手處也可做。」因舉釋氏云，有一屠者放下屠刀立地成佛底事。或曰：「如『不遷、不貳』，却是學者難做底。」曰：「重處不在怒與過，只在『遷』與『貳』字上看。今不必論怒與過之大小，只看『不遷、不貳』是甚模樣。」又云：「貳，不是一二之『二』，是長貳之『貳』。蓋一個邊又添一個，此謂之貳。」又問：「『守之也，非化之也』，如何？」曰：「聖人則却無這個，顏子則泛[五三]於遷貳與不遷貳之間。」又問：「先生適説，『克己復禮』是喫一服藥便效，可以着力下手處。更望力爲開發。」曰：「非禮勿視、勿聽、勿言、勿動處便是克己。蓋人只有天理人欲，日間行住坐卧無不有此二者，但須自當省察。譬如『坐如尸，立如齋』，此是天理當如此。若坐欲縱肆，立欲跛倚，此是人欲了。至如一語一默、一飲一食，盡是也。其去復禮只争這些子。所以禮謂之『天理之節文』者，蓋天下皆有當然之理。今復禮便是天理，但此理無形無影，故作此禮文，畫出一個天理與人看，教有規矩可以憑據，故謂之『天理之節文』。有君臣便有事君底節文，有父子便有事父底節文，夫婦長幼朋友莫不皆然，其實皆天理也。天理人欲，其間甚微。於其發處子細認取那個是天理，那個是人欲。知其爲天理便知其爲人欲，既知其爲人欲則人欲便不行。譬如路然，一條上去，一條下去，一條上下之間。知上底是路便行，下底差了便不行。此其所操豈不甚約，言之豈不甚易！却是行之甚難。學者且恁地做將去，久久自然安泰。人既不隨私意，則此理是本來自有底物，但爲後來添得人欲一段。如『孩提之童無不知愛其親，及長無不知敬其兄』，豈不是本來底？却是後來人欲肆時，孝敬之心便失了。然而豈真失了？於靜處一思念道，我今日於父兄面上孝敬之心頗虧，則此本來底心便復了也。只於此處牢把定，其功積久便不可及。」祖道。

問：「孔子答顔淵、仲弓問仁處，旨同否？」曰：「二處〔五四〕不争多，大概也相似。只答顔子處是就心上説，工夫較深密爲難。」問：「二條在學者則當並行不悖否？」曰：「皆當如此做。當『克己』則須『克己』，當『出門如見大賓』則須『出門如見大賓』。『克己復禮』，不是克己了又復禮，只克去己私便是理。有是有非，只去了非便是那〔五五〕是，所以孔子只説非禮勿視聽言動。只克去那非便是禮。」曰：「吕銘『痒痾疾痛，皆切吾身』句是否？」曰：「也説得是。只是不合將己對物説，一篇意都要大同於物。克己〔五六〕只是克這個，孔子當初本意只是〔五七〕克自己私欲。」淳。

伯羽問：「持敬、克己工夫相資相成否乎？」曰：「做處則一，但孔子告顔子、仲弓，隨他氣質地位而告之耳。若不敬則此心散漫，何以能克己。若不克己，非禮而視、聽、言、動安能爲敬？」仲思問：「『敬則無己可克』，如何？」曰：「鄭子上以書問此。」因示鄭書，曰：「説得也好。」鄭書云：「孔子惟顔子、仲弓，實告之以爲仁之事，餘皆因其人而進之。顔子地位高，擔當得克己矣，故以此告之。仲弓未至此，姑告以操存之方、涵養之要。克己之功難爲而至仁也易，敬恕之功易操而至仁也難，其成功則一，故程子云『敬則無己可克』是也。但學者爲仁，如謝氏云『須於性偏處勝之』，亦不可緩。特不能如顔子深於天理人欲之際，便可至仁耳。非只敬恕而不克己也。」又曰：「鄭言學者克己處亦好。大抵[五八]顔子底便體用全[五九]仲弓底，若後人看不透便只倒歸裏去，做仲弓底了，依舊用做顔子底。克己，乾道也；敬恕，坤道也。『忠信進德』，『修辭立誠』，表裏通徹，無一毫之不實，何更用直内。坤卦且恁地守。顔子如將百萬之兵，操縱在我，拱揖指揮如意。仲弓且守本分。敬之至固無己可克，克己之至，亦不消言敬矣[六〇]。所謂[六一]『敬則無己可克』者無[六二]所不敬，故不用克己。此是大敬，如『聖敬日躋』、『於緝熙敬止』之『敬』也。」伯羽。道夫録同[六三]。

榃[六四]問「仲弓問仁」。曰：「能敬能恕則仁在其中。」問：「呂氏之説却是仁在外？」曰：「説得未是。」又問：「只用敬否？」曰：「世有敬而不能恕底人，便只理會自守，却無温厚愛人之[六五]氣象。若恕而無敬，則無以行其恕。」問：「『在家無怨[六六]，在邦無怨』，諸説不同。」曰：「覺得語脈不是。」又問：「伊川謂怨在己，却是自家心中之怨？」曰：「只是處己既能敬，而接人又能恕，自然是在邦國〔六七〕、在家人皆無得而怨之。此是爲仁之驗，便如『天下歸仁』處一般。」僴。

又曰：〔六八〕「如何説得做在己之怨？聖人言語只要平看。儒者緣要切己，故在外者多拽入來做内説，在身上者又拽來就心上説。」必大。

## 仁者其言也訒章〔六九〕

「仁者其言也訒」，這是司馬牛身上一病。去得此病，則〔七〇〕方好將息充養耳。道夫。

問：〔七一〕「顔子、仲弓、司馬牛問仁，雖若各不同，然克己工夫也是主敬，『其言也訒』也是主敬。」曰：「司馬牛如何做得顔子、仲弓底工夫？須是逐人自理會。仁譬之屋，克己是大門，打透便入來；主敬行恕是第二門；言訒是個小門。雖皆可通，然小門更迂迴得些，是它病在這裏。如『先難後獲』亦是隨它病處説。」銖。

「爲之難，言之得無訒乎」，蓋心存則自是不敢胡亂説話。人只看説話容易底便是心放了，是實未嘗爲之也。人到得那少説話時，也自是那心細了。僴。〔七二〕

或問「仁者其言也訒」。曰：「仁者常存此心，所以難其言〔七三〕。不仁者已不識痛痒，得説便説，如人夢寐中讝語，豈復知是非善惡！〔七四〕」

宜久問「仁者其言也訒」。曰：「仁者心常醒在。見個事來便知道須要做得合個道理，不可輕易；便是知得道『爲之難』，故自不敢輕言。若不仁底人，心常如瞌睡底相似，都不見個事理，便天來大事，也敢輕輕做一兩句說了。」時舉。植同。〔七五〕

仲蔚問：「『仁者其言也訒』只是『訥於言』意思否？」曰：「『訥於言而敏於行』，是怕人說得多後，行不逮其言也。『訒』是說持守得那心定後說出來自是有斟酌，恰似肚裏先商量了方說底模樣。而今人只是信口說，方說時它心裏也自不知得。」義剛。

問：「聖人答司馬牛『其言訒』，此句通上下言否？」曰：「就他身上說得〔七六〕又較親切。人謹得言語不妄發即求仁之端，此心不放便存得道理在這裏。」寓。淳同。〔七七〕

仁者之人，言自然訒在，學仁者則當自謹言語中以操持此心。且如而今人愛胡亂說話，輕易言語者是他此心不在，奔馳四出，如何有仁！明作。

## 司馬牛問君子章

「不憂不懼」，司馬牛將謂是塊然頑然，不必憂懼。不知夫子自說〔七八〕「内省不疚」，自然憂懼不來。〔七九〕

爲學須先尋得一個路逕，然後可以進步，可以觀書。不然則書自書、人自人。且如孔子說

「内省不疚，夫何憂何懼」，須觀所以「不憂不懼」由「内省不疚」，學者又須觀所以「内省不疚」如何得來。可學。

## 人皆有兄弟章〔八〇〕

問「敬而無失」。曰：「把捉不定便是失。」雉。

「死生有命」是合下稟得已定，而今著力不得。「富貴在天」是你著力不得。僩。

「富貴在天」非我所與，如自〔八一〕有一人爲之主宰然。升卿。

淳〔八二〕問：「『四海皆兄弟』，胡氏謂『意圓語滯』，以其近於二本否？」曰：「子夏當初之意，只謂在我者『敬而無失』，與人又『恭而有禮』，如此則四海之内皆親愛之，何患乎無兄弟！要去開廣司馬牛之意。只不合下個『皆兄弟』字，便成無差等了。」淳。

或言：「司馬牛所憂，人當兄弟如此，也是處不得。」曰：「只是如子夏説『敬而無失，與人恭而有禮』。若大段着力不得也不奈何。若未然底可諫尚可着力，做了時也不奈何得。」明作。

## 子張問明章

問：「浸潤、膚受之説，想得子張是個過高底資質，於此等處有不察，故夫子語之否？」曰：

「然。」廣。

或問：「『膚受之愬』，『切近灾也』。若他父兄有急難，其事不可緩，來愬時便用周他。若待我審究得實已失事了。此意〔八三〕如何？」曰：「不然。所以説『明』又説『遠』，須是眼裏識個真僞始得。若不識個真僞安得謂之明遠！這裏自有道理，見得過他真僞，却來瞞我不得。譬識藥材，或人將那〔八四〕假藥來賣，我識得過，任他説千言萬語，我既見破僞了，看如何説也不買。此所以謂之『明』『遠』，只是這些子。」明作。

蘇氏謂：「譖愬之言常行於偏暗而隘迫者，蓋一有所聞而以忿心應之也。明且遠者虚以察之，則不旋踵而得其情矣。」此説亦中。不明不遠者之病，學者所當深戒。〔八五〕

## 子夏〔八六〕問政章

文振問「足食、足兵，民信之矣」。答曰：「看來此只是因足食、足兵而後民信，本是兩項事，子貢却做三項事認了。『信』字便是在人心不容變底事也。」時舉。

問：「『民無信不立』是民自不立，是國不可立？」曰：「是民自不立，民不立則國亦不能以有〔八七〕立矣。」問：「民如何是不立？」曰：「有信則相守而死。無信則相欺相詐，臣棄其君，子棄其父，各自求生路去。」淳。

## 棘子成曰君子質而已矣[八八]

問：「『惜乎！夫子之説君子也』，古注只作一句説，先生作兩句説，如何？」曰：「若作一句説，則『惜乎』二字無着落。」廣。

問：「『文猶質也，質猶文也』；虎豹之鞟，猶犬羊之鞟』。如何以文觀人？」曰：「無世間許多禮法，如何辨得君子小人？如老莊之徒絶滅禮法，則都打個没理會去，但子貢之言似少些[八九]差別耳。如孔子説『禮與其奢也寧儉』、『與其不遜也寧固』，便説得好。」雉。

棘子成全説質固未盡善，子貢全説文以矯子成又錯。若虎皮、羊皮，雖除了毛畢竟自別，事體不同。使一個君子與一個屠販之人相對坐，並不以文見，畢竟兩人好惡自別。大率固不可無文，亦當以質爲本，如「寧儉」、「寧戚」之意。明作。

夫子言「文質彬彬」自然亭當恰好，不少了些子意思。若子貢「文猶質，質猶文」，便説得偏了。端蒙。[九〇]

## 年饑用不足章[九一]

問「百姓足，君孰與不足」。曰：「『未有府庫，財非其財者也』。百姓既足，不成坐視其君

不足，亦無此理。蓋『有人斯有土，有土斯有財』。若百姓不足，君雖厚斂，亦不濟事。」雄。〔九二〕

或問有若對哀公「盍徹乎」之説〔九三〕。曰：「今之州郡盡是於正法之外，非泛誅取。且如州郡倍契一項錢，此是何名色！然而州縣無這個便做不行。當初經、總制錢本是朝廷去賴取百姓底，州郡又去瞞經、總制錢，都不成模樣。然不如此，又便做不成〔九四〕。」或曰：「今州郡有三項請受最可畏，宗室、歸正、添差使臣也。」曰：「然。歸正人今却漸少，宗室則日盛，可畏。小使臣猶不見得，更有那班裹换受底大使臣，這個最可畏，每人一月自用四五百千結裹它。」僩。

## 子張問崇德辨惑章

問「主忠信，徙義」。曰：「『主忠信』者，每事須要得忠信。且如一句話不忠信，便是當得没這事了。『主』字須重看，唤做『主』是要將這個做主。『徙義』是自家一事未合義，遷徙去那義上，見得又未甚合義，須是〔九五〕更徙去，令都合義。『主忠信』，且先有本領了方『徙義』去〔九六〕，恁地便德會崇。若不先『主忠信』即空了，徙去甚處？如何會崇？『主忠信』而不『徙義』，却又固執。」植。

「主忠信」是劄脚處，「徙義」是進步處，漸漸進去，則德自崇矣。可學。

問：「易只言『忠信所以進德』，而孔子答子張崇德之問又及於『徙義』者，是使學者於所存、所行處兩下都做工夫否？」曰：「忠信是個基本，『徙義』又是進處。無基本，徙進不得；有基本矣，不『徙義』亦無緣得進。」廣。

問：「子張問『崇德』、『辨惑』，孔子既答之矣，末又引『我行其野』之詩以結之。『誠不以富，亦祇以異。』伊川言：『此二句當冠之「齊景公有馬千駟」之上，後之傳者因齊景公問政而誤之耳。』至范氏則以爲人之成德不以富，亦祇以行異於野人而已。此二說如何？」曰：「如范氏說則是牽合。如伊川說則是以『富』言『千駟』，『異』言夷齊也。今只得如此說。」謨。

## 齊景公問政章

問：「『齊景公問政』與『待孔子』二章，想是一時說話。觀此兩段，見得景公是個年老志衰、苟且度日、不復有遠慮底人。」曰：「景公平日自是個無能爲底人，不待老也。」廣。

問：「『齊景公問政，孔子告以「君君，臣臣，父父，子子」。然當時陳氏厚施於國，根株盤據如此。政使孔子爲政，而欲正其君臣父子，當於何處下手？』曰：「此便是難。據晏子之說，則曰『爲〔九七〕禮可以已其亂』，然當時舉國之人皆欲得陳氏之所謀成，豈晏子之所謂禮者可得而已之！然此豈一朝一夕之故？蓋其失在初，履霜而至堅冰，亦末如之何也已。如孔子相魯，欲墮三家，至成則爲孟氏所覺，遂不可墮。要之，三家孟氏最弱，季叔爲强。强者墮之，而弱者反不可墮者，强者不覺而弱者覺之故也。」問：「成既不可墮，夫子如何別無處置了便休？」曰：「不久夫子亦去魯矣。若使聖人久爲之，亦須別有個道理。」廣。

## 子路無宿諾章

問「子路無宿諾」。曰：「子路許了人便與人去做這事，不似今人許了人，却掉放一壁不管。」雉。

## 居之無倦章[九八]

亞夫問「居之無倦，行之以忠」。曰：「『居之無倦』在心上説，『行之以忠』在事上説。『居之無倦』者便是要此心長在做主，不可放倒，便事事都應得去。『行之以忠』者是事事要着實，故某集注下[九九]云『以忠則表裏如一』，謂心裏要如此者[一〇〇]便外面也如此，事事靠實去做也。」時舉。

亞夫問：「『居謂存諸心，無倦謂始終如一。行謂施諸事，以忠謂表裏如一』，此固分明。然不知[一〇一]行固是行其所居，但不知居是居個甚物事？」答[一〇二]曰：「常常恁地提省在這裏，若有頃刻放倒便不得。」賀孫。

又曰：〔一〇三〕「子張是個有鋭氣底人。它〔一〇四〕初頭乘些鋭氣去做，少間做到下梢，多無殺合。〔一〇五〕且又〔一〇六〕不朴實，故告之以此〔一〇七〕，欲其盡心力也。」燾。

賀孫〔一〇八〕問「居之無倦，行之以忠」。曰：「若是有頭無尾底人，便是忠也不久，所以孔子先將個『無倦』逼截它。」賀孫。

## 君子博學於文章 無〔一〇九〕

## 君子成人之美章

問：「『君子成人之美，不成人之惡』，『成』字如何？」曰：「『成』字只是『欲』字。」㽦。

## 季康子問政於孔子章 無〔一一〇〕

## 季康子患盜章

問：「『季康子患盜，問於孔子，孔子對曰「苟子之不欲，雖賞之不竊」』，〔一一一〕楊氏謂『欲民之不爲盜，在不欲而已』，謝氏謂『反身以善俗』，此與楊相類。〔一一二〕獨〔一一三〕横渠以〔一一四〕

謂：『欲生於不足則民盜，能使無欲則民自不爲盜。假設以子不欲之物，賞子使竊，子必不竊，故爲政在乎足民，使無所欲而已。』横渠〔一一五〕之説則是孔子當面以季康子比盜矣。孔子於季康子雖不純於爲臣，要之孔子必不面斥之如此。聖人氣象恐不若是。如楊氏所説，只是責季康子之貪，然氣象和平，不如此之峻厲。今欲且從楊説，如何？」先生曰：「然。〔一一六〕」謨。

如殺無道以就有道章〔一一七〕

或問「子爲政，焉用殺」。先生曰：「尹氏謂『殺之爲言，豈爲人上之語哉』，此語固好。然聖人只説『焉用殺』三字，自是不用解了。蓋上之人爲政欲善則民皆善，自是何用殺。聖人之言混成如此。」時舉。

子張問士何如斯可謂之達〔一一八〕章

問：「『子張問何如斯可謂之達矣』，〔一一九〕『達』字之義。」曰：「此是聞達之『達』，非明達之『達』，但聞只是求聞於人，達却有實，實方能達。」㽦。

問「何如斯可謂之達」。曰：「行得無窒礙謂之『達』。『在家必達，在邦必達』，事君則得乎君，治民則得乎民，事親則孝，事長則弟，無所不達。」〔一二〇〕又曰：「『色取仁而行違，居之不

疑』，正是指子張病痛處。」希遜。時舉、植録並同。〔一二一〕

周問聞、達之别。曰：「達是退一步〔一二二〕，聞是近前一步做底。退一步底卑遜篤實，不求人知，一旦工夫至到，却自然會達。聞是近前一步做，惟恐人不知，故矜張誇大，一時若可喜，其實無足取者。」雉。

「質直而好義」，便有個觸突人底意思。到得「察言觀色，慮以下人」，便又和順低細，不至觸突人矣。「慮」謂思之詳審，常常如此思慮，恐有所不覺知也。聖人言語都如此周遍詳密。僩。

問：「『察言觀色』想是子張躐等爲大賢『於人何所不容』之事，於人不辨别邪正與賢不肖，故夫子言此以箴之。」曰：「子張則〔一二三〕是做〔一二四〕大底意思包他〔一二五〕。」又有問：〔一二六〕「『堂堂乎張也』，它是有個忽略底意思？」曰：「他做個大底意思包了〔一二七〕便是忽略。」希遜。時舉同。〔一二八〕

又〔一二九〕問「察言而觀色」。先生曰：「此是實要做工夫。蓋察人之言，觀人之色，乃是要驗吾之言是與不是。今有人自任己意説將去，更不看人之意是信受它，還不信受它。如此則只是自高，更不能謙下於人實去做工夫也。大抵人之爲學，須是自低下做將去，纔自高了便不濟事。」時舉。

説〔一三〇〕「色取仁而行違」，這是占外面地位闊了，裏面填不足。植。

「質」是質實，「直」又自是一字。「質」就性資上説，「直」漸就事上説。到得好義又多在事上。「直」固是一直做去，然至於好義則事事區處要得其宜。這一項都是詳細收斂工夫。如「色取仁而行違，居之不疑」，這只是粗謾將去。世上有此等人專以大意氣加人。子張平日是這般人，故孔子正救其病。此章大意不出一個是名、一個是實。賀孫。

問：「孔門學者，如子張全然務外，不知當初〔一三一〕如何地學却如此。」曰：「也干它學甚事？它在聖門亦豈不曉得爲學之要？只是它資質是個務外底人，所以終身只是這意思。子路是個好勇底人，終身只是説出那勇底話。而今學者閑時都會説道理當如何，只是臨事時依前只是他那本來底面目出來，都不如那閑時所説者。」僩。〔一三二〕

問：「子張以聞爲達，伊川以爲明達之『達』，上蔡以爲令聞四達之『達』，尹氏以爲『充於内而發於外爲達』。三説如何？」曰：「此所謂達者，只是言所行要無窒礙。如事君必得乎上，治民必得乎下，而無所不行，無所不通，與子張問行大抵相似。吕氏謂『德孚於人者必達，矯行求名者必聞』，此説却是好。」謨。〔一三三〕

楊問：「『質直而好義』，質直是質性之直，或作兩件説。」曰：「質與直是兩件。」「『察言觀色』，龜山説『察言故不失口於人，觀色故不失色於人』，如何？」曰：「自家色如何觀得？只是察人言，觀人色。若照管不及，未必不以辭氣加人，此只做自家工夫，不要人知。既有工夫，以之事親則得乎親，以之事君則得乎君，以之交朋友而朋友信，『雖蠻貊之邦行矣』。此是在邦、在家必達之理。子張只去聞處着力，聖人此語正中其膏肓。『質直好義』等處專是就實，『色取仁而行違』專是從虛。」〔一三四〕

驤〔一三五〕問：「『質直而好義』，尹和靖〔一三六〕謂『立志質直』，如何？」曰：「這個莫不須說立志質直，但只是無華僞。質是樸實，直是無遍曲，而所行又合宜。觀人之言而察人之色，審於接物，慮以下人，只是一個謙，如此便做得去。達是做得去。」又問：「『仁如何以顏色取？』」曰：「此處與前說相反，只是顏色做〔一三七〕仁者舉止，而所行又却不如此。此恐是就子張身上說。」道夫。〔一三八〕

## 樊遲問崇德辨惑章〔一三九〕

問：「如何『先事後得』便可以崇德？」曰：「人只有這一個心，不通着兩個物事。若一心做事，又有一個求得之心，便於這上不專，如何有積累之功？這一條心路只在〔一四〇〕一直去，更無它歧，纔分成兩邊便不得。且如今做一事，一心在彼，〔一四一〕一心在此做，一心又去計較功勞，這一件事定是不到頭，不十分精緻。若是做一事只是做一事，要做這個又要做那個，便自不得。雖二者皆出於善，也只〔一四二〕不得，況於不善者乎！」賀孫。

陳希真問「先事後得，非崇德與」。先生曰：「今人做事未論此事當做不當［一四三］做，且先計校此事有甚功效。既有計校之心，便是專爲利而做，不復知事之當爲矣。德者，理之得於吾心者也。凡人若能知所當爲而無爲利之心，這意思便自此而愈高起也。」時舉。［一四四］

又［一四五］問「先事後得」。曰：「但做自家合做底事，不必望他功效。今做一件好事便望它功效，則心便兩岐了。非惟是功效不見，連那所做底事都壞了。而今一向做將去，不望他功效，則德何緣不崇！」時舉。希遜録同。［一四六］

論「先事後得」。曰：「正如韓信背水陣，都忘了反顧之心，戰必勝矣。［一四七］不［一四八］可爲二心，一心在事則德自崇矣。」可學。［一四九］

「攻其惡，無攻人之惡」。須是截斷了外面它人過惡，只去［一五〇］自檢點，方能自攻其惡。若纔去檢點它人，自家這裏便疏，心便粗了。僩。

問：「子張樊遲『崇德』、『辨惑』之問，何故答之不同？」曰：「子張是矜張不實底人，故夫子於崇德則告之以『主忠信，徙義』，欲收斂着實做工夫。常人之情，好人、惡人只是好之、惡之而已，未至於必欲其生、必欲其死處。必是子張平日於喜怒之間用心過當，故又告之以此。樊遲爲人雖無所考，以學稼、學圃及夫子答問觀之，必是個鄙俗粗暴底人，故夫子告之以『先難後獲』，此又以『先事後得』告之。蓋鄙俗則有近利之意，粗暴則有一朝之忿［一五一］忘其［一五二］身之患，皆因其失而救之也。」雉。

## 樊遲問仁知章

樊遲問仁，問知所未達者，〔一五三〕蓋愛人且是泛愛，知人則有所擇，二者相反，故疑之。夫子曰「舉直錯諸枉，能使枉者直」，「能使枉者直」便是仁。樊遲誤認二句只是智，故見子夏而問之，張子曰：「既問諸師，又辨諸友，當是時學者之務實也如是。」〔一五四〕子夏遂言之。至於「不仁者遠」，然後仁、知之義皆備。德明。

或問：「愛人者，仁之用；知人者，智之用。孔子何故不以仁智之體告之？乃獨舉其用以爲説。莫是仁、知之體難言，而樊遲未足以當之，姑舉其用使自思其體？」曰：「『體』與『用』雖是二字，本未嘗相離，用即體之所以流行。」賀孫。

每常説：「仁、知，一個是慈愛，一個是辨別，各自向一路。惟是『舉直錯諸枉，能使枉者直』，方見得仁知合一處，仁裏面有知，知裏面有仁。」僩。

文振説「樊遲問仁，曰『愛人』」一節。先生曰：「愛人、知人是仁、知之用。聖人何故但以仁、知之用告樊遲，却不告之以仁、知之體？」文振云：「聖人説用則體在其中。」先生曰：「固是。蓋尋這用便可以知其體，蓋用即是體中流出也。」時舉。

樊遲問仁，孔子答以「愛人」；問知，孔子〔一五五〕答以「知人」。有甚難曉處？樊遲因甚未達？蓋愛人則無所不愛，知人則便有分別，兩個意思自相反了〔一五六〕，故疑之。只有曾吉甫説得好：「『舉直錯諸枉』便是知人，『能使枉者直』便是愛人。」也〔一五七〕曾解一部論語，只曉得這一段。辛。〔一五八〕

「愛人」、「知人」自相爲用。若不論直與枉，一例去〔一五九〕愛他也不得，大抵惟先知了方能頓放得個仁也，聖人此〔一六〇〕兩句自包上下。後來再與子夏所言皆不出此兩句意，此〔一六一〕所以爲聖人之言也〔一六二〕。時舉。

又〔一六三〕問：「『不仁者遠矣』，謂不仁者，皆爲仁則不仁之事無矣。」先生曰：「是。」雉。

## 子貢問友章

問「忠告而善道之」〔一六四〕。答〔一六五〕曰：「告之之意固是忠了，須又教道得善始得。」雉。

又問「忠告而善道」。〔一六六〕曰：「『善道』，以〔一六七〕善道之。如有人雖敢忠言未必皆合道理者，則是未善也。」時舉。希遜同。〔一六八〕

「『以〔一六九〕道事君，不可則止』，『忠告而善道之，不可則止』。夫『以道事君，不可則止』者，謂道不合則去也；『以責善爲友，不可則止』者，謂言不從則已也。如是則聖人於事君交友之間，一有不可則去之、已之而已。恐非聖人所以盡君臣、朋友之義也。〔一七〇〕嘗記〔一七一〕張子韶解此，謂：『不可則止者，〔一七二〕當其微有不可，則隨而〔一七三〕止之，無待其事之失、過之形而後用力以正〔一七四〕之也。此說似廣大，未審是否？〔一七五〕』曰：「子韶之說不通，與上下文義自〔一七六〕不相貫。近世學者多取子韶之說〔一七七〕，愛其新奇而不審〔一七八〕其不當於理。此甚害事，不可不知也。」謨。〔一七九〕

## 君子以文會友章無〔一八〇〕

# 晦庵先生朱文公語類卷第四十三

## 論語二十五

### 子路篇

#### 子路問政章

鄭文振〔一〕問："『先之，勞之』，〔二〕集注〔三〕云『凡民之事，以身先之，則雖勞不怨』，如何是『以身先之』〔四〕？"曰："凡是以勞苦之事役使人，自家須一面與它做方可率得它。如勸課農桑等事，也須是自家不憚勤勞，親履畎畝〔五〕與他勾當方得。"〔六〕

或問："『子路問政』章，集解取東坡『以身勞之』之説，如何是『以身勞之』？"曰："如循行阡陌、勸課農桑之類"。廣。〔七〕

問："『先之，勞之』一段，〔八〕『勞之』恐是以言語勸勉他？"先生曰："如此説不盡得邦[九]爲政之理。若以言語勸勉它，亦不甚要緊，亦是淺近事。聖人自不用説，亦不見得無倦底意。勞是勤於事，勤於事時節[一〇]。後來便有個倦底意，[一一]所以教它勞。東坡下『行』字與『事』字最好。」或問：「『愛之能勿勞乎』有兩個勞事[一二]？」先生曰：「這個是它勞。」[一三]

寓[一四]問：「『先之，勞之』，『勞』字既有兩音，有兩説否？」曰：「勞之以身，勤之以事，亦須是自家喫些辛苦方能令得他。詩所謂『星言夙駕，説于桑田』，古人戴星而出、戴星而入，必是自耐勞苦，方能率得人。欲民之親其親，我必先之以孝；欲民之事其長，我必先之以弟。子路請益，聖人告之『無倦』。蓋勞苦亦人之難事，故以『無倦』勉之。」寓。

問：「『先之，勞之』，諸説孰長？」曰：「横渠云『必身爲之唱，且不愛其勞，而又益之以不倦』，此説好。」又問：「以身爲之唱者果勞乎？」曰：「非是之謂也。既以身爲之唱，又更不愛其勞，而終之以無倦，此是三節事。」祖道。謨同。[一五]

## 仲弓爲季氏宰章

潘立之問「先有司」。曰：「凡爲政隨其大小各自有有司。須先責他理會，自家方可要其成。且如錢穀之事，其出入盈縮之數須是教它自逐一具來，自家方可考其虚實之成。且如今做太守，人皆以爲不可使吏人批朱，某看來不批是[一六]不得。如詞訴反覆或經已斷，或彼處未結絶，或見在催追，他埋頭又來下狀。這若不批出，自家如何與它判得？只是要防其弊。若既如此後或有人詞訴，或自點檢一兩項，有批得不實即須痛治，以防其弊。」賀孫。

問：「『仲弓問政』章，〔一七〕程子謂『觀仲弓與聖人，便見其用心之小大』，以此知『樂取諸人以爲善』，所以爲舜之聖。而凡事必欲出乎己者，真成小人之私矣。」曰：「於此可見聖賢用心之大小。仲弓只緣見識未極其開闊，故如此。人之心量本自大，緣私故小，蔽固之極則可以喪邦矣。」廣。

## 衛君待子爲政章〔一八〕

亞夫問「衛君待子爲政」一〔一九〕章。先生曰：「其初只是一個『名不正』，便事事都做不得。『禮樂不興，刑罰不中』，便是個大底『事不成』。」問：「『禮樂不興』，疑在『刑罰不中』之後，今何故却云禮樂不興而後刑罰不中？」曰：「禮之所去，刑之所取。禮樂既不興，則刑罰宜其不中矣。」又曰：「禮是有序，樂是和樂。既事不成，如何得有禮樂耶？」時舉。

「事不成」是粗説那事做不成，「禮樂不興」是和這理也没了。「事」只是説它做出底，「禮樂」却是那事底理。禮樂只是一件物事，安頓得齊齊整整有次序便是禮，無那乖争底意思便是樂。植。

文振問：「何以謂之『事不成，則禮樂不興』？」曰：「『事不成』，以事言；『禮樂不興』，以理言。蓋事不成，則事上都無道理了，説甚禮樂！」亞夫問：「此是禮樂之實，還是禮樂之文？」曰：「實與文元相離不得。譬如影便有形，要離那形説影不得。」時舉。

或問：「如何是事不成後禮樂便不興？禮樂不興後却如何便刑罰不中？」曰：「大凡事須要節之以禮，和之以樂。事若不成，則禮樂無安頓處，禮樂不興，則天序[二〇]不和，如此則用刑罰者安得不顛倒錯亂？諸家説各有所長，可會而觀之。」祖道。謨同。[二一]

衛輒，子也，蒯聵，父也。今也子以兵拒父，以父爲賊，是多少不順！其何以爲國？何以臨民？事既不成，則顛倒乖亂，禮樂如何而興？刑罰如何而中？程子所謂「一事苟，則其餘皆苟」，正謂此也。道夫。[二二]

楊問：「注謂『言不順，則無以考實而事不成』，此句未曉。」曰：「實即事也。」又問：「言與事似乎不相涉。」曰：「如何是不相涉？如那[二三]一人被火，急討水來救始得，却教它討火來，此便是『言不順』，如何濟得事？又如人捉賊一般[二四]，走東去合當從東去捉，却教它走從西去，如何捉得獲[二五]？皆言不順做事不成。若就衛論之，輒，子也，蒯聵是父。今也以兵拒父，是以父爲賊，多少不順！其何以爲國，何以臨民？事既不成，則顛沛乖亂，禮樂如何會興？刑罰如何會中？明道所謂『一事苟，其餘皆苟』，正謂此也。」又問：「子路之死於衛，其義如何？」曰：「子路只見得下一截道理，不見上一截道理。孔悝之事，它知道是『食焉不避其難』，這合當如此，[二六]却不知食出公之食爲不義。東坡嘗論及此。」問：「如此是它當初仕衛便不是？」曰：「然。」[二七]

子路爲人粗，於精微處多未達。其事孔悝，蓋其心不以出公爲非故也。悝即出公之黨。何以見得他如此？如「衛君待子爲政」，夫子欲先正名，他遂以爲迂，可見他不以出公爲非，故其事悝，蓋自以爲善而爲之，而不知其非義也。㽦。[二八]

伯豐問：「夫子言『若爲政於衛，必也正名』，胡氏以爲『必具其事之本末，上告天子，下請方伯，命公子郢而立之』。若如此說則是霸旅之臣，一旦國君見用即遂謀逐之，此豈近於人情？意夫子若果仕衛，必以父子之大倫明告於出公，使之自爲去就，而後立郢之事始可議也。」曰：「此說得之，但聖人之權亦有非常情所可測度者。」處謙。[二九]

問：「胡氏說『正名章』，謂：『必將具其事之本末告諸天王，請於方伯，命公子郢而立之，則人倫正。』[三〇]此[三一]只是論孔子爲政正名，事理合當[三二]如此。設若衛君輒[三三]用孔子，孔子既爲之臣而爲政，則此說亦可通否？」曰：「聖人必不肯北面無父之人。若輒有意改過遷善，則孔子須先與斷約，如此方與他做。以姚崇猶先以十事與明皇約，然後爲之相，而況孔子乎！若輒不能然，則孔子决不爲之臣矣。」淳。[三四]

問：「『衛君待子爲政』章，胡氏云：『夫子爲政而以正名爲先，必將具其事之本末告諸天王，請於方伯，命公子郢而立之。』[三五]據衛君即是出公，[三六]，使孔子得政則是出公用之也，如何做得此等事？」先生曰：「據事理言之，合當如此做耳。使孔子仕衛，亦必以此事告之出公，若其不聽則去之耳。」廣。

「『必也正名乎』，孔子若仕衛，必先正其君臣父子之名。如蒯聵不當立，輒亦不當立，當去輒而別立君以拒蒯聵。晉趙鞅欲立蒯聵。聖人出時必須大與他剖判一番，教它知個是與不是。」亞夫問：「論道理固是去輒，使國人自拒蒯聵。以事情論之，晉人正主蒯聵，勢足以壓魯，聖人如何請于天子、請于方伯？天子既自不奈何，方伯又是晉自做，如何得？」曰：「道理自是合如此了。聖人出來須自能使晉不爲蒯聵。」賀孫因問：「如請討陳常之事，也只是據道理，不論事情。」曰：「如這一兩件大事可惜聖人做不透，若做得透，使三綱五常既壞而復興，千條萬目自此而更新。聖人年七八十歲，拳拳之心，終做不成。」賀孫。

吴伯英問：「『衛君待子而爲政』，[三七]若使夫子爲衛政，不知果能使出公出從蒯聵否？」曰：「聖人行事，只問義之合與不合，不問其能與不能也。若使每事只管計較其能與不能，則豈不惑於常情利害之私乎？此在學者尤宜用力，而况聖人乎！」處謙。

問：「衛君欲召孔子爲政，而孔子欲先正名。孔子既爲之臣，復欲去出公，亦豈人情？」

曰：「惟孔子而後可。」問：「靈公既逐蒯聵，公子郢辭不立，衛人立輒以拒蒯聵。論理，輒合下便不當立，不待拒蒯聵而後爲不當立也。」曰：「固是。輒既立，蒯聵來争必矣。」僩。

## 誦詩三百章

亞夫問：「『誦詩三百』，何以見其必達於政？」曰：「其中所載可見。有如小夫賤隸閭巷之間，至鄙俚之事，君子平日耳目所不曾聞見者，其情狀皆可因此而知之。而聖人所以修德於己、施於事業者，莫不悉備。於其間所載之美惡，讀誦而諷詠之，如是而爲善，如是而爲惡。吾之所以自修於身者，如是是合做底事，如是是不合做底事，待得施以治人，如是而當賞，如是而當罰，莫不備見，如何於政不達？若讀詩而不達於政，則是不曾讀也。」又問：「如何使於四方必能專對？」曰：「於詩有得，必是於應對言語之間委曲和平。」賀孫。

## 子曰其身不正章無〔三八〕

## 衛公子荆居室章〔三九〕

問「衛公子荆善居室」。〔四〇〕先生云：「公子荆所爲正合道理，致〔四一〕恰好處。常人爲屋室，不是極其華麗，則墻崩壁倒全不理會。子荆自合而完，完而美，循循有序而又皆曰苟而已，初不以此累其心。在聖人德盛，此等事皆能化了，不足言。在公子荆能如此，故聖人稱之。」希遜。〔四二〕

正卿謂：「『公子荆善居室』一段也無甚高處，聖人稱善，何也？」曰：「且如今人，不治家則墻崩壁倒全不理會，又有人專去治家，則汲汲于致富。惟公子荆自合而完，完而美，循循有序而又皆曰苟而已，則又不以此累其心，聖人所以美之。」又問：「雖之夷狄，不可棄也」。曰：「上三句散着，下一句方撮得緊。」時舉。〔四三〕

## 子適衛章

宜久説「子適衛」一章。先生因言：「古者教人有禮樂，動容周旋皆要合他節奏，使性急底要快也不得，性寬底要慢也不得，所以養得人情性。如今教人既無禮樂，只得把兩册文字教他讀。然而今未論人會學，喫緊自無人會教。所以明道先生欲得招致天下名儒，使講明教人之方，其德行最高者留以爲太學師，却以次分布天下令教學者。須是如此，然後學校方成次第也。」時舉。

## 苟有用我章

立之説「苟有用我者」一章。答[四四]曰：「聖人爲政一年之間，想見以前不好底事都革得盡。到三年，便財足兵强、教行民服。」時舉。

「如有用我者，期月而已可也」。聖人做時，須一切將許多不好底撤換了方做自家底，所以伊川云，紀綱布置必三年方可有成也。賀孫。

孔子之志在乎尊周，然「苟有用我者」，亦視天命如何耳。聖人胸中自有處置，非可執定本以議之也。人傑。[四五]

## 善人爲邦百年[四六]章

問：[四七]「『善人，勝殘去殺』，[四八]注謂[四九]『民化於善，可以不用刑殺』。恐善人只是使風俗醇朴，未能化於善。[五〇]若化於善，乃聖君之事否？[五一]」曰：「論功效大概是如此。[五二]其淺深在人，[五三]不必恁地分别。善人是他做百年工夫積累到此，自是亦[五四]能使人興善，不[五五]陷於刑辟。如文景幾致刑措，[五六]豈不是『勝殘去殺』。[五七]又[五八]如陳太丘、卓茂、魯恭只是縣令，也能有此效[五九]。不成説[六〇]不是聖人，如何做得這個！此等緊要只看那功效處，[六一]不要恁地[六二]較量道聖人之效是如此，善人之效是如彼。聖人比善人自是不同。『綏[六三]之斯來，動之斯和』，『殺之而不怨，利之而不庸，民日遷善遠罪[六四]而不知爲之』者[六五]，善人定是未能到這田地。然[六六]有這般樣[六七]見識、這般樣心胸，積累做將去，亦須有效。今若[六八]寬刑薄賦，民亦自能興起而不陷於罪戾[六九]。聖人論功效，亦是大概如此。只思量他所以致此效處是[七〇]如何便了，何必較他優劣。便理會得也無甚切己處。」義剛。淳同。[七一]

問：「『善人爲邦百年』，又『教民七年』，又『必世後仁』，與『期月可也，三年有成』之義，如何？」曰：「此須有聖人作用方得如此。今大概亦自可見，惟明道文集中一策答得甚詳，與今人答策專是謾策題者甚別。試讀之可見。」謨。祖道、人傑同。[七二]

## 子曰[七三]如有王者章

或問：「言『如有用我者，三年有成』，言『如有王者』則曰『必世而後仁』，[七四]遲速不同，何也？」答[七五]曰：「伊川曰『三年，謂法度紀綱有成而化行也』，漸民以仁，磨[七六]民以義，使之浹於肌膚，淪於骨髓，天下變化，風移俗易，民歸於仁而禮樂可興，所謂仁也。此非積久何以能致？」又曰：「自一身之仁而言之，這個道理浸灌透徹；自天下而[七七]言之，舉一世之仁皆是這個道理浸灌透徹。」[七八]

## 子曰苟正其身矣章〔七九〕

問：「范氏以先正其身，爲王者以德行仁之事；不能正其身而正人，爲以力假仁之事。」曰：「王者、霸者只是指王、霸之道，范氏之說緩而不切。」必大。

尹氏云：「揚雄曰『政之本，身也。身立則政立矣』，大學曰『身修而後家齊，家齊而後國治』。」問：「此章與第六章『其身正，不令而行；其身不正，雖令不從』，何異而複出之？」曰：「晁氏以爲此專爲臣而發，理或然也。」〔八〇〕

## 冉子退朝章〔八一〕

問此章之說。曰：「公父文伯之母謂季康子曰：『外朝，子將業君之官職焉；內朝，子將庀季氏之家政焉。』夫『君之官職』則所謂政也，『季氏之家政』則所謂事也。冉子之所得聞者，季氏內朝之事爾。政則康子必將合諸大夫而謀之，外朝非冉有之所得而與也。冉有以家事爲國政，僭也，故夫子抑之。或謂此季氏與其家臣謀國政於私朝，而不使諸大夫與焉，故孔子爲不知者而微詞以正之。如何？」曰：「此於文義得矣。然疑其頗若傷於巧者，姑存而考之可也。詳見集注。」〔八二〕

定公問一言興邦章無〔八三〕

葉公問政章

曾問：「『近者悦，遠者來』。夫子答葉公之問政者專言其效，與答季康子、子夏等不同，如何？」曰：「此須有施爲之次第。葉公老成，必能曉解也。」人傑。

子夏爲莒父宰章無〔八四〕

有直躬者章無〔八五〕

樊遲問仁章

亞夫問「居處恭，執事敬」一章。先生曰：「這個道理須要到處皆在，使生意無少間斷方好。譬之木然，一枝一葉無非生意，纔有一毫間斷，便枝葉有不茂處。」時舉云：「看來此三句動静出處、待人接物無所不該，便私意自無容處。」因兼「仲弓問仁」一章説，先生曰：「大抵學問只要得個門户子入，若入得門了，便只要理會個仁。其初入底門户，不必只説道如何〔八六〕，若纔得個門户子入，須便要入去。若只在外面説道，如何也不濟事。」時舉。

問「雖之夷狄不可棄」。曰：「上三句散着，下一句方擸得緊。」希遜。

亞夫問：「如何『雖之夷狄不可棄』？」曰：「『道不可須臾離，可離非道也』，須是無間斷方得。若有間斷，此心便死了。在中國是這個道理，在夷狄也只是這個道理。」潘子善〔八七〕云：「若『居處恭，執事敬，與人忠』時，私心更無着處。」曰：「若無私心，當體便是道理。」〔八八〕

孔門教人多以數語能使人自存其心，如「居處恭」，纔恭則心不放也。如此之類。孔子教人只言「居處恭，執事敬，與人忠」，含蓄得意思在其中，使人自求之。到孟子便指出了性善，早不似聖人了。祖道。〔八九〕

或問：「『樊遲問仁，子曰「居處恭，執事敬，與人忠，雖之夷狄不可棄也」〔九〇〕』一段，聖人以是告之，不知樊遲果能盡此否？」曰：「此段須反求諸己，方有工夫，若去樊遲身上討，則與我不相干矣。必當思之曰居處恭乎？執事敬乎？與人忠乎？不必求諸樊遲能盡此與否也。又須思居處恭時如何，居處〔九一〕不恭時如何；執事敬時如何，執事〔九二〕不敬時如何；與人忠時如何，與人〔九三〕不忠時如何。方知須用恭、敬與忠也。今人處於中國飽食煖衣，未至於夷狄，猶且與之相忘而不知其不可棄。而况之夷狄，臨之以白刃而能不自棄者乎！」〔九四〕

徹上徹下也〔九五〕無精粗本末，只是一理。賜。〔九六〕

或問：「胡氏謂『樊遲問仁者三：此最先，「先難」次之，「愛人」其最後乎』，何以知其然？」曰：「雖無明證，看得來是如此。若未嘗告之以恭、敬、忠之說，則所謂『先難』者，將何從下手乎〔九七〕？至於『愛人』，則又以其〔九八〕發於外者言之矣。」廣。

## 子貢問士章

問：「『行己有耻，使於四方不辱君命』，兩句似不連綴。恐是『行己有耻』則足以成其身，推是心以及職分，則『不辱君命』，又可以成其職分之所當爲。」曰：「『行己有耻』則不辱其身，『使於四方』能盡其職，則『不辱君命』。」廣。

「宗族稱孝，鄉黨稱弟」，是能守一夫之私行，而不能廣其固有之良心。賀孫。

子貢問士都是退後說。子貢看見都也是不是〔九九〕易事，又問其次。子貢是着實見得那說底也難，故所以再問其次。這便是伊川所謂「子貢欲爲皎皎之行，夫子告之皆篤實自得之事」底意。植。

文振說「子貢問士」一章〔一〇〇〕，舉程先生〔一〇一〕曰：「子貢欲爲皎皎之行聞於人者，夫子告之皆篤實自得之事。」謂子貢發問節次正如此去〔一〇二〕。先生曰：「子貢平日雖有此意思，然這一章却是他大段平實了。蓋渠見『行己有耻，使於四方』不是些小事，故又問其次。至『宗族稱孝，鄉黨稱弟』，他亦未敢自信，故又問其次。凡此節次皆是他要放平實去做工夫，故每問皆下。到下面問『今之從政者何如』，却是問錯了，聖人便云『何足算也』，乃是爲他截斷了也。此處更宜細看。」時舉。

## 子曰〔一〇三〕不得中行而與之章

問「不得中行而與之」一段。曰：「謹厚者雖是好人，無益於事，故有取於狂狷，然狂狷者又各墮於一偏。中道之人有狂者之志而所爲精密，有狷者之節又不至於過激，此極難得。」時舉。希遜同。〔一〇四〕

楊問：「善人何以不及狷者？」曰：「善人只循循自守據見定，更不向上去，不解勇猛精進，做不得事。循規蹈矩則有餘，責之任道則不足，故無可望。狂狷者雖非中道，然此等人終是有骨肋，有節操，可以振拔而有爲。得聖人裁抑而激昂之，則狂便不狂，狷便不狷，皆歸於中矣。聖人本欲得中道，而與之磨來磨去，難得這般恰好底人。末年無奈何，方思得此等人，可見道之窮甚。」問：「何謂狷？」曰：「介然有守也。」淳。〔一〇五〕

寓〔一〇六〕問「狂狷」集注云：「善人胡爲亦不及狷者？」曰：「善人只循循自守據見定，不會勇猛精進。循規蹈矩則有餘，責之以任道則不足。〔一〇七〕狷者雖非中道，然這般人終是有筋骨。〔一〇八〕其志孤介，知善之可爲。〔一〇九〕聖人本欲得中道而與之，晚年磨來磨去難得這般恰好底人，如狂狷尚可因其有爲之資，載而歸之中道。〔一一〇〕且如孔門，只一個顔子如此純粹。〔一一一〕到曾子〔一一二〕便過於剛，與孟子相似。世衰道微，人欲横流，若不是剛介有脚跟底人，定立不住。漢之〔一一三〕文帝謂之善人，武帝却有狂底氣象。陸子静省試策『謂〔一一四〕文帝過武帝，愚謂武帝勝文帝』，其論雖偏，容有此理。文帝天資雖美，然止此而已。〔一一五〕武帝多有病痛，然天資高，足以有爲，便合下得個〔一一六〕真儒輔佐它，豈不大可觀！惜夫輔非其人，不能勝其多欲之私，做從那邊去了。末年天下虚耗，其去亡秦無幾。然它自追悔，亦其天資高也。如與衛青言：『若後世又如朕之〔一一七〕所爲，是襲亡秦之迹。太子厚重好静，欲求守文之主，安有賢於太子者乎！』見得它知過處。胡氏謂『武帝能以仲舒爲相，汲黯爲御史大夫，豈不善乎』。」寓。道夫録略。〔一一八〕

子曰〔一一九〕南人有言章

㽦〔一二〇〕問「不占而已矣」。曰：「如只是不讀書之意。」㽦。

子曰〔一二一〕君子和而不同章

君子、小人只是這一個事而心有公私不同。孔子多有論君子、小人，皆然。如「君子和而不

同，小人同而不和」，和便是公底同，同是私底和。淳。〔一一二二〕

當問：「『君子和而不同，小人同而不和』，諸説皆以『和』如『和羹』爲義，如何？」曰：「不必專指對人説。只君子平常自處亦自和，自然不同。大抵君子、小人只在公私之間。〔一一二三〕和是公底同，同是私底和。如『周而不比』亦然，周是公底比，比是私底周，同一事而有公私。五峰云『天理人欲，同體異用，同行異情』，説『同行異情』却得〔一一二四〕。所謂同體者，却只是言一事而各用，但既犯了『體用』字，却成同〔一一二五〕體，則是體〔一一二六〕中亦有人欲。五峰只緣錯認了性無善惡，便做出無限病痛。知言中節節如此。」廣。〔一一二七〕

立之問：「『君子和而不同』，如温公與范蜀公議論不相下之類。不知『小人同而不和』，却如誰之類？」曰：「一〔一一二八〕如吕吉甫及〔一一二九〕王荆公是也。蓋君子之心，是大家只理會這一個公當底道理，故常和而不可以苟同。小人是做個私意，故雖相與阿比，然兩人相聚也自〔一一三〇〕便分個彼己了，故有些少利害，便至紛争而不和也。」時舉。

子曰鄉人皆好之章無〔一一三一〕

子曰〔一一三二〕君子易事而難説章無〔一一三三〕

## 子曰〔一三四〕君子泰而不驕章

## 子曰〔一三五〕剛毅木訥近仁章

問：「『剛毅木訥近仁』，剛與毅如何分別？」曰：「剛是體質堅〔一三六〕，如一個硬物一般，不軟不屈。毅却是有奮發作興底氣象。」寓。

## 子路問士章

問「何如斯可謂之士」一段。曰：「聖人見子路有粗暴底氣象，故告之以『切切偲偲〔一三七〕』。又恐子路一向和說去了，又告之以『朋友切切偲偲，兄弟則怡怡』。聖人之言是恁地密。」希遜。

問：「胡氏說『切切，懇到也；偲偲，詳勉也』，如何是懇到詳勉意思？」曰：「古人多下聯字去形容那事，亦難大段解說，想當時人必是曉得這般字。今人只是想象其聲音，度其意是如此耳。『切切偲偲』，說〔一三八〕爲當。『懇到』有苦切之意，然一向如此苦切而無浸灌意思，亦不可。又須着詳細相勉，方有相親之意。」寓。

子曰〔一三九〕善人教民七年章

問：「『善人教民七年，亦可以即戎矣』，如何恰限七年？」曰：「如此等，他須有個分明界限。如古人謂『三十年制國用，則有九年之食』，至班固則推得出那三十年果可以有九年食處。料得七年之類亦如此。」廣。

問：「孔子云『善人教民七年，亦可以即戎矣』。晉文公自始入國至僖公二十七年，教民以信、以義、以禮，僅得四年，遂能一戰而霸。此豈文公加善人一等也耶？」曰：「大抵霸者尚權譎，要功利，此與聖人教民不同。若聖人教民，則須是七年。」謨。

子曰〔一四〇〕以不教民戰章

或疑：「『不教民戰』，善人教民也七年，固是教之以孝弟忠信，不須兼戰法而教之否？」曰：「不然。戰法自不用了。孔子却是爲見春秋時忒會戰，故特説用教之以孝弟忠信之意。」伯羽。

# 晦庵先生朱文公語類卷第四十四

## 論語二十六

### 憲問篇

#### 邦有道穀章〔一〕

問：「『憲問耻』一段，〔二〕集注云『憲之狷介，其於「邦無道穀」之可耻固知之，至於「邦有道穀」之可耻恐未必知』，何也？」曰：「邦有道之時不能有爲，只小廉曲謹濟得甚事。且如舊日秦丞相當國，有人壁立萬仞，和宮觀也不請，此莫也〔三〕是世間第一等人！及秦既死，用之爲臺諫，則不過能論貪污而已，〔四〕於國家大計亦無所建立。且如『子貢問士』一段，『宗族稱孝，鄉黨稱弟』之人莫是至好，而聖人必先之以『行己有耻，不辱君命』爲上。蓋孝弟之人亦只是守得那一夫之私行，不能充其固有之良心。然須是以孝弟爲本，無那孝弟也做不得人，有時方得恰

好。須是充那固有之良心，到有耻、不辱君命處方是。」希遜。寓同。〔五〕

問：「『邦有道穀，邦無道穀，耻也』，諸家只解下一脚爾，上一句却不曾説着。此言『邦有道穀，邦無道穀』，而繼之以耻也者，豈非爲世之知進不知退者設耶？」曰：「『穀』之一字要人玩味，『穀』有食禄之義。言有道無道，只會食禄，略無建明，豈不可深耻！」謨。

## 克伐怨欲不行章

問：「『克伐』與『克復』只是一個『克』字，用各不同。切謂『克己』是以公勝私，『克伐』是有意去勝人。」曰：「只是個出入意。『克己』是入來勝己，『克伐』是出去勝人。」問楊敬仲説「『克』字訓能，此『己』元不是不好底。『爲仁由己』何嘗不好？『克己復禮』是能以此己去復禮也」。曰：「艾軒亦訓『克』作能，謂能自主宰。此説雖未善，然猶是着工夫。若敬仲之言，是謂無己可克也。」德明。

「克伐怨欲」須從根上除治。閎祖。

「克伐怨欲不行」，所以未得爲仁者，如面前有一事相觸，雖能遏其怒，畢竟胸中有怒在，所以未得爲仁。蓋卿。

晞遜問：「『克伐怨欲不行』，是〔六〕如何？」曰：「此譬如停賊在家，豈不爲害。若便趕將出去，則禍根絶矣。今人非是不能克去此害，却有與它打做一片者。」人傑。

賀孫［七］問：「『克伐怨欲』須要無。先生前日令只看大底道理，這許多病自無。今看來莫是見得人己一體，則求勝之心自無；見得事事皆己當爲，則矜伐之心自無；見得『死生有命，富貴在天』，則忿怨貪慾之心自無。不知如此看得［八］否？」曰：「固是如此，這已是第二着了。」問：「莫是見得天地同然公共底道理否？」曰：「這亦是如此，亦是第二着。若見得本來道理，亦不待説與人公共不公共。見得本來道理只自家身己上是勝個甚麽，是伐個甚麽，是怨、慾個甚麽？所以夫子告顔子，只是教他『克己復禮』，能恁地則許多病痛一齊退聽。『出門如見大賓，使民如承大祭』，這是防賊工夫；『克己復禮』，這是殺賊工夫。」賀孫。

問：「『克伐怨欲不行焉［九］』，孔子不大段與原憲。學者用工夫且於此不行焉亦可。」曰：「須是克己，涵養以敬，於其方萌即絶之。若但欲不行，只是遏得住，一旦決裂，大可憂。」又問：「『可以爲難矣』。如何？」曰：「到此，遏之極難。」［一〇］可學。

安卿説「克伐怨欲不行」。先生問曰：「這個禁止不行，與那非禮勿視聽言動底『勿』字也只一般。何故那個便是爲仁？這個禁止却不得爲仁？必有些子異處，試説看。」安卿對云：「『非禮勿視聽言動』底，是於天理人欲之幾，既曉然判别得了，便行從天理上去。『克伐怨欲不行』底，只是禁止不行這個人欲，却不知於天理上用功。所以不同。」曰：「它本文不曾有此意。

公何據輒如此說？」久之，曰：「有一譬喻：如一個人要打人，一人止之曰：『你不得打！纔打他一拳，我便解你去官裏治你。』又一人曰：『你未要打它。』此二者便是『克己』與『不行』之分。『克己』是教它不得打底，『不行』是教它未要打底。教它不得打底，便是從根源上與它說定不得打。未要打底是這裏未要打，及出門去則有時而行〔一一〕之矣。觀此，可見『克己』者是從根源上一刀兩斷，便斬絕了，更不復萌；『不行』底只是禁制它不要出來，它那欲爲之心未嘗忘也。且如怨個人，却只禁止說，莫要怨它，及至此心欲動，又如此禁止。雖禁止得住，其怨之心〔一二〕則未嘗忘也。如自家飢，見芻豢在前，心中要喫，却忍得不喫。雖强忍住，然其欲喫之心未嘗忘。『克己』底則和那欲喫之心也打疊殺了。」〔一三〕

李閎祖問目中有「克伐怨欲不行」及「非禮勿視聽言動」一段。先生問德明云：「謂之『勿』，則與『不行』者亦未有異，何以得仁？」德明對云：「『勿』者，禁止之詞。顏子工夫只是積漸克將去，人欲漸少，天理漸多。久之則私意剥盡，天理復全，方是仁。」曰：「雖如是，終是『勿』底意猶在，安得謂之仁？」再三請益。曰：「到此說不得，只合實下工夫，自然私意留不住。」德明。

問「克伐怨欲不行」。〔一四〕曰：「『克己』是拔去病根，『不行』是捺在這裏，且教莫出，然這病根在這裏。譬如捉賊，『克己』便是開門趕出去，索性與它打殺了，便是一頭事了。『不行』是閉了門，藏在裏面，教它且不得出來作過。」希遜。

「不[一五]行」只是遏在胸中不行耳，畢竟是有這物在裏。纔說無，便是合下掃去，不容它在裏。譬如一株草，剗去而留其根，與連其根剗去，此個意思如何？今[一六]人於身己上有不好處，須是合下便連根[一七]剗去。若只[一八]在人面前不行，而此個根苗常自[一九]留在裏，則[二〇]便不得。[二一]夔孫。

「克伐怨欲不行」，只是遏殺得在此心，不問存亡。須是克己。祖道。

「克伐怨欲」，須是從根上除治。閎祖。[二二]

問：「『克伐怨欲』章，不知原憲是合下見得如此，還是他氣昏力弱，没奈何如此？」曰：「是他從來只把這個做好了，只要得不行便了，此所以學者須要窮理。只緣他見得道理未盡，只把這個做仁。然較之世之沉迷私欲者，他一切不行，已是多少好。惟聖道廣大，只恁地不濟事，須着進向上去。『克伐怨欲』須要無始得，若藏蓄在這裏，只是做病。」問：「憲[二三]本意[二四]也不是要藏蓄在這裏。」曰：「這也未見他要藏蓄在。只是據他說，便不是了。公不消如此看。只那個是是，那個是不是。聖人分明說這個不是仁，公今只看合要無，合要有了不行。若必定要無，下梢猶恐未能盡去。若合下只要不行便了，下梢道如何？」問：「孔子既云『不知其仁』，原憲却不問仁，何也？」曰：「這便是他失問。這也是他從來把自見做好了如此。明道先生亦說：『原憲承當不得，所以不復問。』他非獨是這句失問，如『邦有道穀，邦無道穀，耻也』，也失問。邦無道，固不當受禄；若有道，如何也不可受禄？當時未見得意思，也須著較量。那[二五]無道而受禄固不可，有道而苟禄亦不可。」問：「原憲也不是個氣昏力弱底人，何故如此？」曰：「他直是有力。看他孤潔節介，卒未易及，只是見識自如此。若子路見識較高了，他問時須問到底。然教原憲去爲宰從政，未必如子路、冉求之徒。若教子路、冉求做原憲許多孤介處，也只是[二六]做不得。孟子曰：『人有不爲也，而後可以有爲。』原憲却似只要不爲，却不理會有爲一節。如今看道理，也恁地漸漸看將去。不可説道無所見，無所得，便放倒休了。也不可道有些小所見，有些小所得，便自喜道：『只消如此。』這道理直是無窮。」賀孫。

問：「原憲强制『克伐怨欲』，使之不行，是去半路上做工夫，意思與告子相似。觀其辭所合得之粟，亦是此意。」曰：「憲是個狷者。傳中説憲介狷處亦多。」廣。

因舉[二七]或説「憲問仁」，謂此[二八]是「原憲有所感」。曰：「不必如此説。凡觀書，且論此一處文義如何，不必它説。」可學。

士而懷居章無[二九]

## 邦有道危言危行章無[三〇]

## 有德必有言章無[三一]

## 南宮适問於孔子章

南宮适大意是説德之可貴，而力之不足恃。説得也好，然説不透，相似説堯舜賢與[三二]桀紂一般，故聖人不答，也是無可説。蓋他把做不好，又説得是；把做好，又無可説，只得不答而已，亦見孔子不恁地作鬧，得過便過。淳。

問：「适是以禹稷比夫子？」[三三]曰：「舊説如此。觀夫子不答，恐有此意，但問得鶻突。蓋适意善而言拙，儗人非其倫爾。太史公亦以盜跖與伯夷並説，伯夷傳乃史遷自道之意。」必大。

寓[三四]問：「明道謂适以禹稷比夫子，故夫子不答。上蔡以爲首肯之意，非直不答也。龜山以爲禹稷有天下不止躬稼，夫子未盡然其言，故不答。未知[三五]三説孰是？」曰：「适之言亦不爲不是，問得也疏。禹稷是好人，羿奡自是不好底人，何消恁地比並説。夫子也只是不答，緣問得騃。正如仲尼賢於盜跖，這般説話豈不是騃！然它意思却好，所以出而聖人稱美之曰：『君子哉若人！尚德哉若人！』如孟子所謂『孳孳爲善者，舜之徒也』云云，『不以舜之所以事堯事君』云云，這般言語多少精密！适之問如何似得這般話。」舉似某人詩，云〔三六〕：「何似仲尼道最良。張僧范寇知何物，却與宣尼較短長！」〔三七〕

問：「『禹稷躬稼而有天下，羿奡不得其死』，必然之中或有不然者存。如盜跖亦得其死。學者之心惟知爲善而已，它不計也。夫子不答，固有深意，非聖人不能如是也。」曰：「此意思較好。」過。〔三八〕

## 君子而不仁者章

義剛〔三九〕問：「此君子莫只是輕説，不是指那成德者而言否？」曰：「『君子而不仁者有矣夫』，他只是用這般見成句。」義剛。

君子〔四〇〕譬如純白底物事，雖有一點黑，是照管不到處。小人譬如純黑底物事，雖有一兩點白處，却當不得那〔四一〕白也。燾。

## 愛之能勿勞乎章

至之問「愛之能勿勞乎」。答曰：「愛之而弗勞，是姑息之愛也。凡人之愛，多失於姑息。

如近有學者持服而來，便自合令他歸去。却念他涉千里之遠，難爲使他徒來而徒去，遂不欲却他。此便是某姑息處，乃非所以爲愛也。」時舉。

## 爲命章

問「爲命，裨諶草創之」。曰：「春秋之辭命，猶是説道理。及戰國之談説，只是説利害而已〔四二〕，説到利害的當處便轉。」希遜。

洪氏曰：「鄭，小國也，能謹重辭命而信任賢者如此。爲天下者辭命宜益重矣，而反輕之；討論潤色宜益衆矣，而獨任於一官。何哉？且古之賢者，求辭命之善爾，不有其已也。故世叔討論，而裨諶不以爲嫌；子産潤色，而子羽不以爲羞。後世爲命者反是，此辭命所以有愧于古也。」此説亦善。子産爲政，擇能而使之，衆賢各盡其用者，子産之功也。〔四三〕

## 或問子産章

子産心主於寬，雖説道「政尚嚴猛」，其實乃是要用以濟寬耳，所以爲惠人。賀孫。

「『問管仲，曰「人也」』。范楊皆以爲盡人道，集注以爲『猶云此人也』，如何？」曰：「古本如此説，猶詩所謂『伊人』，如莊子所謂『之人也』。若作盡人道説，除管仲是個人，他人便都不是人！更管仲也未盡得人道在，『奪伯氏駢邑』，正謂奪爲己有。」問：「集注言管仲、子産之才德，使二人從事於聖人之學，則才德可以兼全否？」曰：「若工夫做到極處，也會兼全。」寓。

賀孫〔四四〕問：「孔子所稱管仲奪伯氏邑，『没齒無怨言』，此最難，恐不但是威力做得。」曰：「固是。雖然，亦只是霸者事。」問：「武侯於廖立、李平是如何？」曰：「看武侯事迹，儘有駁雜去處；然武侯〔四五〕事雖未純，却是王者之心。管仲連那心都不好。程先生稱武侯『有王佐之才』，亦即其心而言之，事迹間有不純也。然其要分兵攻魏，先主將一軍入斜谷，關羽將荆州之衆北向，則魏首尾必不相應，事必集矣。蜀人材難得，都是武侯逐旋招致許多人，不似高祖、光武時雲合響應也。」賀孫。

問：「集注云：『管仲之德，不勝其才；子産之才，不勝其德。其於聖人之道，概乎其未有聞也。』若據二子所成之事迹，則誠未知聖人之學。然觀管仲『非鬼神通之，精神之極也』之語，與子産論伯有事，其精思察理如此，恐亦未可謂全不知聖人之學。」曰：「大處他不知，如此等事他自知之。且使子路爲鄭國，必須强似子産。觀其自謂『三年爲國，可使有勇，且知方也』，則必不爲强國所服屬矣。」廣。

## 貧而無怨章無〔四六〕

孟公綽爲趙魏老則優章無〔四七〕

## 子路問成人章

至之問「子路問成人」一章。答曰：「有知而不能不欲，則無以守其知；能不欲而不能勇，則無以決其爲知。不欲且勇矣，而於藝不足，則於天下之事有不能者矣。然有是四者，而又『文之以禮樂』，茲其所以爲成人也。」又問：「若聖人之盡人道，則何以加此？」曰：「聖人天理渾全，不待如此逐項說矣。」〔四八〕

或問「文之以禮樂」。曰：「此一句最重。上面四人所長，且把做個樸素子，唯『文之以禮樂』，却〔四九〕始能取四子之所長而去四子之所短。然此聖人方以爲『亦可以爲成人』，則猶未至於踐形之域也。」時舉。

至之問：「『子路問成人』一段，〔五〇〕集注云云『才全德備』至『粹然無復偏駁之弊』。〔五一〕雖聖人亦不過如此。後面又說『若論其至，則非聖人盡人道不足以語此』。何也？〔五二〕」曰：「若聖人則不用件件恁地說。」〔五三〕植。〔五四〕

亞夫問「子路問成人」一章〔五五〕。答曰：「這一章，最重在『文之以禮樂』一句上面〔五六〕。

曰〔五七〕『今之成人者何必然〔五八〕』以下，胡氏以爲是子路之言，恐此説却是，蓋聖人不應只説向下去。且『見利思義』至『久要不忘平生之言』三句，自是子路已了得底事，亦不應只恁地説。蓋子路以其所能而自言，故胡氏以爲『有「終身誦之」之固』也。」亞夫云：「若如此，夫子安得無言以繼之？」曰：「却又〔五九〕恐是他退後説，也未可知。」時舉。

楊尹叔問：「『今之成人者何必然〔六〇〕』以下，是孔子言，抑子路言？」曰：「做子路説方順。此言亦似子路模樣，然子路因甚如此説？畢竟亦未見得。」又問：「公綽不欲等，可以事證否？」曰：「亦不必證。此只是集衆善而爲之，兼體用本末而言。」淳。

## 公明賈對章〔六一〕

「時然後言」者，合説底不差過它時節。植。

問「子問公叔文子於公明賈曰：『信乎夫子』」至「豈其然乎」。〔六二〕曰：「且説這三個『不厭』字意思看。」或云：「緣它『時然後言，時然後笑，時然後取』，所以人不厭之。」曰：「惟其人不厭之，所以有『不言』、『不笑』、『不取』之稱也。蓋其言合節拍，所以雖言而人不厭之，雖言而實若不言也。這『不厭』字意，正如孟子所謂『文王之囿，方七十里，民猶以爲小』相似。」僩。

魏才仲問：「『子問公叔文子於公明賈〔六三〕』一段，當時亦未必是誇。」曰：「若不是誇，便是錯説了。只當時人稱之已過當，及夫子問之，而賈所言又愈甚，故夫子不信。」可學。

「如『不言』、『不笑』、『不取』，似乎小却難。若真能如此，只是一偏之行。然公明賈却説『以告者過也』。『時然後言，樂然後笑，義然後取』，似乎易，却説得大了。蓋能如此，則是『時中』之行也。」［六四］

問：「夫子疑之何也？」曰：「吴氏得之矣。文子請享靈公也，史鰌曰：『子富君貪，禍必及矣。』觀此，則文子之言豈能皆當？而其取豈能皆善乎？」事見定公十三年左氏傳。［六五］

## 臧武仲以防求爲後章［六六］

或以爲：「時人以武仲能存祀爲賢，故夫子正之。」曰：「味本文意，但以時人不知其據邑有請之爲要君爾，初不爲存先祀發也。或又謂武仲恃齊以請，亦非也。夫子但言以防求爲後，不言以齊求爲後也，安得捨其據邑之顯罪，而逆探其挾齊之微意乎？」［六七］

## 齊桓公正而不譎章［六八］

或問「威文之正譎」。曰：「伊川之説密矣。『晉文實有勤王之心，而不知召王之爲不順，是以譎而掩其正也。齊威伐楚責包茅，雖其心未必尊天子，而其事則正，是以正而掩其譎也。』孔

子言之以爲戒。正者，行其事爾，非大正也，亦猶管仲之仁止以事功而言也。』」〔六九〕

問：「晉文公『譎而不正』，諸家多把召王爲晉文之譎。集注謂『伐衛以致楚師，而陰謀以取勝』，這説皆爲通否？」〔七〇〕曰：「晉文舉事多是恁地，不肯就正做去。呂伯恭博議論此一段甚好，然其説忒巧。節節〔七一〕看來都是如此。晉文用兵便是戰國孫吳氣習。」寓。

東萊博議中論桓文正譎甚詳，然説亦有過處。又曰：「桓公雖譎，却是直拔行將去，其譎易知。如晉文，都是藏頭没尾，也是蹺欹。」道夫。〔七二〕

## 桓公〔七三〕殺公子糾章

問：「集解〔七四〕説：『子路疑管仲忘君事讎，忍心害理，不得爲仁。』此忍心之『忍』是殘忍之『忍』否？方天理流行〔七五〕，遽遏絶之使不得行，便是忍心害理。」曰：「傷其惻隱之心便是忍心。如所謂『無求生以害仁』，害仁便是忍心也，故謝子説『三仁』云：『三子之行同出於至誠惻怛之意。』此説甚好。」廣。

江問：「『如其仁』，或説如召忽之仁。」曰：「公且道此是許管仲，是不許管仲？看上面如此説，如何唤做不許他。上面説得如此大了，下面豈是輕輕説過。舊見人做時文，多做似仁説，看上文是不如此。公且道自做數句文字，上面意如此，下面意合如何？聖人當時舉他許多功，故云誰如得他底仁。終不成便與許顏子底意相似。管仲莫説要他『三月不違仁』，若要他三日，也不會如此。若子貢、冉求諸人，豈不强得管仲！」葉賀孫。〔七六〕

亞夫問：「管仲之心既已不仁，何以有仁者之功？」曰：「如漢高祖、唐太宗未可謂之仁人，然自周室之衰，更春秋戰國以至暴秦，其禍極矣。高祖一旦出來平定天下，至文景時幾致刑措。自東漢以下，更六朝亂胡〔七七〕以至於隋，雖曰統一，然煬帝繼之，殘虐尤甚，太宗一旦掃除以致貞觀之治。此二君者，豈非是仁者之功耶？若以其心言之，本自做不得這個功業，然謂之非仁者之功可乎？管仲之功亦猶是也。」時舉。

才仲問：「南軒解子路、子貢問管仲，疑其『未仁』、『非仁』，故舉其功以告之。若二子問『管仲仁乎』，則所以告之者異。此説如何？」先生良久曰：「此説却當。」可學。

## 管仲非仁者章〔七八〕

淳問：「伊川言：『仲始與之同謀，遂與之同死，可也。知輔之爭爲不義，將自免以圖後功亦可也。』切謂天下無兩可之理，一是則一非，如兩可之説，恐亦失之寬否？」曰：「雖無兩可，然前説亦是可，但自免以圖後功，則可之大者。」淳曰：「孟子『可以死，可以無死』，是始者見其可以死，後細思之，又見其可以無死，則前之可者爲不可矣。」曰：「即是此意也。」淳。〔七九〕

問：「集解云：『管仲有功而無罪，故聖人獨稱其功。王魏先有罪而後有功，則不以相掩可也。』其視程子說固平實矣。然人之大節已失，其餘莫不足觀否？」曰：「雖是大節已失，畢竟他若有功時，只得道他是有功始得。」廣。

問：「集注謂：『王魏先有罪而後有功，不可以相掩。』只是論其罪則不須論其功，論其功則不須論其罪否？」曰：「是也。」淳。〔八〇〕

「管仲，孔子自有說他過處，自有說他功處，過不能以掩功。如唐之王魏亦然。」或問：「設有弒父弒君不可贖之罪，雖有功，亦在所不說矣。」曰：「如此，則無可言者。」文蔚。

李丈問：「管仲功可掩過否？」曰：「他義不當死。」又曰：「這般處亦說得不分曉，大抵後十篇不似前十篇。如『子路問成人』處，亦說得粗。」淳問：「如武仲之知公綽之不欲下莊子之勇、冉求之藝，皆不是十分底事否？」曰：「是。」淳。〔八一〕

## 公叔文子之臣大夫僎章無〔八二〕

## 子言衛靈公之無道章無〔八三〕

其言之不怍章無〔八四〕

## 陳成子弑簡公章

問：「『陳成子弑簡公』章，云：『三子有無君之心，夫子所以警之。』」曰：「須先看得聖人本意。夫子初告時，真個是欲討成子，未有此意。後人自流泝源，知聖人之言可以警三子無君之心，非是聖人托討成子以警三子。聖人心術不如此枉曲。」雉。

或問：「孔子當周衰時，可以有爲否？」曰：「聖人無有不可爲之事，只恐權柄不入手。若得權柄在手，則兵隨印轉，將逐符行。近温左氏傳見定、哀時煞有可做底事。」問：「固是聖人無不可爲之事。不知〔八五〕聖人有不可爲之時否？」曰：「便是聖人無不可爲之時。若時節變了，聖人又自處之不同。」又問：「孔子當衰周時〔八六〕豈不知時君必不能用己？」曰：「聖人却無此心，豈有逆料人君能用我與否？到得後來説『吾不復夢見周公』，與『鳳鳥不至，河不出圖，吾已矣夫』時，聖人亦自知其不可爲矣，但不知此等話是幾時説。據『陳恒弑其君，孔子沐浴而朝請討之』時是獲麟之年，那時聖人猶欲有爲也。獲麟在魯哀公十四年，十六年孔子卒。〔八七〕」廣。〔八八〕

伊川言：「孔子時大倫亂矣，請伐齊以討其弑君之罪。使哀公能從其請，孔子必有處置，須使顏回事周，子路事晉，天下大計可立，而遂孔子臨老有此一段事好做。奈何哀公不能從，可惜！」或問：「當時魯之兵柄分屬三家，哀公雖欲從孔子之言，然不告三子則兵不可出，而孔子意乃不欲往告，何哉？」曰：「哀公誠能聽孔子言以討齊亂，則亦召三子而以大義詔之。理明義正，雖或不欲，而孰敢違之哉？今無成命，反使孔子往告，則是可否之權決於三子而不決於公也。况魯之三家，即齊之陳氏，其不欲討之必矣，是則不惟名義之不正，而事亦豈可得成哉？孔子以君命之重，不得已而往，尚冀其萬一之或從也。而三子果以爲不可，則復正言之，以明君臣大倫所繫之重。雖欲不告而不敢以已，其所以警三子者亦深矣。」〔八九〕

問：「伊川謂：『左氏載孔子言曰：「陳亘弑其君，民之不與者半。以魯之衆加齊之半，可克也。」此非孔子之言。』誠若此言，是聖人以力角勝而不以義理也。」曰：「聖人舉事也不會只理會義理，都不問利害。事也須是可行始得，但須是先得魯之衆，方可用齊之半。蓋齊之半，雖未必難動，而魯之衆却未便得它從。然此事聖人亦必入思慮，但却不專主此也。故伊川又云：『借使言行，則亦上有天子，下有方伯，謀而後行。』然則聖人亦非不量力而浪戰也。明君臣之大義以見弑，逆之大惡，天下所不容，人人得誅之。以天下之兵討天下之賊，彼雖衆，亦奚以爲哉？固不當區區較齊魯之强弱也。左氏所記蓋傳聞之謬，以衆人之腹爲聖人之心者爾。」〔九〇〕

## 子路問事君章

亞夫問「勿欺也，而犯之」。曰：「犯，只是『有犯無隱』之『犯』。如『三諫不聽』之類，諫便是犯也。」時舉。

徐問：「『勿欺也，而犯之』。子路豈欺君者？莫只是他勇，便解恁地否？」曰：「是恁地。子路性勇，凡言於人君，要他聽，或至於説得太過，則近乎欺。如唐人諫敬宗遊驪山，謂驪山不可行，若行必有大禍。夫驪山固是不可行，然以爲有大禍，則近於欺矣。要之，其實雖不失爲愛君，而其言則欺矣。」辛。張權輿諫。辛。驪山事見寶曆元年。〔九一〕

張敬夫説亦善，謂「犯顔納忠，事君之義，然勿欺其本也。」勿欺矣，則誠信充積，一不得已，有時而犯之，則有以感動也。若忠信有所不足，則於事君之道爲未盡，而徒以犯顔爲事，亦鮮味矣。如「納交要譽」之類，一毫之萌皆爲欺也。以子路之剛强，懼其果於犯也，故告之以「勿欺」爲主。〔九二〕

問：「如何是欺？」曰：「有意瞞人便是欺。」曰：「看得子路不是瞞人底人。」曰：「『無臣而爲有臣』，乃欺也。」廣。

## 君子上達章

「君子上達」，一日長進似一日；「小人下達」，一日沉淪似一日。賀孫。

問：「注云：『君子反天理，故日進乎高明；小人徇人欲，故日究乎污下。』『究』字之義如何？」曰：「究者，究竟之義，言究竟至於極也。此段本横渠、吕與叔之言，將來湊説，語意方備。小人徇人欲，只管被它墜下去，只見沉了，如人墜水相似。」因又言究竟之義：「今人多是如此。初間只是差些子，少間究竟將去，越見差得多。如説道理亦是如此。初間錯些子，少間只管去救，救來救去，越弄得大。無不如此。如人相訟，初間本是至没緊要底事，喫不過，胡亂去下一紙狀。少間公吏追呼，出入搔擾，末梢計其所費，或數十倍於所争之多。今人做錯一件事，説錯一句話，不肯當下覺悟便改，却只管去救其失，少間救得過失越大。無不是如此。」僩。

嶜[九三]問「君子上達，小人下達」。曰：「伊川『君子爲善，只有上達；小人爲不善，只有下達』[九四]之説爲至，其次則吕氏『君子日進乎高明，小人日究乎污下』之説亦[九五]得之。達，只是透向上去。君子只管進向上，小人只管向下。横渠説『上達反天理，下達徇人欲者歟』[九六]亦是。尹氏之謂達，却只是説得『君子喻於義』之意，却只是喻曉之義。楊氏之説舜蹠，却是伊川之意。謝氏之説大段遠了，不干事。范氏之説，初是喻於義利，次是達於上下，其末愈上愈下，却有伊川之意。大抵范氏説多如此，其人最好編類文字，觀書多匆遽，不子細。如〔九七〕學而首章，説得亂董董地，覺得他理會這物事不下。大抵范氏爲人宏博純粹，却不會研窮透徹。如唐鑑，只是大體好，不甚精密，議論之間多有説那人不盡。如孫之翰唐論雖淺，到理會一事直窮到底，交他更無轉側處。」僩。

## 古之學者爲己章

立之問「古之學者爲己，今之學者爲人」。曰：「此只是初間用心分毫之差耳，所謂『上達』、『下達』者，亦只是自此分耳。下達者只因〔九八〕分毫有差，便一日昏蔽似一日。如人入爛泥中行相似，只見一步深似一步，便渾身陷没，不能得出也。君子之學既無所差，則工夫日進，日見高明，便一日高似一日也。」因言秦檜〔九九〕：「所以〔一〇〇〕與張魏公有隙之由，乃因魏公不薦他作宰相，而薦趙丞相，故後面生許多怨惡，蓋皆始於此耳。」時舉。

學者只是不爲己，故日間安頓此心在義理上時少，安頓在閑事上時多。於義理却生，於閑事却熟。方子。〔一〇一〕

學者須是爲己，聖人教人只在大學第一句「明明德」上。以此立心則如今端容〔一〇二〕亦爲己也，讀書窮理亦爲己也，做得一件事是實亦爲己也。聖賢教人持敬，只是須着從這裏地説

去[一〇三]。其實若知爲己後，則[一〇四]自然着敬。方子。[一〇五]

與馮德英説爲己、爲人。曰：「若不爲己，看做甚事都只是爲别人，雖做得好亦不關己。自家去從師，也不是要理會身己，自家去取友，也不是自[一〇六]要理會身己。自家[一〇七]只是漫恁地，只是要人説道也曾如此，只要人説道理[一〇八]好。自家又識得甚麽人，自家又有幾個朋友，這都是徒然。説道看道理，不曾着自家身己如何會曉得？世上如此爲學者多。只看爲己底是如何，他直是苦切。事事都是自家合做底事如此方可，不如此定是不可。今有人苦學者，他因甚恁底苦？他只爲見這個[一〇九]物事是自家合做底事。如人喫飯，是緣[一一〇]自家肚飢定是要得[一一一]喫。又如人做家主，要錢使，他[一一二]在外面百方做計，壹錢也要將歸。這是爲甚如此？這只是爲自家自身上事。[一一三]若如此爲學，如何會無所得？」賀孫。[一一四]

行夫問：「南軒云『爲己者無所爲而然也』。這是見得凡事皆吾所當爲，非求人知，不求人譽，無倚無靠之謂否？[一一五]」曰：「有所爲者是爲人也。這須是見得天下之事實是己所當爲，非吾性分之外所能有然後爲之，則無爲人之弊耳。且如『哭死而哀非爲生者』也[一一六]。今人弔喪[一一七]，以亡者平日與我善厚，[一一八]真個可悼，哭之發於中心，此固出於自然者。又如做[一一九]一般人欲亡者家人知我如此哭[一二〇]便不是，這便是爲人。又如做[一二一]一善事是有[一二二]自家自肯去做，非待人教自家做方勉强做，此便不是爲人也。」[一二三]

問爲己。答[一二三]曰：「這須要自看，逐日之間小事大事，只是道我合當做便如此行[一二四]，這便是無所爲。且如讀書，只道自家合當如此讀，合當如此理會身己。纔說要人知便是有所爲。如世上人纔讀書，便安排這個好做時文，此又爲人之甚者。」賀孫。[一二五]

「學者須是爲己。譬如喫飯，寧可逐些喫令飽爲是乎？寧可鋪攤放門外報人道我家有許多飯爲是乎？近來學者多是以自家合做底事報與人知。」又言：「此間學者多好高，只是將義理略從肚裏過，却糊[一二六]出許多說話。舊見此間人做婚書，亦說天命人倫。男婚女嫁自是常事，蓋緣[一二七]有厭卑近之意，亦須將日用常行底事裝荷起來。如此者只是不爲己，不求益，只是好名、圖好看，亦聊以自誑。如南越王黄屋左纛，聊以自娱爾。」方子。[一二八]

問：「伊川云：『爲己，欲得之於己也；爲人，欲見知於人也。』後又云：『古之學者爲己』，其終至於成物；『今之學者爲人』，其終至於喪己。』兩說不同，何也？」曰：「此兩段意思自別，前段是低底爲人，後段是好底爲人。前爲人，只是欲見知於人而已。後爲人，却是真個要爲人。然不曾先去自家身己上做得工夫，非唯是爲那人不得，末後和己也喪了。」雉。

今人都是爲人而學。某所以教諸公讀大學，且看古人爲學是如何，是理會甚事。諸公願爲古人之學乎？願爲今人之學乎？敬仲。[一二九]

## 蘧伯玉使人於孔子章

問：「莊子說『蘧伯玉行年五十，而知四十九年之非』，此句固好。又云『行年六十而六十化』，化是如何？」曰：「謂舊事都消忘了。」又曰：「此句亦說得不切實。伯玉却是個向裏做工夫人，莊子之說自有過當處。」廣。

李公晦問「行年六十而六十化」。先生云：「只是消融了，無固滯。『百神享之』如『祈晴得晴，祈雨得雨』之類。〔一一三〇〕」蓋卿。

或問：「荷蕢沮溺之徒賢於世俗之人遠矣，不知比蘧伯玉如何？」曰：「荷蕢之徒高於子產、晏平仲輩，而不及伯玉，蓋伯玉知爲學者也。」僩。

蘧伯玉使者之言極有味，學者所宜熟玩而深省焉者。范氏謂：「君子之患在於未能寡過，能寡其過，益莫大焉。」楊氏謂：「欲寡其過，非克己能如是乎？使者對之無溢辭，而伯玉之賢益彰，故夫子善之。」謝氏謂：「世蓋有欲言人之賢而未知所以言者，使者以此稱伯玉，亦可謂知言矣。」尹氏謂：「語謙卑而事美，善稱其主者也。」胡氏謂：「未能寡過乃伯玉心事，而使者知之，雖伯玉克己日新之符著見於外，而使者亦可謂知德而能言矣。」〔一一三一〕

不在其位章無[一三二]

君子思不出其位章無[一三三]

君子恥其言而過其行章無[一三四]

君子道者三章無[一三五]

子貢方人章

聖人說：[一三六]「賜也賢乎哉，夫我則不暇。」學者須思量不暇個甚麽，須於自己體察方可見。友仁。

不患人之不己知章[一三七]

侯氏謂「君子修己而已，人知不知非所患也」。尹氏謂「反求諸己，不願乎其外也」。此二說得其要矣。張敬夫之説亦善，謂：「四端五典，雖聖人不自以爲能盡也，而况于學者，其不能之患何有極乎？而何所願乎外也？若有一毫患人不己知之心萌於中，則其害甚矣！」[一三八]

## 不逆詐章

「雖[一三九]是『不逆詐，不億不信』，然也須要你能先覺方是賢。蓋逆詐，億不信，是纔見那人便逆度之。先覺，却是他詐與不信底情態已露見了，自家這裏便要先覺。若是[一四〇]自家面前詐與不信，却都不覺時，自家却在這裏做什麽，理會甚事？便是昏昧呆底相似。此章固是要人不得先去逆度，亦是要人自着些精采看方得。」又問楊氏「誠則明矣」之説。曰：「此説大了，與本文不相干。如待誠而後明，其爲覺也後矣。蓋此章人於日用間便要如此。」燾。

問：「『不逆詐，億[一四一]不信』，如何又[一四二]先覺爲賢？」曰：「聰明底人便自覺得，如目動言肆，便見得是將誘我。燕王告霍光反，漢昭帝便知得霍光不反。燕在遠，如何知得？便是它聰明見得，豈非賢乎！若當時便將霍光殺了，安得爲賢！」銖。

才仲問：「南軒解『不逆詐』一段，引孔注：『先覺人情者，是能爲賢乎！』此説如何？」曰：「不然。人有詐、不信，吾之明足以知之，是之謂『先覺』。彼未必詐，而逆以詐待之；彼未必不信，而先億度其不信，此則不可。周子曰『明則不疑』，凡事之多疑，皆生於不明。如以察爲明，皆至暗也，唐德宗之流是也。如放齊稱『胤子朱啓明』，而堯知其嚚，堯之明有以知之，是先覺也。凡『抑』字皆是挑轉言語。舊見南軒用『抑』字多未安。」可學。

## 微生畝謂孔子章

微生畝蓋晨門之徒。當時多有此般人，如棘子成亦此類。淳。

## 子曰驥不稱其力章無[一四三]

## 子曰以德報怨章

亞夫問「以德報怨」一章。先生曰：「『以德報怨』不是不好，但上面更無一件可以報德。譬如人以千金與我，我以千金酬之便是當然。或有人盜我千金，而吾亦以千金與之，却是何理！視與我[一四四]千金者更無輕重，斷然是行不得也。」時舉。

問「以直報怨，以德報德」。先生曰：「聖人答得極好。『以德報怨』，怨乃過德。以怨報德，豈是人情？『以直報怨』則於彼合爲則爲，是無怨也，與孟子『三反』於『不校』同。禮記云：『以德報怨，寬身之仁也。』言如此亦是寬身，終不是中道。」可學問：「禮記注改『仁』作『人』。」

曰：「亦不必改。」通老問：「在官遇故舊，有公事，如何？」曰：「亦權其輕重，只看此心。其事小亦可周旋，若事大，只且依公。」某問：「蘇章夜與故人飲，明日按之，此莫太不是？」曰：「此是甚人？只是以故人爲貨！如往時秦檜當國，一日招胡明仲飲，極歡。歸則章疏下，又送路費甚厚，殷勤手簡。秦檜有數事，往日親聞之胡侍郎及籍溪先生：『太上在河北爲虜騎所逐，禱於崔府君廟，歸而立其祠於郊壇之旁。』檜一日奏事，因奏：『北使將來，若見此祠而問，將何以對？』遽命移於湖上。」可學。

「『以[一四五]德報德』，蓋它有德於我，自是着饒潤它些子。所謂公法行於上，私義伸於下也。『以直報怨』，當賞則賞之，當罰則罰之，當生則生之，當死則死之，怨無與焉。不説自家與它有怨，便增損於其間。」問：「如此，所以『怨有不讎，德無不報』。」曰：「然。」[一四六]

問：[一四七]「表記云：[一四八]『以德報怨，寬身之仁也；以怨報怨，刑戮之民也。』此有病否？」曰：「此也似説得好。『以德報怨』，自家能饒人，則免得人只管來怨自家，故曰『寬身之仁也』。如『以怨報怨』，則日日相搥鬬打，幾時是了？故曰『刑戮之民也』。」燾。

聖人説話無不子細，磨稜合縫，盛水不漏。且[一四九]如説「以德報怨」，如説那「一言興邦」似。[一五〇]其他人便只説「予無樂乎爲君，惟其言而莫予違也」，便可以喪邦，只此一句便了。聖人則須是恁地子細説方休[一五一]。如孟子説得便粗，如「今之樂，猶古之樂」、大王公劉好色好

貨之類。故横渠説：「孟子比聖人自是粗，顔子所以未到聖人，亦只是心尚粗。」義剛。〔一五二〕

問：「『以德報怨』章，注謂『旨意曲折反覆，微妙無窮』，何也？」曰：「『以德報怨』本老氏語。『以德報怨』於怨者厚矣，而無物可以報德，則於德者不亦薄乎！呂申公爲相，曾與賈種民有怨，却與之郡職，可謂『以德報怨』，厚於此人矣，然那裏人多少被其害！賈素無行，元豐中在大理爲蔡確鷹犬，申公亦被誣構。及公爲相，而賈得罪，公復爲請知通利軍。『以直報怨』則不然，如此人舊與吾有怨，今果賢邪，則引之薦之；果不肖邪，吾〔一五三〕則棄之絶之，是蓋未嘗有怨矣。老氏之言死定了。孔子之言意思活，移來移去都得。設若不肖者後能改而賢，則吾又引薦之矣。」淳。

## 莫我知也夫章

問：「孔子告子貢曰『莫我知也夫』一段，子貢又不曾問，夫子告之必有深意。莫是警子貢否？」曰：「論語中自有如此等處，如告子路『知德者鮮』、告曾子『一以貫之』，皆是一類。此是大節目，要當自得。這却是個有思量底事，要在不思量處得。」文蔚。

問「莫我知也夫」。曰：「夫子忽然説這一句做甚？必有個着落〔一五四〕處。當時不特門人知孔子是聖人，其它亦有知之者，但其知處不及門人知得較親切。然孔子當是時説這話，他人亦莫知着落。惟是子貢便知得這話必有意在，於是問〔一五五〕『人〔一五六〕皆知夫子是聖人，何爲説道莫之知』。夫子所答〔一五七〕三句，大抵都〔一五八〕是退後底説話。〔一五九〕『不怨天』，是於天無所逆〔一六〇〕；『不尤人』，是〔一六一〕於人無所忤。『下學而上達』，是在這裏貼貼地理會，如水無石，如木無風，〔一六二〕人亦無緣知得。而今人所以知於人者，都是兩邊作得來張眉努〔一六三〕眼，大驚小怪。『知我者其天乎』！便是人不及知，但有天知而已，以其與天相合也。此與對葉公之語略相似，都是放退一步説。大概聖人説話平易，若孟子，便早自不同。」夔孫。按：黄義剛録同而略，今附云：〔一六四〕「子曰『莫我知也夫』，當時不惟門人知夫子，別人也知道他〔一六五〕是聖人。而〔一六六〕今夫子却恁地説時〔一六七〕是如何？如子貢之聰明，想見也大故知聖人，但尚有知未盡處，故如此説。子貢曰：『何爲其莫知子也？』子貢説是他不爲不知夫子，所以怪而問之。夫子便説那下面三句。這三句便似那〔一六八〕葉公問孔子於子路處樣，皆是退後一步説。『不怨天』是於天無所違〔一六九〕逆，『不尤人』是於人無所違忤。『下學』，是各自恁地做；〔一七〇〕『上達』，是做後各〔一七一〕自理會得。這個不響不喚，如水之無石，如〔一七二〕木之無風，只貼貼地在這裏，宜其人不能知。若似其〔一七三〕撐眉努眼，恁地叫喚價〔一七四〕做，時人却便知，但聖人却不恁地，只是就平易去做。只這平易便是人不能及處。便如『發憤忘食，樂以忘憂』樣便着，似乎只是恁地平説，〔一七五〕但是人自不可及。人既不能知，則只有天知。所以只有天知時〔一七六〕，也是他道理與天相似了。〔一七七〕」

問：「何以『人莫之知而天獨知之』？」曰：「其不怨不尤也，則不責之人而責之己。其下學，人事也，則又不求之遠而求之近。此固無與於人而不駭於俗矣。人亦何自而知之耶？及其

上達而與天爲一焉，則又非人之所能知者，而獨於天理相關耳。此所以『人莫之知而天獨知之』也。」〔一七八〕

問：〔一七九〕「『不怨天，不尤人』。此二句體之於身，覺見『不尤人』易，『不怨天』難。何以能『不怨天』？」曰：「此是就二句上生出意。看了且未論恁地，且先看孔子此段本意。理會得本意，這便自了。〔一八〇〕此段最難看。若須要解如何是『不怨天』，如何是『不尤人』，如何是『下學』，如何是『上達』，便粘滯了。天又無心無腸，如何知得。孔子須是看得脱洒始得。此段只渾淪一意。〔一八一〕蓋孔子當初歎無有知我者，子貢因問『何爲莫知子』，夫子所答辭只是解『何爲莫知子』此〔一八二〕一句。大凡不得乎天則怨天，不得乎人則尤人。我不得乎天亦不怨天，不得乎人亦不尤人，與世都不相干涉。方其下學人事之卑，與衆人所共，〔一八三〕又無奇特聳動人處。及忽然上達天理之妙，〔一八四〕人又捉摸不着，如何能知得我。知我者畢竟只是天理，與我默契耳。以此見孔子渾是天理。」〔一八五〕久之，又曰：「聖人直是如此瀟洒，正如久病得汗，引箭在手，忽然破的也。」又曰：「孔子當初説這般話與子貢時，必是子貢有堪語這道理模樣。然孔子説了，子貢又無以承受〔一八六〕，畢竟也未曉得。〔一八七〕亦未可知。〔一八八〕若他〔一八九〕曉得，亦必有語。如『予欲無言』、『予一以貫之』，亦然。〔一九〇〕如曾子聞『一貫』語，便曰『唯』，是他曉得。」董問：〔一九一〕「子貢後來聞性與天道，如何？」曰：「亦只是方聞得，畢竟也未見得透徹。

『不[一九二]怨天，不尤人，下學而上達』這三句，與『發憤忘食，樂以忘憂，不知老之將至』三句同[一九三]。以爲夫子自譬，則又似自貶；以爲自貶，則又似自譬。」淳。寓、伯羽録同。[一九四]

胡叔器問：[一九五]「下學只是[一九六]切近處求否？」曰：「也不須恁地揀，事到面前便與[一九七]理會。且如讀書，讀第一章便與[一九八]理會第一章，讀第二章便與[一九九]理會第二章。今日撞着事來便與[二〇〇]理會這事，明日撞着那事來便與[二〇一]理會那事。萬事只是一理，不是只揀那[二〇二]大底、要底理會，其他都不管。」[二〇三]

蔡問：「有一節之上達，有全體之上達否[二〇四]？」曰：「不是全體。只是這一件理會得透，那一件又理會得透，積累多便會貫通。不是別有一個大底上達，又不是下學中便有上達，須是下學方能上達。今之學者於下學便要求玄妙則不可。『洒掃應對，從此可到形而上，未便是形而上』，謝氏說過了。」鄭曰：「今之學者，多說文章中有性天道。南軒亦如此說。」曰：「他太聰敏，便說過了。」淳。

「下學而上達」，每學必自下學去。[二〇五]

下學、上達，雖是二事，只是一理。若下學得透，上達便在這裏。道夫。

道理都在我時是上達。譬如寫字，初習字時，是下學。及寫得熟，一點一畫都合法度，是上達。明作。

下學者，事也；上達者，理也。理只在事中。若真能盡得下學之事，則上達之理便在此。道夫。

下學只是事，上達便是理。下學、上達，只要於事物上見理，使邪正是非各有其辨。若非子細省察，則所謂理者何從而見之。謨。

問「下學而上達」。曰：「學之至，即能上達，但看着力不着力。十五而志乎學，下學也。能立，則是上達矣。又自立而學能不惑，則上達矣。層層級級達將去，自然日進乎高明。」洽。

須是下學方能上達。然人亦有下學而不能上達者，只緣下學得不是當。若下學得是當，未有不能上達。釋氏只說上達，更不理會下學。然不理會下學，如何上達！道夫。

問：「『下學上達』，聖人恐不自下學中來。」曰：「不要說高了聖人。〔二〇六〕越說得低〔二〇七〕，越有意思。」〔二〇八〕

問「不怨天不尤人」一段。曰：「如此故不知。」可學。〔二〇九〕

問：「『知我者其天乎』，只是孔子自知否？」曰：「固然。只是這一個道理。」廣。

問「莫我知也夫」一節。「此〔二一〇〕語乃是提撕子貢。『不怨天，不尤人，下學』處，聖人無異於衆人。到那『上達』處不同，所以衆人却莫能知得，惟是天知。」又曰：「中庸『苟不固聰明聖、智達天德者，其孰能知之』，古注云：『惟聖人能知聖人。』此語自好。所謂天知者，但只是理一般而已。樂天便是『不怨天』，安土便是『不尤人』。事理間〔二二一〕便是那下學、上達底。」植。

問：「『莫我知也夫』與『予欲無言』二段，子貢皆不能復問，想是不曉聖人之意。」曰：「非是不曉聖人語意，只是無默契合處，不曾有默地省悟觸動他那意思處。他〔二二二〕若有所默契，須發露出來，不但已也。」僩。

問：「『方其爲學，雖上智不容於不下；及其爲達，雖下愚不容於不上』，此與『上智下愚〔二二三〕』不相梗否？」曰：「不干那事。若恁地比並理會，將間都沒理會了。且看此處直意：方其學時，雖聖人亦須下學。如孔子問禮，問官名，未識須問，問了也須記；及到達處，雖下愚也會達，便不愚了。某以學者多不肯下學，故下此語。」問：「何謂達？」曰：「只是下學了，意思見識便透過上面去。」淳。

寓〔二二四〕問明道言「『下學而上達』，意在言表」。曰：「『意在言表』，如下學只是下學，如何便會上達？自是言語形容不得。下學、上達雖是兩件，理會得透徹厮合，只一件。下學是事，上達是理。理在事中，事不在理外。一物之中皆具一理，就那物中見得個理便是上達，如『大而化之之謂聖，聖而不可知之之謂神』。然亦不離乎人倫日用之中，但恐人不能盡所謂學耳。果能學，安有不能上達者！」〔二二五〕

程子曰「『下學上達』，意在言表」。〔二二六〕因其言以知其意，便是「下學上達」。淳。

問：「『意在言表』是如何？」曰：「此亦無可説。説那『下學上達』，便是『意在言表』了。」廣。

## 公伯寮愬子路於季孫〔二一七〕章

問呂氏曰「道出乎天，非聖人不興。無聖人，則廢而已。故孔子以道之廢興付之命，以文之得喪任諸己」。曰：「道，只是有廢興，却喪不得。文，如三代禮樂制度，若喪，便掃地。」㽦。

## 賢者辟世章

時舉〔二一八〕問「賢者辟世」一章。曰：「凡古之隱者，非可以一律看。有可以其時之所遇而觀之者，有可以其才德之高下而觀之者。若長沮、桀溺之徒，似有長往而不返之意。然設使天下有道而出，計亦無甚施設，也〔二一九〕只是獨善其身，如老莊之徒而已。大抵天下有道而見，不必待其十分太平然後出來；天下無道而隱，亦不必待其十分大亂然後隱去。天下有道，譬如天之將曉，雖未甚明，然自此只向明去，不可不出爲之用。天下無道，譬如天之將夜，雖未甚暗，然自此只向暗去，知其後來必不可支持，故亦須見幾而作〔二二〇〕也。」時舉。

「『賢者辟世』，浩然長往而不來，舉世棄之而不顧，所謂『遯世不見，知而不悔』者也。」問：

「沮、溺、荷蓧之徒，可以當此否？」曰：「可以當之。」或云：「集注以太公、伊尹之徒當之，恐非沮、溺之徒可比也。」曰：「也可以當，只是沮、溺之徒偏耳，伊、吕平正。」僩。

## 作者七人章無〔二二一〕

## 子路宿於石門章

問：「『石門』章，先生謂聖人『無不可爲之時』。且以人君言之，堯之所以處丹朱而禪舜，舜之處頑父、嚚母、傲弟之間，與其所以處商均而禪禹。以人臣言之，伊尹之所以處太甲，周公之所以處管蔡，此可見聖人無不可爲之時否？」曰：「然。」廣。

## 子擊磬於衛章

「子擊磬於衛」。「天〔二二二〕下固當憂，聖人不應只管憂。如『樂亦在其中』，亦自有樂時。」或云：「聖人憂天下，其心自然如此。如天地之造化萬物，而憂不累其心。」曰：「然則擊磬之時，其心憂乎，樂乎？」對云：「雖憂而未嘗無樂。」又有云：「其憂世之心，偶然見於擊磬之時。」先生皆不然之，曰：「此是一個大題目，須細思之。」壽仁。〔二二三〕

問：「荷蕢聞磬聲，如何便知夫子之心不忘天下？」曰：「他那個人煞高，如古人於琴聲中知有殺心者耳。」因說：「泉州醫僧妙智大師後來都不切脈，只見其人，便知得他有甚病。又後來雖不見其人，只教人來說，因其說便自知得。此如『他心通』相似。蓋其精誠篤至，所以能知。」又問：「『硜硜乎』是指磬聲而言否？」曰：「大約是如此。」廣。東漢蔡邕至主人之門，潛聽琴聲而知有殺心，乃鼓琴者見螳螂捕蟬，惟恐其失之，遂形於聲也。〔一二四〕

## 上好禮則民易使〔一二五〕章

「禮達而分定」。達，謂達於下。廣。

## 子路問君子章

陳仲卿問「修己以敬」。答曰：「敬者，非但是外面恭敬而已，須是要裹面無一毫不直處，方是所謂『敬以直内』者是也。」時舉。〔一二六〕

或問：「修己如何能安人？」曰：「且以一家言之，一人不修己，看一家人安不安！」節。

陳仲卿問「修己以敬，修己以安人，修己以安百姓」。曰：「須看『敬以直内』氣象。敬時内面一齊直，徹上徹下，更無些子私曲。若不敬，則内面百般計較，做出來皆是私心。欲利甲必害乙，利乙必害丙。如何得安？」

問：「『體信達順』。〔二二七〕『體信』是體其理之實，『達順』是行其理之宜否？」曰：「如『忠』、『恕』二字之義。」廣。

寓〔二二八〕問：「『子路問君子』，伊川説：『此體信達順之道，聰明睿智皆由是出。』〔二二九〕如何是『體信達順』？」曰：「『體信』只盡這至誠道理，順即自此發出，所謂『和者天下之達道』。『體信達順』即是『主忠行恕』。」問：「『聰明睿智皆由是出』，是由恭敬出否？」曰：「是心常恭敬，則常光明。」先生又贊言：「『修己以敬』一句，須是如此。這處差，便見顛倒錯亂。詩稱成湯『聖敬日躋』，聖人所以爲聖人皆由這處來。這處做得工夫直是有功。」寓。〔二三〇〕

「體信」是忠，「達順」是恕。「體信」是無一毫之僞，「達順」是發而皆中節，無一物不得其所。「聰明睿智皆由是出」，是自誠而明意思。「體信」是真實無妄，「達順」是使萬物各得其所。賀孫。〔二三一〕

問：「『此體信達順之道，聰明睿智皆由是出』，何也？」曰：「只是恭敬，則人之心便開明。」按：陳淳録同。〔二三二〕

亞夫問：「程先生説『修己以敬』，因及『聰明睿知皆由此出』，不知如何？」曰：「且看敬則如何不會聰明！敬則自是聰明。人之所以不聰不明，止緣身心惰慢，便昏塞了。敬則虛靜，自然通達。」賀孫因問：「周子云『靜虛則明，明則通』，是此意否？」曰：「意亦相似。」賀孫。

「修己以敬」。[二三三] 楊至之問：「如何程氏說到『祀天享帝』了，方說『聰明睿智，皆由此出』？」曰：「如此問，乃見公全然不用工夫。『聰明睿智』如何不由敬出！且以一國之君看之：此心纔不專靜，則姦聲佞辭雜進而不察，何以爲聰？亂色詖說之容交蔽而莫辨，何以爲明？睿智皆出於心。心既無主，則應事接物之間，其何以思慮而得其宜？所以此心常要肅然虛明，然後物不能蔽。」又云：「『敬』字，不可只把做一個『敬』字說過，須於日用間體認是如何。此心常卓然公正，無有私意，便是敬；有些子計較，有些子放慢意思，便是不敬。故曰『敬以直內』，要得無些子偏邪。」又與文振說：「平日須提掇精神，莫令頹塌放倒，方可看得義理分明。看公多恁地困漫漫地，『則不敬莫大乎是』。」賀孫。

問「修己」注中云云「龜龍麟鳳」。[二三四]「體信」是體這誠信，「達順」是適[二三五]行順道。「聰明睿智，皆由是出」者，皆由敬出。「以此事天饗帝」，「此」即敬也。植。

因說程子言[二三六]「君子修己以安百姓，篤恭而天下平」至「以此事天享帝」，此語上下不難說[二三七]。惟中間忽云「聰明睿智，皆由此出」，則非容易道得，是他曾因此出些聰明睿智來。儒用。[二三八]

因歎「敬」字工夫之妙，聖學之所以成始成終者皆由此，故[二三九]「修己以敬」。下面「安人」、「安百姓」皆由於此。只緣子路問不置，故聖人復以此答之。要之，只是個「修己以敬」，則其事皆了。或言：「自秦漢以來諸儒皆不識這『敬』字，直至程子方說得親切，學者始〔二四〇〕知所用力。」曰：「程子說得如此親切了。近世程沙隨猶非之，以爲聖賢無單獨說『敬』字時，只是敬親、敬君、敬長方着個『敬』字。全不成說話。聖門〔二四一〕曰『敬而無失』、曰『聖敬日躋』，何嘗不單獨說來？若言〔二四二〕有君、有親、有長時用敬，則無君親、無長之時將不敬乎？都不思量，只是信口胡說。」僩。〔二四三〕

## 原壤夷俟章

原壤無禮法。淳于髡是個天魔外道，本非學於孔孟之門者，陸子静如何將來作學者並說得！道夫。

問：「原壤登木而歌，『夫子爲弗聞也者而過之』，待之自好。及其夷俟則以杖叩脛，近於太過。」曰：「這裏說得却差。如原壤之歌，乃是大惡。若要理會，不可但已，且只得休。至於夷俟之時，不可教誨，故直責之。復叩其脛，自當如此。若如正淳之說則是不要管他，却非朋友之道矣。」人傑，字正淳。〔二四四〕

# 晦庵先生朱文公語類卷第四十五

## 論語二十七

### 衛靈公篇

子在陳固窮章〔一〕

周問：「『固窮』有二義，不知孰長？」先生曰：「固守其窮，古人多如此説，但以上文觀之，則恐聖人一時答問之辭，未遽及此。蓋子路方問：『君子亦有窮乎？』聖人答之曰：『君子固是有窮時，但不如小人窮則濫爾。』以『固』字答上面『有』字，文勢乃相應。」雉。

子曰女以予爲多學而識之章〔二〕

孔子告子貢曰：「女以予爲多學而識之者與？予一以貫之。」蓋恐子貢只以己爲多學，而不知一以貫之之理。後人不會其意，遂以爲孔子只是一貫，元不用多學。若不是多學，却貫個甚底！且如錢貫謂之貫，須是有錢方貫得，若無錢，却貫個甚！孔子實是多學，無一事不理會過。若不是許大精神，亦吞不得許多。只是於多學中有一以貫之耳。文蔚。

時舉[三]問「夫子告子貢以予一以貫之」[四]一章。曰：「『一以貫之』，固是以心鑒照萬物而不遺。然也須『多學而識之』始得，未有不學而自能一貫者也。」時舉。

子貢尋常自知識而入道，[五]故夫子警之曰：「汝以予爲多學而識之者歟？」對曰：「然。非與？」曰：「非也，予一以貫之。」蓋言吾之多識不過一理爾。曾子尋常自踐履入，事親孝則真個行此孝，爲人謀則真個忠，朋友交則真個信，故夫子警之曰「汝平日之所行者皆一理耳」。惟曾子領略於片言之下，故曰「忠恕而已矣」。以吾夫子之道無出於此也。我之所得者忠，誠即此理，安頓在事物上則爲恕。無忠則無恕，蓋本末、體用也。祖道。去僞、謨同。[六]

問：「『一以貫之』，[七]謝氏謂『如天之於衆形，非物刻而雕之』，是如何？」曰：「天則[八]是一氣流行，萬物自生自長，自形自色，豈是逐一粧點得如此！聖人只是一個大本大原裹發出，視自然明，聽自然聰，色自然温，貌自然恭。在父子則爲仁，在君臣則爲義。從大本中流出，便成許多道理。只是這個一，便貫將去。所主是忠，發出去無非是恕。」寓。淳録[九]同。

問：「謝氏解云：『聖人豈務博者哉！如天之於衆形，匪物刻而雕之也。故曰：「予一以貫之。」「『德輶如毛』，毛猶有倫；『上天之載，無聲無臭』，至矣！」』所以引此詩者，莫只是贊其理之密否？」曰：「固是，到此則無可得說了。然此須是去涵泳，只恁地說過，亦不濟事。『多學而識之』，亦不是不是，故子貢先曰『然』，又曰『非與』。學者固有當『多學而識之』者，然又自有個一貫〔一〇〕道理。但『多學而識之』則可說，到『一以貫之』則不可說矣。」廣。

## 無爲而治者章〔一一〕

老子所謂無爲只是簡忽。聖人所謂無爲却是付之當然之理。如曰：「無爲而治者，其舜也與！夫何爲哉？恭己正南面而已。」這是甚麽樣本領！豈可與老氏同日而語！賀孫。〔一二〕

## 子張問行章

問「言忠信行篤敬」處。〔一三〕云：「篤者有重厚深沉之意，敬而不篤，則恐有拘迫之患。」時舉。

## 直哉史魚章無〔一四〕

## 可與言而不與之言章無〔一五〕

## 志士仁人章

或問仁。曰：「仁者，只是吾心之正理。『志士仁人無求生以害仁，有殺身以成仁』，須知道求生害仁時，雖以無道得生，却是抉破了我個心中之全理； 殺身成仁時，吾身雖死，却得此理完全也。」時舉。

問：「『無求生以害仁，有殺身以成仁』一章，思之，死生是大關節，要之，工夫却不全在那一節上。學者須是於日用之間不問事之大小，皆欲即於義理之安，然後臨死生之際庶幾不差。若平常應事，義理合如此處都放過。到臨大節，未有不可奪也。」曰：「然。」賀孫。

曾見人解「殺身成仁」，言〔一六〕所以全性命之理。人當殺身時，何暇更思量我是全性命之理！ 只爲死便是，生便不是，不過就一個是，故伊川説「生不安於死」。至於全其性命之理，乃是旁人看他説底話，非是其人殺身時有此語〔一七〕也。黄直卿〔一八〕云：「若如此，則是經德不回，所以正行〔一九〕也！ 方子。

## 子貢問爲仁章

時舉又問「子貢問爲仁」一章。〔二〇〕曰：「大夫必要事其賢〔二一〕，士必友其仁者，便是要琢磨勉厲以至於仁。如欲克己而未能克己，欲復禮而未能復禮，須要更相勸勉，乃爲有益。」因云：「時舉説文字見得也定，然終是過高而傷巧。此亦不是些小病痛，須要勇猛精進，以脱此科臼始得。」又云：「且放令心地寬平，不要便就文字上起議論也。」時舉。

## 顔淵問爲邦章

「行夏之時」，是行夏小正之事。[二二]

問[二三]「三正之建」[二四]。先生云：「『天開於子，地闢於丑，人生於寅』。蓋至子始有天，故曰『天正』；至丑始有地，故曰『地正』；蓋[二五]至寅始有人，故曰『人正』。邵康節分十二會，言到子上方始[二六]有天而[二七]未有地，到丑上方始[二八]有地而[二九]未有人，到寅上方始有人。子、丑、寅皆天、地、人之始，故三代[三〇]建以爲正。[三一]」明作。[三二]

楊尹叔問：「『天開於子，地闢於丑，人生於寅』，如何？」曰：「邵康節[三三]説，一元統十二會，前面虛却子、丑兩位，至寅位始紀人物，云人是寅年寅月寅時生。以意推之，必是先有天，方有地，有天地交感，方始生出物來。」淳。[三四]

問：「『天開於子，地闢於丑，人生於寅』，是如何？[三五]」曰：「此是邵子[三六]皇極經世中説，今不可知。他只以數推得是如此。他説寅上生物，是到寅上方有人物也，有三元、十二會、三十運、十二世。十二萬六百九十年爲一元。歲月日時，元會運世，皆自十二而三十，自三十而十二。至堯時會在巳、午之間，今則未及矣。至戌上説閉物，到那裏則不復有人物矣。」問：「不知人物消靡盡時，天地壞也不壞？」曰：「也須一場鶻突。既有形氣，如何得不壞？但一個壞了又有一個。」廣。

問「行夏之時」。先生曰：「前輩説多不同，有説三代皆是建寅，又説只是建子與寅，無建丑[三七]。劉和夫書解又説自五帝以來便自迭建三正，不止於三代，其引證甚詳。據皇極經世亦起於子。他以幾個年[三八]爲一會，第一會起於子，第二會起於丑，第三會起於寅，至寅上方始注一『開物』字。恐是天氣肇於子，至丑上第二會處地氣方凝結，至寅上第三會人物始生耳。蓋十一月斗指於子，至十二月斗雖指於丑，而日月乃會於子，故商正、周正皆取於此。然以人事言之，終不若夏正之善也。」雉。

問：[三九]「康節説『天開於子，地闢於丑，人生於寅』，是否？」曰：「模樣也是如此。經世書以元統會，十二會爲一元，一萬八百年爲一會。初間一萬八百年而天始開，又一萬八百年而地始成，又一萬八百年而人始生。初間未有物，只是氣塞。及天開些子後，便有一塊查滓在其中，初則溶軟，後漸堅實。今山形自高而下，便似淎[四〇]出來模樣。」淳曰：「每常見山形如水漾沙之勢，想初間地未成質之時只是水。後來漸漸凝結，勢自如此。凡物皆然。如雞子殼子〔四一〕之類，自氣而水，水而質，尤分曉。」曰：「是也。」淳問：「天有質否？抑只是氣？」曰：「只似個旋風，下面軟，上面硬，道家謂之『剛風』。世説天九重，分九處爲號，非也。只是旋有九重。上轉較急，下面氣濁，較暗。上面至高處，至清且明，與天相接。」淳問：「晉志〔四二〕渾天，以爲天外是水，所以浮天而載地，是否？」曰：「天外無水，地下是水載。某五六歲時，便思量天體是如何〔四三〕？外面是何物？」淳。〔四四〕

才仲問「行夏之時」。曰：「夏時，人正也。此時方有人，向上人猶芒昧。子時，天正也。此時天門〔四五〕方開。丑時，地正也，言地方萌。夫子以正月人可施功，故從其一，此亦是後來自推度如此。如曆家説，則以爲子起於林鍾，寅起於太簇。」又問「輅」注云「禮文有異」。曰：「其〔四六〕制度與車不同。以前只謂之車，今南郊五輅，見説極高大。」問：「何不作車與行事官乘？著法服騎馬亦不好看。」曰：「在中原時亦有乘車者。若舊制，亦有著法服騎馬，如散騎常侍在於輅之左右是也。」因舉上蔡論語舉王介甫云：「『事衰世之大夫，友薄俗之士，聽淫樂，視慝禮，欲其無惑〔四七〕於先王之道，難矣哉！』此言甚好。」楊通老問：「既如此言，後來何故却相背？」曰：「只是把做文章做，不曾反己求之。〔四八〕見説平日亦脱冠露頂地卧，然當初不如此。觀曾子固送黄生序〔四九〕，以其威儀似介卿，渠〔五〇〕舊字也，故名其序曰『喜似』。渠怪誕如此，何似之有！〔五一〕渠少年亦不喜釋老，晚年大喜。不惟錯説了經書，和佛經亦錯解了。『揭諦揭

諦，波羅僧揭諦』，此胡語也。渠注云『揭真諦之道以示人』，大可笑。」可學。〔五二〕

問：「顏子問爲邦，孔子止告之以四代之禮樂，却不及治國平天下之道。莫是此事顏子平日講究有素，不待夫子再言否？」曰：「固是如此。只是他那『克己復禮』、陋巷簞瓢，便只是這事。窮時是恁地着衣喫飯，達時亦只是恁地〔五三〕着衣喫飯。他日用間是理會甚事，想每日講論甚熟。三代制度却是不甚曾説處，却是生處。如堯舜禹，却只是就事上理會，及到舉大事，却提起那本領處説。」謂「精一執中」等語。又問：「聖人就四代中各舉一事，亦只是立一個則例，教人以意推之，都要如此否？」曰：「固是。凡事皆要放此。」文蔚。

問「顏淵問爲邦」。曰：「顏子於那〔五四〕道理上不消説，只恐它這制度尚有欠闕，故夫子只與説這個。他這個問得大，答得大，皆是大言〔五五〕大法。莊周説顏子『坐忘』，是他亂説。」又曰：「顏子着力做將去，如『克己復禮』，勿〔五六〕視聽言動，在它人看見是没緊要言〔五七〕，它做出來大大〔五八〕一件事。」植。

時舉問「顏淵問爲邦」一章。〔五九〕先生云：「顏淵爲政，其他如『敬事而信，節用愛人』與夫『居之無倦，行之以忠』之類，更不用説。所以斟酌禮樂而告之也。」時舉。

亞夫問「顏淵問爲邦」一節〔六〇〕。先生曰：「顏子事事了得了，只欠這些子，故聖人斟酌禮樂而告之。近有學者欲主張司馬遷，謂渠作漢高祖贊『黄屋左纛，朝以十月』，是他惜高祖之不能行夏之時，乘商之輅；謂他見識直到這裏，與孔子答顏淵之意同。某謂漢高祖若行夏之時，乘商之輅，也只做得漢高祖，却如何及得顏子！顏子平日是多少工夫！今却道漢高祖只欠這一節，是都不論其本矣。」時舉。

恭父問：「『顏淵問爲邦』，此事甚大，不知使其得邦家時，與聖人如何？」曰：「終勝得孟子，但不及孔子些子[六一]。」問：「莫有『綏之斯來，動之斯和』底意思否？」曰：「亦須漸有這意思。」又問：「『文武之道，未墜於地』，此是孔子自承當處否？」曰：「固是。惟是孔子便做得，它人無這本領，當不得。且如四代之禮樂，惟顏子有這本領方做得。若無這本領，禮樂安所用哉！所謂『行夏時，乘商輅，服周冕，舞韶舞』，亦且[六二]言其大略耳。」恪。[六三]

正卿問：「顏子涵養之功多，曾子省察之功多。」曰：「固不可如此説。然顏子資禀極聰明，凡是涵養得來都易。如『聞一知十』，如『於吾言無所不説』，如『亦足以發』，如『問爲邦』，一時將許多大事分付與他，是他大段了得。看『問爲邦』，而孔子便以四代禮樂告之，想是所謂夏時、商輅、周冕、韶舞，當『博我以文』之時都理會得了。」賀孫。

或問：「孔子答顏淵之問，欲用四代禮樂。至論『郁郁乎文』，則曰『吾從周』。何故？」曰：「此正適來説心小則物物皆病。賢心中只着得上一句，不著下一句。」可學。

或問：「黄憲不得似顏子。」曰：「畢竟是資禀好。」又問：「若得聖人爲之依歸，想是煞好。」曰：「又不知他志向如何。顏子不是一個衰善底人，看他是多少聰明！便敢問爲邦。孔子便告以四代禮樂。」因説至「伯夷聖之清，伊尹聖之任，柳下惠聖之和」，都是個有病痛底聖人。又問：「伊尹似無病痛？」曰：「『五就湯，五就桀』，孔、孟必不肯恁地，只爲他任得過。」又問：「伊尹莫是『枉尺直尋』？」曰：「伊尹不是恁地，只學之者便至枉尺直尋。」賀孫。〔六四〕

林賜〔六五〕問：「『顏淵問爲邦』章，程子謂發此以爲之兆。」曰：「兆，猶言準則也，非謂爲邦之道盡於此四者。略説四件事做一個準則，則餘事皆可依倣此而行〔六六〕之耳。」雉。

人無遠慮章無〔六七〕

吾未見好德如好色章無〔六八〕

臧文仲其竊位者與章無〔六九〕

子曰躬自厚而薄責於人章〔七〇〕

問：「『躬自厚而薄責於人』，自責厚，莫是周備篤切意思否？」曰：「厚是自責得重，責了

又責，積而不已之意。」賀孫。〔七一〕

子曰〔七二〕不曰如之何章

林問「不曰如之何」。曰：「只是要再三反覆思量。若率意妄行，雖聖人亦無奈何。」淳。

子曰〔七三〕君子義以爲質章

又問「君子義以爲質，禮以行之，遜以出之」一章。〔七四〕曰：「『義以爲質』，是制事先決其當否了。其間節文次第須要皆具，此是『禮以行之』。然徒知盡其節文，而不能『孫以出之』，則亦不可。且如人知尊卑之分，須當讓他。然讓之之時，辭氣或不能婉順，便是不能孫而出之。『信以成之』者，是終始誠實以成此一事，却非是『孫以出之』後，方『信以成之』也。」時舉。

周貴卿問：「義是就事上説。蓋義則裁斷果決，若不行之以節文，出之以退遜，則恐有忤於物。『信以成之』，這一句是繳上三句，言若不誠實，則義必不能盡，禮必不能行，而所謂孫，特是詐僞耳。」曰：「也是恁地。」義剛。

問：「禮行遜出，何以别？」曰：「行是安排恁行，出是從此發出。禮而不遜，則不免矯世以威嚴加人。」壽仁。〔七五〕

問：「『義以爲質』至『信以成之』章，如孔子之對陽貨，孟子之不與王驩言，莫全得此理否？」曰：「然。」問：「行與出如何分？」曰：「行，是大綱行時；出，則始自此出去也。人固有行之合禮而出之不遜者。」廣。

至之問明道，謂「君子『敬以直内』則『義以方外』，『義以爲質』則『禮以行之，遜以出之，信以成之』」。曰：「只是一個義。『義以爲質』便是自『義以方外』處説起來。若無『敬以直内』，也不知義之所在。」時舉。

君子病無能章無〔七六〕

君子疾没世而名不稱章無〔七七〕

君子求諸己章無〔七八〕

子曰〔七九〕君子矜而不争章

問「矜而不争」。先生曰：「矜是自把捉底意思，故書曰：『不矜細行，終累大德。』」〔八〇〕

## 君子不以言舉人章無[八一]

## 子貢曰有一言而可以終身行之章[八二]

「恕可以終身行之，是行之無窮盡。」問：「孔子言恕必兼忠，如何此只言恕？」曰：「不得忠時不成恕，如[八三]說恕時，忠在裏面了。」[八四]

問：「子貢問『有一言可以終身行之者，其恕乎』。[八五]孔子當時[八六]如何只說恕，不說忠？看得『忠』字尤爲緊要。」曰：「分言忠恕，有忠而後恕；獨言恕，則忠在其中。若不能恕，則其無忠可知。恕是忠之發處，若無忠，便自做恕不出。」問：「忠恕，看來也是動靜底道理。如靜是主處，動是用處[八七]，不知是否？」曰：「聖人每就用處教人，亦不是先有靜而後有動。」問：「看來主靜是做工夫處。」曰：「雖說主靜，亦不是棄事物以求靜。既爲人，亦須着事君親，交朋友，綏妻子，御僮僕。不成捐棄了，閉門靜坐，事物來時也不去應接，云：『且待我去靜坐，不要應。』又不可只茫茫隨他事物中走。二者中須有個商量倒斷他[八八]始得。這處正要得[八九]着力做工夫，不可皮膚說過去。」又曰：「動靜亦不是截然動，截然靜。動時靜便在這裏。如人來相問，自家去答他便是動，纔答了便靜。這裏既靜，到事物來便着去應接。不是靜坐時守在這裏，到應接時便散亂去了[九〇]。然動静不出是一個理。知這事當做便順理做去，便見動而静底意思，故曰『知止而後有定，定而後能静』。事物之來，若不順理而應，則雖塊然不交於物，心亦不能得静。惟動時能順理，則無事時始能静；静而能存養，則應接處始得力。須動時做工夫，静時也做工夫。兩莫相靠，莫使工夫間斷始得。若無間斷，静時固静，動時心亦不動。若無工夫，動時固動，静時雖欲求静，亦不可得而静矣。動静恰似船一般，須隨他潮去始得。浪頭恁地高，船也隨他上；浪頭恁地低，船也隨他下。動静只是隨他去，當静還他静，當動還他動。又如與兩人同事相似，這人做得不是，那人便着救他；那人做得不是，這人便着去救他。終不成兩人相推，這人做不是，却推説不干我事，是那人做得如此；那人做不是，推説不干我事，是他做得如此。便不是相爲底道理。」又曰：「所以程子言『未有致知而不在敬者』，又言『涵養當用敬，進學則在致知』。若不能以敬養在這裏，如何會去致得知。若不能致知，又如何成得這敬。」[九一]

## 三代直道而行章[九二]

「聖人之言，與後世别。如『斯民也，三代之所以直道而行也』，有合下底字，無乃便不成文。此句全在『所以』上，言三代之直道行於斯民也。古亦此民，今亦此民，三代能行之耳。『誰毁誰譽』者，凡人未至於惡而惡之，故謂之毀；未至於善而善之，故謂之譽。聖人於下又曰『如有所譽者[九三]，其有所試矣』，此一句却去了毀。蓋以爲[九四]不得已而譽，亦當[九五]試之。此乃『善人之意長，惡人之意短』之義[九六]。」可學問：「若到於合好惡處，却不用此二字。」曰：「然。」可學。

伯豐問三代直道而行。曰：「緊[九七]要在『所以』字上。民是指今日之民，即三代之民。三代蓋是以直道行之於彼[九八]，今亦當以直道行之於民。直是無枉，不特不枉毀，雖稱譽亦不枉也。舊嘗有此意。因讀班固作景帝贊引此數語起頭，以明『秦漢不易民而化』之意，曰：『孔子稱「斯民也」云云[九九]，信哉！』其意蓋謂民無古今，周秦網密文峻，故姦軌不勝；到文景恭儉，民便醇厚。只是此民，在所施之[一〇〇]何如耳，此政得之。」㽦。

「斯[一〇一]民也，三代之所以直道而行也」。「斯民，是主當時之人言之。言三代所以直道而行，只是此民。言毀人固不可[一〇二]，譽人亦不可過實。言吾所以不敢妄加毀譽之民，只是三代行直道之民。班固舉此贊漢景帝，甚好。」人傑。

亞夫問三代直道而行。曰：「此民乃是三代時直道而行之民。我今若有所毀譽，亦不得迂曲而枉其是非之實。」且舉漢景帝贊所引處，云「意却似不同」。時舉。

「斯民也，三代之所以直道而行也」。[一〇三]「斯民」[一〇四]是今此之民，即三代之時所以爲善之民，如説「高皇帝天下」相似。嘗怪景帝贊引此一句，不曉它意，蓋是説周秦雖網密文峻而不勝其弊，到文景黎民醇厚，亦只是此民也。聖人説一句話，便是恁地闊，便是從頭説下來。義剛。

小不忍章[一〇五]

「忍」[一〇六]字有兩説，只是一意。「有忍乃有濟」，王介甫解作强忍之「忍」，前輩解作慈忍之「忍」。某謂「忍」是含忍不發之意。如婦人之仁，是不能忍其愛，匹夫之勇，是不能忍其忿，二者只是一意。雉。

婦人之仁，不忍其愛；匹夫之勇，不忍其忿。皆小不忍也，如項羽是也。閎祖。處謙同。[一〇七]

衆惡之章無[一〇八]

人能弘道章

問「人能洪道」。先生以手中扇子喻之[一〇九]曰：「道如扇，人如手。手能摇扇，扇如何摇

手？」賜。〔一一〇〕

「道〔一一一〕不可須臾離，可離非道。是故君子戒謹乎其所不睹，恐懼乎其所不聞。莫見乎隱，莫顯乎微，故君子謹其獨。」又曰：「『天下之達道五，所以行之者三』。君臣、父子、兄弟、夫婦、朋友，古今所共底道理，須是知知、仁守、勇決。」繼又曰：「『人者，天地之心』，沒這人時，天地便沒人管。」植。

## 過而不改章無〔一一二〕

## 子曰〔一一三〕吾嘗終日不食章

「吾嘗終日不食，終夜不寢，以思，無益，不如學也」。某注云：「蓋勞心以必求，不如遜志而自得。」思是硬要自去做底。學是依這本子去做，便要小著心隨順個事理去做。而今人都是硬去做，要必得，所以更做不成。須是軟着心，貼就它去做。孟子所謂「以意逆志」，極好。逆，是推迎它底意思。僩。

問：「『吾嘗終日不食』一章，〔一一四〕集注云『勞心以必求，不如遜志而自得』，〔一一五〕如何是遜志？」曰：「遜志，是卑遜其志，放退一著，寬廣以求之；不忒恁地迫窄，便要一思而必得。」雉。

## 子曰〔一一六〕君子謀道不謀食章

因〔一一七〕問「君子謀道不謀食」。先生曰：「上面說『君子謀道不謀食』，蓋以『耕也，餒在其中矣；學也，祿在其中矣』。又恐人錯認此意，却將學去求祿，故下面又繳一句。謂君子所以爲學者，所憂在道耳，非憂貧而學也。」雉。

因言：「近來稍信得命及。孔子說『君子謀道不謀食，憂道不憂貧』，觀此一段，則窮達當付之分定，所當謀者惟道爾。」曰：「此一段不專爲有命，蓋專爲學者當謀道而設。只說一句則似緩而不切，故又反覆推明，以至『憂道不憂貧』而止。且君子之所急當先義語義，則命在其中。如『行一不義，殺一不辜，而得天下，不爲』，此只說義。若不恤義，惟命是恃，則命可以有得，雖萬鍾有『不辨禮義而受之』矣。義有可取，如爲養親，於義合取而有不得，則當歸之命爾。如『澤無水，困』，則不可以有爲，只得『致命遂志』，然後付之命可也。」大雅。

## 知及之章

亞夫問：「『知及之，仁不能守之』一章，上下文勢相牽合不來相似。」曰：「『知及之，仁能守之』，是明德工夫。下面是新民工夫。」亞夫云：「『克己復禮爲仁』，到仁便是極了。今却又有『莊以涖之』與『動之以禮』底工夫，是如何？」曰：「今自有此心純粹，更不走失，而於接物應事時少些莊嚴底意思，闒闒翣翣底，自不足以使人敬他，此便是未善處。」宜久問：「此便是要本末工夫兼備否？」曰：「固是，但須先有『知及之，仁能守之』做個根本了，却好去〔一一八〕點檢其餘，便無處無事不善。若根本不立，又有何可點檢處。」〔一一九〕

又〔一二〇〕問「知及之，仁能守之」。曰：「此是說講學。『莊以涖之』以後說爲政。」時舉。

問：「夫仁之爲道，無所不包。知也，禮也，莊也，皆仁之一事也。夫仁以守之，則何患不敬而未善乎？若是則是莊與禮反在仁之上矣。伊川謂：『仁則安矣。固善揆之人情，豈有安於此而不能使民敬與盡善乎！苟曰「民未敬而未盡善」，則是我之仁未至也。』此說爲可疑，故謝顯道曰：『此非仁智之盡也。若知之盡，豈有不能守之之理？若仁之盡，豈有不能莊、不以禮者乎？莊與禮，亦所以養仁。』其說雖善，亦未能別白詳盡。南軒謂：『仁能守其知之所及而已，非仁之全也。仁之全則其有不莊者乎？』此說簡當，而全與不全又非本文之意。愚竊以爲『知及之』者，所以求吾仁。莊以涖，動以禮，所以持養吾仁。不識是否？」〔一二一〕曰：「此一章當以仁爲主。所謂『知及之，所以求吾仁； 涖之，動之，所以持養吾仁』者，爲〔一二二〕得之矣。」謨。

## 君子不可小知章〔一一三〕

### 子曰〔一一四〕當仁不讓於師章

子善問：「『當仁不讓於師』。〔一一五〕直卿云：『「當仁」，只似適當爲仁之事。』集注似以『當』爲擔當之意。」曰：「如公説『當』字，謂值爲仁則不讓。如此，恐不值處煞多，所以覺得做『任』字説是。恐這『仁』字是指大處、難做處説。這般處須着擔當，不可説道自家做不得，是師長可做底事。」賀孫。

### 子曰〔一一六〕君子貞而不諒章

亞夫問「貞而不諒」。曰：「『貞』者，正而固也。蓋見得道理是如此便須只恁地做，所謂『知斯二者，弗去是也』。爲『正』字説不盡，故更加『固』字，如易所謂『貞固足以幹事』。若『諒』者是不擇是非，必要如此，故『貞』者是正而固守之意，『諒』則有固、必之心也。」時舉。

「諒」字，論語有三個：「匹夫之諒」、「貞而不諒」，是不好；「友諒」却是好。以貞對諒，則諒爲不好。若是友，與其友無信之人，又却不如友諒也。諒，信之小者。孟子所謂「諒」〔一一七〕，恐當訓「明」字。廣。

事君敬其事章無〔一二八〕

有教無類章無〔一二九〕

道不同章無〔一三〇〕

子曰〔一三一〕辭達而已矣章

「辭達而已矣」，也是難。道夫。

師冕見章〔一三二〕

# 晦庵先生朱文公語類卷第四十六

## 論語二十八

### 季氏篇

#### 季氏將伐顓臾章

問「焉用彼相」。曰：「『扶[一]持』兩字恐只是相瞽者之義。舊見一人亦如此說。」又問「相夫子」之義。曰：「相亦是贊相之義。瞽者之相亦是如此。」䕫。

問：「集注，顓臾『在魯地七百里之中』，從孟子『百里』之說，則魯安得七百里之地？」曰：「七百里是禮記如此說，封周公曲阜之地七百里。如左傳也有一同之說，某每常疑此處。若是百里，無此間龍溪、漳浦縣地大，如何做得侯國，如何又容得顓臾在其中？所謂『錫之山川，土田附庸』，其勢必不止於百里。然此處亦難考究，只得且依禮記恁地說。」[二]

「虎兕出於柙，龜玉毀於櫝中。」典守者之過。道夫。〔三〕

問：「諸家多把『虎兕』喻季氏，『龜玉』喻公室，是否？」曰：「文義未有此意。且是答他『二臣者皆不欲』之意。虎在山上，龜玉在他處，不干典守者事。今在柙中走了，在櫝中毀了，便是典守者之過。上面冉求分疏，言『夫子欲之，吾二臣者皆不欲也』。孔子責他，以此『乃守者之過』比『伐顓臾實二子與謀之過』。答問間方且隨話恁地說，未說到季氏、公室處，不必又生枝蔓。」仲思問：「獨責求，何也？」曰：「想他與謀較多，一向倒在他身上去，亦可知也。」寓。陳淳同。〔四〕

天下有道章無〔五〕

禄去公室章無〔六〕

益者三友章無〔七〕

益者三樂章

問：「『益者三樂，損者三樂』，〔八〕『三者損益相反』。『驕樂則侈肆而無節，〔九〕佚遊則傲墮而惡聞善』義[一〇]，如何與『樂道人之善』相反？」曰：「『樂道人之善』，則心常汲汲於好善。若是佚遊，則是放蕩閑過了日子，雖所損稍輕，亦非是小害。」又問：「『樂道人之善』，則有勉思企及之意。佚遊則一向懶惰，無向善之心。此所以見其相反。」曰：「三者如驕樂，只是放恣侈靡最害事。到得宴樂，便須狎近小人，疏遠君子。」賀孫。

葉味道[一一]問「損者三樂」。曰：「惟宴安[一二]最可畏，所謂『宴安酖毒』是也。」時舉。

## 侍於君子有三愆章

賀孫[一三]問：「『未見顏色而言謂之瞽』，莫是未見事實否？」曰：「『未見顏色』，是不能察言觀色。」「如此，則顏色是指所與言者。」曰：「向時范某每奏事，未嘗看着聖容。時某人爲宰相，云：『此公必不久居此。』未幾，果以言不行而去。人或問之。云：『若看聖容，安能自盡其言？』看來[一四]自是説得好，但某思之不是[一五]如此。對人主言，也須看他意思是如何，或有至誠傾聽之意，或不得已貌爲許可。自家這裏也須察言觀色，因時[一六]盡誘掖之方。不可泛然言之，使泛然受之而已。固是有一般小人，伺候人主顏色，迎合趨湊，此自是大不好，但君子之察言觀色，用心自不同耳。若論對人主要商量天下事，如何不看着顏色，只恁地説將去便了！」賀孫。

## 君子有三戒章

或問君子三戒。答曰：「血氣雖有盛衰，君子常當隨其偏處警戒，勿爲血氣所役也。」因論血氣移人，曰：「疾病亦能移人。呂伯恭因病後讀『躬自厚而薄責於人』，忽有見，遂一意向這下來。」大雅。

時舉問「君子有三戒」處[一七]注引范氏說血氣、志氣之辨。曰：「到老而不屈者，此是志氣。」時舉。

## 君子有三畏章

賀孫[一八]問：「『畏天命，畏大人，畏聖人之言』一章，[一九]『大人』是指有位者言之否？」曰：「不止有位者，是指有位、有齒、有德者，皆謂之『大人』。」問：「此三句，要緊都在『畏天命』上。」曰：「然。纔畏天命，自是於大人、聖言皆畏之。」問：「固是當先畏天命，但要緊又須是知得天命。天命即是天理。若不先知這道理，自是懵然，何由知其可畏？此小人所以無忌憚。」曰：「要緊全在知上。纔知得便自不容不畏。」問：「知有淺深。大抵纔知些道理，到得做事有少差錯，心也便惕然。這便見得不容於不畏。」曰：「知固有淺深，然就他淺深中各自有天然不容已者。且如一件事是合如此，是不合如此，本自分曉。到臨事又却不如此，道如此也不妨，如此也無害，又自做將去。這個是雖知之而不能行。然亦是知之未盡，知之未至，所以如此。聖人教人，於大學中劈初頭便説一個格物、致知。『物格而後知至』，最緊〔二〇〕是要知得至。今〔二一〕人有知不善之不當爲，及臨事又爲之，只是知之未至。人知烏喙之殺人不可食，斷然終於〔二二〕不食，是真知之也。知不善之不當爲而猶或爲之，是特未能真知也。所以未能真知者，緣於道理上只就外面理會得許多，裏面却未理會得十分瑩浄，所以有此一點黑。這不是外面理會不得，這〔二三〕只是裏面骨子有些見未破。所以大學之教使人即事即物，就外面看許多，一一教周遍；又須就自家裏面理會體驗，教十分精切也。」賀孫。按林恪録此略，今附于下。云：〔二四〕「味道問：『「畏天命」是個總頭否？』先生曰：『固是。』『人若不知得這個道理，〔二五〕如何會畏？』先生曰：『須是先知得方會畏。但知得有深淺，工夫便隨深淺做去。事事物物，皆有個天命。若知得盡，自是無所不畏，惟恐走失。』」

## 生而知之章〔二六〕

### 君子有九思章

㽦〔二七〕問「君子有〔二八〕九思」。曰：「不是雜然而思，當這一件上思這一件。」㽦。

又〔二九〕問「君子有九思」。先生曰：「公且道，色與貌可以要得他温，要得他恭。若是視聽，如何要得他聰，要得他明？」〔三〇〕曰：「這只是意誠了，自會如此。」曰：「若如公説，又却〔三一〕都没些事了，便是聖人教人意思不如此。有物必有則。只一個物，自各家有個道理。況耳目之聰明得之於天，本來自合如此，只爲私欲蔽惑而失其理。聖人教人，不是理會一件，其餘自會好。須是逐一做工夫，更反復就心上看，方知得外面許多費整頓，元來病根都在這裏。這見聖人教人内外夾持起來，恁地積累成熟，便會無些子滲漏。如公所説意誠，便都無事。今有人自道心正了，外面任其箕踞無禮是得不得？亦自有人心下已自近正，外面視聽舉止自大段有病痛，公道如何視會明、聽會聰？也只是就視聽上理會。『視遠惟明，聽德惟聰』，如有一件可喜底物事在眼前，便要看他，這便被他蔽了。到這時節須便知得有個義理，在所可喜，此物在所不當視。這便是見得道理，便是見得遠，不蔽於眼前近底，故曰『視遠惟明』。有無益之言、無稽之言，與夫諂諛甘美之言；有仁義忠信之言。仁義忠信之言須是將耳常常聽着，那許多不好説話須莫教他入耳，故曰『聽德惟聰』。」賀孫。

## 子曰〔三二〕見善如不及章

賀孫〔三三〕問：「『見善如不及，見不善如探湯』，上一截是進德之事，下一截是成德之事。

兼出處有非人力所能爲者，故曰『未見其人』。」曰：「公只管要粧兩句恁地好做甚麼？這段緊要却不在『吾見其人』，『未見其人』上。若將『見善如不及，見不善如探湯』，與『隱居以求其志，行義以達其道』這幾句意思涵泳，是有多少意思！公看文字有個病，不只就文字裏面看，却要去別生閑意。大抵看文字，須是只就他裏面看，儘有意思。公今未見得來〔三四〕意是如何，却將一兩句好言語裹了一重没理會在裹面，此是讀書之大病。須是且就他本文逐字剔碎了，見這道理直透過，無些子窒礙，如此，兩段淺深自易見。」賀孫。

問：「『行義以達其道』，莫是所行合宜否？」曰：「志是守所達之道，道是行所求之志。隱居以求之，使其道充足。『行義』是得時得位而行其所當爲。臣之事君，行其所當爲而已，行所當爲以達其所求之志。」又問：「如孔明可以當此否？」曰：「也是。如『伊尹耕於有莘之野而樂堯舜之道』，是『隱居以求其志也』。及幡然而改〔三五〕，『使是君爲堯舜之君，使是民爲堯舜之民』，是『行義以達其道』。」蜚卿曰：「如漆雕開之未能自信，莫是求其志否？」曰：「所以未能信者，且以『求其志』，未説『行義以達其道』。」又曰：「須是篤信。如讀聖人之書，自朝至暮及行事無一些是，則曰『聖人且如此説耳』，這却是不能篤信。篤信者，見得是如此便決然如此做。孔子曰『篤信好學，守死善道』，學者須是篤信。」驤曰：「見若鹵莽，便不能篤信。」曰：「是如此，須是一下頭見得是。然篤信又須是〔三六〕好學，若篤信而不好學，是非不辨，其害却不小。

既已好學，然後能守死以善其道。」又問：「如下文所言，莫是篤信之力否？」曰：「是。既得過，危邦便不入，[三七]亂邦便不居；天下有道便不隱，天下無道便不仕[三八]，決然是恁地做。」道夫。[三九]

# 晦庵先生朱文公語類卷第四十七

## 論語二十九

### 陽貨篇

陽貨欲見孔子章

「陽貨〔一〕瞯亡以饋孔子，孔子瞯亡而往拜之。陽貨之瞯亡，此不足責。如孔子亦瞯亡而往，則不幾於不誠乎？」曰：「非不誠也，據道理合當如此。彼人瞯亡來，我亦瞯亡往。一往一來，禮甚相稱，但孔子不幸遇諸塗耳。」人傑。〔二〕

性相近也與惟上智下愚不移章〔三〕

「性相近」，以氣質言；「性善」，以理言。祖道。

節〔四〕問：「夫子言〔五〕『性相近』是本然之性，是氣質之性？」答曰：「是氣質之性。本然之性一般，無相近。程子曰：『性與聖不可一概論。』」節。

「性相近」是通善惡智愚說，「上智下愚」，是就中摘出懸絶者說。僩。

先生問木之：「前日所說氣質之性，理會得未？」對曰：「雖知其說，終是胸中未見得通透。兼集注『上智下愚』章，先生與程子說，未理會得合處。」曰：「便是莫要只管求其合，且看聖人所說之意。聖人所言各有地頭。孔子說『相近』至『不移』，便定是不移了。人之氣質實是有如此者，如何必說道變得！所以謂之下愚。而其所以至此下愚者是怎生？這便是氣質之性。孔子說得都渾成了。伊川那一段却只說到七分，不說到底。孟子却只說得性善。其所言地頭各自不同。正如如今〔六〕喫茶相似，自有喫得盡底，有喫得多底、少底，必要去牽合，便成穿鑿去。」木之。

木之〔七〕問：「『上智下愚不移』，〔八〕集注謂『氣質相近之中，又有一定而不可易者』，復舉程子『無不可移』之說，似不合。」曰：「且看孔子說底。如今却自有不移底人，如堯舜之不可爲桀紂，桀紂之不可使爲堯舜之類〔九〕。夫子說底只如此，伊川却又推其說，須知其異而不害其爲同。」因說：「氣化有不可曉之事，但終未理會得透，不能無疑。釋氏之學只是定靜，少間亦自有明識處。」或問：「他所謂〔一〇〕有靈怪處是如何？」先生曰：「多是真僞相雜。如今〔一一〕人都貪財好色，都重死生，却被他不貪財，不好色，不重死生，這般處也可以降服得鬼神。如六祖衣鉢，説移不動底，這般〔一二〕只是胡説。果然如此，何不鳴鼓集衆，白晝發去？却夜間發去做甚麼？」曰：「如今賢者都信他向上底説，下愚人都信他禍福之説。」曰：「最苦是世間所謂聰明之人，却去推演其説，説到神妙去〔一三〕處。如王介甫、蘇東坡，一世所尊尚，且爲之推波助瀾多矣。今若得士大夫問把得論定，猶可耳。」〔一四〕

尹叔〔一五〕問：「『性相近』一章，伊川謂『此言所稟之性』，又曰『所稟之性才也』，又曰〔一六〕『語其才則有下愚之不移』，與孟子『非天之降才爾殊也〔一七〕』語意似不同？」曰：「孟子之説自是，與程子之説小異。孟子只見得是性善，便把才都做善，不知有所謂氣稟各不同。如后稷克嶷〔一八〕，楚子〔一九〕越椒知其必滅若敖，是氣稟如此。若都把做善，又有此等處須説到氣稟方得。孟子已見得性善，只就大本處理會，更不思量這下面善惡所由起，〔二〇〕所以惹得許多善惡混底説來相炒。程子説得較密。」因舉：「『論性不論氣，不備；論氣不論性，不明。二之則不是』。須如此兼性與氣説方盡此論。蓋自濂溪太極言陰陽、五行有不齊處，推〔二一〕出氣質之性來。使程子生在周子之前，未必能發明到此。」又曰：「才固是善。若能盡其才可知是善是好，所以不能盡其才處，只緣是氣稟恁地。」問：「才與情何分別？情是才之動否？」曰：「情是這裏〔二二〕發出，有個路脈曲折隨物恁地去。才是能主張運動〔二三〕做事底。這事，有人做得，有不會做得；有人會發輝得，有不會發輝得。這處可見其才。〔二四〕又問：「氣出於天否？」曰：「性與氣皆出於天。性只是理，氣則已屬於形象。性之善固人所同，氣便有不齊處。」因指天氣而言：「如天氣晴明舒豁，便是好底氣，恁地陰沉黯淡，便是不好底氣。〔二五〕畢竟不好底氣常多，好底氣常少。以一歲言之，一般天氣晴和、不寒不暖却是好，能有幾時如此！看來不是夏寒便是冬暖，不是愆陽便是伏陰，所以昏愚凶狠底人常多。」又曰：「人之貧富貴賤壽夭不齊處都是被氣衮亂了，都没理會。〔二六〕顏夭而跖壽，亦是被氣衮亂汩没了。堯、舜自稟得清明純粹底氣，他是甚次第！〔二七〕所以爲聖人，居天子之位，又做得許大事業，又享許大福壽，又有許大名譽。如孔子之聖，亦是稟得清明純粹。然他是當氣之衰，稟得來薄了，但有許多名譽，所以終身栖栖爲旅人，又僅得中壽。到顏子又自没興了。」淳。〔二八〕

「子曰『性相近也，習相遠也』。子曰『惟上智與下愚不移』。子曰『中人以上可以語上也，中人以下不可以語上也』。子曰『君子上達，小人下達』。子曰『生而知之者上也；學而知之者次也；困而學之，又其次也；困而不學，民斯爲下矣』。夫以『上智下愚』與『中人以上，中人以下』言之，疑若有一定而不可移者。以『上達』、『下達』與『學而知之者可以次於上，困而不學斯爲下』言之，則『惟聖罔念作狂，惟狂克念作聖』，似有可勉而進者。聖人之教人，豈但使人安於下愚而狃於下達哉？其亦未能推明二程夫子之言，以求聖人立言之意爾。伊川曰：『上智下愚，才也。』又曰：『中人以上，可以説近上話。』又曰：『上智，上達者也；下愚，下達者也。上達不移而下，下愚不移而上。』上蔡曰：『上智可移非上智，下愚可移非下愚。性無不可移之理，人自不移也。』夫所謂下皆達乎下者也，一性本善而所習既殊，寧不相遠？自其上達而至於上智，則不移而爲下愚矣。自其下達而至於下愚，則不移而爲上智矣。若夫中人，則指其在可上可下之間者也。言中人而所向者下，則不可以言其至於上。『語上』之意，其猶以上智之事許之乎？是如此否？」〔二九〕先生曰：「此所謂性，亦指氣質之性而言之爾〔三〇〕。『性習遠近』與『上智下愚』本是一章，而〔三一〕『子曰』二字爲〔三二〕衍文也。蓋習與性成而至於相遠，則固有不移之理。然人性本善，雖至惡之人，一日而能從善，則爲一日之善人，夫豈有終不可移之理！當從伊川之説，所謂『雖强戾如商辛之人，亦有可移之理』是也。」謨。

「『性〔三三〕相近，習相遠』、『惟上智與下愚不移』，書中謂『惟聖罔念作狂，惟狂克念作聖』。若如此，〔三四〕又有移得者，如何？」曰：「上〔三五〕智下愚不移，如狂作聖，則有之。既是聖人，決不到得作狂。此只是言其人不可不學。」又問：「或言『人自不移耳』，此説如何？」曰：「此亦未是。有一般下愚底人，直有不可移者。」問：「『雖愚必明』又是如何？」曰：「那個是做甚次第工夫，如〔三六〕『人一能之，己百之；人十能之，己千之』。」祖道。〔三七〕

## 子之武城章[三八]

## 公山弗擾以費畔[三九]章

味道問：「佛肸與公山弗擾召孔子，孔子欲往，此意如何？」曰：「此是二子一時善意，聖人之心適與之契，所以欲往，然更思之，則不往矣。蓋二子暫時有尊賢向善之誠心，故感得聖人欲往之意。然違道叛逆，終不能改，故聖人亦終不往也。譬如雲[四〇]陰之時，忽略開霽，有些小光明又被重陰遮閉了。」曰：「陽貨欲見，孔子却終不許他，是如何？」曰：「陽貨全無善意，來時便已不好了，故亦不能略感聖人也。」時舉。[四一]

夫子曰「吾其爲東周乎」，興東周之治也。孔子之志在乎東周，然苟有用我者，亦視天命如何爾。聖人胸中自有處置，非可執定本以議之也。人傑。

「吾其爲東周乎」，禪語謂「竿木隨身，逢場作戲」，語勢未有不爲東遷之事底意思在。道夫。[四二]

問：「『吾其爲東周乎』。[四三]諸家皆言不爲東周，集注却言『興周道於東方』，何如？」曰：「這是古注如此説。『其』字、『乎』字，只是閑字。只是有用我者，我便也要做些小事，如釋氏言『竿木隨身，逢場作戲』相似。那處是有不爲東周底意？這與『二十年之後，吴其爲沼乎』辭語一般，亦何必要如此翻轉？文字須寬看，子細玩味，方見得聖人語言。如『小人之中庸』，分明這一句是解上文。人見他偶然脱一個『反』字，便恁地硬説去，小人中庸做小人自爲中庸也好，然上面言君子中庸，小人反中庸，〔四四〕下面文勢且直解兩句。未有那自以爲中庸底意，亦何必恁地翻轉。」淳同。〔四五〕

問：「『吾其爲東周乎』。使聖人得行其志，只是就齊魯東方做起否？」曰：「也只得就這裏做。」又問：「其如周何？」曰：「這般處難説，只看挨到臨時事勢如何。若使天命人心有個響合處，也自不由聖人了。使周家修其禮物，作賓于王家，豈不賢於赧王之自獻其邑而滅亡乎！」問：「孔子猶説着周，至孟子則都不説了。」曰：「然。只是當時六國如此强盛，各自抬夯得個身己如此大了，勢均力敵，如何地做！不知孟子奈何得下，奈何不下？想得也須滅却〔四六〕一兩個方做得。看來當來〔四七〕六國若不是秦始皇出來從頭打疊一番，做甚合殺！」問：「王者雖曰不『殺一不辜，行一不義』，事勢到不得已處，也只得如此做。」曰：「然。湯東征西怨，南征北怨，武王滅國五十，便是如此。只是也不唤做『殺不辜，行不義』。我這裏方行仁義之師，救民於水火之中，你却抗拒不服，如何不伐得。聖人做處如此，到得後來都不如此了。如劉先主不取劉琮而取劉璋，更不成舉措。當初劉琮孱弱，爲曹操奪而取之。若乘此時明劉琮之孱弱，將爲曹操所圖，起而取之，豈不正當！到得臨了，却淬淬地去取劉璋，全不光明了。當初諸葛孔明[四八]便是教他先取荆州，他却不從。」或曰：「終是先主規模不大，索性或進或退，所以終做事不成。」曰：「然。」又曰：「唐太宗殺諸盜，如竇建德猶自得，猶殺之。惟不殺王世充，後却密使人殺之，更[四九]不成舉措。蓋當初王世充立越王於東都，高祖立代王於關中，皆是叛煬帝，立少主以輔之。事體一般，故高祖負愧而不敢明殺世充也。此最好笑！負些子曲了，更抬頭不起。」又曰：「漢高祖之起，與唐太宗之起不同，高祖是起自匹夫取秦，所以無愧；唐却是爲隋之官，因其資而取之，所以負愧也。要之，自秦漢而下，須用作兩節看。如太宗，都莫看他初起一節，只取他那邊[五〇]濟世安民之志，他這意思又却多。若要檢點他初起時事，更不通看。」或曰：「若以義理看太宗，更無三兩分人。」曰：「然。」僩。

伯豐問：「夫子欲從佛肸[五一]之召，而曰『如有用我者，吾其爲東周乎』。如何？」曰：「理會不得，便是不可測度處。」人傑問：「墮三都事，費郈已墮，而成不可墮，是不用夫子至於此否？」曰：「既不用，却何故圍成？當時夫子行乎季孫，三月不違，則費郈之墮出於不意。及公斂處父不肯墮成，次第喚醒了叔季二家，便做這事不成。又齊人以女樂歸之，遂行。不然，當別有處置也。」問：「女樂既歸，三日不朝，夫子自可明言於君相之前，討個分曉然後去亦未晚。何必匆遽如此？」曰：「此亦難曉。然據史記之説，却是夫子恐其害己，故其去如此之速。魯仲連所謂『秦將使其子女、讒妾爲諸侯妃姬[五二]』，則當時列國蓋有是事也。」又云：「夫子能墮費郈而不能墮成，雖聖人亦有做不成底事。」伯豐謂：「如『夫子之得邦家者，所謂「立之斯立」』云云。」曰：「固是。須是有土有民，方能做得。若羈旅之臣，靠着他人，便有所牽制，做事不成。」又問：「是時三家衰微，陪臣執命，故陽虎奔齊，有『吾欲張公室』之語。或謂『家臣而欲張公室，罪莫大焉』。」曰：「便是當時有此一種議論，視大夫專命以爲固然。」又問：「舊見人議論子産叔向輩之賢，其議論遠過先軫、咎犯之徒，然事實全不及它。」曰：「如元祐諸臣愛説一般道理相似。」又云：「衛靈公最無道。夫子何故戀戀其國有欲扶持之意，更不可曉。」人傑。

## 子張問仁章

時舉[五三]問：「『子張問仁，夫子令行五者於天下，曰恭、寬、信、敏、惠』。[五四]竊意[五五]『恭』、『寬』、『信』、『惠』，固是求仁之方，但『敏』字於求仁功夫似不甚親切。莫是人之爲事纔悠悠，則此心便間斷之時多，亦易得走失。若能勤敏去做，便此心不至間斷，走失之時少，故敏亦爲求仁之一，是如此否？」曰：「不止是悠悠。蓋不敏於事則便有怠忽之意，纔怠忽便心不存而間斷多，便是不仁也。」時舉。

「信則人任焉」，[五六]「任」是堪倚靠。僩。

## 佛肸召章

「焉能繫而不食」，古注是。㽦。

「聖人見萬物不得其所，皆陷於塗炭，豈不爲深憂，思欲出而救之。但時也要出不得，亦只得且住。聖人於斯世，固不是苟且枉道以徇人。然世俗一種説話，便謂聖人泊然不以入其心，這亦不然。如孔子云：『天下有道，丘不與易也。』這個是十分要做不得，亦有不能自已之意。如説聖人無憂世之心固不可，謂聖人視一世未治，常恁地[五七]戚戚憂愁無聊過日，亦非也。但要出做不得，又且放下。其憂世之心要出仕者，聖人愛物之仁。至於天命未至，亦無如之何。如云：『君子之仕也，行其義也。道之不行，已知之矣。』若説『道之不行，已知之矣』[五八]上看，恰似一向没理會，明知不可以行道，且漫去做看，這便不得。須看『行其義也』，便自是去就。出處之大義亦在這裏。」賀孫因舉公山、佛肸之召，「皆欲往而終不往者，度得是時終不可爲，其人終不可與有爲。如南軒云『守身之常法，體道之大權』，又云『欲往者，愛物之仁；終不往者，知人之智』，這處都[五九]説得分明。」曰：「然。但聖人欲往之時，是當他召聖人之時有這些好意來接聖人。聖人當時亦接他這些個[六〇]好意思，所以欲往。然他這個人終是不好底人，聖人待得重理會過一番，他許多不好又只在，所以終於不可去。如陰雨蔽翳，重結不解，忽然一處略略開霽，雲收霧斂，見得青天白日，這處是自好〔六一〕。」賀孫。

## 子曰由也女聞六言六蔽矣乎〔六二〕章

問：〔六三〕「『好信不好學』，何故便到賊害於物處？」曰：「聖人此等語多有相類，如『恭而無禮則勞』處一般。此皆是就子路失處正之。昔劉大諫從温公學，温公教之誠，謂『自不妄語始』。劉公篤守其說。及調洛州司法時，運使吳守禮至州，欲按一司户贓以問劉公。公對以不知，吳遂去。而公常心自不足，謂此人實有贓，而我不以誠告，其違温公教乎！後因讀楊子『君子〔六四〕避礙通諸理』，始悟那處有礙，合避以通之。若只『好信不好學』，固守『不妄語』之說，直說那人有贓，其人因此得罪，豈不是傷害於物？」〔六五〕淳。道夫録略□□：〔六六〕「問：『「好信不好學」，如何便至於相賊害？』曰：『「其父攘羊而子證之」是也。昔劉忠定公答部使者以「不聞司户有贓」，退而以爲有負温公「不妄語」之戒。既而讀揚子「避礙通諸理」之說，然後脫然無疑。向非以「不聞」之說告之，其不爲賊害者，幾希矣。』」〔六七〕

問：「『好信不好學，其蔽也賊』。先生解『賊』謂『傷害於物』，是如何？」曰：「人若固執，必信而不知學，則必至害物。如劉元城語録所載司户犯贓，亦是一事也。」廣。〔六八〕

「『六言』、『六蔽』、『五美』等話，雖其意亦是，然皆不是聖人言語。〔六九〕家語此樣話亦多。大抵論語後十篇不似前十篇。〔七〇〕淳。

## 子曰〔七一〕小子何莫學夫詩章

「詩可以興」，須是反覆熟讀，使書與心相乳入，自然有感發處。闔祖。〔七二〕

## 人而不爲周南召南章〔七三〕

明道謂：「二南，人倫之本，王化之基。苟不爲之，『其猶正墻面而立』。」是纔出門便不知，便錯了。士毅。

亞夫問「不爲周南、召南，其猶正墻面而立」一節〔七四〕。先生曰：「不知所以修身齊家，則不待出門便自是〔七五〕已動不得了。所以謂之『正墻面』者，謂其至近之地亦行不得故也。」時舉。

問「正墻面而立」。曰：「修身齊家，自家最近底事，不待出門，便有這事。去這個上理會不得，便似那當墻立時，眼既無所見，要動也行不去。」植。

問：「先生解『正墻面而立』，曰：『言即其至近之地，而一物無所見，一步不可行。』人若不知修身齊家，則自然推不去，是『一步不可行』也。如何是『一物無所見』？」曰：「自家一身一家，已自都理會不得，又況其遠者乎！」問：「此可見知與行相須之義否？」曰：「然。」廣。

禮云禮云無〔七六〕

子曰色厲而内荏章〔七七〕

問：「『色厲而内荏』，何以比之『穿窬』？」答曰：「爲他意只在要瞞人，故其心常怕人知，如做賊然。」大雅。

子曰〔七八〕鄉原德之賊章

敬之問「鄉原德之賊」。曰：「鄉原者，爲他做得好，便人皆稱之而不知其有無窮之禍。如五代馮道者，此真鄉原也。本朝范質，人謂其好宰相，只是欠爲世宗一死爾。如范質之徒，却最敬馮道輩，雖蘇子由議論亦未免此。本朝忠義之風，却是自范文正公作成起來也。」時舉。

道聽而塗説章〔七九〕

鄙夫可與事君章〔八〇〕

子曰〔八一〕古者民有三疾章

問「古之矜也廉」。曰：「廉是側邊廉隅。這則是那分處。所謂廉者，爲是分得那義、利去處。譬如物之側稜，兩下分去。」植。

巧言令色章無〔八二〕

子曰〔八三〕惡紫之奪朱章

時舉〔八四〕問「紫之奪朱」。曰：「不但是易於惑人。蓋不正底物事，自常易得勝那正底物事。且如以朱染紫，一染了便退不得，朱却不能變得紫也。紫本亦不是易得惑人底，只爲他力勢大了，便易得勝。又如孔子云『惡莠之亂苗』，莠又安能惑人？但其力勢易盛，故苗不能勝之耳。且一邦一家，力勢也甚大。然被利口之人說一兩句，便有傾覆之慮，此豈不可畏哉！」時舉。潘仁同。〔八五〕

問：「紫近黑色，蓋過了那朱。既爲紫了，更做〔八六〕不得，便是奪了。元只是一個色做出來，紫是過則個。鄭、雅也是〔八七〕只是一個樂，雅較平淡，鄭便過而爲淫哇，蓋過了那〔八八〕便是

『亂雅』」。植。

問范氏謂「天下之理，正而勝者常少，不正而勝者常多」。曰：「此當以時運言之。譬如一日與人生〔八九〕，能有幾多好底時節！」廣。

## 予欲無言章

先生問林擇之：「『天何言哉？四時行焉，百物生焉』，此三句何句較好？」對曰：「『四時行，百物生』二句好。」先生因說：「擇之看得是。只『四時行，百物生』，所謂『天何言哉』者已在其中矣。」德明。

## 孺悲欲見孔子章無〔九〇〕

## 宰我問三年之喪章

問「鑽燧改火」。直卿曰：「若不理會細碎，便無以盡精微之義。若一向瑣碎去，又無以致廣大之理。」曰：「須是大細兼舉。」淳。

寓〔九一〕問：「『宰我問三年之喪』，爲自居喪時問，或爲大綱問也？」曰：「必是他居喪時。」問「成布」。曰：「成布，是稍細成布，初來未成布也。」問「緦緣」。曰：「緦，今淺絳色。小祥以緦爲緣。看古人小祥，緦緣者一入，謂緦禮有『四入』之説，亦是漸漸加深色耳。然古人亦不專把素色爲凶〔九二〕。蓋古人常用皮弁，皮弁純白，自今言之，則爲大凶矣。」劉問布升數。曰：「八十縷爲一升。古尺一幅只闊二尺二寸，算來斬衰三升，如今網一般。」又云：「如今漆布一般，所以未爲成布也。如深衣十五升布，似如今極細絹一般。這處升數又曉未得。古尺又短於今尺，若盡一千二百縷，須是一幅闊不止二尺二寸方得如此。所謂『布帛精粗不中數，不粥於市』，又如何自要闊得？這處亦不可曉。」〔九三〕

或問：「哀慕之情易得間斷，如何？」曰：「孝〔九四〕子之〔九五〕喪親，哀慕之情自是心有所不能已，豈待抑勒，亦豈待問人？〔九六〕所以説『祭思敬，喪思哀』。只是思著自是敬哀〔九七〕。若是不哀，如何抑勒得他！」因舉「『宰我問三年之喪』，聖人答他也只是從心上説，〔九八〕教他自感悟。」僩。〔九九〕

亞夫問此章。曰：「聖人言『予之不仁』。聖人尋常未嘗輕許人以仁，亦未嘗絶人以不仁。今言『予之不仁』，乃予良心死了也。」植。〔一〇〇〕

亞夫問宰我問短喪處。先生曰：「此處聖人責之至嚴。〔一〇一〕所謂『予之不仁』者，便謂他之良心已死了也。前輩多以他無隱於聖人而取之。蓋無隱於聖人，固是他好處，然却不可以此而掩其不仁之罪也。」時舉。

## 子曰[一〇二]飽食終日章

賀孫[一〇三]問：「『飽食終日，無所用心，難矣哉』，心體本是運動不息。若頃刻間無所用之，則邪僻之念便生。聖人以爲『難矣哉』，言其至危而難安也。」曰：「心若有用，則心有所主。只看如今纔讀書，心便主於讀書，纔寫字，心便主於寫字。若是悠悠蕩蕩，未有不入於邪僻。」賀孫。

「無適之謂一」，「無適」只[一〇四]是個不走作。且如在這裏坐只在這裏坐，莫思量出門前去；在門前立莫思量别處去。聖人説「不有博弈者乎？爲之猶賢乎已」，博弈豈是好事？與其營營擾擾，不若但將此心殺在博弈上。道夫。[一〇五]

## 子路曰[一〇六]君子尚勇乎章

讀伯豐答問，曰：「子路之勇，夫子尋常不住規責之，畢竟其勇亦有未是處，若是勇於義，必不仕季氏。『樂正子，二之中，四之下』，未必皆實有諸己者，故不免有失錯處。」〔罃〕。[一〇七]

子路之勇，夫子屢箴誨之，是其勇多有未是處。若知勇於義，知大勇，則不如此矣。又其勇

有見得到處便行將去，如事孔悝一事却是見不到，蓋不以出公之立爲非，觀其謂正名爲迂，斯可見矣。人傑。〔一〇八〕

## 子貢曰〔一〇九〕君子亦有惡乎章

時舉〔一一〇〕問：「『惡勇而無禮者，惡果敢而窒者』。勇與果敢如何分？」曰：「勇是以氣加人，故易至於無禮。果敢是率然敢爲。蓋果敢而不窒，則所爲之事必當於理。窒而不果敢，則於理雖不通，然亦未敢輕爲。惟果敢而窒者，則不論是非而率然妄作，此聖人所以惡之也。」時舉。

## 惟女子與小人爲難養也章〔一一一〕

## 年四十而見惡焉章〔一一二〕

# 晦庵先生朱文公語類卷第四十八

## 論語三十

## 微子篇

### 子曰殷有三仁章[一]

問：「『商有三仁焉』，[二]如[三]或去，或奴，或諫，皆有[四]不同，如何同歸於仁？」曰：「三子皆詣其至理，故謂之仁。如箕子亦是諫，諫至於極有所不行，故若此也。」一之。

賀孫[五]問：「『三仁』，不知易地而施，皆能遂其本心否？」曰：「都自各就他分上做。自今觀之，『微子去之』，去之[六]尚在活地上；如箕子之囚、比干之死，便是在死地上了，較之尤難。箕子雖不死，然便死却又倒[七]了，唯是被囚不死不活，這地位如何處？直是難！看『三仁』惓惓憂國之心，直是念念不斷。若如避世之徒，一齊割斷，高舉遠引，這却無難。故曰[八]：

『果哉！末之難矣。』若果於忘世是不難。」賀孫。

木之[九]問：「『三仁』之事必不可偏廢否？」曰：「也不必如此看。只是微子是商之元子，商亡在旦暮，必着去之以存宗祀。若箕子、比干，則自當諫。其死與奴，特適然耳。」木之[一〇]又問：「當時若只有微子一人，當如何？」曰：「亦自着去。」吴仁甫問：「夷齊之事，如伯夷已逃去，叔齊以父命與宗社之重，亦自可立否？」曰：「叔齊却難處。」子升問：「使當時無中子可立，國祀當如何？」曰：「亦須自有宗室等人。」子升問：「令尹子文、陳文子之事，集注云『未知其心果出於天理而無人欲之私』。又其他行事多悖於道理，但許其忠清，而不許其仁。若其心果出於天理之公，而行事又不悖於道，則可以謂之仁否？」曰：「若果能如此，亦可以謂之仁。」子升又問：「令尹子文、陳文子之事，則原其心而不與其仁。至管仲則以其功而許其仁，若有可疑。」曰：「管仲之功自不可泯没，聖人自許其有仁者之功。且聖人論人，功過自不相掩，功自還功，過自還過。所謂彼善於此，則有之矣。若以管仲比伊周，固不可同日語；若以當時大夫比之，則在所當取。當是之時，楚之勢駸駸可畏，治之少緩則中國皆爲夷狄，故曰：『微管仲，吾其被髮左衽矣！』如本朝趙韓王，若論他自身，煞有不是處。只輔佐太祖區處天下，收許多藩鎮之權，立國家二百年之安，豈不是仁者之功！使聖人當時説管仲無克、伐、怨、欲，而一純於天理之仁，則不可。今亦不過稱其『九合諸侯，一正天下』之事耳。」因説：「看文字，不要般遞來説。

方説這一事未了，又取那一事來比並説。般來愈多愈理會不得，少間便撰出新奇説話來説將去，元不是真實道理，最不要如此。」木之。

問：「箕子當時何必佯狂？」曰：「他已爲囚奴，做人不成了，故只得佯狂受辱。」又問：「若箕子地位尚可以諫，想亦未肯住在。必是既已爲囚奴，則不復可諫矣。」曰：「既已爲囚奴，如何更可以諫！」廣。

問：「『三仁』皆出於至誠惻怛之公。若箕子不死而爲之奴，何以見惻怛之心？」曰：「箕子與比干心只一般。箕子也嘗諫紂，偶不逢紂大怒，不殺他。也不是要爲奴，只被紂囚繫在此，因佯狂爲奴。然亦不須必死於事，蓋比干既死，若更死諫也無益，適足長紂殺諫臣之罪，故因得佯狂。然他處此最難，微子去却易，比干則速迅〔一一〕死。他在半上半下處最是難。所以易中特説『箕子之明夷』，『利艱貞，晦其明也。内難而能正其志』。外雖佯狂，而心却守得定。」淳。寓録同，今附於下。云：〔一二〕「寓問：『「商有三仁」，〔一三〕集注〔一四〕言：「三子之行不同，而同出於至誠惻怛之意。」微子之去欲存宗祀，比干之死欲紂改行，可見其至誠惻怛處。不知箕子至誠惻怛何以見？』曰：『箕子、比干都是一樣心。箕子偶然不衝着紂之怒，自不殺他。然他見比干恁地死，若更死諫，無益於國，徒使人君有殺諫臣之名。就他處此最難，微子去却易，比干一向諫死，又却索性。箕子在半上落下，最是難處。被他監繫在那裏，不免佯狂。所以易中特説「箕子之明夷」，可見其難處。故曰：「利艱貞，晦其明也。内難而能正其志，箕子以之。」外雖狂，心則定也。』」觀鳳一羽，則知五色之備。「三仁」。僩。

## 柳下惠爲士師章

亞夫問柳下惠三黜。曰：「柳下惠瑩然處皆與伯夷一般。伯夷如一顆寶珠，只常要在水裏。柳下惠亦如一寶珠，在水裏也得，在泥裏也得。」時舉。植同。〔一五〕

問：「柳下惠『直道而事人，焉往而不三黜；枉道而事人，何必去父母之邦』，雖可以見其『必以其道而不失焉者』，然亦便有個不恭底意思，故記者以孔子兩事序於其後。觀孔子之事，則知柳下惠之事亦未得爲中道。」曰：「也是如此。惟是孟子說得好，曰：『聖人之行，或遠或近，或去或不去，歸潔其身而已矣。』下惠之行雖不比聖人合於中道，然『歸潔其身』則有餘矣。」問：「『或遠或近』是相去之遠近否？」曰：「不然。謂其去人有遠近，若伯夷則直是去人遠矣。」廣。

## 齊景公待孔子章

曼問：「『齊景公待孔子雖欲『以季孟之間』，乃以虛禮待之，非舉國以聽孔子，故曰『吾老矣，不能用也』，遂行。如齊人欲以孟子爲矜式，亦是虛禮，非舉國以聽孟子。」曰：「固是。」植。

子升問孔子仕季氏之義。曰：「此亦自可疑，有難説處。」因言：「三家後來亦被陪臣撓，也要得夫子來整頓，孔子却因其機而爲之。如墮邑之事，若漸漸掃除得去，其勢亦自削弱，可復正也。孟氏不肯墮成，遂不能成功。」因説：「如今且據史傳所載，亦多可疑處。如魯國司徒、司馬、司空之官乃是三家世爲之，不知聖人如何得做司寇。」又問：「群弟子皆仕家臣，聖人亦不甚責之。」曰：「當時列國諸臣皆世其官，無插手處，故諸子不擇地而爲之耳。」木之。〔一六〕

## 齊人歸女樂章

問：「史記載『魯今且郊，如致膰于大夫則吾可以止』，設若致膰，則夫子果止否？」曰：「也須去。只是不若此之速，必須别討一個事故去。且如致膰，亦不是大段失禮處，聖人但因此且求去爾。」淳。寓録同。〔一七〕

孔子〔一八〕於受女樂之後而遂行，則言之似顯君相之過，不言則己爲苟去。故因膰〔一九〕肉不至而行，則吾之去國以其不致膰爲得罪於君耳。人傑。〔二〇〕

植因〔二一〕問：「『齊人歸女樂』，季桓子繾受，孔子不安，便行。孔子向來相定公，做得許多事業，亦是季桓子聽孔子之所爲，方且做得。」曰：「固是。」又曰：「當時若致膰胙，孔子去得更從容。惟其不致，故孔子便行。」植。

問：「今欲出來作事，亦須成敗有命，無必成之理。」曰：「固是，但[一二二]如孔子所作亦須見有必成處。但有小人沮之則不可，乃是天。孔子當時在魯，全屬季桓子。其墮三都也[一二三]乃是乘其機而爲之，亦是難。女樂事，論語所載與史記異。若如論語所載，似太匆遽。魯是父母之國，君、大夫豈得不且告之？告之不從而行，亦未晚，今乃去得如此其急。此事未易輕議，當闕。」可學。

## 楚狂接輿歌而過孔子[一二四]章

問：「楚狂接輿等，伊川謂荷蓧稍高。」曰：「以其尚可告語。若接輿，則全不可曉。」問：「當亂世，必如孔子之才可以救世而後可以出，其他亦何必出？」曰：「亦不必如此執定。『君子之仕，行其義也』，亦不可一向滅迹山林。然仕而道不行，則當去耳。」可學。

## 長沮桀溺耦而耕章[一二五]

## 子路從而後章

「君子之仕也，行其義也」。義，便有進退去就在裏。如丈人，直是截斷，只見一邊。閎祖。

亞夫問子路曰〔二六〕「君子之仕也，行其義也。道之不行已知之矣〔二七〕」。曰：「這時雖大綱做，行不得，亦自有小小從違處，所謂義也，如孟子『迎之致敬以有禮則就之，禮貌衰則去之』之意。不如長沮桀溺之徒，纔見大綱，行不得便去了。」植。

賀孫〔二八〕問：「集注云：『仕所以行君臣之義，故雖知道之不行，而不可廢。』末云：『亦非忘義徇禄也。』此『義』字似有兩意。」曰：「如何是有兩意？只是一意。纔説義，便是總去、就都説。道合則從，不合則去，即此是義。非但只説要出仕爲義，然道合則從，不合則去，唯是出仕方見得。『不仕無義』，纔説不仕，便都無了這義。聖人憂世之心，固是急欲得君行道。到得靈公問陳，『明日遂行』；景公『以季孟之間待之，曰「吾老矣，不能用也」』，『孔子行』；季桓子受女樂，『孔子行』，無一而非義。」賀孫。

亞夫問集注云「謂之義，則事之可否，身之去就，誠有不苟然者」。曰：「舊時人説此段，只説道合出仕纔出仕便是義。殊不知所謂仕，不是埋頭一向只要仕。如孟子説『所就三，所去三』，與『孔子有見行可之仕，有際可之仕，有公養之仕』，雖是未嘗不欲仕，亦未嘗不顧其義之如何。」賀孫。

木之〔二九〕問：「看聖人汲汲皇皇不肯没身逃世，只是急於救世，不能廢君臣之義。至於可與不可，臨時依舊裁之以義。」曰：「固是，但未須説急於救世，自不可不仕。」又問：「若據『危邦不入，亂邦不居』、『有道則見，無道則隱』等語，却似長沮、桀溺之徒做得是？」曰：「此爲學者言之。聖人做作又自不同。」又問：「聖人亦明知世之不可爲否？」曰：「也不是明知不可，但天下無不可爲之時，苟可以仕則仕，至不可處便止。如今時節，臺諫固不可做，州縣也自做得。到得居位守職却教自家枉道廢法，雖一簿尉也做不得，便着去位。」木之。[三〇]

## 逸民章

孔子論逸民，先伯夷。道夫。

太師摯適齊章下並無[三一]

周公謂魯公章[三二]

周有八士章[三三]

# 晦庵先生朱文公語類卷第四十九

## 論語三十一

### 子張篇

#### 士見危致命章[一]

#### 執德不弘章

亞夫問：「如何是『執德不弘』底樣子？」曰：「子貢若只執『貧而無諂，富而無驕』之德，而不聞夫子樂與好禮之説；子路若只執不耻緼袍之德，而不聞夫子『何足以臧』之説，則其志皆未免止於此。蓋義理無窮，心體無限。」賀孫。

「執德不弘」，弘是深潛玩味之意，不弘是著不得。明道云：「所貴者資。便儇皎厲兮，去道遠而！」此説甚好。明道語見程都公墓誌。〔二〕可學。

執德須弘，不可道已得此道理，不信更有道理。須是既下工夫又下工夫，已理會又理會。若只理會得三二分，便以〔三〕謂只消恁地也得。如此者非是無，只是不弘。故子張云「焉能爲有，焉能爲亡」，弘便知道理儘有，自家心下儘有地步寬闊著得他〔四〕在。㽦。

舜功問「執德不弘」。曰：「言其不廣也。纔狹隘則容受不得。不特是不能容人，自家亦自不能容。故纔有片善必自矜，見人之善必不喜，人告之以過亦不受。從狹隘上生萬般病痛。」問：「子張以爲『焉能爲有，焉能爲亡』，世間莫更有不好人？」曰：「渠德亦自執，道亦自信，只是不弘不篤，不足倚靠耳。」通老云：「亦有人將此二句於道德上説。」曰：「不然。先儒説『弘』字，多只説一偏。」可學。

時舉〔五〕問：「『執德不弘，信道不篤』一章，還合看得否？」曰：「各自是一個病。世間〔六〕有自執其小善者，然不害其爲信道之篤。亦有信道不篤、然却有兼取衆善之意者，自不相害也。」時舉。

問：「『焉能爲有，焉能爲亡？』」曰：「有此人亦不當去聲。得是有，無此人亦不當得是無，言皆不足爲輕重。」淳。

## 子夏之門人問交於子張章

汎交而不擇，取禍之道。故子張之言泛交，亦未嘗不擇。蓋初無拒人之心，但其間自有親疏厚薄爾。和靖非以子張爲不擇也。鎬。

## 雖小道必有可觀章

小道不是異端。小道亦是道理，只是小。如農圃、醫卜、百工之類，却有道理在，只一向上面求道理便不通了。若異端則是邪道，雖至近亦行不得。淳。

小道而行易見效。漢文帝〔七〕尚黄老，而〔八〕本朝李文靖便是以釋氏之教致治也〔九〕。孔孟之道規模大，若有理會得者，其致治又當如何？椿。〔一〇〕

## 日知其所亡章

問「日知其所亡，月無忘其所能」。先生曰：「『知其所亡』，便是一日之間知得所未知；『月無忘其所能』，便是長遠後也記得在這裏。而今學者今日知得，過幾日又忘了。便是不長在此做工夫，〔一一〕如何會到一月後記得！」希遜。

周問：「『月無忘其所能』，還是温故否？」曰：「此事〔一二〕與『温故知新』意却不同。『温故知新』是温故之中而得新底道理，此却是因新知而帶得温故。」雉。

節〔一三〕問：「『月無忘其所能』，積累多則如何温習？」曰：「也須漸漸温習，如『得一善則拳拳服膺，而勿〔一四〕失之矣』，『子路有聞，未之能行，惟恐有聞』。若是如此，則子路只做得一件事，顏子只着得一件事。」節復〔一五〕問：「既恁地，却如何？」曰：「且思量。」節。

子夏學煞高，自曾子外説他。看他答問處，如「博學而篤志，切問而近思」，如「日知其所亡，月無忘其所能」等處可見。泳。

## 博學而篤志章

問：「篤志是如何？」曰：「篤志是至誠懇切以求之，不是理會不得又掉了。」因舉横渠言：「『讀書以維持此心。一時放下，則一時德性有懈』，若只管泛泛地外面去博學，更無懇切之志，反看這裏，便是放而不知求底心，便成頑麻不仁底死漢了，那得仁！惟篤志，又切問近思，便有歸宿處，志不泛濫，心不走作，便只在這坎窠裏。」〔一六〕

問：「博學而篤志，切問而近思，仁在其中矣。」先生曰：「此全未是説仁處，方是尋討個求仁門路。當從此去，漸見效在其中，謂有此理耳。」問：「明道言『學者須先識仁。』識得仁，以敬養，不須防檢。」曰：「未要看此，不如且就『博學篤志，切問近思』做去。」寓。

問：「『博學而篤志，切問而近思，仁在其中矣〔一七〕』，如何謂之仁？」先生曰：「非是便爲仁。大抵聖人説『在其中矣』之辭，如『禄在其中』，〔一八〕意曰：〔一九〕『言行寡尤悔，非所以干禄，而禄在其中；父子相爲隱，非所以爲直，而直在其中。』『博學而篤志，切問而近思』，雖非所以爲仁，然學者用力於此，仁亦在其中矣。」祖道。謨同。〔二〇〕

元昭問：「『博學而篤志，切問而近思』，何以言『仁在其中』矣？」先生曰：「只是爲學工夫反求之己。必如『克己復禮』乃正言爲仁。論語言『在其中』，只是言其可至耳。明道云『學要鞭辟近裏』。」可學。

問：「『「博學而篤志，切問而近思，仁在其中矣」。了此便是徹上徹下道理』。此是深説也恁地，淺説也恁地否？」先生首肯，曰：「是。徹上徹下只是這個道理，深説淺説都恁地。」淳。

問：「『博學篤志，切問近思，仁在其中』，〔二一〕明道謂『學者須當思而得之，了此便是徹上徹下底道理』，莫便是先生所謂『從事於此則心不外馳，而所存自熟』之意乎？」曰：「然。於是四者中見得個仁底道理，便是徹上徹下之道也。」廣。

蜚卿問伊川謂「近思，只是以類推去」。曰：「程子説得『推』字極好。」問：「『以〔二二〕

類』莫是比這一個意思推去否?」曰:「固是。如爲子則當止於孝,爲臣當止於忠。自此節節推去,然只一『愛』字,雖出於孝,畢竟千頭萬緒皆當推去須得。」驤曰:〔二三〕「如何『切問近思』,則仁便在其中?」曰:「這有四字〔二四〕:博學、篤志、切問、近思。四者俱至,本止是講學,未是如『克己復禮』,斷然爲仁而仁在其中。〔二五〕凡論語言『在其中』皆是反説。如『耕也』則『餒在其中』,耕非能餒也,然有旱乾水溢則餒在其中。『學也,禄在其中』,學非干禄也,然學則禄在其中。『父爲子隱,子爲父隱』本非直也,而直已在其中。若此類皆是反説。」道夫。〔二六〕

雉問:「『近思』,程子謂『以類而推』,何也?」先生曰:「是節節推去。」雉。〔二七〕

有問伊川曰:「如何是近思?」曰:「以類而推。」今人不曾以類而推,蓋謂不曾先理會得一件却理會一件。若理會得一件,逐件件推將去,相次亦不難,須是劈初頭要理會,教直得理會得〔二八〕分曉透徹。且如煮物事,合下便用慢火養,便似煮肉,却煮得頑了,越不能得軟。政如義理只理會得三二分,便道只恁地得了,却不知前面撞頭搕腦。人心裏若是思索得到時,遇事自不難。須是將心來一如鏖戰一番,見了行陣便自然向前得去,如何不教心經履這辛苦。經〔二九〕一番,便自知得許多道路,方透徹。當。

問:「『以類而推』是如何?」曰:「只是就近推將去。」曰:「如何是就近推去?」曰:「且如十五志學至四十不惑，學者尚可以意會。若自知命以上，則雖苦思力索，終摸索不著。縱然説得，亦只是臆度。除是自近而推，漸漸看將去，則自然見得矣。」廣。

尹叔問：「『近思』是『以類而推』？」曰：「孟子所謂『親親而仁民，仁民而愛物』，文王之『刑于寡妻，至于兄弟，以御于家邦』，便是以類而推。」道夫。〔三〇〕

楊問：「程子曰『近思，以類而推』。何謂類推？」曰：「此語道得好。不要跳越望遠，亦不是縱横陡頓，只是就這裏近傍那曉得處挨將去。如這一件事理會得透了，又因這件事推去做那一件事，知得亦是恁地。如識得這般〔三一〕有許多光，便可因這燈光〔三二〕識得那燭亦恁地光。如升階，升第一級了，便因了第一級〔三三〕進到第二級，又因第二級進到第三級。只管恁地挨將去，只管見易，不見其難，前面遠處只管會近。若第一級便要跳到第三級，舉步闊了便費力，只管見難，只管見遠。如要去建寧，須從第一鋪便推類〔三四〕去到柳營江，柳營江便推類〔三五〕去到魚峬驛。只管恁地節節推〔三六〕去，這處進得一程，那處又減得一程。如此，雖長安亦可到矣。不然，只要一程如何便到得。〔三七〕如讀書，讀第一段了，便推第一段之類去讀第二段；到第二段了，又推第二段之類去讀第三段。〔三八〕只管恁地去〔三九〕，次第都能理會得。若開卷便要獵一過，如何得。」直卿問：「是理會得孝，便推去理會得弟否？」曰：「只是傍易曉底挨將去。如理會得親親，便推類去仁民，仁民是親親之類。理會得仁民，便推類去愛物，愛物是仁民之類。如

『刑于寡妻』，便推類去『至于兄弟』；『至于兄弟』，便推類去『御于家邦』。如修身便推類〔四〇〕去齊家，齊家便推類〔四一〕去治國。只是一步了又一步。學記謂：『善待〔四二〕問者，如攻堅木，先其易者，後其節目。』此說甚好。且如中央一塊堅硬，四邊軟，不先就四邊攻其軟，便要去中央攻那硬處，〔四三〕如何攻得？枉費了氣力，堅底〔四四〕又只在。須是先就四邊旋旋抉了軟處，中央硬底自走不得。兵書所謂『攻瑕則堅者瑕，攻堅則瑕者堅』，亦是此意。」〔四五〕問：「博學與近思，亦不相妨否？」曰：「博學是都要理會過，近思是注心着力處。博學是個大規模，近思是漸進工夫。如『明明德於天下』是個〔四六〕大規模，其中格物、致知、誠意、正心、修身、齊家等便是次第處〔四七〕。如博學，亦豈一日便都學得了？亦是漸漸學去。」問：「篤志，未說到行處否？」曰：「篤志，只是至誠懇切以求之，不是理會不得又掉了。若只管泛泛外面博學〔四八〕，更不懇切其志〔四九〕反在〔五〇〕這裏，便成放不知求底心，便成頑麻不仁底人〔五一〕，那得仁？惟篤志，又切問近思，便有歸宿處，這心便不泛濫走作，只在這坎窠裏。不放了，仁便在其中。橫渠云：『讀書以維持此心。一時放下，則一時德性有懈。』」淳。道夫、寓録同。〔五二〕

## 百工居肆章

問：「『百工居肆』，二說合如何看？」曰：「君子不學，固不足以致道，然亦有學而不知道者多矣。此二説要合爲一，又不欲掩先輩之名，故姑載尹氏之本文。」雉。

### 小人之過也必文章[五三]

### 君子有三變章[五四]

### 君子信而後勞其民章[五五]

### 大德不踰閑章

「大德不踰閑，小德出入可也」。大節是當，小節無不可者。若大節未是，小節何緣都是。謨。

「小德出入可也」，此自是「可與權」之事。謂之「出入」則似有不得已之意，非德盛者不能。如「嫂溺不援，是豺狼也」，嫂溺是所當援也，更着「可也」字不得，所以吴氏謂此章有弊。道夫。

問：「『大德』、『小德』解不同，而『踰閑』、『出入』亦所未達。中庸之旨與子夏之言似無異意。夫有大德以存主於中，則凡出入卷舒而見於外者無不可焉，故曰『出入可也』。不知如何？」〔五六〕曰：「『大德』、『小德』猶言『大節』、『小節』。大節既定，小節有差亦所不免。然吳氏謂此章不能無弊，學者正不可以此自恕。一以小差爲無害，則於大節必將有枉尋而直尺者矣。」謨。

問：「伊川謂小德如援溺之事更推廣之，吳氏謂此章不能無弊。如何？」曰：「恁地推廣援溺事却是大處。『嫂溺不援是豺狼』，這處是當做，更有甚麼出入！隨他門說，如湯武征伐，『三分天下有其二』，都將做可以出入。恁地却是大處，非聖人不能爲，豈得謂之小德？乃是道之權也。子夏之意，只爲大節既是了，小小處雖未盡美〔五七〕亦不妨。然小處放過，只是力做不徹，不當道是『可也』。」寓。陳淳録同。〔五八〕

子夏〔五九〕「大德不踰閑，小德出入可也」，如橫渠之說「時中」。却是一串說，如「小德出入」亦把做好了，若是「時中」却是合當如此。如何却只云「可也」？只是且恁地也得之意。且如「嫂溺援之以手」，亦是合當如此，却說道「可也」不得。大抵子夏之說自有病，只是他力量有行不及處。然既是有力不及處，不免有些子小小事〔六〇〕放過者，已是不是，豈可謂之「可也」？却是垂訓於人，教人如此則甚不可耳。蓋子夏爲人不及，其質亦弱，夫子亦每提他，如「汝爲君子儒，無爲小人儒」、「無欲速，無見小利」之類。子夏亦自知之，故每常〔六一〕亦要做夾細工夫，只這子細便是他病處。徐彥章以子夏爲狷介，只是把論交處說。子夏豈是狷介？却只是弱耳。㽦。

## 洒掃應對章〔六二〕

君子之道，孰以末爲先而可傳？孰以本爲後而倦教？蓋學者之質不同，如草木之區別耳。德明。

問「子夏門人洒掃應對進退」一段。答曰：「人只是將上達意思壓在頭上，故不明子夏之意。但云君子之道孰爲當先而可傳？孰爲可後而倦不傳？『譬諸草木，區以別矣』，只是分別其小大耳。小子之學但當如此，非無本末之辨。」祖道。

古人初學只是教他「洒掃應對進退」而已，未便說到天理處。子夏之教門人專以此，子游便要插一本在裏面。「民可使由之，不可使知之」，只是要他行矣而著，習矣而察，自理會得。須是「匡之，直之，輔之，翼之，使自得之，然後從而振德之」。今教小兒，若不匡、不直、不輔、不翼，便要振德，只是撮那尖利底教人，非教人之法。淳。

孔門除曾子外，只有子夏守得規矩定，故教門人皆先「洒掃應對進退」，所以孟子說：「孟施舍似曾子，北宮黝似子夏。」文蔚。

「洒掃應對」，「精義入神」，事有大小而理無大小。〔六三〕事有大小，故其教有等而不可躐；

理無大小，故隨所處而皆不可不盡。〔六四〕謝氏所謂「不着此心如何做得」者，失之矣。道夫。此録又自注云：「先生親筆以示諸生。」〔六五〕

問「洒掃應對章」程子四條。曰：「此最難看。少年只管不理會得『理無大小』是如何。此句與上條教人有序都相反了。多問之前輩，亦只似謝氏説得高妙，更無捉摸處。因在同安時，一日差入山中檢視，夜間忽思量得不如此。其曰『理無小大』，無乎不在，本末精粗皆要從頭做去，不可揀擇。此所以爲教人有序也。非是謂『洒掃應對』便是『精義入神』，更不用做其他事也。」雉。

「子夏〔六六〕之門人小子洒掃應對進退〔六七〕，某〔六八〕少時都看不出，將謂無本末，無大小。雖如此看，又自疑文義不是如此。後來在同安作簿時，因睡不着，忽然思得，乃知却是有本末小大。然若〔六九〕不得明道説『君子教人有序』四五句，也無緣看得出。聖人『有始有卒』者，不是自始做到終，乃是合下『洒掃應對』、『精義入神』，便都在這裏了，始終皆備。〔七〇〕若學者便須從始做去方得，聖人則不待如此做也。」時舉。

亞夫問：「『孰先傳焉，孰後倦焉』一章，〔七一〕伊川云：『「洒掃應對」便是形而上者，理無大小故也。故君子只在謹獨。』又曰：『聖人之道，更無精粗。從「洒掃應對」與「精義入神」，貫通只一理。雖「洒掃應對」，只看所以然如何。』」曰：「某向來費無限思量理會此段不得。如伊川門人都説差了，當初[七二]且是不敢把他底做不是，只管就他底解説。解來解去，但[七三]只見與子夏之説相反，常以爲疑。子夏正説有本有末，如何諸公都説成個[七四]末即是本？後在同安，出在外道[七五]定驗公事，路上只管思量方思量得透。當時説與同官某人，某人亦正思量此話起，頗同所疑。今看伊川許多説話時復又説錯了。所謂『「洒掃應對」與「精義入神」，貫通只一理。雖「洒掃應對」，只看所以然如何』，此言『洒掃應對』與『精義入神』是一樣道理。『洒掃應對』必有所以然，『精義入神』亦必有所以然。其曰『通貫只一理』，言二者之理只一般，非謂『洒掃應對』便是『精義入神』。固是『精義入神』有形而上之理，即『洒掃應對』亦有形而上之理。」亞夫問：「集注云：『始終本末，一以貫之，惟聖人爲然。』此解得已分明，但聖人事是甚麽樣子？」曰：「如云『下學而上達』，當其下學時便上達天理，是也。」賀孫。

齊卿問：「『子夏之門人小子當洒掃應對』一章，[七六]程子云云『故君子只在謹獨』，何也？」曰：「事有小大，理却無小大。合當理會處便用與他理會，故君子只在謹獨。不問大事小事，精粗巨細，盡用照管，盡用理會。不可説個是粗底事不理會，只理會那精底，既是合當[七七]做底事便用做去。又不可説『洒掃應對』便是『精義入神』。『洒掃應對』只是粗底，『精義入神』自是精底。然道理都一般，須是從粗底小底理會起，方漸而至於精者大者。所以明道曰：『君子教人有序，先傳以近者小者，而後教以大者遠者。非先傳以近小，而後不教以遠大也。』」或云：「『洒掃應對』非道之全體，只是道中之一節。」曰：「合起來便是道之全體，非大底是全體，小底不是全體也。」問伊川言「凡物有本末，不可分作兩段」。曰：「須是就事上理會道理，非事何以識理？『洒掃應對』，末也；『精義入神』，本也。不可説這個是末，不足理會，只理會那本，這便不得。又不可説這末便是本，但學其末，則本便在此也。」僩。

問：「程子曰：『「洒掃應對」，便是形而上者。理無小大[七八]，故君子只在謹獨。』此只是獨處少有不謹，則形而上下便相間斷否？」曰：「亦是。蓋不能謹獨，只管理會大處，小小底事便照管不到。理無小大，大處小處都是理。小處不到，理便不周匝。」淳。

義剛呈問目云：「子游知有本，而欲棄其末。子夏則以本末有先後之序。程子則合本末以爲一而言之。詳味先生之説，則所謂『洒掃應對』固是[七九]便是『精義入神』事。只知於『洒掃應對』上做工夫，而不復深究『精義入神』底事，則亦不能通貫而至於渾融也。惟是下學之既至，而上達益加審焉，則本末透徹而無遺矣。不審如此説得否？[八〇]」曰：「這是説洒掃應對也是這道理。若要精義入神，須是從這裏理會將去。如公説，則似理會了『洒掃應對』了，又須是去理會『精義入神』，却不得。程子説又便是子夏之説。」義剛。

問：「『「洒掃應對」即是「精義入神」之理』，此句如何？」曰：「皆是此理，其爲上下大小不同，而其理則一也。」問：「莫只是盡此心而推之，自小以至大否？」曰：「謝顯道却説要着心。

此自是說理之大小不同，未可以心言也。『洒掃應對』是此理，而其『精義入神』亦是此理。『洒掃應對』是小學事，『精義入神』是大學事。精究其義以入神，正大學用功以至于極致處也。若子夏之門人，止當爲『洒掃應對』而已，以上又未暇也。」〔八一〕

問：〔八二〕「『「洒掃應對」是其然，必有所以然』，『所以然者』〔八三〕如何？」曰：「『所以然者』亦只是理也，惟窮理則自知其皆一致。此理惟延平先生之說在或問「格物」中。與伊川合〔八四〕，雖不顯言其窮理，而皆體此意。」後先生一番說：「伊川『是其然』，爲伊川只舉得一邊在此，『是其然』。『洒掃應對』與『精義入神』皆是『是其然，必有所以然』，『洒掃應對』與『精義入神』皆有所以然。」〔八五〕

節〔八六〕問：「伊川曰『「洒掃應對」是其然，必有所以然』者是如何？」〔八七〕曰：「若無誠意，如何『洒掃應對』？」節。「是其然，必有所以然」。治心修身是本，「洒掃應對」是末，皆「其然」之事也。至於「所以然」，則理也，理無精粗本末，皆是一貫。升卿。

「先傳後倦」，明道說最好。伊川與上蔡說，須先理會得子夏意方看得。閎祖。〔八八〕

問：「『洒掃應對』與『盡性至命』，是一統底事，無有本末精粗。在理固無本末精粗，而事須有本末精粗否？」曰：「是。」淳。

伯豐問：「程子曰『「洒掃應對」與佛家默然處合』，何也？」曰：「默然處只是都無作用。

非是取其説，但借彼明此。『洒掃應對』即『無聲無臭』之理也。」畬。

## 仕而優則學章

又問：「『仕而優則學，學而優則仕』，如何仕而復學。」曰：「如古者，世族子弟有少年便仕者，到職事了辨後也着去〔八九〕讀書，須要將聖賢言語體之於身。如『克己復禮』與『出門如見大賓』，須就自家身上體看我實能克己與主敬行恕否，件件如此方始有益。」又因希遜問「克己復禮」，曰：「人之私意，有知得便克去者，有忘記去克他者，有不獨是忘記去克他，却反與他爲用〔九〇〕者。」時舉。〔九一〕

問「仕而優則學，學而優則仕〔九二〕」。先生曰：「此爲世族子弟而設。有少年而仕者，元不曾大，故學，故職事之暇可以學。〔九三〕『學而優則仕』，無可説者。」希遜。

問「仕而優則學」。曰：「有一鄉人作縣尉，請教於太守沈公云：『某欲修學，先讀何書？』沈答云：『公且去做了縣尉，歸家去款款讀書。』此説亂道！居官豈無閑暇時可讀書？且如轎中亦可看册子，但不可以讀書而廢居官〔九四〕事耳。」雉。

問「仕而優則學」。曰：「某嘗見一親戚説得好，謂子夏此語，蓋爲仕而不問學者設爾。『優』，當作『暇』字解。」祖道。謨同。〔九五〕

喪致乎哀而止章無〔九六〕

堂堂乎張也章無〔九七〕

必也親喪乎章無〔九八〕

孟莊子之孝章

時舉〔九九〕問：「孟莊子不改父官與父之政〔一〇〇〕，何以謂之『難能』？」曰：「這個便是難能處。人固有用父官〔一〇一〕者，然稍拂他私意，便自容不得。亦有行父之政者，於私欲稍有不便處，自行不得。古今似此者甚多，如唐太宗爲高宗擇許多人，如長孫無忌、褚遂良之徒，高宗因立武昭儀事，便不能用。又，季文子相三君，無衣帛之妾，無食粟之馬，到季武子便不如此，便是不能行父之政。以此知孟莊子豈不爲難能！」和之因問：「唐太宗當初若立魏王泰時如何？魏王泰當時也自英武。」曰：「他當初却有心傾太子承乾，只此心便不好，然亦未知果是賢與不賢。且看隋煬帝劈初如何？下梢又如何？」問：「『爲天下得人謂之仁』，又有嫡長之説，此事不知如何〔一〇二〕。」曰：「所謂『可與立，未可與權』，此事最要權輕重，若是聖賢便處得。須是見他嫡長真是不賢，庶真賢，方得。大賢以上方了得此事，如王季立文王之事是也。如他人見不到，不如且守嫡長之說。如晉獻公溺於驪姬，要去申生；漢高祖溺於戚姬，要立趙王如意。是〔一〇三〕真見得他賢否！」〔一〇四〕又云：「兩漢而下，多有英武之資爲用事者所忌，如清河王是也。」時舉。謂漢清河王蒜爲梁冀所忌。〔一〇五〕

陽膚爲士師章無〔一〇六〕

紂之不善章無〔一〇七〕

君子之過如日月章無〔一〇八〕

仲尼焉學章〔一〇九〕

或問：「『文武之道未墜於地』，是掃地否？」曰：「未墜地，非掃地，掃地則無餘矣。此只是說未墜落於地，而猶在人耳〔一一〇〕。賢者則能記其道之大者，不賢者則能記其道之小者，皆有文武之道，夫子皆師之也。」大雅。

## 子貢賢於仲尼章[一一一]

「子貢賢於仲尼」。聖人固自難知。如子貢在當時，想是大段明辨果斷，通曉事務，歆動得人。孔子自言：「達不如賜，勇不如由。」賀孫。

或問：「『夫子之墻數仞，不得其門而入』，夫子之道高遠，故不得其門而入也。」曰：「不然。顏子得入，故能『仰之彌高，鑽之彌堅』，至于『在前在後，如有所立，卓爾』。曾子得入，故能言『夫子之道忠恕』。子貢得入，故能言『性與天道不可得聞，文章可得而聞』。他人自不能入耳，非高遠也。七十子之徒，幾人入得？譬如與兩人説話，一人理會得，一人理會不得。理會[一一二]得者便是入得，不理會得者[一一三]便是入不得。且孔子之教衆人與教顏子何異？顏子自入得，衆人自入不得，多少分明！」大雅。

## 叔孫武叔毁仲尼章無[一一四]

## 夫子得邦家章[一一五]

問：「『夫子得邦家』章，集注『立』謂『植其生』，何也？」曰：「『五畝之宅，樹之以桑』，百畝之田，勿奪其時』是也。」問：「『動』謂『鼓舞之』，何也？」曰：「『又從而振德之，惟動丕應徯志』，是使只管欣喜踴躍去，遷善遠罪而不自知。」問：「伊川謂『言性與天道是聖人之聰明』，此處是聖人之德性。何也？」曰：「言性與天道是聖人見處恁地高，人自摸不著，此處言德性是自本原處説，根基深厚便能如此，即『所過者化，所存者神』。意皆由德盛仁熟而然。」淳。〔一一六〕按楊道夫、徐寓録同而各少異，今附于下。〔一一七〕道夫録云：〔一一八〕「『「立之斯立」，如「五畝之宅，樹之以桑」之類。蓋此有以立之，便自立得住也。「動之斯和」如「又從而振德之」，振德有鼓舞之意。〔一一九〕如舜之從欲以治，「惟動丕應徯志」，徙是動而和處，此言德盛仁熟，本領深厚，纔做出便自恁地。〔一二〇〕』問：『伊川云：「『夫子之言性與天道，不可得而聞』，是就聖人聰明上説；『立斯立，綏斯來』，是就德性上説。」如何？』曰：『聰明是言聖人見處高，常人所不能測識。德性是言其精粹純一，本領深厚。其用〔一二一〕自如此。』」。寓録云：「又問：『「立之斯立」，集注謂「立，謂植其生也」，那處見得？』曰：『「五畝之宅，樹之以桑；百畝之田，勿奪其時」便是。』問：『「動和，謂鼓舞之也」，那處見得鼓舞？』曰：『放勳曰「勞之來之，又從而振德之」，振德處便是。鼓舞使之歡喜踴躍，遷善改過而不自知，如書之「俾予從欲以治，惟動丕應徯志」，皆是「動之斯和」意思。』問：『程子言「性與天道，以夫子之聰明而言」，如云「綏之斯來，動之斯和」。以夫子德性而言，不知將聰明、德性分別兩段是如何？』〔一二二〕曰：〔一二三〕『「言性與天道」，是所見直恁地高，人自描模他不着，見得是聰明。言德性，是就本原處説。根基深厚，德盛仁熟，便能如此，便是「所過者化」。』」

# 晦庵先生朱文公語類卷第五十

## 論語三十二

## 堯曰篇

### 堯曰咨汝〔一〕舜章

楊問：「『簡在帝心』，何謂簡？」曰：「如天檢點數過一般。善與罪，天皆知之。爾之有善也在帝心，我之有罪也在帝心。」淳。寓録同。〔二〕

寓〔三〕問：「『雖有周親』，注：『紂之至親雖多。』他衆叛親離，那裏有至親？」曰：「紂之至親豈不多，唯其衆叛親離，所以不濟事。故書謂『紂有億兆夷人，離心離德』，是也。」寓。淳録同。〔四〕

## 子張問從政〔五〕章

問：「『欲仁得仁，又焉貪』，如何？」曰：「仁是我所固有而我得之，何貪之有？若是外物，欲之則爲貪。此正與『當仁不讓於師』同意。」「於〔六〕問政及之，何也？」曰：「治己治人，其理一也。」廣。

問：「『猶之與人也，出納之吝』，何以在四惡之數？」曰：「此一惡比上三惡似輕，然亦極害事。蓋此人乃是個多猜嫌疑慮之人，賞不賞，罰不罰，疑吝不決，正如唐德宗是也。」大雅。

「『猶之』，猶均之也。均之，猶言一等是如此。史家多有此般字。」問：「『出納之吝』是不好，所以謂之惡。」曰：「此『吝』字說得來又廣，只是戒〔七〕人遲疑怠忽底意思。當賞便用賞，當做便用做。若遲疑怠忽之間，澁縮靳惜，便誤事機。如李絳勸唐憲宗速賞魏博將士，曰：『若待其來請而後賞之，則恩不歸上矣。』正是此意。如唐家藩鎮之患，新帥當立，朝廷不即命之，却待軍中自請而後命之，故人不懷恩，反致敗事。若是有司出納之間，吝惜而不敢自專，却是本職當然。只是人君爲政大體，則凡事皆不可如此，當爲處便果決爲之。」僩。

## 不知命章

論語首云：「學而時習之，不亦説乎！有朋自遠方來，不亦樂乎！人不知而不愠，不亦君子乎！」終云：「不知命，無以爲君子也。」此深有意。蓋學者所以學爲君子，若不知命，則做君子不成。死生自有定命，若合死於水火，須在水火裏死；合死於刀兵，須在刀兵裏死，看如何逃不得。此說雖甚粗，然所謂知命者不過如此。若這裏信不及，纔見利便趨，見害便避，如何得成君子！閎祖。

「論語[八]首章言『人不知而不慍，不亦君子乎』，斷章言『不知命，無以爲君子』，[九]今人開口亦解說一飲一啄自有定分，及遇小小利害，便生趨避計較之心。古人刀鋸在前、鼎鑊在後，視之如無物者，[一〇]蓋緣只見得這道理，不[一一]見那刀鋸、鼎鑊。」又曰：「『死生有命』，如合在水底[一二]死須是溺殺，此猶不是深奧底事、難曉底話。如今朋友都信不及，覺見此道日孤，令人意思不佳。」元秉。[一三]

論語末篇「不知命，無以爲君子」，首章「人不知而不慍，不亦君子乎」。且以利害禍福言之，此是至粗底。此處人都信不及，便講學得待如何！亦没安頓處。且如俗說「一飲一啄皆前定」，及至小利害便趨利避害。古人「刀鋸在前，鼎鑊在後，視之如履平地」，只緣見得這義理分明。「死生有命，富貴在天」，自是個定分。而今朋友都信不及，覺得此道日孤。賜。[一四]

# 晦庵先生朱文公語類卷第五十一

## 孟子一

### 題辭

陳丈言：「孟子，趙岐所記者，却做得好。」曰：「做得絮氣悶人。東漢文章皆如此。」卓。

趙岐避難處夾壁中注解一部孟子。題辭中說「息肩濟岱，詭姓道身」，謂「是也」。德明[一]

解書難得分曉。趙岐孟子，拙而不明；王弼周易，巧而不明。辛。[二]

### 梁惠王章句[三]上

孟子見梁惠王[四]

希真說孟子對梁惠王以仁義章。曰：「凡事不可先有個利心，纔說着利，必害於義。聖人做處只向義邊做，然義未嘗不利，但不可先說道利，不可先有求利之心。蓋緣本來道理只有一個仁義，更無别物事。義是事事要合宜。」賀孫。

說義利處，曰：「聖賢之言，所以要辨别教分明，但只要向義邊一直做[五]去，更不通思量着[六]第二着。纔說義，乃所以爲利。固是義有大利存焉，若行義時便說道有利，則此心只傾[七]邪向那邊去。固是道[八]『未有仁而遺其親，未有義而後其君』。纔於爲仁時便說要不遺其親，爲義時便說要不後其君，則是先有心於利[九]。聖賢直[一〇]要人止向一路做去，不要做這一邊又思量那一邊。仲舒所以分明說『不謀其利，不計其功』。」賀孫。

孟子大綱都剖析得分明。如說義利等處，如答宋牼處，見得事只有個是非，不通去說利害。看得[一一]來惟是孟子說得斬釘截鐵。賀孫。

潘子善問：「孟子說與時君都是一反一正。如首章說『上下交征利』，其害便至『不奪不饜』。說仁義，便云未有遺其親後其君。說賢者便樂此，不賢者便不能樂此。言其效驗如此，亦欲人君少知恐懼之意。」曰：「不是要人君知恐懼，但其效自必至此。」植。[一二]

至問：「孟子解中說：『仁者，心之德，愛之理；義者，心之制，事之宜。』[一三]至謂：[一四]『心之德』，是就專言之統體上說；『愛之理』，是就偏言之一體上說，雖言其體，而用未嘗不包在其中。『心之制』，是說義之主於中；『事之宜』，是說義之形於外，合内外而言之也。如此看是否？〔一五〕」曰：「『心之制』，亦是就義之全體處說。『事之宜』，是就千條萬緒各有所宜處說。『事之宜』，亦非是就在外之事說，看甚麽事來這裏面便有個宜處，這便是義。」又舉伊川曰：「在物爲理，處物爲義。」又曰：「義似一柄利刀，看甚物來皆割得去。非是刀之割物處是義，只這刀便是義。」伯羽。〔一六〕

仁對義爲體用，仁自有仁之體用，義又有義之體用。〔一七〕「仁，人心也」，是就心上言；「義，人路也」，是就事上言。伯羽。〔一八〕

正淳問：「『仁者，心之德，愛之理；義者，心之制，事之宜』。是〔一九〕德與理俱以體言，制與宜俱以用言否？」曰：「『心之德』是渾淪說，『愛之理』方說到親切處。『心之制』却是說義之體，程子所謂『處物爲義』是也。揚雄言『義以宜之』，韓愈言『行而宜之之謂義』。若以〔二〇〕義爲宜，則義有在外意思〔二一〕。須如程子言『處物爲義』，則是處物者在心，而非外也。」又云：「大概說道理只渾淪說，又使人無捉摸處；若要說得親切，又却局促有病。如伊川說『仁者，天下之公，善之本也』，說得渾淪開闊無病。知言說理是要親切，所以多病。」賀孫。胡子知言，五峰先生所著也。〔二二〕

或問：「孟子首章解曰：『仁者，心之德，愛之理也。義者，心之制，事之宜也。』此是以仁義分爲體用也。〔二三〕『仁之德，愛之理』，以體言也；『心之制，事之宜』，以用言也？」曰：「也不是如此。義亦只得如此說。『事之宜』雖若在外，然所以制其義，則在心也。程子曰：『處物爲義。』非此一句，則後來[二四]人恐未免有義外之見。如『義者事之宜』、『事得其宜之謂義』，皆說得未分曉在[二五]。蓋物之宜雖在外，而所以處之使得其宜者，則在內也。」曰：「仁言『心之德』，便見得可包四者。義言『心之制』，却只是說義而已。」曰：「然。程子說『仁者，天下之公，善之本也』固是好。然說得太渾淪，只恐人理會不得。大抵說得寬廣自然，不受指點，若說得親切又覺得意思局促，不免有病。知言則是要得親切，而不免有病者也。」又曰：「也須說教親切。」因言：「漢唐諸人說義理，只與說夢相似，至程先生兄弟，方始說得分明。唐人只有退之說得近旁，然也只似說夢，但不知所謂劉迅者如何。」曰：「迅是知幾之子。據本傳說，迅嘗注釋六經，以爲舉世無可語者，故盡焚之。」曰：「想只是他理會不得。若是理會得，自是著說與人。」廣。

問：「集注謂『義者，天理之所宜』，仁[二六]說又謂『義者，宜之理』，意有異否？」曰：「只宜處便是義。宜之理、理之宜都一般，但做文恁地變。只如冷底水、熱底水，水底冷、水底熱[二七]一般。」淳。[二八]

「義者，心之制，事之宜」。所謂事之宜，方是指那事物當然之理，未說到處置合宜處也。僩。

「義者，心之制，事之宜」。如刀相似，要他深割。泳。[二九]

節[三〇]問：「『心之制』，是裁制？」曰：「是裁制。」節[三一]問：「莫是以制其心？」曰：

「心自有這制，心自是有制。制如快利刀斧，事來劈將去，可底從這一邊去，不可底從那一邊去。」節。

梁惠王問利國，便是爲己，只管自家國，不管他人國。義利之分，其争毫釐。范氏只爲説不到聖賢地位上，蓋「義者，利之和也」。謨。〔三二〕

## 孟子見梁惠王〔三三〕王立於沼上章

德修説「孟子見梁惠王〔三四〕王立於沼上」一章，引「齊宣王見孟子於雪宫」事，云：「梁惠王其辭遜，齊宣王其辭誇。」先生曰：「此説好。」又説「寡人願安承教」一章，有「和氣致祥，乖氣致異」之説。曰：「恐孟子之意未到此。」文蔚。閎祖同而略，今附。云：「王丈解『梁惠王王立於沼上曰：「賢者亦樂此乎？」齊宣王見孟子於雪宫曰：「賢者亦有此樂乎」』，曰：『梁之辭遜，齊之辭侈。』先生曰：『分得好。』」〔三五〕

## 梁惠王曰晉國天下莫强焉章〔三六〕

問：「孟子告梁王，省刑罰，薄税斂，修孝弟忠信，〔三七〕便可以制挺〔三八〕撻秦楚堅甲利兵〔三九〕。夫魏地迫近於秦，無時不受兵，割地求城無虚日。孟子之言似太容易否？」曰：「自是響應如此。當時之人焦熬已甚，率歡欣鼓舞之民而征之，自是見效速。後來公子無忌縞素，

一舉直擣至函谷關可見。」人傑。〔四〇〕

孟子亦是作爲底人。如云：「彼陷溺其民，王往而征之，夫誰與王敵！」非不用兵也，特其用兵，不若當時戰國之無義理耳。如「五畝之宅，樹之以桑」而下，爲政之實行之既至，則夫〔四一〕視當時無道之國，豈可但已哉！人傑。

## 孟子見梁襄王章

問：「『望之不似人君』，此語孔子還道否？」曰：「孔子不説，孟子忍不住便説。安卿煞不易，他會看文字，疑得都是合疑處。若『近思』，固不能疑。蜚卿又疑得曲折，多無事生出事。」又曰：「公疑得太過，都落從小路去了。」伯羽。

## 齊宣王問曰〔四二〕齊桓晉文之事章

「無道桓文之事」。事者，營霸之事，儒者未嘗講求。如桓公霸諸侯，一匡天下，則誰不知！至於經營霸業之事，儒者未嘗言也。謨。

或問：「『仁術』字當何訓？」曰：「此是齊王見牛觳觫，而不忍之心萌，故以羊易之。孟子所謂『無傷』，蓋能獲得齊王仁心發見處。『術』，猶方便也。」履孫。

陳希周問「是乃仁術也」一句〔四三〕。先生曰：「『術』字，本非不好底字。只緣後人〔四四〕把做變詐看了，便道是不好。却不知天下事有難處處，須着有個巧底道理始得。當齊宣王〔四五〕見牛，一時〔四六〕惻隱之心已發乎中。又見釁鍾事大似住不得，只得以所不見者而易之，乃是他既周旋得那事，又不抑遏了這個〔四七〕不忍之心，則此心乃得流行。若當此之時〔四八〕無個措置，便抑遏了這個〔四九〕不忍之心，遂不得而流行矣。此乃所謂術也。」時舉。

陳晞周問「仁術」。曰：「術未必便是全不好。且如仁術，見牛之觳觫，是仁心到這裏。處置不得，無術以處之，是自家這仁心抑遏不得流行，故以羊易之，這是用術處。有此術方得自家仁之〔五〇〕流行。」植。〔五一〕

問：「先生解『物皆然，心爲甚』，曰：『人心應物，其輕重長短之難齊，而不可不度以本然之權度，又有甚於物者。』不知如何是本然之權度？」曰：「本然之權度，亦只如〔五二〕此心〔五三〕本然萬理皆具，應物之時須是子細看合如何，便是本然之權度也。如齊宣王見牛而不忍之心見，此是合權度處。及至『興甲兵，危士臣，構怨於諸侯』，又却忍爲之，便是不合權度，失其本心。」又問：「莫亦〔五四〕只是無所爲而發者便是本心？」曰：「固然是。人又多是忘了。〔五五〕」問：「如何忘了？」曰：「當惻隱時却不惻隱是也。」問：「此莫是養之未至否？」曰：「亦是察之未精。」廣。

黄先之問「物皆然，心爲甚，王請度之[五六]」。曰：「物之輕重長短之差易見，心之輕重長短之差難見；物之差無害，心之差有害，故曰『心爲甚』。」又曰：「以理度心。[五七]」又曰：「以本然之權度度心。」又曰：「愛物宜輕，仁民宜重，此是權度。以此去度。」節。

問：「孟子論齊王事，考之史記，後來無一不效。」曰：「雖是如此，已是見得遲了。須看他一部書，見得句句的確，有必然之效方是。」德明。

至云：「看孟子已看到七八章。見孟子於義利之辨、王霸之辨，其剖判爲甚嚴。至於顧鴻雁麋鹿之樂與好世俗之樂，此亦是人情之常，故孟子順而導之以與民同樂之意。至於誤認移民移粟以爲盡心，而不能制民之産以行仁政；徒有愛牛之心，而不能推廣以行仁政，則[五八]開導誘掖以先王之政，可謂詳明。至皆未見所疑處。只伊川説：『孟子説齊梁之君行王政。王者，天下之義主也。聖賢亦何心哉？視天命之改與未改爾。』於此數句，未甚見得明。」先生却問至云：「天命之改與未改，如何見得？」至云：「[五九]『莫是周末時禮樂征伐皆不出於天子，生民塗炭而天王不能正其權以救之否？』曰：「如何三晉猶尚請命於周？」至云：「[六〇]『三晉請命既不是，而周王與之亦不是。如温公所云云，便是天王已不能正其權。』曰：「如何周王與之不是，便以爲天命之改？」至云：[六一]「至見得未甚明。舊曾記得程先生説，譬如一株花，可以栽培則須栽培。莫是那時已是栽培不得否？」曰：「大勢已去了。三晉請命於周，亦不是知尊周，謾假其虚聲耳，大抵人心已不復有愛戴之實了。自入春秋以來，二百四十年間，那時猶自可整頓。不知周之子孫，何故都無一人能明目張膽出來整頓？到孟子時，人心都已去。」至云：〔六二〕「程子説『天命之改』，莫是大勢已去？」曰：「然。」至。〔六三〕

## 梁惠王章句〔六四〕下

### 莊暴見孟子章

孟子開導時君，故曰「今之樂猶古之樂」。至於言百姓聞樂音欣欣然有喜色處，則閉關〔六五〕得甚密。如「好色」、「好貨」，亦此類也。謨。

### 齊宣王問曰文王之囿章〔六六〕

「孟子言文王由百里興，亦未必然。」問：「孟子謂『文王之囿，方七十里』，先生以爲『三分天下有其二，以服事殷〔六七〕』。若只百里，如何有七十里之囿！然孟子所謂『傳有之』者，如何？」曰：「想他須有據，但孟子此説，其意亦只主在風齊宣王爾。若文王之囿，果然縱一切人往，則雖七十里之大，不過幾時亦爲赤地矣，又焉得有林木鳥獸之長茂乎？周之盛時，雖天下山林猶有厲禁，豈有君之苑囿反縱芻獵恣往而不禁之〔六八〕乎！亦無是理。漢武帝規上林苑只有二三十里，當時諸臣已皆以爲言，豈有文王之囿反如是之大。」廣。〔六九〕

## 齊宣王問曰交鄰國有道乎章〔七〇〕

「湯事葛，文王事昆夷」。昆夷不可考。大抵湯之事葛，文王事昆夷，其本心所以事之之時，猶望其有悔惡之心。必待伐之，豈得已哉？亦所當然耳。謨。

至〔七一〕問：「『仁者爲能以大事小』，是仁者之心寬洪惻怛，便是小國不恭，亦撓他不動。『智者爲能以小事大』，蓋知者見得利害甚明，故祇得事大。」曰：「也不特是見得利害明，道理自合恁地。小之事大、弱之事强，皆是道理合恁地。」至問「樂天者保天下，畏天者保其國」。曰：「只是説其規摹氣象如此。」〔七二〕

「樂〔七三〕天畏天者」。答曰：「樂天是聖人氣象，〔七四〕孟子只是説大概聖賢氣象如此。使智者當以大事小時，也必以大事小；使仁者當以小事大處，也必以小事大。不可將太王、文王互立説，便失了聖賢氣象。此自是兩層事。孟子之説是前面一層，又須是看得後面一層。所以貴乎『不以文害辭』者，正是此類。人須見得言外之意好。」謨。去僞、人傑同。〔七五〕

## 齊宣王問曰〔七六〕人皆謂我毁明堂章

問：「孟子以公劉、太王之事告其君，恐亦是委曲誘掖之意。」曰：「這兩事却不是告以好色好貨，乃是告以公劉、太王之事如此。兩事看來却似易，待去做時多少難！大凡文字須將心體認看。這個子細看來甚是難。如孟子又説：『子服堯之服，誦堯之言，行堯之行，是堯而已矣。』看來也似易，這如何便得相似！又如説：『後〔七七〕行後長者謂之弟，疾行先長者謂之不弟。堯舜之道，孝弟而已矣。』看來也似易。」賀孫。

問：「孟子語好貨好色事，使孔子肯如此答否？」曰：「孔子不如此答，但不知作如何答。」問：「孟子答梁王問利，直掃除之，此處又怕〔七八〕却如此引導之。」曰：「此處亦自分義、利，特人不察耳。」可學。

## 齊宣王問曰〔七九〕湯放桀章

「賊仁」者，無愛心而殘忍之謂也。「賊義」者，無羞惡之心之謂也。節。

先生舉「賊仁者謂之賊，賊義者謂之殘」，問在坐此何以别。〔八〇〕王近思〔八一〕云：「賊仁，是害心之理；賊義，是見於所行處傷其理。」曰：「以義爲見於所行，便是告子義外矣。義在内，不在外。義所以度事，亦是心度之。然此果何以別？蓋賊之罪重，殘之罪輕。仁、義皆是心。仁是天理根本處，賊仁，則大倫大法虧滅了，便是殺人底人一般。義是就一節事〔八二〕上言，一事上不合宜，便是傷義。似手足上損傷一般，所傷者〔八三〕尚可以補。」淳。〔八四〕

淳〔八五〕問：「賊仁是『絶滅天理』，賊義是『傷敗彝倫』。如臣弑君、子弑父，及齊襄公鳥獸之行等事，皆人倫大惡，不審是絶滅天理？是傷敗彝倫？」曰：「傷敗彝倫只是小小傷敗常理。若此等，乃是切害天理了。〔八六〕丹書『怠勝敬者滅』，即『賊仁者謂之賊』意；『欲勝義者凶』，即『賊義者謂之殘』意。賊義是就一事上説，賊仁是就心上説。其實賊義便即是賊那仁底，但分而言之則如此。」淳。〔八七〕

問：「孟子言『賊仁』、『賊義』，如何？」力行曰：「譬之伐木，賊仁乃是伐其本根，賊義只是殘害其一枝一葉。人心〔八八〕賊仁則害了本心。」曰：「賊仁便是將三綱五常、天敍之典、天秩之理一齊壞了。義隨事制宜。賊義，只是於此一事不是，更有他事在。」力行。

孟子謂齊宣王曰〔八九〕爲巨室章

至〔九〇〕問：「『今有璞玉於此，雖萬鎰必使玉人彫琢之。至於治國家，則曰「姑舍女所學而從我」，則何以異於教玉人彫琢玉哉』，〔九一〕集注云：『不敢自治而付之能者，愛之甚也。治國家則不能用賢而徇私欲，是愛國家不如玉也。』此莫是餘意否？」曰：「正意是如何？」至云：[九二]「正意只是説玉人自會琢玉，何消教他？賢者自有所學，何用教他舍其所學？後譬只是申解前譬。」曰：「兩譬又似不相似，不知如何做得恁地嵯峨。」至。[九三]

## 齊人伐燕勝之章

齊人伐燕，孟子以爲齊宣，史記以爲湣王。温公平生不喜孟子，及作通鑑，却不取史記而獨取孟子，皆不可曉。荀子亦云「『湣王伐燕』」，然則非宣王明矣。」問：「孟子必不誤？」曰：「想得湣王後來做得不好，門人爲孟子諱，故改爲宣王爾。」問：「湣王若此之暴，豈能慚於孟子？」曰：「既做得不是，説得他底是，他亦豈不愧也！温公通鑑中自移了十年。據史記，湣王十年伐燕。今温公信孟子，改爲宣王，遂硬移進前十年。温公硬拗如此。」又云：「史記，魏王[九四]三十六年，惠王死，襄王立。襄王死，哀王立。今汲冢竹書不如此，以爲魏惠王先未稱王時爲侯，三十六年乃稱王。遂爲後元年，又十六年而惠王卒。即無哀王。惠王三十六年了便是襄王。史記誤以後元年爲哀王立，故又多了此[九五]一哀王。汲冢是魏安釐王冢，竹書記其本國事，必不會錯。温公取竹書，不信史記此一段，却是。」僩。[九六]

居之問：「『取之而燕民悦則取之，古之人有行之者，武王是也；取之而燕民不悦則勿取，古之人有行之者，文王是也』。〔九七〕却疑文王大聖人，於君臣之義、尊卑之等，豈不洞見而容有革商之念哉？〔九八〕」曰：「此等處〔九九〕難説。孔子謂『可與立，未可與權』。到那時事勢，自是要住不得。後來〔一〇〇〕人把文王説得忒恁地，却做一個道行看着，不做聲，不做色〔一〇一〕。如此形容文王，都没情理。以詩書考之，全不是如此。如詩自從太王王季説來，如云：『至于太王，實始翦商。』如下武之詩、文王有聲之詩，都説文王做事。且如伐崇一事，是做甚麽？這〔一〇二〕又不是一項小小侵掠，乃是大征伐。『詢爾仇方，同爾兄弟，以爾鉤援，與爾臨衝，以伐崇墉』，此見大段動衆。岐山之下與崇相去自是多少里〔一〇三〕，因甚如此？這般處要做文王無意取天下，〔一〇四〕都不得。又如説『侵自阮疆，陟我高岡。無失我陵，我陵我阿；無飲我泉，我泉我池』，這裏見都自據有其土地，這〔一〇五〕自是大段施張了。」或云：「紂命文王得專征伐。紂不得已命之，文王不得已受之。横渠云：『不以聲色爲政，不以革命有中國。默順帝則而天下歸焉，其惟文王乎！』若如此説，恰似内無純臣之義，外亦不屬於商，這也未必如此。只是事勢自是不可已。只當商之季七顛八倒、上下崩頽，忽於岐山下突出許多人，也是誰當得？文王之事，惟孟子識之。故七篇之中，所以告列國之君，莫非勉之以王道。」賀孫。

## 滕文公問曰〔一〇六〕滕小國也章

時舉〔一〇七〕問：「孟子答滕文公問『滕，小國也，間於齊楚以下』〔一〇八〕三段，皆是無可奈何，只得勉之爲善之辭。想見滕國至弱，都主張不起，故如此也。」曰：「只得〔一〇九〕如此。只是『吾得正而斃焉』之意。蓋滕是必亡無可疑矣。况王政不是一日行得底事。他又界在齊楚之間，二國視之猶太山之壓雞卵耳。若教他粗成次第，此二國亦必不見容也。當時湯與文王之興，皆在空閑之地，無人來覷他，故日漸盛大。若滕，則實是難保也。」立之云：「若教他能舉國以聽孟子，如何？」曰：「他若能用得孟子至二三十年，使『鄰國之民仰之若父母』，則大國亦想不能動他，但世間事直是難得恰好耳。齊梁之國甚彊，可以有爲，而孟子與其君言，恬然不恤。滕文公却有善意，又以國小主張不起，以此知機會真不易得也。」時舉。植同。〔一一〇〕

## 魯平公將出章

魯平公極是個衰弱底人，不知孟子要去見他是如何。孟子平生大機會，只可惜齊宣一節。這個不相遇，其他也應是無可成之理。如見滕文公說許多井田，也是一場踈脱。云「有王者起，必來取法」，孟子也只是説得在這裏，滕也只是做不得。賀孫。

# 晦庵先生朱文公語類卷第五十二

## 孟子二

### 公孫丑章句[一]上

公孫丑問曰章夫子當路於齊[二]

「『以齊王，猶反手』，不知置周王於何地？」曰：「此難言，可以意會。如湯武之事是也。春秋定哀間周室猶得，至孟子時，天命人心已離矣。」謨。[三]

公孫丑問曰章浩然之氣[四]

或問：「『雖由此霸王不異矣』，如何分句？」曰：「只是『雖由此霸王不異矣』，言從此爲霸爲王不是差異。蓋布衣之權重於當時，如財用兵甲之類盡付與他。」樂毅統六國之師，長驅入齊。蓋卿。

自「加齊卿相」止「四十不動心」。

公孫丑問孟子「動心否乎」，非謂以卿相富貴動其心。謂伯王事大，恐孟子擔當不過，有所疑懼而動其心也。閎祖。

孟子之不動心非如揚雄之説。「霸王不異矣」，蓋言由此可以行霸王之事。公孫丑見其重大，恐孟子或懼而動心。德明。

德修説：「公孫丑問不動心，是以富貴而動其心？」先生曰：「公孫丑雖不知孟子，必不謂以富貴動其心，但謂霸王事大，恐孟子了這事不得，便謂孟子『動心』。不知霸王當甚閑事。」因論「知言」、「養氣」。德修謂：「養氣爲急，知言爲緩。」先生曰：「孟子須先説『我知言』，然後説『我善養吾浩然之氣』。公孫丑先問浩然之氣、次問知言者，因上面説氣來，故接續如此問。不知言，如何養得氣？」德修云：「先須養。有尺便量見天下長短。」曰：「須要識這尺。」文蔚。

問：〔五〕「『四十不動心』，恐只是『三十而立』未到不惑處？」曰：「這便是不惑、知言處。可見孟子是義精理明，天下之物不足以動其心，不是把捉得定。」〔六〕榦。〔七〕

先生問趙丞：「看『不動心』章，如何？」云：「已略見得分明。」先生曰：「公孫丑初問不動心，只道加以卿相重任，怕孟子心下怯懾了，故有動心之問。其意謂必須〔八〕有勇力擔當得起，方敢不動其心，故孟子下歷言所以不動心之故。」問趙丞：〔九〕「公道那處是一章緊要處？」趙舉「持其志，無暴其氣」爲對。先生曰：「不如此。」趙舉「集義所生」以爲對。先生曰：「然。」因言：「欲養浩然之氣則在於直，要得直則在於集義。集義者，事事要得合義也。事事合義則仰不愧，俯不怍。」趙丞〔一〇〕又問：「『夫有所受之也』，意思〔一一〕是如何？」曰：「公如此看文字不得。且須逐項理會，理會這一項時全不知有那一項始得。讀大學時心只在大學上，讀論語時心只在論語上，更不可又去思量别項。這裏一字理會未得且理會這一字，這裏〔一二〕一句理會未得且理會這一句。如『不動心』一段，更着子細去看，看着方知更有未曉處。須待十分曉得，無一句一字窒礙，方可看别處去。」因云：「横渠語録有一段説：『讀書須是成誦，不成誦則思不起。』直須成誦得〔一三〕少間思量起，便要曉得。這方是浹洽。」賀孫。

先生又問周看「公孫丑不動心」章。答云云。先生曰：「公孫丑初間謂仕〔一四〕此重事還動心不動心？孟子答以不動心極容易底事，我從四十已不動了。告子又先我不動心。公孫丑又問不動心有道理無道理，孟子又告以有。於是又舉北宮黝、孟施舍之勇也是不動。然彼之所以不動者，皆强制於外，不是存養之致〔一五〕，故又舉曾子之言云自反縮與不縮，所以不動與動〔一六〕只在方寸之間。若仰不愧，俯不怍，看如何大利害皆不足以易之。若有一毫不直，則此心便索然。公孫丑又問孟子所以不動者如何，孟子遂答以『我知言，我善養吾浩然之氣』。若依序問，當先問知言。公孫丑只承孟子之言，便且先〔一七〕問浩然之氣。」賀孫。

裕之[一八]問「不動心」一條。曰：「此一段爲被他轉換問，所以答得亦周匝。然止就前段看語脉氣象，雖無後截，亦自可見，前一截已自見得後面許多意足。」賀孫。

問：「告子之不動心是否？」曰：「告子之不動心是粗法。或强制不動，[一九]不可知；或臨大事而[二〇]能不動，亦未可知。非若孟子酬酢萬變而不動也。」又問：「此正如北宮黝之勇[二一]否？」曰：「然。」謨。[二二]

告子不動心是硬把定。閎祖。

北宮黝、孟施舍只是粗，更[二三]不動心。德明。

問：「集注解孟施舍[二四]云『施是發語聲』，何也？」曰：「此是古注説。後面只稱『舍』字可見。」問：「有何例可按？」曰：「如孟之反、舟之僑、尹公之他之類。」德明。

孟施舍、北宮黝是不畏死而不動心，告子是不認義理而不動心。告子惟恐動[二五]他心。德明。

問：「『孟施舍似曾子，北宮黝似子夏』。集注：『子夏篤信聖人，曾子反求諸己，曾子反求諸己固有可見處。』『子夏篤信聖人』，何以言之？」曰：「此因孟子説處文義推究，亦無事實可指，但將其平日所言詳味之，有篤信聖人氣象。」元秉。

「子夏篤信聖人」，但看他言語，如「博學篤志、切問近思」之類，便見得他有個緊把定底意

思。閎祖。[二六]

問：「孟施舍量敵慮勝似有懼也，孟子乃曰『能無懼』，其言不同，[二七]如何？」曰：「『量敵而後進，慮勝而後會，是畏三軍者也』。[二八]此孟施舍譏他人之言。舍自云：『我則能無懼而已。』」問[二九]孟施舍守約處。曰：「孟施舍本與北宮黝皆只是勇夫，比曾子不同。如北宮黝、孟施舍、孟賁只是就勇上言，如子襄、曾子、告子就義理上言。」去僞。

問：「如何是孟施舍守約處？」曰：「北宮黝便勝人，孟施舍却只是能無懼而已矣。如曰『視不勝，猶勝也』，此是孟施舍自言其勇如此。若他人，則『量敵而進，慮勝而會，是畏三軍者』爾。『豈能爲必勝哉？能無懼而已矣』。」去僞。

先生曰：「尋常人説『守約』二字極未穩當[三〇]。如云『守氣不如守約』，分明將『約』字做一物了，遂以『約』字對『氣』字。所謂『守約』者，所守者約耳。」謨。[三一]

引曾子謂子襄之言，以明不動心之由在於自反而縮。下文詳之。閎祖。

孟子説「曾子謂子襄」一段已自盡了，只爲公孫丑問得無了期，故有後面許多説話。自修。

今人把「守氣不如守約」做題目，此不成題目。「氣」是實物，「約」是半虛半實字，對不得。「守約」只是所守之約。言北宮黝之守氣不似孟施舍守氣之約，孟施舍之守氣又不如曾子所守之約也。孟施舍就氣上做工夫，曾子就理上做工夫。淳。

「不得於言」，只是不曉這説話。「言」，只似「道理」字。淳。

「不得於言，勿求於心；不得於心，勿求於氣」，此告子不動心之法。告子只就心上理會，堅持其心，言與氣皆不理會。「不得」謂失也，有失於其言則曰無害於心。但心不動，言雖失，不必問也。惟失之於心則就心上整理，不復更求於氣。德明。

「不得於言，勿求於心」，是心與言不相干。「不得於心，勿求於氣」，是心與氣不相貫。此告子説也。告子只去守個心得定，都不管外面是亦得，非亦得。〔三二〕孟子之意是心有所失則見於言，如肝病見於目相似。陸子静説：「告子亦有好處，今人非但不識孟子，亦不識告子，只去言語上討不着。」陸子静却説告子只靠外面語言，更不去管内面。以某看，告子只是守着内面，更不管外面。泳。

問：「告子謂『不得於言，勿求於心』，是自己之言耶，是他人之言耶？若要得後面知言處相貫則是他人之言。」曰：「這一段前後都相貫，即是一樣言語。告子於此不達則不復反求其理於心。嘗見陸子静説這一段，大段稱告子所見高。告子固是高，亦是陸子之學與告子相似，故主張他。然陸氏之學更鶻突似告子。」至云：「陸氏之學不甚教人讀書看文字，與告子相似否？」先生曰：「便是。」先生又謂：「養氣一段緊要處是『自反而縮』、『以直養而無害』、『是集義所生者』，緊要處在此三句上看。」〔三三〕

林直學[三四]問「不得於言，勿求於心」。先生曰：「此章文義節節相承，須逐節次第理會。此一節只言告子所以『先我不動心者』，皆是以義爲外，故就告子所言以辯其是非爾。」又問：「浩然之氣便是西銘意思否？」曰：「考論文義，且只據所讀本文逐句逐字理會教分明。不須旁引外説，枝蔓游衍，反爲無益。如論浩然之氣，便直看公孫丑所問意思如何，孟子所答如何，一徑理會去。使當時問答之意一一明白了，然後却更理會四旁餘意未晚。今於孟子之意未能曉得，又却轉從別處去，末梢都只恁休去。」又問：「詖、邪、淫、遁[三五]之意如何辨別？」先生曰：「詖、淫、邪、遁雖是四般，然纔有一般，則其餘牽連而生，大概多從詖上起。詖只是偏，才偏便自是一邊高一邊低，不得其正。如楊氏爲我則蔽於仁，墨氏兼愛則蔽於義。由其蔽，故多爲蔓衍，推之愈闊。如爛物相似，只管浸淫，陷在一處，都轉動不得。如墨者夷之所謂『愛無差等，施由親始』。『愛無差等』是其本説，又却假托『施由親始』之言，栽接以文其説是也。淫辭如此，自不知其爲邪。如莊子[三六]達生之論，反以好色飲酒爲喜事，而不覺其離於道也。及其説不行，又走作逃遁，轉從別處去。釋氏毁人倫，去四大。人謂其不可行，則曰：『雖不毁棄人倫，亦可以行吾説。』此其所以必窮也。」又問：「性善之論與浩然之氣如何？」曰：「性善[三七]何與於此？方理會浩然之氣，未有一些涯際，又却説性善，又如適來西銘之問也。譬如往一處所，在路留連濡滯，正所要往之地愈不能達。何如且一徑直截去到此處了，却往他所，何害？此爲學者之大病。」謨。

問「志至焉，氣次焉」。曰：「志最緊，氣亦不可緩。『志至焉』則氣便在這裏，是氣亦至了。」卓。

李問：「『志至焉，氣次焉』，此是說志氣之小大，抑志氣之先後？」曰：「也不是先後，也不是以大小，只是一個緩急底意思。志雖爲至，然氣亦次那志氣，所爭亦不多。蓋爲被〔三八〕告子將氣忒放低說了，故說出此話。」淳。

鄭大錫問「志至焉，氣次焉」。曰：「志最緊要，氣亦不可緩，故曰『志至焉，氣次焉』。『持其志，毋暴其氣』，是兩邊做工夫。志只是心之所向。而今欲做一件事，這便是志。持其志便是養心，不是持志外別有個養心。」問：「志與氣如何分別？」曰：「且以喜怒言之：有一件事，這裏便合當審處是當喜，是當怒？若當喜也須喜，若當怒也須怒，這便是持其志。若喜得過分，一向喜；怒得過分，一向怒。則氣便粗暴了，便是『暴其氣』，志却反爲所動。『今夫蹶者趍者是氣也』，他心本不曾動，只是忽然喫一跌，氣打一暴，則其心便動了。」賀孫。

「『志至氣次』只是先後。志在此，氣亦隨之。公孫丑疑只就志理會，理會得志，氣自隨之，不必更問氣也，故云。」又曰：「『持其志，無暴其氣』，何也？孟子下文專說氣，云蹶趍之氣亦能動心。」德明。

既「持其志」，不必言「無暴其氣」可也。然所以言者，聖賢有這物便做這事。公孫丑猶疑而問曰：「既曰『志至焉』，又曰『氣次焉』，又曰『持其志，無暴其氣』者，何也？」「持其志」只是輕輕地做得去。「無暴其氣」只是不縱喜怒哀樂，凡人縱之。節。

時舉[三九]問：「『持其志，無暴其氣』處，古人在車聞鸞和，行則有佩玉，凡此皆所以無暴其氣。今人既無此，不知如何而爲無暴？」曰：「凡人多動作，多語笑，做力所不及底事，皆是暴其氣。且如只行得五十里却硬要行百里，只舉得五十斤重却硬要舉百斤，凡此類皆能動其氣。今學者要須事事節約，莫教過當，此便是養氣之道也。」時舉。

先生問：「公每讀『毋暴其氣』，如何？」鄭云：「只是喜樂之時，持之不使暴戾。」曰：「此乃是『持其志』。志者，心之所向。持志即是養心也，不是持志之外別有個養心。持者，犯捉[四〇]教定。當喜時也須喜，當怒時也須怒，當哀時也須哀，當樂時也須樂。審定後發，[四一]發必中節，這是持志。若『毋暴其氣』，又是下面一截事。若不當喜而喜與喜之過分，不當怒而怒與怒之過分，不當哀樂而哀樂與哀樂□[四二]其節者，皆是暴其氣。暴其氣者，乃大段粗也。」卓。

「遺書曰『志一動則動氣，氣一動則動志』，外書曰『志專一則動氣，氣專一則動志』。二說孰是？」曰：「此必一日之語，學者同聽之，而所記各有淺深，類多如此。『志一動則動氣，氣一動則動志』，此言未說『動氣動志』而先言『志動氣動』，又添入一『動』字了，故[四三]不若後說所記得其本旨。蓋曰志專一則固可以動氣，而氣專一亦可以動其志也。」謨。

先生曰：「『今夫蹶者、趨者，是氣也而反動其心』。今人奔走而來，偶喫一跌，其氣必逆而心不定，是氣之能動其心。如人於忙急之中理會甚事，亦是氣未定也。」卓。

問：「蹶趨反動其心。若是志養得堅定，莫須蹶趨，亦不能動得否？」曰：「蹶趨自是動其心。人之奔走，如何心不動得？」曰：「蹶趍多過於猝然不可支梧之際，所以易動得心。」曰：「是。」淳。

知言，知理也。節。

孟子論浩然之氣一段，緊要全在「知言」上。所以大學許多工夫全在格物、致知。僩。

知言，然後能養氣。閎祖。

孟子說養氣，先說知言。先知得許多說話，是非邪正[四四]都無疑後方能養此氣也。螢。[四五]

知言、養氣，雖是兩事，其實相關，正如致知、格物、正心、誠意之類。若知言便見得是非邪正、義理昭然，則浩然之氣自生。人傑。[四六]

問：「養氣要做工夫，知言自[四七]無工夫得做？」曰：「豈不做工夫！知言便是窮理。不先窮理見得是非，如何養得氣？須是道理一一審處得是，其氣方充大。」德明。

問：「知言在養氣之先，如何？」曰：「知是知得此理。告子便不理會，故以義爲外。如云『不得於言，勿求於心』，雖言亦謂是在外事，更不管着，只强制其心。」問：「向看此段，以告子『不得於言』是偶然失言，非謂他人言也。」曰：「某向來亦如此説，然與知言之義不同。此是告子聞他人之言不得其義理，又如讀古人之書有不得其言之義，皆以爲無害事，但心不動足矣。不知言便不知義，所以外義也。如詖、淫、邪、遁，亦只是他人言，故曰『生於其心』。『其』字便是謂他人也。」又言：「聖門以言語次於德行，言語亦大難。若非燭理洞徹，胸次坦然，即酬酢應對，蹉失多矣。」因論奏事而言。問：「此須要記問熟，方臨時一一舉得出？」曰：「亦未説記問。如沙中之事，張良只云『陛下不知乎？此乃謀反耳。』何嘗別有援引？至借著〔四八〕發八難，方是援引古今。」問：「伊川、龜山皆言張良有儒者氣象，先生却以良爲任數。」曰：「全是術數。」問：「養虎自遺患等事，竊謂機不可失。」曰：「此時便了却項羽却較容易。然項羽已是無能爲，終必就禽也。」德明。〔四九〕

「浩然是廣大流行之意，剛是堅勁，直是無委曲。」問：「浩然之氣便是元氣否？」曰：「不須如此説，只是此個氣至大至剛，以直是此氣之體。」德明。〔五〇〕

厚之問：「浩然之氣迫於患難方失。」曰：「是氣先歉，故臨事不能支梧。浩然之氣與清明之氣自不同。浩然，猶江海浩浩。」可學。

先生曰：「浩然之氣，清明不足以言之。纔說浩然，便有個廣大剛果意思，如長江大河，浩浩然而來也。富貴、貧賤、威武不能移屈之類皆低，不可以語此。公孫丑本意，只是設問孟子能擔當得此樣大事否，故孟子所答只說許多剛勇，故能出浩然之氣。只就問答本文看之，便見得子細。」謨。

問：「浩然之氣是稟得底否？」曰：「只是這個氣。若不曾養得，剛底便粗暴，弱底便衰怯。」又曰：「氣魄大底，雖金石也透過了。」夔孫。

或問：「浩然之氣是天地正氣，不是粗厲底氣。」曰：「孟子正意，只說人生在這裏便有這氣，能集義以養之，便可以充塞宇宙。不是論其粗與細、正與不正。如所謂『惻隱之心，人皆有之』，只是理如此。若論盜跖，便幾於無此心矣。不成孟子又說個『有惻隱之心，無惻隱之心』。」

或問：「孟子說浩然之氣，却不分稟賦清濁說。」曰：「文字須逐項看。此章孟子之意不是說氣稟，只因說不動心衮說到這處，似今人說氣魄相似。有這氣魄便做得這事，無氣魄便做不得。」

問：「浩然之氣即是人所受於天地之正氣否？」曰：「然。」又問：「與血氣如何？」曰：「只是一氣。義理附于其中，則爲浩然之氣；若不由義而發，則只是血氣。然人所稟氣亦自不同：有禀得盛者則爲人壯强[五一]，隨分亦有立作，使之做事亦隨分做得出；若禀得衰者則委靡巽懦，都不解有所立作。唯是養成浩然之氣，則却與天地爲一，更無限量。」廣。

浩然之氣乃是於剛果處見。以前諸儒於此却不甚説，只上蔡云「浩然，是無虧欠處」。因舉屏山喜孫賓一段。可學。

問「浩然之氣」。曰：「這個孟子本説得來粗。只看他一章本意是説個不動心。所謂『浩然之氣』只似個粗豪之氣。他做工夫處雖細膩，然其成也却只似個粗豪之氣，但非世俗所謂粗豪者耳。」僩。

鄭文振[五二]説孟子浩然之氣。先生曰：「不須多言，這只是個有氣魄、無氣魄而已。人若有氣魄方做得事成，於世間禍福得喪利害方敵得去，不被他恐動。若無氣魄，便做人衰颯懾怯，於世間禍福利害易得恐動。只是如此。他本只是答公孫丑『不動心』，纏來纏去，説出許多『養氣』、『知言』、『集義』，其實只是個『不動心』。人若能不動心，何事不可爲？然其所謂『不動心』不在他求，只在自家知言、集義，則此氣自然發生於中。不是只行一兩事合義，便謂可以掩襲於外而得之也。孔子曰：『不得中行而與之，必也狂狷乎！』看來這道理須是剛硬，立得脚住，方能有所成。只觀孔子晚年方得個曾子，曾子得子思，子思得孟子，看來[五三]此諸聖賢都是如此剛果决烈，方能傳得這個道理。若慈善柔弱底終不濟事。如曾子之爲人，語孟中諸語可見。子思亦是如此。如云：『摽使者出諸大門之外。』又云：『以德，則子事我者也，奚可以與我友！』孟子亦是如此，所以皆做得成。學聖人之道者，須是有膽志。其決烈勇猛，於世間禍福利害得喪不足以動其心，方能立得脚住。若不如此，都靠不得。況當世衰道微之時尤用硬着脊梁，無所屈撓方得。然其工夫只在自反常直，仰不愧天，俯不怍人，則自然如此，不在他求也。」又曰：「如今人多將顔子做個柔善底人看。殊不知顔子乃是大勇，反是他剛果得來細密，不發露。如個有大氣力底人都不使出，只是無人抵得他。孟子則攘臂扼腕，尽發於外。論其氣象，則孟子粗似顔子，顔子較小如孔子。孔子則渾然無迹，顔子微有迹，孟子其迹尽見。然學者則須自粗以入細，須先剛硬有所卓立，然後漸漸加功，如顔子，聖人也。」僩。

「浩然之氣」一章説得稍粗。大意只是要「仰不愧於天，俯不怍於人」，氣便浩然。如「彼以其爵[五四]，我以吾仁；彼以其富[五五]，我以吾義，吾何慊乎哉」，如「在彼者皆我所不爲也，在我者皆古之制也，吾何畏彼哉」。自家有道理對着他没道理，何畏之有！閎祖。

問：「浩然之氣如何看？」曰：「仁義禮智充溢於中，睟然見面盎背，心廣體胖處，便自有一般浩然之氣象。」曰：「此説甚細膩，然非孟子本意。此段須從頭看來，方見得孟子本意。孟子當初便如何當大任而不動心？如何便『過孟賁遠矣』？如何便『自反而縮，千萬人吾往矣』？只此便是有浩然之氣，只是勇爲不懼，便是有浩然之氣。[五六]然[五七]此説似粗而實精。以程子説細考之，當初不是説不及此，只門人記録緊要處脱一兩字，便和全意失了。浩然之氣只是這血氣之『氣』，不可分作兩氣。人之語言動作所以充滿於一身之中者，即是此氣。只是集義積累到充盛處，仰不愧，俯不怍，這氣便能浩然。」曰：〔五八〕「『配義』之『配』，何謂『合而有助』之意？」曰：「此語已精。如有正將，又立個副將以配他，乃所以助他。天下莫强於道〔五九〕義。當然是義，總名是道。以道義爲主，有此浩然之氣去助他，方始〔六〇〕勇敢果決以進。如這一事合當恁地做，是義也。自家勇敢果決去做，便是有這浩然之氣去助他。有人分明知得合當恁地做又却〔六一〕恧縮不敢去做，便是餒，無此浩然之氣。如君有過，臣諫之，是義也。然有〔六二〕冒死而不顧者，便是有浩然之氣去助此義。如合説此話却恧縮不對，便是氣餒，便是欿然之氣。只此一氣餒了，便成欿然，不調和便成忿厲之氣。所以古人車則有和鸞，行則有佩玉，貴於養其氣。」問：「『氣一則動志』，這『氣』字是厲氣否？」曰：「亦不必把作厲氣，但動志則已是不好底氣了。『志動氣者十九，氣動志者十一』，須是以志爲主，自作一條，〔六三〕無暴其氣。孟子當初乃剩説此一句，所以公孫丑復辯。」問：「集義到成，這浩然之氣則氣與義爲一矣，及配助義道，則又恐成二物否？」曰：「氣與義自是二物。只是集義到充盛處則强壯，此氣便自浩然，所以又反來助這道義。無是氣，便餒而不充了。」又〔六四〕問：「配者，助也。是氣助道義而行。下文〔六五〕又曰『集義所生』，是氣又因義集而後生。莫是氣與道義兩相爲用否？」曰：「兩相助底意。初下工夫時便因[六六]集義，然後生那浩然之氣，及氣已養成，又却助道義而行。」淳。

「孟子『養氣』一章，大綱是説個『仰不愧於天，俯不怍於地』。上面從北宮黝、孟施舍説將來只是個不怕，但二子不怕得粗，孟子不怕得細。」或問：「『合而有助』，『助』字之訓如何？」曰：「道義是虚底物。本自孤單，得這氣帖起來，便自張主皆去聲。無所不達。如今人非不爲善，亦有合於道義者，若無此氣便只是一個衰底人。李先生曰：『「配」是襯貼起來。』又曰：『若説道「襯貼」，却是兩物。氣與道義只是一衮發出來，思之。』『一衮發出來』，説得道理好。『襯貼』字説『配』字極親切。」從周。若無氣以配之，則道義無助。方子。道義得這氣襯貼起來方有力量，事可擔當。蓋卿。[六七]

呂與叔謂養氣可以爲養心之助。程先生以爲不然，養心只是養心，又何必助？如爲孝只是爲孝，又何必以一事助之？某看得來又不止此，蓋纔養氣則其心便在氣上了，此所以爲不可也。廣。[六八]

呂與叔言養氣可以爲養心之助，程先生大以爲不然。某初亦疑之，近春來方信。心死在養氣上，氣雖得其養，却不是養心了。公晦。[六九]

道夫[七〇]問：「向在書堂看大學『誠意』章，[七一]或問云：『孟子所論浩然之氣，其原蓋出於此。』道夫因誦其所謂浩然之説。先生謂：『也是恁地，只是不要忙。』不知此語是爲始學者言養氣之理如何[七二]？」曰：「不是恁地。這工夫是忙不得，他所以有『勿助長』[七三]之論。」道夫。

信州刊李復潏水集有一段說：「浩然之氣只是要仰不愧，俯不怍，便自然無怯懼。」其言雖粗，却盡此章之意。前輩說得太高，如龜山爲某人作養浩堂記，都說從別處去。閎祖。

問：「他書不說養氣，只孟子言之，何故？」曰：「這源流便在那個[七四]『心廣體胖』、『內省不疚，夫何憂何懼』處來。大抵只是這一個氣，又不是別將個甚底去養他。但集義便是養氣，知言便是知得這義。人能仰不愧、俯不怍時，看這氣自是浩然塞乎天地之間。」榦。

又曰：[七五]「『浩然之氣』，[七六]孔子兩句說盡了，曰『內省不疚，夫何憂何懼』。」僩。卓同。[七七]

浩然之氣須是識得分明，自會養得成。若不見得直是是，直是非，欲說不說，只恁地含含胡胡，依違鶻突，要說又怕不是，這如何得會浩然。人自從生時受天地許多氣，自恁地周足。只緣少間見得沒分曉，漸漸衰颯了。又不然，便是「行有不慊於心」，氣便餒了。若見得道理明白，遇事打併淨潔，又仰不愧，俯不怍，這氣自浩然。如豬胞相似，有許多氣在裏面便恁地飽滿周遍，若無許多氣便厭了，只有許多筋膜。這氣只論個浩然與餒。又不然，只是驕吝。有些善只是我自會，更不肯向人說。恁地包含，這也只會餒。天地吾身之氣非二。賀孫。

問：「『養氣』一章皆自大學『誠意』一章來。」曰：「不必說自那裏來，只是此一個道理，說來說去，自相湊着。」道夫。

孟子「養氣」一段，某說得字字甚子細，請子細看。

兩個「其爲氣也」，前個是說氣之體段如此，後個是說這氣可將如此用。僩。

「至大至剛，以直養而無害。」不必以「直方大」爲證。〔七八〕

程子點「至大至剛以直」爲一句。要之，不須如此，只讀「至大至剛」則爲句自好。自修。〔七九〕

問：「伊川以『至大至剛以直』爲絶句，如何？」曰：「此是趙岐說，伊川從之。以某觀之，只將『至大至剛』爲絶句，亦自意義分明。」煇曰：「如此却不費力。」曰：「未可如此說，更宜將伊川之說思之。」晦夫。〔八〇〕

問：「『至大至剛，以直養而無害』，〔八一〕程子以『直』字爲句，先生以『以直』字屬下句。」曰：「文勢當如此說。若以『直』字爲句，當言『至大至剛至直』。又此章前後相應皆是此意，先言『自反而縮』，後言『配義與道』。所謂『以直養而無害』，乃『自反而縮』之意。大抵某之解經只是順聖賢語意，看其血脈通貫處爲之解釋，不敢自以己意說道理也。」人傑。

「『浩然之氣』，〔八二〕古注及程氏皆將『至大至剛以直』做一句。據某所見，欲將『至大至剛』爲一句，『以直養而無害』爲一句。今人説養氣，皆謂在『必有事焉，而勿正心，勿忘，勿助長』四句上。要緊未必在此。藥頭只在那『以直養而無害』及『集義』上。這四句却是個炮炙煅煉之法。『直』只是無私曲，『集義』只是事事皆直，『仰不愧於天，俯不怍於人』便是浩然之氣。而今只將自家心體驗[八三]到那無私曲處，自然有此氣象。」文蔚云：「所以上蔡説『於心得其正時識取』。」曰：「是。」文蔚問：「塞天地莫只是一個無虧欠否？」曰：「他本自無虧欠，只爲人有私曲，便欠却他底。且如『萬物皆備於我，反身而誠，樂莫大焉』，亦只是個無虧欠。君仁臣忠，父慈子孝，自家欠却他底便不快活。『反身而誠，樂莫大焉』，無欠闕也。以此見浩然之氣只是一個『仰不愧於天，俯不怍於人』。」王德修云：「伊川却將『至大至剛以直』，與坤卦『直方大』同説。」曰：「便是不必如此。且只將孟子自看，便見孟子説得甚粗，易却説得細。」文蔚。

伯豐問「至大至剛以直」字絶句。曰：「古注如此，程氏從之。然自上下文推之，故知『以直』字屬下句，不是言氣體，正是説用功處。若只作『養而無害』，却似禿筆寫字，其話没頭。觀此語脉自前章『縮』、『不縮』來。下章又云『是集義所生』，『義』亦是直意。若『行有不慊於心，則餒矣』，故知是道用工夫處。『必有事焉，而勿正心』[八四]字連上句亦得，但避大學『正心』字，故[八五]連下句。然初不相干，各自取義。古注『正』字作『望』字解。如將『心勿忘』屬上文，『勿助長』屬下文，亦不須如此。只是浩然之氣養之未至而望有之便是『正』，如在『正』之

際〔八六〕只是望之而已。至於助長則是强揠〔八七〕力取，氣未能養，遽欲加人力之私，是爲揠苗而已。」僴。〔八八〕

時舉〔八九〕問：「伊川作『以直』點如何？」曰：「氣之體段若自剛大外更着一兩字形容也得，然工夫却不在上面。須要自家自反而直，然後能養而無害也。」又問詖辭、淫辭一節〔九〇〕。先生云：「詖不〔九一〕是偏，詖如人足跛相似，斷行不得。且楊墨説『爲我』、『兼愛』，豈有人在天地間孑然自立、都不涉着外人得！又豈有視人如親一例兼愛得！此二者皆偏而不正，斷行不得，便是蔽於此了。至淫辭則是説得愈泛濫，陷溺於中，只知有此而不知有他也。邪辭則是陷溺愈深，便一向雜〔九二〕了正道。遁辭則是説得窮後，其理既屈，自知去不得，便别又换了一個話頭去〔九三〕。如夷之説『施由親始』之類，這一句本非他本意，只臨時撰出來也。」先生又云：「『生於其心，害於其政』者，是纔有此心便大綱已壞了。至『發於其政，害於其事』，則是小底節目都以次第而壞矣。」因云：「孟子是甚麽底資質！甚麽底力量！却纖悉委曲都去理會，直是要這道理無些子虧欠。以此知學問豈是執一個小小底見識便了得！直是要無不周匝，方是道理。要須整頓精神、硬着脊骨，也須與他做將去始得。」時舉。〔九四〕

天地之氣雖至堅如金石，無所不透，故人之氣亦至剛，蓋其本相如此。〔九五〕

氣雖有清濁厚薄之不齊，然論其本，則未嘗異也。所謂「至大至剛」者，乃氣之本體如此，但人不能養之而反害之，故其大者小，剛者弱耳。閎祖。

或疑氣何以能動志。曰：「志動氣是源頭濁者，故下流亦濁也。氣動志者却是下流壅而不泄，反濁了上面也。」公晦。襲蓋卿同。〔九六〕

「遺書首卷〔九七〕以李籲端伯所録最精，故以冠之篇首。然『浩然之氣』一條〔九八〕，端伯載明道先生所言，以『至大至剛』爲句絶，以『直養』二字屬下句，爲『以直養而無害』。〔九九〕及楊遵道所〔一〇〇〕録伊川先生之言，則曰：『先兄無此語〔一〇一〕，斷然以「至大至剛以直」爲一句。』二説正相抵牾。此學者工夫最切處，今並載之，不知何所適從。〔一〇二〕」曰：「『至大至剛以直』，趙臺卿已如此解『直養』之説，伊川嫌其以一物養一物，故欲〔一〇三〕從趙注。舊嘗用之，後來反覆推究，是却是『至大至剛』作一句，『以直養而無害』作一句者，爲得孟子之意。蓋聖賢立言，首尾必相應。如云『自反而縮』便有『直養』意思。『集義』之説亦然。端伯所記明道語未必不親切，但恐伊川又自主張得到，故有此議論。今欲只從明道之説。」〔一〇四〕

王德修説：「浩然之氣大、剛、直，是氣之體段。實養處是『必有事焉』以下。」答曰：「孟子浩然之氣，要處只在集義。集義是浩然之氣生處。大、剛、直，伊川須要説是三個，何也？」大雅云：「欲配『直』、『方』、『大』三德。」答曰：「坤『直方』自是要『敬以直內，義以方外』，『大』自是『敬義立而德不孤』。孔子説或三或五，豈有定例。據某看得，孟子只説浩然之氣『至大至剛」，養此剛大須是直。『行有不慊於心』是不直也，便非所以集義，浩然從何而生？彼〔一〇五〕曾子說『自反而縮，自反而不縮』，亦此類也。如『必有事焉』是事此集義也，『而勿正』是勿必此浩然之生也。正，待也，有期必之意。公羊曰：『師出不正，戰；戰不正，反。』〔一〇六〕古語有然。『心勿忘』是勿忘此義也，『勿助長』是勿助此氣也。四句是籠頭說。若論浩然之氣，只是剛大，養之須是直。蓋『以直』只是無私曲之心，仰不愧，俯不怍。如此，養則成剛大之實而充塞天地之間不難也，所以必要集義方能直也。龜山謂『嫌是以一物養一物』，及他說又自作『直養』。某所以不敢從伊川之說。」大雅。

「以直養而無害」，謂「自反而縮」，俯仰不愧，故能養此氣也。與大學「自慊」之意不同。自慊者，「如好好色，如惡惡臭」，皆要自己慊足，非爲人也。謨。

「以直養」是「自反而縮」，「集義」是「直養」。然此工夫須積漸集義，自能生此浩然之氣，不是行一二件合義底事能搏取浩然之氣也。集義是歲月之功，襲取是一朝一夕之事。從而掩取，終非己有也。德明。

「『至大至剛』氣之本體，『以直養而無害』是用功處，『塞乎天地』乃其效也。」問：「『塞乎天地』，氣之體段本如此。充養得〔一〇七〕浩然處，然後全得個體段，故曰『塞乎天地』。如但能之，〔一〇八〕所謂『推之天地之間，無往而不利』，恐不然。」曰：「至『塞乎天地』，便無往不可。」德

明。今按，「如但能之」恐有誤字。〔一〇九〕

問：「浩然之氣如何塞乎天地？」曰：「塞乎天地之間是天地之正氣。人之血氣有限，能養之則〔一一〇〕天地正氣亦同。」又問：「塞莫是充塞否？」曰：「是遍滿之意也。」去僞。塞天地只是氣魄大，如所謂氣蓋世。文蔚。〔一一一〕

問「塞乎天地之間」。曰：「天地之氣無處不到，無處不透，是他氣剛，雖金石也透過。人便是稟得這個氣無欠闕，所以程子曰：『天人一也，更不分別。浩然之氣乃吾氣也，養而無害則塞乎天地，一爲私意所蔽則欿然而餒，却甚小也。』」又云：「浩然之氣只是氣大敢做。而今一樣人畏避退怯〔一一二〕，事事不敢做，只是氣小。有一樣人未必識道理，然事事敢做，是他氣大。如項羽『力拔山兮氣蓋世』，便是這樣氣。人須是有蓋世之氣方得。」〔一一三〕又云：「如古人臨之以死生禍福而不畏〔一一四〕，敢去罵賊，敢去徇國，是他養得這氣大了，不怕他，義〔一一五〕也。是他識道理，故能如此。」

問：「『塞乎天地之間』，是元氣體段合下如此。或又言『只是不疑其行，無往不利』，何也？」曰：「只爲有此體段，所以無往不利。不然，須有礙處。」問：「程子『有物始言養，無物養個甚』，此只要識得浩氣體段否？」曰：「只是說個大意如此。」問：「先生解西銘『天地之塞』作『窒塞』之『塞』，如何？」曰：「後來已改了，只作『充養』〔一一六〕。橫渠不妄下字，各有來處。其曰『天地之塞』是用孟子『塞乎天地』，其曰『天地之帥』是用『志，氣之帥也』。」德明。

問：「『配義與道』，集注謂『合而有助之意』，其意如何？」〔一一七〕曰：「若無氣以配之，則道義無助。」公晦。

義剛〔一一八〕問：「浩然之氣，此氣〔一一九〕人人有之，但不養則不浩然爾。是否？〔一二〇〕」先生曰：「是。」又問：「『配』字從前只訓作『合』，先生以『助』意釋之，有據否？何以見得？〔一二一〕」先生曰：「非謂『配』便是『助』，但養得那氣充便不餒，氣充方合得那道義，所以說有『助』之意。」義剛。

上章既說浩然如此，又言「其爲氣也，配義與道」，謂養成浩然之氣以配道義方襯貼得起。不然，雖有道義，其氣懾怯，安能有爲！「無是，餒也」，謂無浩氣，即如饑人之不飲食而餒者也。德明。

「其爲氣也，配義與道。無是，餒也」。有一樣人非不知道理，但爲氣怯，更貼襯義理不起。閎祖。

「配義與道」只是說氣會來助道義。若輕易開口，胡使性命〔一二二〕，却只助得客氣。人纔養得純粹，便助從道義好處去。賜。

問「其爲氣也，〔一二三〕配義與道」。先生曰：「道義是公共無形影底物事，是〔一二四〕自家身上底物。道義無情，若自家無這氣，則道義自道義，氣自氣，如何能助得他？」又曰：「只有氣魄，便做得出。」[一二五]夔孫。

氣配道義。有此氣，道義便做得有力。淳。

鄭又問：「『配義與道，無是，餒也[一二六]』。『配』是合否？」曰：「『配』是[一二七]合底意思。看來[一二八]須是養得這氣方[一二九]做得出，方合得道義。蓋人之氣當於平時存養有素，故遇事之際以氣助其道義而行之。配，合也。與，[一三〇]助也。若於氣上存養有所不足，遇事之際便有十分道理，亦畏怯而不敢爲。」鄭云：「莫是『見義而不爲，無勇也』底意思否？」先生云：「亦是這個道理。」先生又云：「所謂『氣』者，非干他事。只是自家平時仰不愧，俯不怍，存養於中，其氣已充足飽滿，以之遇事自然敢爲而無畏怯。若平時存養少有不足，則遇事之際自是索然而無餘矣。」卓。賀孫同。

「配義與道，無是，餒也」。將這氣去助道義方能行得去。若平時不得養，此氣自衰颯了，合當做底事也畏縮不敢去做。如朝廷欲去這一小人，我道理直了，有甚怕！他不敢動着。知他是小人不敢去他，只是有這氣自衰了，其氣如此便是合下無工夫。所謂「是集義所生者」，須是平時有集義工夫始得。到行這道義時氣自去助他。集義是平時積累工夫，「配義與道」是卒然臨事配[一三一]道義行將去。此兩項各自有頓放處，但將粗處去看便分曉。春秋時欲攻這敵國，須先遣問罪之詞。我這裏直了，將這個去摧他勢，他雖有些小勢力亦且消沮去了。漢高祖爲義帝發喪，用董公言：「明其爲賊，敵乃可服。」我這個直了，行去自不怕得它。寓。

先生曰：「『養氣』章，直[一三二]道義與氣不可偏廢。雖有此道義，苟氣不足以充其體則歉然自餒，道氣亦不可行矣。如人能實[一三三]於有爲，莫非此氣。苟非道義，則亦强猛悍戾而已。道義而非此義氣以行之，又如人要舉事而終於委靡不振者，皆氣之餒也。『必有事焉而勿正』，趙氏以希望之意解『正』字，看來正是如此，但說得不甚分明。今以爲期待之意則文理不重復。蓋必有事於此然後心不忘於此，正之不已然後有助長之患。言意先後，各有重輕。『孟施舍似曾子，北宮黝似子夏』。數子所爲本不相侔，只論養勇，借彼喻此，明其所養之不同爾。正如公孫丑謂『夫子過孟賁遠矣』，孟賁豈孟子之流！只是言其勇爾。」謨。

「配義與道」。道是體。一事有一理是體，到隨事區處便是義。士毅。

「配義與道」如云「人能弘道」。可學。

氣、義互相資。可學。

氣，只是一個氣，但從義理中出來者即浩然之氣，從血肉身中出來者爲血氣之氣耳。閎祖。

問：「氣之所配者廣矣，何故只說義與道？」曰：「道是體，義是用。程子曰『在物爲理，處物爲義』，道則是物我公共自然之理；義則吾心之能斷制者，所用以處此理者也。」廣。

問：「橫渠集注云『配者，合而有助』之意，如何？」〔一三四〕先生曰：「氣自氣，道義自道義。若無此氣，則道義亦不可見。世之理直而不能自明者，正爲無其氣耳。譬如利刀可以〔一三五〕斬割，須有力者乃能用之。若自無力，利刀〔一三六〕何爲？」力行。

問：「明道説浩然之氣，曰『一爲私意所蔽，則欿然而餒，知其小矣』。據孟子後面説『行有不慊於心則餒』，先生解曰：『所行一有不合於義而自反不直，則不足於心，而體自有所不充。』只是説緣〔一三七〕所行不義則欿然而餒。今説『蔽』字則是説知之意。不知如何？」曰：「蔽是遮隔之意。氣自流通不息，一爲私意所遮隔，則便去不得。今且以粗言之，如項羽一個意氣如此，纔被漢王數其十罪，〔一三八〕便覺沮屈去不得了。」廣。

李問：「『無是，餒也』，是指義，是指氣？」曰：「這是説氣。」曰：「下面如何便説『集義所生』？」曰：「上截説須養這氣，下再起説所生此氣。每一件事做得合義便會生這氣，生得這氣便自會行這義。伊川云：『既生得此氣，語其體則與道合，語其用則莫不是義。譬之以金爲器，及其器成方命得此是金器。』『生』正與『取』字相對説，生是自裏面生出，取是自外面取來。且如今人有氣魄，合做事便做得去。若無氣魄，雖自見得合做事却做不去。氣只是身中底氣，道義是衆人公共底。天地浩然之氣，到人得之便自有不全了，所以須着將道理養到浩然處。」賀孫。

問：「前賢云『譬如以金爲器，器成方得命爲金器』。舊聞此説，遂謂『無是，餒也』，『是』字指道義而言？」先生曰：「不知當時如何作如此說。」力行。

方集義以生此氣則須要勉强。及到配義與道，〔一三九〕則道義之行愈覺剛果，更無凝滯，尚何恐懼之有！謨。

孟子許多論氣處只在「集義所生」一句上。謨。去僞同。〔一四〇〕

或問「集義」。曰：「只是無事〔一四一〕不求個是而已矣。」恪。

或問「集義」。曰：「集義只是件件事要合宜，自然積得多。」蓋卿。

或問：「『是集義所生，非義襲而取之』，如何是『集義』？」〔一四二〕曰：「事事都要合道理。纔有些子不合道理，心下便不足。纔事事合道理，便仰不愧，俯不怍。」因云：「如此一事〔一四三〕，初看道如何得許多頭緒恁地多？後來看得却無些子窒礙。」賀孫。

問：「無浩然之氣固是襯貼他義不起。然義有欠闕即氣亦餒然〔一四四〕，故曰『行有不慊，于心則餒矣』。竊謂氣與義必相須。」曰：「無義即做浩然之氣不成，須是集義方成得浩然之氣。」德明。

淳〔一四五〕問：「此氣是當初稟得天地底來便自浩然，抑〔一四六〕是後來集義方生？」曰：「本是浩然，被人自少時壞了，今當集義方能生。」曰：「有人不因集義，合下來便恁地剛勇，如何？」曰：「此只是粗氣。便是北宮黝、孟施舍之勇底，亦終有餒時。此章須從頭節節看來，看去首尾貫通，見得活方是，不可只略獵涉，説得去便是了。」淳。

浩然要事事合義，一事餒，便行不得。可學。

「集義故能生浩然之氣」。問：「何以不言仁？」曰：「浩然氣無他，只是仰不愧，俯不怍，無一毫不快於心，自生浩然之氣。只合説得義。義便事事合宜。」德明。

先生[一四七]問一之：「看浩然之氣處如何？」曰：「見集義意思是要得安穩。如講究書中道理，便也要見得安穩。」曰：「此又是窮理，不是集義。集義是行底工夫，只是事事都要合義。窮理則在知言之前。窮理是做知言工夫，能窮理然後能知言。」淳。

問：「浩然之氣，集義是用功夫處不？」曰：「須是先知言。知言則義精而理明，所以能養浩然之氣。知言正是格物、致知，苟不知言，則不能辨天下許多淫、邪、詖、遁。將以爲仁，不知其非仁；將以爲義，不知其非義。則將何以集義而生此浩然之氣也？氣只是充乎體之氣，與天地相流通，只是仰不愧，俯不怍，自然無恐無懼，塞乎天地也。今人心中纔有歉愧，則此氣自然消餒，作事更無勇鋭。『配義與道』者，相[一四八]合而有助。譬如與人鬭敵，又得一人在後相助，自然愈覺氣勝。告子『不得於言，勿求於心；不得於心，勿求於氣』，只是一味勃然不顧義理，如此養氣則應事接物皆去不得。孟子是活底不動心，告子是死底不動心。如孟子自是沉潛積養，自反而縮，只是理會得道理是當。雖加齊卿相，是甚做不得？此章正要反覆子細看公孫丑如何問、孟子如何答。孟子纔説『志至焉，氣次焉，持其志，無暴其氣』，公孫丑便以爲志至〔一四九〕，以氣爲第二等事，故又問何故又要無暴其氣，孟子方告之以不特志能動氣而氣亦能動志也。氣能動志，須是尋常體察。如飲酒固能動志，然苟能持其志，則亦不能動矣。」侍坐者有於此便問：「直、方、大如何？」曰：「議論一事未分明，如何隔向別處去。下梢此處未明，彼又不曉，一切泛然無入頭處。讀書理會義理，須是勇猛徑直理會將去。正如關羽擒顔良，只知有此人。〔一五〇〕又要斫那人，非惟力不給，而其所得者不可得矣。又如行路，欲往一處所，却在道邊閑處留滯，則所欲到處何緣便達。看此一章便須反覆讀誦，逐句逐節互相發明。如此三二十過而曰不曉其義者，吾不信也。」謨。

「『養氣』一段，緊要只在『以直養而無害』、『是集義所生』、『自反而縮』等處。」又曰：「『非義襲而取之』，其語勢如『人之有是四端，猶其有四體』，却不是説有無四體底人。言此氣須是集義方生始〔一五一〕得，不是一旦用義緣外面去〔一五二〕襲取得那氣來，教恁地浩然。」植。

「非義襲而取之」，謂積集於義自然生得此氣。非以浩然爲一物，可以義襲取之也。德明。

問：「浩然之氣是『集義所生，非義襲而取之也』，如何？」曰：「此是反復説，正如所謂『仁義禮智非由外鑠我也，我固有之也』。是積集衆義所生，非是行一事偶然合義便可掩襲於外而得之。浩然之氣，我所固有者也。」廣。

或問「是集義所生者」一句。曰：「『是集義』者，言是此心中分別這是義了方做出來，便配合得道義而行之，非是自外面襲得來也。『生』字便是對『取』字而言。」卓。

「是集義所生者，非義襲而取之也」。須是積習持養則氣自然生，非謂一事合宜便可掩取其氣以歸於己也。閎祖。

道夫[一五三]問：「孟子養浩然之氣，如所謂『集義』、『勿忘勿助』、『持其志，無暴其氣』，似乎皆是等級。」曰：「他祇是集義。合當做底便做將去，自然塞乎天地之間。今若謂我要養氣便是正，便是助長。大抵看聖賢文字，須要會得他這意，若陷在言語中，便做病來。」道夫。

問「是集義所生者，非義襲而取之也」。先生云：「今說『集義』如學者工夫，須是於平日所爲之事，求其合於義者而行之。積習既久，浩氣自生。說『義襲』則於一事之義勇而爲之，以壯吾氣耳。『襲』如用兵掩襲之『襲』，猶曰於一事一行之義勇而爲之，以襲其氣也。」[一五四]

「養浩然之氣」只在「集義所生」一句上。氣，不是平常之氣，集義以生之者。義者，宜也。凡日用所爲所行一合所[一五五]宜，今日合宜，明日合宜，集得宜多，自覺胸中慊足，無不滿之意。不然，則餒矣。「非義襲而取之」，非義[一五六]外取其義以養氣也。「配義與道」者，大抵以坤配乾必以乾爲主，以妻配夫必夫爲主。配，作隨底意思。以氣配道義，必竟以道義爲主而氣隨之，是氣常隨着道義。謨。

問：「『集義』是以義爲内，『義襲』是以義爲外否？」曰：「不必如此説。此兩句是掉轉説，如云『我固有之也，非由外鑠我也』。蓋義本於心，不自外至，積集此義而生此氣，則此氣實生於中。如北宫黝、孟施舍之勇，亦自心生。」又問：「集注云：『非由只行一事偶合於義，便可以掩襲於外而得之。』人傑讀至『只行一事』處，不能無疑。〔一五七〕」曰：「集義是集衆義，故與『只行一事』相對説。襲，猶兵家掩襲之『襲』，出其不意，如劫寨相似。非順理而行，有積集工夫者也。」人傑。

正淳問：「『非義襲而取之』，如何？」曰：「所謂『義襲而取之』者，襲如用兵去襲奪之意，〔一五八〕如掩人不備而攻襲之。謂如所行之事以爲義而行之，〔一五九〕纔行得一件事合義，便〔一六〇〕以爲浩然之氣可以攫拏而來，夫是之謂襲。若集義者，自非生知，須是一一見得合義而行。若是本初清明，自然行之無非是義，此舜『由仁義行』者。其他須用學知。凡事有義有不義，便於義行之。今日行一義，明日行一義，積累既久，行之事事合義，然後浩然之氣自然而生。如金溪之學，向來包子只管説『集義』、『襲義』。某嘗謂之曰：如此説孟子，孟子初無『襲義』。今言『襲義』，却是包子矣。其徒如今只是將行得一事合義，便指準將來長得多少精神，乃是告子之意。但其徒禁錮着不説出來。」僩。

韓退之詩：「强懷張不滿，弱念闕易盈。」「强懷張不滿」是助長弱念，「闕易盈」便是

歉。賜。〔一六一〕

韓退之詩云：「强懷張不滿，弱念闕易盈。」「無是，餒也」，雖强支撑起來，亦支撑不得，所謂「揠苗」者也。閎祖。〔一六二〕

問集注云「告子外義，蓋外之而不求，非欲求之於外也」。曰：「告子直是將義屏除去，只就心上理會。」因説：「陸子静云『讀書講求義理，正是告子義外工夫』。某以爲不然。如子静不讀書、不求義理，只静坐澄心，却似告子外義。」德明。〔一六三〕

「必有事焉」是須把做事做。如主敬也須是把做事去主，如求放心也須是把做事去求，如窮理也須是把做事去窮。僩。

鄭天禧問：「『必有事焉而勿正』，當作絶句否？」曰：「元舊是恁地讀。」〔一六四〕「必有事焉而勿正心」，此言「正心」，自與大學「欲修其身，必先正其心」〔一六五〕語脉自〔一六六〕不同，此「正」字是期待其效之意。「仁者先難而後獲」，正心却〔一六七〕似先獲意思，先獲是先有求獲之心。古人自有這般語。如「正」字，〔一六八〕公羊傳自〔一六九〕云「師出不正反，戰不正勝」，此「正」字與孟子説「正心」之「正」一般。彼〔一七〇〕言師出不可必期其反，戰不可必期其勝也。賀孫。

問：「『必有事焉而勿正』字之義如何？〔一七一〕」曰：「正猶等待之意。趙岐解云『不可望其福』。雖説意粗了，其文義却不錯。此正如『師出不正反，戰不正勝』之『正』。古人用字之意如此，言但當從事於此而勿便等待其效之意。」坐間有問：［一七二］「此便是助長否？」曰：「『正』未是助長，待其效而不得，則漸漸助之長矣。譬之栽木，初栽即便［一七三］望其長，望之之久而不如意，則揠苗矣。明道曰『下言之漸重』，此言却是。」後因論「仁者先難而後獲」，某［一七四］曰：「先生解『勿正』字頗有後獲之意。」先生曰：「然，頗有此意。」某曰：「如此解則於用工處儘有條理。」先生曰：「聖人［一七五］之言條理精密，往往如此。但看得不切，錯認了他文義，則并與其意而失之耳。」洽。

或問：「『必有事焉而勿正』，如何是正？」先生曰：「『正』有期待之意。」蓋卿。［一七六］

「『必有事焉而勿正』却似『鳶飛魚躍』之言。此莫是順天理自然之意否？」曰：「孟子之説只是就養氣上説。程子説得又高。須是看孟子了又看程先生説，便見得孟子只説『勿忘，勿助長』。程先生之言，於其中却有一個自然底氣象。」謨。去僞同。［一七七］

問：「『必有事焉而勿正心，勿忘，勿助長』。據孟子，只是養氣節次若此［一七八］。近世諸儒之説把來作一段工夫，莫無妨否？」曰：「無妨。只看大意如何。」曰：「諸儒如此説雖無害，只是孟子意已走作。先生解此却好。」曰：「此一段，趙岐注乃是就孟子説，只是頗緩慢。」可學。

「必有事焉而勿正心」，［一七九］「勿正心」，勿期其浩然也。「勿忘」者，勿忘其下工夫也。

「助長」者，無不畏之心而强爲不畏之形。節。

「必有事焉」謂集義，「正」是期望，「忘」是不把做事，「助長」是作弄意思。世有此等之[一八〇]人。孟子之意只是如此牏言之。要之，四者初無與養氣事，只是立此界至，如東至某，[一八一]其中間一段方是浩然處也。伯豐。

問「必有事焉而勿正」章。先生云：「『必有事焉』，孟子正說工夫處。且從上面集義處看來便見得『必有事焉』者云云[一八二]，言養之未[一八三]當必以集義爲事；『勿正』者，勿待也；『勿忘』者，勿忘其以集義爲事也；『助長』者，是待之不得而拔之使長也。言人能集義以養其浩然之氣，故事物之來自有以應之。不可萌一期待之心，少間待之不得，則必出於私意有所作爲而逆其天理矣，是助之長也。今人之於物，苟施種植之功，至於日至之時則自然成熟。若方種而待其必長，不長則從而拔之，其逆天害物也甚矣。」又云：「集義是養氣底丹頭，必有事便是集義底方法[一八四]。言必有事者，是養氣之法度也。養得這氣在此，便得這個自重那個自輕。如公孫丑言『加齊卿相，得行道焉』，以爲孟子動心於此。不知孟子所養在此，見於外者，皆由這裏做出來。」又曰：「孔子與顏淵『用之則行，舍之則藏，唯我與爾有是夫』，言[一八五]我有這個道理在，不是言有用舍行藏也。」又云：「心有所主宰則氣之所向者無前，所謂『氣蓋世』之類是也。存[一八六]其心而無其氣，則雖十分道理底事亦有不敢爲者，氣不充也。」卓。

「『必有事焉』，只消此一句，這事都了。下面『而勿正心，勿忘，勿助長』恰似剩語，却被這三句撑拄，夾持得不活轉、不自在。然活轉自在人，却因此三句而生。只是纔喚醒，這物事便在這裏，點着便動。只此便是天命流行處，便是『天命之謂性，率性之謂道』，便是仁義之心，便是『惟皇上帝降衷于下民』。謝氏所謂『活潑潑地』只是這些子，更不待想象尋求，分明在這裏，觸着便應。通書中『元亨誠之通，利貞誠之復』一章，便是這意思。見得這個物事了，動也如此，静也如此，自然虚静純一。不待更去求虚静，不待體認，只喚着便在這裏。」或云：「吾儒所以與佛氏異者，吾儒則有條理、有準則，佛氏則無此爾。」曰：「吾儒見得個道理如此了，又要事事都如此。佛氏則説：『便如此做也不妨。』其失正在此。」僩。

侯師聖説「而勿正心」，明道〔一八七〕舉禪語爲况曰「事則不無，擬心則差」。當時於此言下便有省悟〔一八八〕，某甚疑此語引得不相似。「必有事」是須有事於此，「勿正心」是不須恁地等待。今説「擬心則差」是如何？言須擬之而後言，行須擬之而後動，方可中節。不成不擬不議只恁地去。此語似禪，某不敢編入精義。義剛。陳淳同。〔一八九〕

明道云：「『勿忘，勿助長』之間，正當處也。」「當處」二字並去聲。〔一九〇〕此等語更宜玩味。大凡觀書從東頭直築着西頭，南頭築着北頭，七穿八透，皆是一理，方是貫通。古人所以貴一貫也。伯豐。

「勿忘，勿助長」上連上文「集義」而言，故「勿忘」謂勿忘集義也。一言一動之間皆要合義，故勿忘。「助長」謂不待其充而强作之使然也。如今人未能無懼却强作之，要道我不懼；未能無惑却强作之，要道我不惑：是助長也。「有事」，有事於集義也。「勿正」，謂勿預期［一九一］等待他，聽其自充也。升卿。

「集義」如藥頭，「必有事，勿正心，勿忘，勿助長」如製度。閎祖。

事、正、忘、助相因。無所事必忘，正必助長。閎祖。

「必有事焉而勿正心，勿忘，勿助長」，是養氣中一節目，［一九二］不要等待，不要催促。淳。銖同。［一九三］

問：「『預期其效如何？』」曰：「『集義於此自生浩然之氣，不必期待他。如種木焉，自是生長，不必日日看覷他。若助長，直是拔起令長。如人［一九四］説不怕鬼，本有懼心，强云不懼。又云言不畏三軍者，出門聞金鼓之聲乃震怖而死。先生云：「不畏三軍，［一九五］事見孟子注中。」須積習之功至則自然長，不可助長也。」德明。

「詖辭知其所蔽」。詖是偏詖，只是見得一邊。此理本平正，他只説得一邊，那一邊看不見，便是爲物蔽了。字凡從「皮」，皆是一邊意，如跛是脚一長一短，坡是山一邊斜。淳。

「淫辭知其所陷」。陷是身溺在那裏。如陷溺於水，只是見水而不見岸了。夔孫。

陳正已問：「『詖、淫、邪、遁』之説[一九六]，如何是遁底模樣？」曰：「如墨者夷之之説窮，遂又牽引『古之人若保赤子』之説爲問。如佛家初説剗除髭髮、絶滅世事後，其説窮，又道置生産業自無妨礙。」賀孫。

孟子説「知言」處只有詖、淫、邪、遁四者。知言是幾多工夫，何故只説此四字？蓋天下之理不過是與非而已，既知得個非，便識個是矣。且如十句言語，四句是有詖、淫、邪、遁之病，那六句便是矣。僩。

或問孟子言「詖辭，知其所蔽；淫辭，知其所陷；邪辭，知其所離；遁辭，知其所窮」[一九七]。曰：「詖辭，偏詖之辭也。見詖辭則知其人之蔽於一偏，如楊氏則[一九八]蔽於『爲我』，墨氏則蔽於『兼愛』，皆偏也。淫辭，淫[一九九]蕩之辭也。見淫辭，則知其人之陷於不正而莫加省悟[二〇〇]也。見邪辭則知其人之離於道，見遁辭則知其人之説窮而去[二〇一]也。」去僞。謨同。[二〇二]

問：「孟子知言[二〇三]此四辭如何分别？」曰：「詖辭乃是偏於一邊，如楊氏之仁、墨氏之義。蔽者，蔽於一而不見其二。淫者，廣大無涯，陷於其中而不自知。邪則已離於正道而自立一個門庭。遁辭，辭窮無可説，又却自爲一説。如佛家言治産業皆實相。既如此説，怎生不出來治産業？如楊朱云：『一毫何以利天下？』此是且分解其説。你且不拔一毫，况其他乎？大抵吾儒一句言語，佛家只管説不休。如莊周末篇説話亦此類。今人與佛辨最不得便宜，他却知吾説而用之。如横渠正蒙，乃是將無頭事與人作言語。」可學。

詖辭是一邊長一邊短，如人之跛倚。緣他只是見這一邊，都不見那一邊，是以蔽。少間説得這一邊闊大了，其辭放蕩，便知他心陷在這裏。邪説是一向遠了。遁辭是走脚底語，如墨者夷之，他來説「愛無差等」，却又説「施由親始」。楊朱不肯「拔一毛以利天下」，及遁處却説天下非拔一毛所能利，若人人拔一毛，則天下利矣。如佛氏，他本無父母，却説父母經，這是他遁了。〔二〇四〕賜。〔二〇五〕

詖是偏詖，説得來一邊長一邊短，其辭如此，則知其心有所蔽矣。淫是放蕩，既有所蔽，説得來漸次夸張，其辭如此則知其所陷〔二〇六〕矣。邪辭是既陷後一向邪僻離叛將去。遁詞是既離後走脚底話。如楊氏本自不「拔一毛而利天下」，却説天下非一毛之所利〔二〇七〕。夷子本説「愛無差等」，却説「施由親始」；佛氏本無父母，却説父母經。皆是遁辭。儒用。人傑同。〔二〇八〕

詖是險詖不可行，故蔽塞。淫是説得虚大，故有陷溺。邪則離正道。遁則窮，惟窮故遁。如儀、秦、楊、墨、莊、列之説，皆具四者。德明。

沈莊仲問詖、淫、邪、遁之辭。文蔚云：「如莊周放浪之言所謂『淫辭』。」曰：「如此分不得。只是心術不正，便自節次生此四者。如楊墨自有楊墨底詖、淫、邪、遁，佛老自有佛老底詖、淫、邪、遁，申韓自有申韓底詖、淫、邪、遁。如近世言功利者，又自有一種詖、淫、邪、遁。不特是如此，有一樣苟且底人議論不正，亦能使是非反覆。張安道說：『本朝風俗淳厚，自范文正公一變，遂爲崖異刻薄。』後來安道門人和其言者甚衆，至今士大夫莫能辨明，豈可不畏！」文蔚。

問：「詖、淫、邪、遁之辭，楊墨似詖，莊列似淫，儀秦似邪，佛似遁。」曰：「不必如此分別，有則四者俱有，其序自如此。詖是偏詖不平，譬似路一邊高一邊低，便不可行，便是蔽塞了一邊。既蔽塞則其勢必至於放蕩而陷溺，淫而陷溺必至於邪僻而叛道，纔問着便遁而窮。且如楊墨『爲我』、『兼愛』之說，可謂是偏頗。至於『摩頂放踵』、『拔一毛利天下不爲』，便是不可行。夷之云『愛無差等，施由親始』不是他本意，只爲被孟子勘破，其詞窮，遂爲此說，是遁也。如佛學者初有『下[二〇九]一宿』之說，及行不得，乃云『種種營生，無非善法』，皆是遁也。」德明。

先之問：「詖辭、淫辭、邪辭、遁辭[二一〇]『四者相因』之說如何？」曰：「詖辭初間只是偏了。所以偏者，止緣他蔽了一邊，如被物隔了，只見一邊。初間是如此，後來只管陷入裏面去，漸漸只管說得闊了，支蔓淫溢纔恁地陷入深了。於是一向背却正路，遂與正路相離了。既離去[二一一]了正路，他那物事不成物事，畢竟用不得，其說必至於窮。爲是他說窮了，又爲一說以自遁。[二一二]」

問：「孟子知言處，『生於其心，害於其政，發於其政，害於其事[二一三]』，先政而後事；闢楊墨處説『作於其心，害於其事，作於其事，害於其政[二一四]』，先事而後政。」曰：「先事而後政，是自微而至著；先政而後事，是自大綱而至節目。」雉。

淫、邪辭相互。可學。

孟子知言一段，明道所謂「如人在堂上便能辨堂下人曲直」。[二一五]只緣高於衆人了便見得衆人。與人一般低，立在堂下，[二一六]如何辨得人長短！士毅。[二一七]

問：「程子説：『孟子知言，譬如人在堂上，方能辨堂下人曲直。若猶未免雜於堂下衆人之中，則不能辨決矣。[二一八]』所謂『在堂上』者，莫只是喻那[二一九]心通於道者否？」曰：「此只是言見識高似他，方能辨他是非得失。若見識與他一般，如何解辨得他！」廣。[二二〇]

「孟子説[二二一]養氣處止是到『聖人復起不易[二二二]吾言矣』住。自此以下，只是公孫丑問，[二二三]蓋[二二四]公孫丑疑孟子説知言、養氣擔當見得大[二二五]，故引『我於辭命則不能』以詰孟子。孟子對以『於[二二六]是何言也』。公孫丑[二二七]又問『昔者子夏、子游、子張皆得聖人之一體』，公孫丑[二二八]意欲以孟子比聖人。故孟子推尊聖人，以爲己不敢當，遂云『姑舍是』。」謨。去僞同。[二二九]

寓[二三〇]問：「顔子『具體而微』，微是『微小』或『隱微』之『微』？」曰：「微只是小，然文

意不在『小』字上，只是説體全與不全。」寓。淳同。〔一三三一〕

問「浩然之氣」後面説伯夷、伊尹、孔子「是則同」處。曰：「後面自是散説出去，不須更回引前頭。這裏地位極高，浩然之氣又不足言，不須更説氣了。有百里之地則足以有天下，然『行一不義，殺一不辜』則有所不爲，此是甚麽樣氣象！大段是極至處了。雖使可以得天下，然定不肯將一毫之私來壞了這全體。古之聖人其大根脚同處皆在此，如伊尹『非其義也，非其道也，一介不以與人，一介不以取諸人，繫馬千駟，禄之以天下弗視弗顧』，與此所論一般。聖人同處大概皆在，於此而不同則不足以言聖人矣。某舊説，孟子先説知言而公孫丑先問養氣者，承上文方論志氣而言也。今看來，他問得却自有意思。蓋知言是那後面合尖末梢頭處，合當留在後面問，如大學所論，自修身、正心却説到致知、格物。蓋致知、格物是末梢尖處，須用自上説下來方爲有序也。」又曰：「公孫丑善問，問得愈密，盛水不漏。若論他會恁地問，則不當云『軻之死不得其傳』，不知後來怎生不可曉。或是孟子自作此書，潤飾過，不可知。」僩。

問：「夷惠得百里之地，果能朝諸侯有天下否？」曰：「孟子如此説，想是如此。然二子必不肯爲。」問：「孟子比顔子如何？」「孟子不如顔子，顔子較細。」問：「孟子亦有任底意思否？」曰：「然。孟子似伊尹。」〔一三三二〕

問夷惠。曰：「伯夷格局更高，似柳下惠。」道夫曰：「看他伯夷有壁立萬仞之氣。」曰：

「然。」道夫。

根本節目不容不問。「得百里之地而朝諸侯，有天下」，此是甚次第！「人行一不義，殺一不辜，而得天下，不爲」，直是守得定也！閎祖。

或問「宰我、子貢、有若智足以知聖人，污不至阿其所好」。曰：「污是污下不平處。或當時方言。未可知。當屬上文讀。」去僞。人傑、謨同。〔一三三〕

伯豐問：「『見其禮而知其政，聞其樂而知其德』，是謂夫子，是謂他人？」曰：「只是大概如此說。子貢之意蓋言見人之禮便可知其政，聞人之樂便可知其德。所以『由百世之後，等百世之王』莫有能違我之見者，所以斷然謂『自生民以來，未有孔子』，此子貢以其所見而知夫子之聖如此也。一說夫子見人之禮而知其政，聞人之樂而知其德。『由百世之後，等百世之王』莫有能逃夫子之見者，此子貢所以知其爲生民以來未有也。然不如前說之順。」